象
Pictograph
形

大象无形　稽古揆今

# 塑造中國

东亚大陆腹地早期聚落组织与空间架构

Shaping China
Organizational and Spatial Structures of Early Settlements
in the Hinterlands of East Asia

王鲁民 著

中原出版传媒集团
中原传媒股份公司

大象出版社
·郑州·

图书在版编目（CIP）数据

塑造中国：东亚大陆腹地早期聚落组织与空间架构／王鲁民著.— 郑州：大象出版社，2023.5
ISBN 978-7-5711-1726-9

Ⅰ.①塑… Ⅱ.①王… Ⅲ.①中国历史-上古史-研究 Ⅳ.①K210.7

中国国家版本馆 CIP 数据核字（2023）第 010857 号

塑造中国

东亚大陆腹地早期聚落组织与空间架构

王鲁民 著

出 版 人	汪林中
封面题字	王鲁民
责任编辑	曲 静
责任校对	安德华 牛志远
装帧设计	王莉娟

出版发行 大象出版社（郑州市郑东新区祥盛街 27 号 邮政编码 450016）
　　　　　发行科 0371-63863551 总编室 0371-65597936
网　　址 www.daxiang.cn
印　　刷 北京汇林印务有限公司
经　　销 各地新华书店经销
开　　本 890 mm×1240 mm　1/32
印　　张 12.25
字　　数 265 千字
版　　次 2023 年 5 月第 1 版　2023 年 5 月第 1 次印刷
定　　价 86.00 元

若发现印、装质量问题，影响阅读，请与承印厂联系调换。
印厂地址 北京市大兴区黄村镇南六环磁各庄立交桥南 200 米（中轴路东侧）
邮政编码 102600　　　电话 010-61264834

本书将人类遗存的空间分析与古代典籍记述相互参照，探讨东周以前东亚大陆腹地大型权力的出现，尤其是在郑洛一线设置祭祀中心的大型权力对被古人视作神圣的"中国"的空间完整性的维持及拓展的历程。

种种迹象表明，旧石器时代东亚大陆腹地的主导空间板块间一定水平的互动已经存在。距今 13000 年时，牵涉面积达 10 万平方千米的空间经营企图已经在东北出现。距今 7500 年时，裕民文化和兴隆洼文化联合而成的大型权力单位的出现，为东亚大陆腹地的权力建构奠定了全新的基础。距今 6500 年，仰韶文化早期遗址的分布状况表明了相应权力的管控范围可达 80 万平方千米以上。与文献对照，可以认为上述时段与古人所说的西王母——"三皇"时代对应。距今 5400 年左右，以郑洛一线为中心的、涉及范围可达 300 万平方千米的仰韶文化圈的存在意味着实质性"中国"的产生。实质性中国的产生当与黄帝时代对应。随后，颛顼、帝喾、尧、舜等上古帝王进行了持续的"中国"的维护与拓展活动，为后世新的权力格局出现提供了条件。

本书通过建立空间考古迹象与古代典籍提供的夏、商、西周诸代帝王事迹的对应系统，为有连续考古依据的夏王朝历史叙述提供基础，对商王朝的权力空间变迁框架进行了更加深入的讨论，在指出传统的对西周国土控制格局认知偏差的基础上，对西周时期的空间、政治格局变迁进行了更真切的勾画。

研究显示东亚大陆腹地特殊的山河格局和相应人群创造性的活动造成了这里超大型空间权力较早产生，在特定的条件下，对于超大型空间权力的控制和维护，在中国文化一系列特点的形成上起着关键性的启发作用。

This book cross-references the spatial analyses of remained human activity sites with ancient texts and explores the emergence of large-scale powers in the hinterlands of East Asia before the Eastern Zhou dynasty. Particularly, it probes into the historical process of maintaining the spatial integrity and expanding the territory of the "Central State" (Zhongguo/China) which was sacred to the ancients, by the large-scale powers that established ritual centers in the Zhengzhou-Luoyang region.

The analyses in the work have shown that a certain level of interaction between the major spatial domains in the hinterlands of East Asia already existed in the Paleolithic Age. As early as 13,000 years ago, territorial ambitions over an area of 100,000 square kilometers already existed in the Northeast. About 7,500 years ago, the emergence of a large-scale power formed by the alliance of the Yumin culture and Xinglongwa culture laid a brand-new foundation for power expansion in the hinterlands of East Asia. The distribution pattern of early Yangshao culture sites dating back 6,500 years shows that this power's territorial control could range at least 800,000 square kilometers. Consulting the literature, we can consider the above period as corresponding to the Queen Mother of the West era — the "Three Sovereigns" era as mentioned by the ancients. The Yangshao culture circle of about 5,400 years ago, which was centered on the Zhengzhou-Luoyang region and covered an area of 3 million square kilometers, is substantial evidence of the emergence of "China" — corresponding to the advent of the Yellow Emperor era. Subsequently, the ancient emperors such as Zhuanxu, Ku, Yao and Shun made continuous efforts for the maintenance and expansion of "China", which laid the foundation for the emergence of a new power landscape.

This book establishes a system that matches the spatial archaeological finds to the histories of emperors of the Xia, Shang and Western Zhou dynasties as stated in ancient texts, so as to provide a basis for the historical narrative of the

Xia dynasty with continuous archaeological evidence. The framework for Shang dynasty's territorial evolution has received a more in-depth discussion. This work has pointed out some misconceptions about the territorial power landscape in the Western Zhou dynasty, and presented a more realistic sketch of the chronological, spatial and political changes in the Western Zhou dynasty.

The evidence suggests that the special geological landscape in the hinterlands of East Asia and the creative activities of the people had led to the early emergence of mega-large-scale territorial powers. We think that the control and maintenance of mega-large-scale territorial power played a key role in exerting enlightening influences on the formation of various unique features in the Chinese culture.

| 目 录 |

第一章 绪说

第二章 悠远的回响——"中国"的辨识与确认

    一、古冥往幽——旧石器时代的遗址组织与地区互动 / 037

    二、鸿蒙初辟——设围基址[1]初现与大型空间组织单元的创制 / 057

    三、天造人作——东亚大陆腹地主导者的确认 /083

第三章 天命与正统——以特定形式为基础的实体"中国"的实现与坚持

    一、历履新境——实体"中国"的诞生 / 113

    二、神圣绵延——实体"中国"的坚持与拓展 / 141

    三、"五服"与"九州"——东亚大陆腹地的空间控制要点组织与层级 / 181

---

[1] 设围基址是指含有圈围一定地段的壕沟或城垣的遗址。

第四章　秩序的重整——"中国"的再生与转型

　　一、茫茫禹迹——王湾三期、新砦与二里头诸考古学文化之间的转换 / 212

　　二、汤德赫赫——最为强势的中央、边缘结构的营造与衰落 / 239

　　三、毋远天室——西周国土控制系统的嬗变 / 274

第五章　补议

附表

　　附表一：以《今本竹书纪年》为基础的夏、商、西周年表 / 358

　　附表二：文献所载夏代以前历史事件与空间考古迹象对应举例 / 364

　　附表三：文献记载中的夏、商、西周重要史迹与空间考古迹象对应举例 / 368

后记

CONTENTS

Chapter 1　Prologue

Chapter 2　Distant Echoes — the Identification and Confirmation of "China"
　一、Prying Through the Ancient Veil — Organization and Regional Interaction of Paleolithic Sites/ 037
　二、Hatching of the Primordial Egg — Earliest Enclosed Sites[1] and Large-Scale Spatial Units/ 057
　三、Combined Efforts of Geographical Conditions and Human — Establishment of Leaders in the Hinterlands of East Asia/ 083

Chapter 3　Destiny and Orthodoxy — Realization and Persistence of the "China" Polity Based on Specific Forms
　一、Advent of a New Epoch　— Birth of the "China" Polity/ 113
　二、Sacred Lineage — Persistence and Expansion of the "China" Polity/ 141

---

[1]　An enclosed site refers to an archaeological site surrounded by a moat or wall.

三、"Five Domains" and "Nine Provinces" — The Organization and Hierarchy of Key Spatial Control Locations in the Hinterlands of East Asia/ 181

Chapter 4   Restructuring — Rebirth and Transformation of "China"

一、Finding Yu — Transitions between the Archaeological Cultures of Wangwan III, Xinzhai and Erlitou/ 212

二、The Eminence of Shang Dynasty — The Rise and Fall of the Most Powerful Central-Marginal Structure/ 239

三、Stay Close to God's Abode — Evolution of the Territorial Control System of Western Zhou Dynasty/ 274

Chapter 5   Supplementary Discussions

Appendices

Appendix 1: A Chronology of Xia, Shang and Western Zhou Dynasties Based on the *Modern Text Bamboo Annals*/ 358

Appendix 2: Examples of Matching Historical Events Before Xia Dynasty in the Literature to Spatial Archaeological Finds/ 364

Appendix 3: Examples of Matching Information about Xia, Shang, and Western Zhou Dynasties in the Literature to Spatial Archaeological Finds/ 368

Epilogue

第一章 绪说

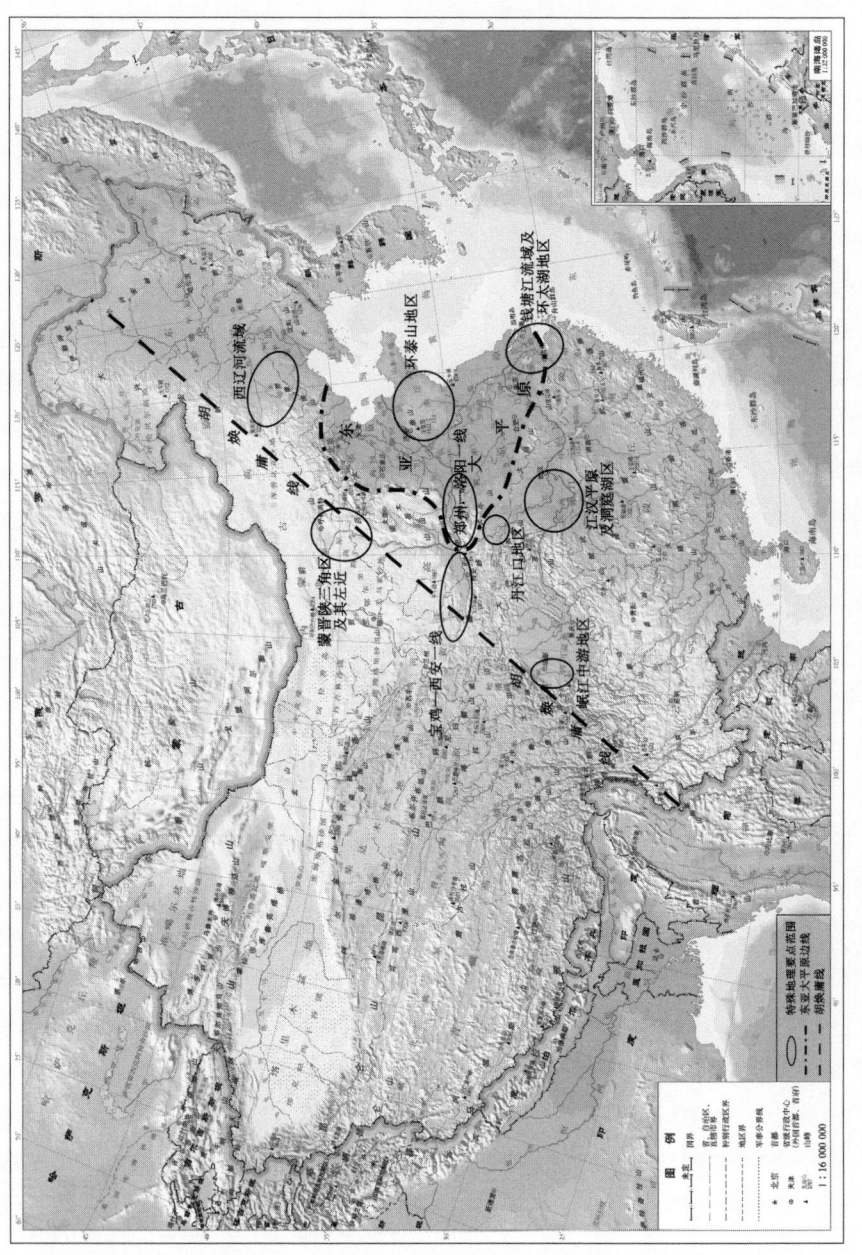

章首图：绪说涉及的东亚大陆腹地环境构架及地理要点简图［底图审图号：GS（2016）1609号］

"中国"一词最早见于西周成王五年"何尊"上的铭文。铭文说:"唯王初雍,宅于成周,复珷王丰福,自天。在四月丙戌,王诰宗小子于京室曰:'昔在尔考公氏,克逑文王,肆文王受兹大命。唯珷(武)王既克大邑商,则廷告于天曰:余其宅兹中国,自之乂民。乌呼!尔有唯小子无识,视于公氏有勋于天,彻命。敬享哉!'唯王恭德裕天,训我不敏。王咸诰。何锡贝卅朋,用作□公宝尊彝。唯王五祀。"[1]铭文中的"中"意为"中央","国"意为"地域"。合起来,"中国"的意思是大地中央的部分。相关研究认为,铭文中的"中国"是指洛阳盆地及其周边地区[2]。

指认一定地域为"中国",前提是认为该地域周边存在着某种界限,该地域在各个方向上都与这些界限的距离大致相同。如果没有一个被一定时期的人们普遍认同的,大体以洛阳盆地为中心,在各方向延展水平大体相同的位置上有明确界分的一体化空间单位,那么这种用"中国"来指称这一地域的做法就不会发生。人类赖以生活的地球大致为球形,从几何学的观点来看,在球体上很难指认哪一点为中央。不仅如此,"中国"所在的东亚大陆,东、南方为大海,海岸线与洛阳盆地间的距离有较大差异;西、北方为陆地,在地形上出现界限型标识的地点也明确与洛阳盆地的距离不同;所以,从直观的空间感受看,指认洛阳盆地为"中国"其实勉为其难。著名的山岳与河流可以被认为是明晰的空间标定物，我们稍加观察即可看到，在洛阳盆地周边，也不存在足以造成认定其为中央的山岳、河流格局。当然，人们可以通过营造构筑出居于中央的意象，但人工营造很难获得分居于各地的人们持久的、普遍的认同。一个以洛阳盆地为中心的、在某种程度上被人们视为当然的空间框架是怎样出现的，对于希望深入地了解"中国"的人来说，应该是一个值得追寻的问题。

认定洛阳盆地位于大地的中央，当然是一定历史条件下的空间认知。一定空间认知的形成，有赖于一定人群在特定条件下与环境的互动。了解一定时期人类活动的模式与格局，是了解何以人们将洛阳盆地及其周边认作"中国"的重要途径。在通常情况下，文献记述是了解人们活动格局及空间认知的重要依据，可是，由"中国"一词出现在西周初年看，"中国"这一概念应该在西周之前就已经确立，而西周之前，文献记述相对匮乏，想要了解当时相应地区的人类活动的格局和空间认知，就得更为积极地依靠对考古发掘材料所呈现的空间态势的了解。

空间认识是人类活动的产物。遗址是过往人类活动造成的遗存。人类活动遗存的分布范围与格局能够在一定水平上表明其对应时期的人类活动的空间态势。所以，一定时期考古遗址的空间覆盖范围、关键遗址的分布格局以及遗址分布所呈现出来的组织特征等，都有可能成为了解当时人类空间把握与空间观念的基本线索，在窥探何以上古时期洛阳盆地及周边地区被视为"中国"，以及不同时期"中国"的存在状态上起到作用。

从"何尊"铭文可以看出"中国"是一个具有神圣意味的场域。对于中国古人来说，"中"也是一个具有神圣意味的字眼[3]。所以上古的统治者乐于用占据洛阳盆地一区来表明自己统治的正当性。可是，以某种条件为基础的"中国"认定是一回事，而对"中国"进行实际的政治、军事的掌控又是一回事。一定权力对一定地域控制的实现要以占据者的实力和具体的政治军事情势为条件，不同的条件可能实现的实际控制范围与格局会有所不同，这不仅会导致"中国"尺寸与组织的变化，并且会造成形式的"中国"与疆域的"中国"、政体的"中国"乃至文化的"中国"之间的转换。

开展上古"中国"塑造讨论的基础之一是一定地区的具体的地理形势，从地理上看，这一讨论主要涉及东亚大陆腹地和东亚大陆腹地核心区两个空间层次。东亚大陆腹地大略指胡焕庸线以东地区。这一地区海拔多在2000米以下，西高东低，西部与青藏高原及欧亚大草原相连，东部与大海相接，南起大海，北至黑龙江。东亚大陆腹地核心区则大致为北起辽河一线，南至南岭、东至大海、西到甘肃中部及岷江一线。东亚大陆腹地核心区最为突出的地理要素是辽阔的东亚大平原，东亚大平原指南起钱塘江、北至滦河入海口、东至大海、西至洛阳一带的地面平坦的大型区域。该区域南北距离约1200千米，东西最深处1000千米。东亚大平原北部通过辽西走廊与东北平原联络，南部通过汉江、长江和赣江与两湖平原及鄱阳湖平原勾连，从而构成了一个以其为主导的范围巨大、层次丰富的适合人类生存的空间联合体。在东亚大平原南北方向的大致中央部位，屹立着泰沂山系，它与洛阳盆地及关中地区遥相呼应，在渭河及济水的支持下形成了纵深达1400千米勾连大海与青藏高原的东西轴线。在东亚大平原的南北两端，为钱塘江流域和西辽河—滦河流域，它们与尺寸适中，外部干扰较少，防御系统较易形成的条件相结合，构成了适宜作为进入东亚大平原起步地的环境条件。在黄河占用济水河道入海以前，东亚大陆腹地核心区由北向南，有直通大海的辽河、滦河、桑干河、黄河、济水、淮河、长江、钱塘江把这一地区由西向东地串在一起；由西向东，则有岷江、葫芦河、嘉陵江、泾河、黄河、丹江、汾河、汉江、沅江、湘江、颍河、涡河、赣江等把这一地区由北向南连接为一体。不同流向的河流交织，形成了一个涉及多种资源条件的网络系统，为实现和促成相关地区的人群的联络、沟通及空间拓展提供了基本的交通框架。胡焕庸线以西，不仅气候相对干旱，并且有引人注目的青藏高原、浩瀚的沙漠和连绵的欧亚大草原，这些条件，使得东亚大陆腹地与其他大型文明相对隔离，能够在一个相当长的时期内相对独立地发展。上述的条件与这里总体上气候温和、降水量充沛、土壤肥沃、物产丰富以及诸多地段易于开垦等情况相结合，使得东亚大陆腹地，尤其是东亚大陆腹地核心区成为了人类文明产生与发展不同人群竞相角逐的特殊场域（见章首图）。

值得注意，在人类社会的原始时期，河流中的那些南北流向的长程河流或河段，由于这里的气温、植物和果实由南而北渐次变化、顺序生发和先后成熟，经历着更为明晰的季节变化，拥有更为多样的动植物生存环境，促成了依托这种河道生活的族群更多的迁徙、互动，因而南北流向的长程河流在大型族群甚至是大型权力的生成上会起到更为积极的作用。

在诸多南北流向的河道中，黄河的西河段、汾河、丹江、汉江、长江和澧水、沅江相互勾连，构成了一个南北跨度达到 1500 千米左右，东西宽度可观且向东部多孔道开放的宏大交通走廊，基于以上的理由，这个交通走廊在促成东亚大陆族群互动和大型权力生成上的作用自然非同一般。

河流流程长度在1000公里以上的或者可以称作长程河流，河流的流程较长，意味着有较强的族群、空间整合能力，同时也意味着，在该河流周边活动的族群要承受更大的外部冲击压力。

东亚大陆腹地的地理状况不是一成不变的，曾经的东亚大陆腹地核心区的地理条件与现今有诸多不同。如今的山东与河北交界地区，过去是大面积的沼泽和湖泊，近3000年，由于气候变动、河流改道和人类的介入，这些沼泽和湖泊才逐渐干涸，成为适宜耕种的地区。[4] 历史上的海岸线也经历过一系列的变动。在海平面最高时，渤海湾西岸可以推至廊坊、沧州一线，黄海海岸线可以逼近洪泽湖，而太湖平原的相当一部分被浸入海中。[5] 虽然有这样的不同，但从大结构上来看，在本书涉及的时间范围内，上面对东亚大陆腹地的基本地理条件的描述应是可以接受的。

大概地说，距今18000年，东亚大陆大多数陆地寒冷干燥，海平面低于现在120米，云杉和冷杉林扩张，干旱草原覆盖了北部大片区域；距今12000年，北部、东北部和中部部分地区湿度增加，南方生长着暖温带森林；距今9000年，气温比现在高1—3摄氏度，季风气候加强，西部、南部和东北部的植被由干旱和寒冷气候类型向喜温、中生性植物转化；温暖湿润高峰期，也就是中全新世大暖期，出现在距今8000—3000年，此时季节性差异变小，动植物分布范围扩大，人类的聚落分布在更广阔的区域；距今3000年以后，整个次大陆地区的气候变凉（图1-1）[6]。不同的气候与植被条件构成了在东亚大陆腹地活动人群的基本背景，深刻地影响着他们的活动状态、空间认知和社会组织。

自20世纪初现代考古在中国开展以来，东亚大陆腹地核心

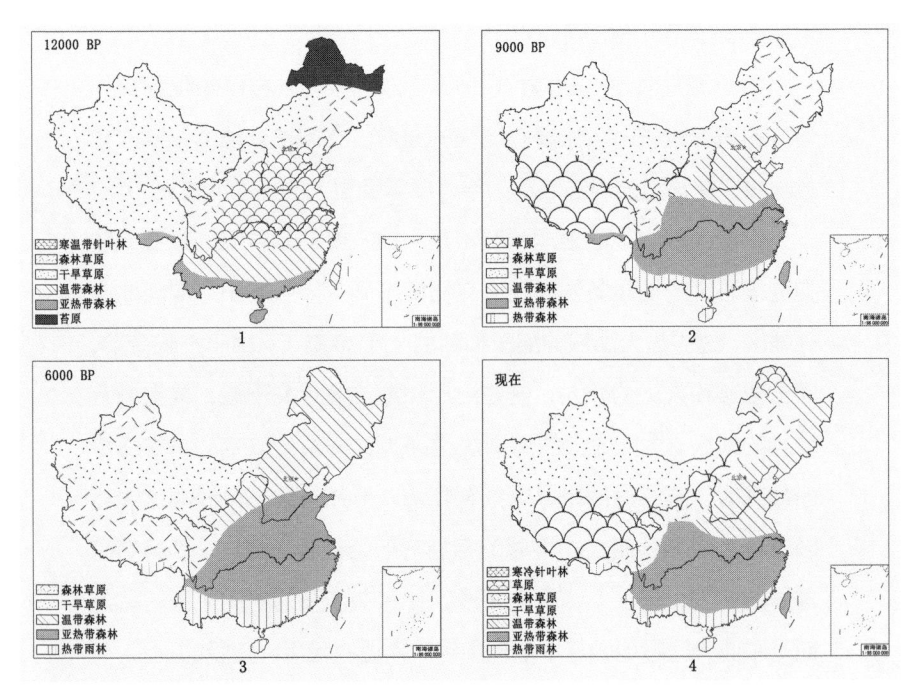

图 1-1　中国距今 12000 年、9000 年、6000 年和现在的植被覆盖情况 [据《中国考古学：旧石器时代晚期到早期青铜时代》改绘，底图审图号：GS（2016）1594 号）

区已经发现了上万处东周以前的人类活动遗址。虽然应该还有许多遗址等着人们去发现，并且已知的遗址在地区和时期上的分布也不平衡，但把特殊遗址的分布状态与传世文献的记述结合起来看，已有的考古遗址及相应的考古资料应该已经为探究当时人们活动的大略格局提供了相对可靠的基础。

以考古遗址的分布状况为支持，窥探古人对于东亚大陆腹地的空间认知，自然要涉及对遗址性质和地位的辨识。对遗址性质和地位合乎实际的判定，是相对准确地进行遗址间关系的识别，并达成对遗址系统认识进而讨论其空间含义的前提。通常，对遗址性质和地位的辨识主要依托遗址的文化属性、遗址的规模、特殊文物和相关记述来进行，可对于本书设定的目标来说，仅仅依靠上列的信息进行相应判别是不充分的，尤其是在缺乏文献支持的时候更是如此。

在已经发现的上万个东周以前的考古遗址中，有一种遗址十分特殊，在这种遗址上可以看到用以圈围一定地段的壕沟或城垣。从现有材料看，具有一定规模的、拥有圈围一定地段的壕沟或城垣的遗址不过三四百个[7]。无论在整体上还是分时段，它们都是遗址中的少数。考虑到已经发现的考古遗址只是古代人类活动地点中的一部分，更多的人类活动地点因为留存薄弱而永远地湮灭了，相比较而言，壕沟或城垣对环境的改动明晰，它们的存在更加容易被识别出来，由此可以想象，实际上在曾经存在过的人类活动地点中带有壕沟和城垣的地点所占的比例应该更小。

在已有的研究里，人们将带有壕沟或城垣的遗址称作"环壕聚落""城邑"或"设防聚落"。[8]在中文语境中，一般人们用"聚落"指称由村庄到市镇包括了平民日常生活环境的营造系统，所以，"聚落"一词的使用，已经包含了未经证实的判断。由早期典籍看，在古代的许多时候，"邑"并不指单个的民居点。例如《史记正义》引《竹书纪年》说："自盘庚徙殷至纣之灭二百五十三年，更不徙都，纣时稍大其邑，南距朝歌，北据邯郸及沙丘，皆为离宫别馆。"[9]在此，"邑"显然是指一个足够大的包括诸多聚落的地域，所以，在本书关切的时间段里，将含有圈围的地段称为城邑并不合适。现有的考古材料显示，一些遗址特别是早期遗址上的壕沟十分薄弱，应不是为防范人类或其他的侵扰而设，所以用"设防"描述此类遗址也不恰当。为了避免先入为主和减少分辨的麻烦，这里使用"设围遗址"或"设围基址"来指称含有圈围一定地段的壕沟或城垣的遗址。在以今视古时，用"设围遗址"；在强调当时性的时候，则使用"设围基址"。当然，在条件具备时，也会使用"设壕"或者"设垣"来取代"设围"，以便更为准确地进行讨论。

从已有的考古资料看，壕沟的出现要远早于城垣，最初的城垣应该是由发掘壕沟导致的出土造成的。所以，设围基址或者圈围本身的意义与价值的讨论应该从壕沟的设置开始。

如果不那么具体，也许可以说用以圈围一定地段的壕沟的设置的目的是进行空间界分[10]。进行空间界分使自己的领地区别于其他似乎是动物的本能。从实际操作看，人们可以用多种方法和材料进行空间的界分，由于许多做法所用的材料和办法不够稳定持久，具体的情况现在已经难以知道究竟了。壕沟虽然在形态上相对稳定，可在工程能力有限的上古，挖掘壕沟相较于竖立木桩、安排石块和刻画标记要花费更多的社会资源。也就是说，挖掘壕沟从一开始就是使圈围地段非同寻常的做法，或者，壕沟从一开始就具有超越一般性空间界分的价值。

现知最早的一批围壕中，许多围壕的宽度和深度都十分有限。例如距今 13000 年左右的吉林大安市后套木嘎遗址一期遗存的围壕，窄处仅为 2.7 米[11]；距今 8000 年左右的湖南澧县八十垱遗址上的壕沟宽度仅为 1.2 米；距今 7500 年左右的内蒙古林西白音长汗遗址上的环壕最窄处不足 1 米；距今 6500 年左右的内蒙古赤峰魏家窝铺遗址上所见壕沟窄处为 1.7 米左右；距今 6500 年以上的河南新安荒坡遗址环壕 G1 口宽窄处仅为 1.9 米，G2 口宽度甚至不足 0.5 米；距今 6500 年左右的陕西临潼姜寨遗址上的壕沟窄处为 2.0 米左右。这些壕沟最浅的仅有二三十厘米，通常深度在 2 米以内[12]。这些现象，都在相当程度上支持壕沟本不强调防御功能的看法。此外，早期带有壕沟的遗址中，许多遗址的规模明确为同文化同期遗址中较小者。在将遗址的规模与遗址承载的人口数量对应的情况下，如果壕沟具有确定的用途且使用不受限制，那么，这种设置应该在人力条件更为充裕的、较大的遗址上时常看到才是，由此可以推说在相当早的时候，用以圈围某种地段的壕沟的使用已经受到了某种限制。也就是说，壕沟的存在是圈围地段等级较高的标识。

观察保存较完整的新石器时代的环壕，往往可以看到对由西南而东北的动线形成的关注，有的遗址上，还可以看到利用圈围入口或通过圈围组织制造动线迂回的做法（图 1-2）。由于上古明堂礼仪要求人们迂回地进入明堂所在的地段，并由西南而东北地接近明堂主体[13]，这就使我们有理由把设壕与明堂的存在对应起来。

明堂，是上古时期高规格的祭祀礼仪设施。蔡邕《明堂月令论》说明堂的功能可以包括"谨承天顺时之令，昭令德宗祀之礼，明前功百辟之劳，起尊老敬长之义，显教幼诲稚之学，朝诸侯选造士于其中，以明制度。生者乘其能而至，死者论其功而祭，故为大教之宫，而四学具焉，官司备焉"[14]。由此，可以进一步认为在使用上受到限制的壕沟是高规格的、综合性的祭祀、礼仪权力存在的标识[15]。

在原始蒙昧时期，人们相信有一个可以决定人间祸福的神灵世界的存在，取悦神灵、与之沟通是保障现实世界正常运行的重要手段。采用高规格的祭祀礼仪可以更好地取悦神灵、与其沟通，

a. 小荆山遗址环壕平面图　　b. 顺山集遗址环壕平面图　　c. 韩井遗址环壕平面图

A. 由西南而东北的动线构造举例（《祭祀与疆域：中国上古空间考古六题》）

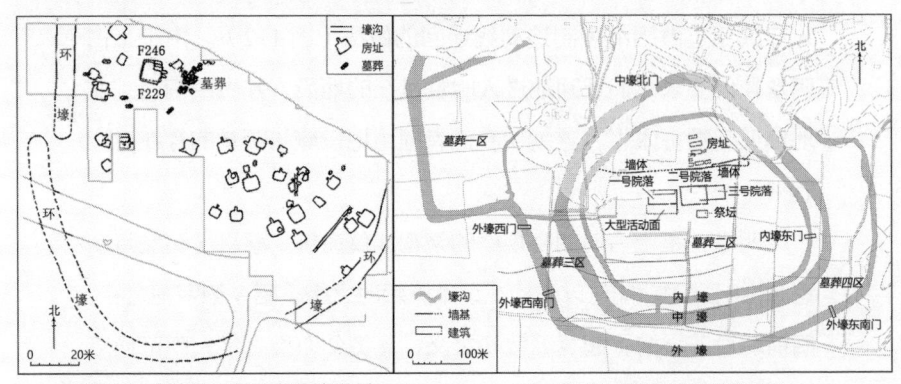

a. 秦安大地湾遗址二期Ⅰ段环壕平面　　b. 巩义双槐树遗址环壕平面

B. 利用圈围入口或通过圈围组织制造动线迂回的做法举例（据《先秦城邑考古》《河南巩义双槐树新石器时代遗址》改绘）

图 1-2　新石器时代设围基址平面举例

所以设置壕沟对于古人来说是一项特殊的社会资源。凭借非同寻常的祭祀，相关族群可以更加顺利地实现族群整合、征服和领地的扩张。

《春秋左传正义》云："国之大事，在祀与戎。"[16] 如果这些说法对于更早的历史时期适用，那么设围基址应该在东亚大陆腹地新石器时代的社会组织和空间系统安排上起着关键的作用。如果能够更进一步对设围基址的等级、地域或族群的针对性进行确认，就会给相应时期的人类活动格局及空间认知的辨识带来极大的帮助。

对现知设围基址的圈围平面的综合研究表明，除了文化属性、遗址规模、地理位置和遗址出土物等，还存在着一系列可以用于设围基址功能价值、等级地位和地域针对性的识别方法[17]。

统观保存相对完整的早期设围基址的圈围平面，可以看到这些圈围大致可以分为西南隅扩展和西南隅压缩两种。壕沟是为了明堂礼仪的实施而设置的，明堂礼仪要由西南而东北地接近明堂。实行相应行为的空间宽裕，意味着礼仪路线从容、隆重，实行相应行为的空间局促，则意味着礼仪路线仓促、简略。这样，就有条件认为，设围遗址的圈围平面西南隅扩展的等级较高，西南隅压缩的等级较低（图1-3）。

一些设围基址上的壕沟不止一重。使用多重壕沟可以对仪式空间或仪式行为过程进行进一步的限制。对仪式空间或仪式行为进一步的限制意味着仪式的严肃性和隆重性的提升。更为重要的是，多一重壕沟要增加一重开掘的投入，更多的投入也意味着事项的重要性提升。两者结合，可以认为，设围基址的圈围重数多的，其对应的礼仪活动等级就高，圈围重数少的，其对应的礼仪活动

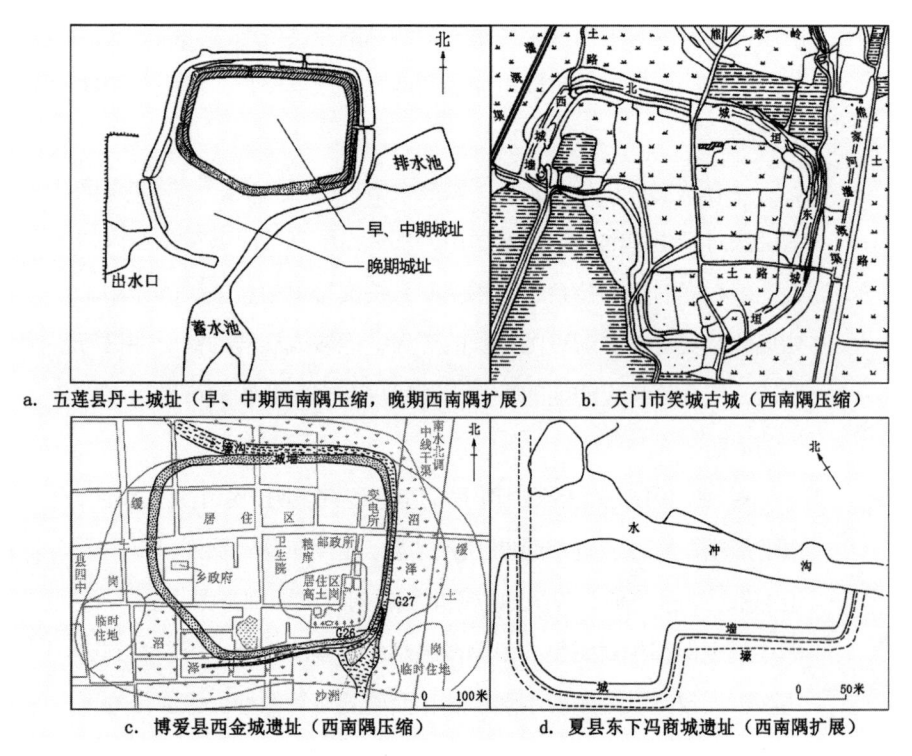

a. 五莲县丹土城址（早、中期西南隅压缩，晚期西南隅扩展）　　b. 天门市笑城古城（西南隅压缩）

c. 博爱县西金城遗址（西南隅压缩）　　d. 夏县东下冯商城遗址（西南隅扩展）

图1-3　设围基址西南隅的压缩与扩展（据《先秦城邑考古》改绘）

等级就低。

更进一步地观察可以看到，存在着两种不同的多重圈围布置格局，一种是在一定的圈围外加套另一重圈围，一种是只在圈围的一侧加设另一重圈围。前者可以称作"套城"，后者可以称作"夹城"，套城的空间层次更多，关键设置的中心性明晰，有利于形成更为隆重的礼仪格局，且工程投入较大，故而其等级较高；夹城则稍嫌简易而工程投入较少，因而其等级较低（图1-4）。

《史记》载西汉方士新垣平说："或曰东北神明之舍，西方神明之墓也。"[18]可见在古人那里，东北方是神灵乐于居栖的地方。

a. 西安鱼化寨

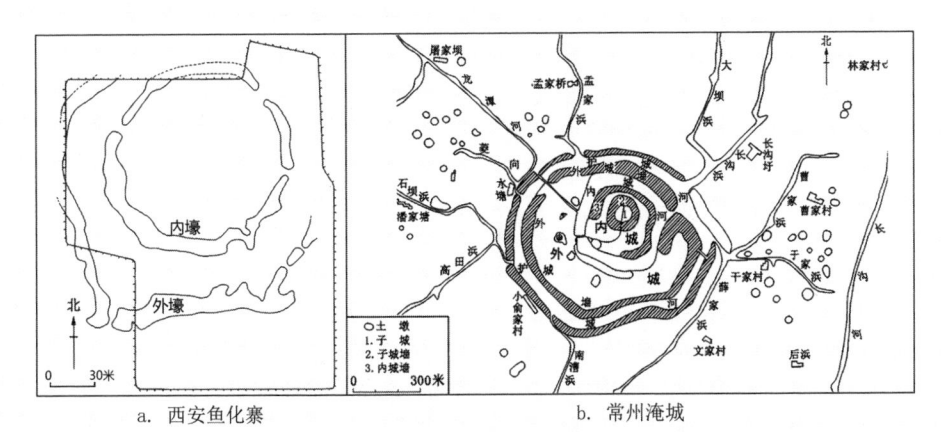

b. 常州淹城

A. 套城举例

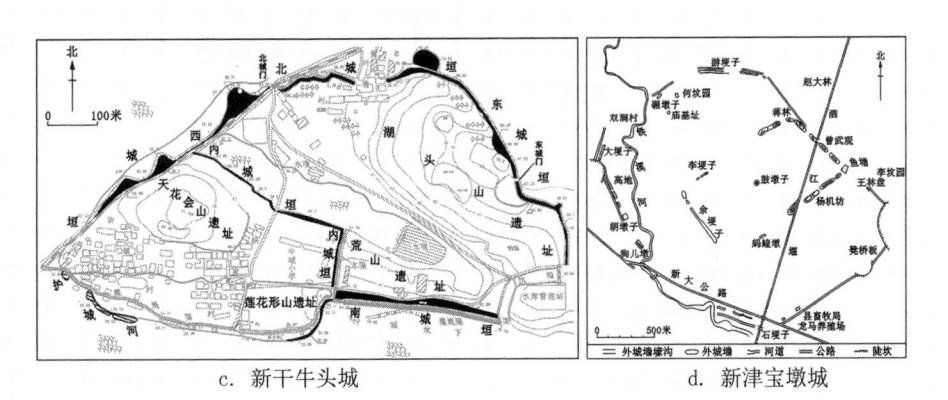

c. 新干牛头城

d. 新津宝墩城

B. 夹城举例

图1-4 设围基址中的套城与夹城（据《先秦城邑考古》改绘）

将此与早期设围基址圈围的东北角常常见到形态变化的情况结合起来，可以推认，这种变化意味着为神灵居栖提供的条件不同。由常理推之，东北角完整，意味着为神灵居栖提供了完整的环境，故而等级较高；东北角压缩，意味着神灵的居栖受限，故而等级较低；东北角缺失，意味着神灵居栖地的缺失，则等级更低（图1-5）。

较宽、较深的壕沟意味着较多的人工投入和更严格的空间限

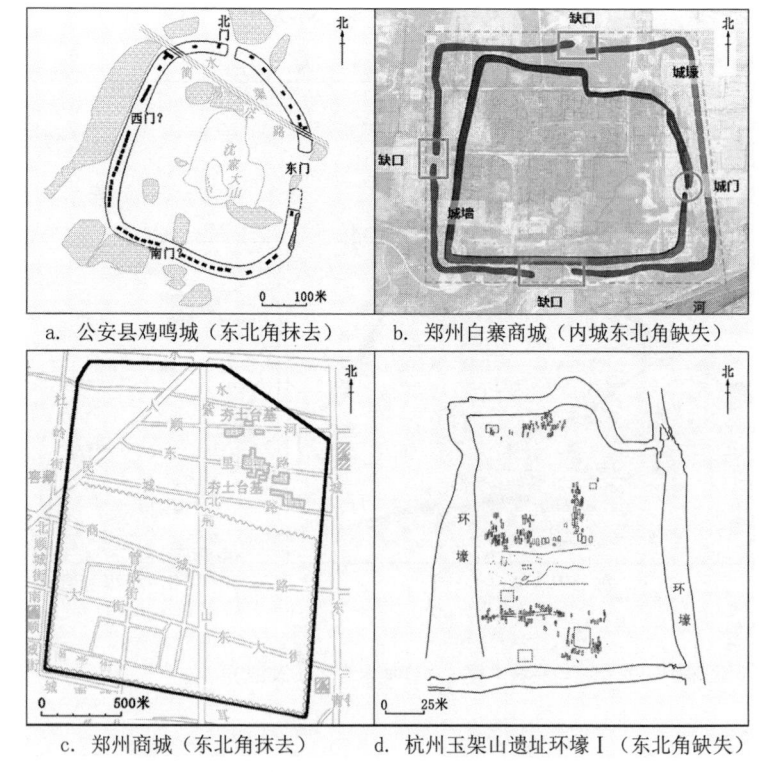

a. 公安县鸡鸣城（东北角抹去）

b. 郑州白寨商城（内城东北角缺失）

c. 郑州商城（东北角抹去）

d. 杭州玉架山遗址环壕Ⅰ（东北角缺失）

图1-5 设围基址中东北角变形的圈围举例（据《先秦城邑考古》《郑州白寨遗址发掘收获》《良渚古城综合研究报告》改绘）

定，随着人群间的资源争夺日渐激烈，设壕遗址本身的防御能力也逐渐地成为遗址等级判断的重要内容。因而，较宽、较深的壕沟意味着遗址地位较高，较窄、较浅的壕沟意味着遗址等级较低是完全可以理解的。同样，较大的圈围范围意味着较多的工程投入，因而等级较高，较小的圈围范围意味着工程投入较少，因而等级较低。

在早期的设围遗址上，常常可以看到圈围上相当一部分缺失的情况，如杭州良渚古城、神木石峁古城、襄汾陶寺古城、蒙城尉迟寺遗址等。《公羊传·定公十二年》说："百雉而城。"汉何休注云："天子周城，诸侯轩城。轩城者，缺南面以受过也。"[19]可见古代存在着低位者通过圈围的折损或让渡防御能力向强者示弱的做法。由此，在设围遗址上，圈围完整的等级较高，圈围有缺失者等级较低（图1-6）。

因为设围基址秩序的形成可以依托多个维度，设围基址设置的目的也不尽相同，所以上面述及的圈围等级判断标准就不是孤

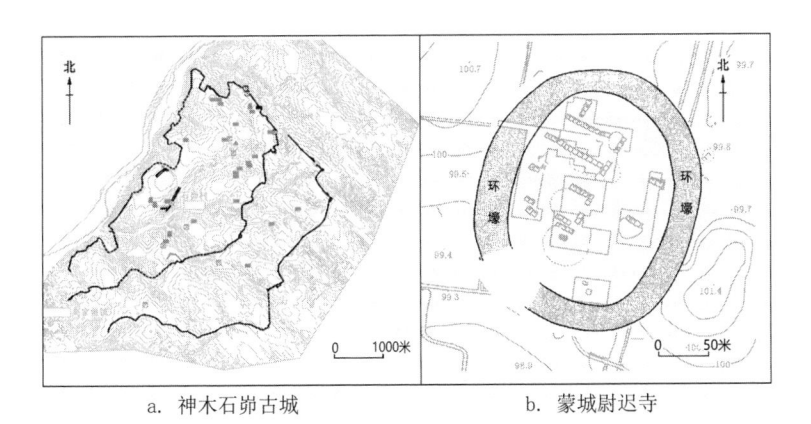

a. 神木石峁古城　　　　　b. 蒙城尉迟寺

图1-6　采用"轩城"做法的设围基址示例（据《先秦城邑考古》改绘）

立的，要多种条件综合考虑，才能充分地了解相应的设围基址在社会组织中的地位和作用。

一些案例显示，上古还存在着将两个设围基址组合在一起形成祭祀中心的做法。这种做法意味着将有所区别的祭祀活动分置于不同的圈围地段内，以形成层次更为复杂的祭祀环境。多个圈围的制作意味着更多的工程投入，将有所区别的祭祀活动分置于不同的圈围内有利于提升仪式的隆重性，考虑到这种设围基址更为稀少，因而组合型的设围基址等级应该很高（图1-7）。

在两个元素构成的系统中，明堂礼仪是由西南而东北地展开的，东北方是神灵所在，因而是主位，西南方是供奉者行动的起点，因而是客位，如果受制于具体条件，也会以东边为主位，以西边为客位。所以在祭祀地段上，位于东侧的要素等级较高，位于西侧的等级较低。在主导的祭祀建筑不能坐北朝南安排时，因为依祭祀者的角度，在主导的祭祀建筑坐北朝南布置时的由西南而东北，其实就是由左向右前方行动，所以，位于左侧者等级较低，

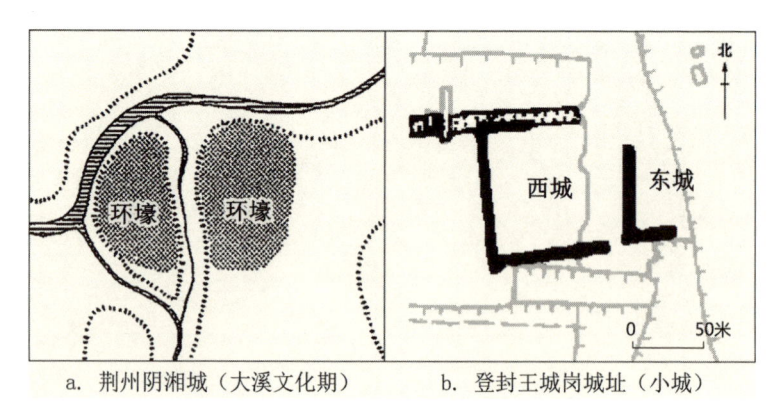

a. 荆州阴湘城（大溪文化期）　　b. 登封王城岗城址（小城）

图1-7　组合型祭祀中心示例（据《先秦城邑考古》改绘）

位于右侧者等级较高。

检查东亚大陆腹地东周以前设围遗址的坐落地点，有一点十分明确，那就是此种遗址总是在某几个地方持续地、反复地、成群地出现，而在其他地方则踪迹难觅。所谓持续地出现，是指某一设围遗址在这些地方一经出现，其往往就长达数百年甚至是上千年地存在；所谓反复地出现，是指在不同的历史时期这些地点总能见到含有壕沟和城垣的遗址；所谓成群地出现，是指在这些地方此类遗址一旦出现，往往就有其他设围遗址近距离相邻地出现，甚至形成规模可观的群体。这些总是和设围遗址相关的地点主要有渭河的宝鸡至西安一线、黄河的洛阳（孟津）至郑州一线、江汉平原及洞庭湖地区、蒙晋陕三角及其左近地区、以济水与泰沂山系相夹处为主导的环泰山地区、西辽河流域及燕山北麓、钱塘江流域及环太湖地区、华山南麓及丹江口地区和岷江中游地区（参见章首图）。

十分引人瞩目的是，上述地点中的多数与中长程河流的出山口相关：宝鸡在渭河的出山口附近，孟津或洛阳在黄河中游末段的出山口附近，江汉平原及洞庭湖地区与澧水出山口和长江出山口相关，蒙晋陕三角区与黄河中游起点段的出山口相关，华山以南与丹江口地区与汉江出山口相关，岷江中游地区与岷江出山口相关。

水是人类生存的基本资源，依托河谷生存和拓展是上古人类的常规。东亚大陆腹地密集的江河系统构成了在这里生存的人类可以利用的最初的交通网络，所以，河道系统也是相关族群赖以实现不同文化、不同地区之间互动的基本条件。人们利用河道进行交通，未必以舟楫的存在为前提。因为多数河流不发洪水时，河床的很多部分就会暴露出来，成为可以行走于其上的通途。水往低处流，一方面，占据了河流的上游，等于控制了水体，人们可以通过许多手段影响到下游人群的生活。另一方面，居于河流的上游意味着居高临下，自得贵重之势；同时视野更加开阔，有利于掌握对手的动态；更为重要的是，占据高位，在争斗中可以利用下坡造成的势能形成强大的冲击；此外，高差的存在也使位于上游的人投掷距离更远，在冷兵器时代，占据河道的上游意味着相当水平的军事优势。为了取得稳定的优势，一个相对稳定安全的起点是十分必要的。从河流自身的情况看，处于山谷的河段，河道两侧空间逼仄，地形复杂，河道落差大，途径曲折，特别是河流出山口处往往因河床形态有较大变化而水流不稳，这些恰好为在河流出山口前后形成有效的防守提供了条件，使其有机会成为对下游地区实施控制的要点。许多河流的出山口以下，空间渐次开阔，河流所成的冲积平原虽有洪涝问题，但土壤肥沃，土质疏松，草木丰茂，物产较多，是寻求食物和开展农耕的好去处，这就更增加了人们对于占据出山口的兴趣。当人们沿河殖民时，通过一定安排来控制河道出山口地区，既可以较方便地阻止来自上游的干扰，又可以利用地形有效地控制以下资源。所以在人类的蒙昧时代，把河流出山口区别出来，视其为"神明之隩"，即神明乐于居止的常规处所是十分自然的[20]。

设围基址是特殊的祭祀场所，明堂是面对多种神灵的综合性设置，由是，将设围基址安排于"神明之隩"附近正是使其功能得以充分实现的合理选择。

其实，不仅是河流的出山口会被视作"神明之隩"，那些河道上易于防守，并且面对下游丰厚生存资源的地点都有可能被视作"神明之隩"。当河流的中下游河段与山体相夹时,类似的条件就产生了。泰沂山系与济水相夹处、汉江与大别山相夹处,以及长江与大别山相夹的一系列地点都是设围遗址的多见地,其道理应是这些地方也被古人视作"神明之隩"。另外,山体和大海相夹之地在空间控制上也有类似的效用,相应地点也是设围基址乐于选择的场合。

江、河、淮、济因为流程较长且直通大海,被古人视为东亚大陆腹地最重要的河流,称作"四渎"。长江和黄河发源于东亚大陆腹地以西,淮河与济水则发源于东亚大陆腹地。四渎的祭祀,长江在宜昌,黄河在郑州与洛阳之间,两个地点均与河道出山口相关,可见古人倾向于把河神的祭祀也选择在"神明之隩"进行。这样,淮渎庙设在淮河的发源地桐柏,济渎庙设在济水的发源地济源,就表明了河流的源头地也具备被视作"神明之隩"的条件。从民俗材料看,有许多民族对水体的源头关注有加,将其视作神灵栖息之地。河流源头水道细小,地形相对复杂,很难用作较多人口聚集的场所,但其环境幽深,外部干扰较少,在心理上,把控源头又有特别的象征意义,视河流源头地为"神明之隩",把重要的祭祀场所定位于河流的源头地也就合情合理。

其实,河道上任何突出的地形条件的变化都有可能带来相应环境价值的改变,并给相关人群带来心理上、行为上的影响,在万物有灵的思维框架中,那些特异的地点都可以与神灵相关。所以,河流的入山口处、河道的剧烈转折处及其附近有山包突出的地点都有条件被视作"神明之隩"。

河流交汇之处和高水平的祭祀地段关系特别密切。位于宝鸡的汧渭之会就是汧河汇入渭河的地点,西安是泾河汇入渭河的地点，洛阳是伊洛河与黄河交汇的地点，郑州是济水汇入黄河的地点，这些地点都是设围基址最为常见的处所。河流交汇点的水文与地形条件相对复杂，本身又具有明显的空间标识性，是族群实现跨河谷发展，面对更多资源的地理要冲，所以，出现这种情况是很自然的。与此类似，两条河流的源头地或河道接近时，可以方便地同时涉及两条河流的地点，也会被认作特殊的"神明之隩"，成为设围基址乐于坐落的地点。

"神明之隩"是人类实现空间控制的要点，不同的"神明之隩"在实现空间控制上的价值不同，于是就有了"神明之隩"的等级分别。从空间角度看，如果上古人类认为，世界秩序的核心内容是"神明之隩"的等级序列，那也应该是完全可以理解的。

设围基址只在有限的地点出现，不仅意味着"神明之隩"等级序列的存在，并且意味着不同的"神明之隩"的占据者实力差异的存在。只在特定的"神明之隩"才可以见到的设围基址的拥有者，自然是在一定范围的族群竞争中脱颖而出的胜利者，或者一定地区的强势族群。

"神明之隩"都不是孤立存在的。一些高等级"神明之隩"在空间上的接近使得控制了相应地区的族群可以通过设围基址的安排，形成涉及更大范围的相互支撑的空间控制要点系统，以较小的投入取得更大的社会与战略效益，这就是一些地方设围基址总是成群地出现的缘由。

设围基址群的出现在许多时候意味着形成支配更大范围权力的自然条件的存在。在通常的条件下，设围基址群中的主导性设围基址的等级是判定设围基址群祭祀等级的主要依据。而设围基址群包括设围基址数量的多少，则是判断该设围基址群综合实力的基础。设围基址群包括设围基址多的,一般表明其实力更强,反之,则表明其实力较弱。

当设围基址或设围基址群相邻时,对不同设围基址之间关系的判定,是了解设围基址群的存在与否和设围基址群之间关系的基础。设围基址(群)之间的关系判定或者可以从以下几个方面着手:一、考古学文化的属性。一般说来,文化相同的设围基址(群)间相互支持和协同的机会更多。二、空间紧密水平。一般说来,距离相近则有更多的协同可能。三、防范态势的有无。如果在两个遗址(群)间,有重大的自然或人为因素间隔,多是博弈关系存在的表达,如果联络明快、方便,多意味着协同关系的存在。四、相应观察表明,应该是为取得更好的祭祀效果,设围基址有逼近河道设置的倾向,这样,下游设围基址(群)远离河道,并寻求防卫的形成,应是与上游人群间为博弈关系的表达。五、规格秩序的有无。一般说来,近距离相邻的设围基址(群)间有明确祭祀规格和占地规模差异,两者为协同关系的机会多,反之,则两者为博弈关系的机会较多。六、空间针对性差异。相邻的设围基址(群)空间针对性差异的存在,往往提示协同关系的存在,在其可以形成某种针对性的空间控制系统时更是如此[21]。

一般说来,高等级的"神明之隩"与东亚大陆腹地的长程河流的主要河段相关。长程河流涉及的空间广阔,面对条件复杂,对之实行系统的控制,需要更强的实力。当一定族群自身实力有限时,依托流程较短的河流生息繁衍是恰当的选择。事实上,那些强势的族群无一不是由小河小溪起步的。这种状况提示将河流上的特殊地点视作"神明之隩"还有另一层的依据。因为河流的转折、跌宕、交汇等水流湍急的地方,往往是鱼虾聚集的环境,干净湍急的流水还有理疗与治愈作用。当河流尺寸不大时，人们应该有更多的机会在这些方面得益。由此可推，在十分古远的时期，人们就依据自己的日常生活经验开始了"神明之隩"系统的建构。

除了相关河流流程的长短，基于族群的安全与发展需求，"神明之隩"的地位高低还应与以下几点相关：一、"神明之隩"及左近地区面对的外部挑战的严重程度；二、"神明之隩"及左近地区的物产丰饶水平或适宜农耕及养殖的水平；三、"神明之隩"及左近地区形成高水平防御体系的方便程度；四、沿"神明之隩"关涉的河流进行空间拓展的便利程度；五、与其他高等级"神明之隩"联系的方便性或与高等级"神明之隩"组织成为协同体系的方便程度；六、对其他高等级"神明之隩"施加压力的机会多少与施压有效水平高低；七、"神明之隩"所直接面对的下游空间物产资源的丰饶水平；八、特殊标识的存在及环境神圣意味营造的方便性[22]。

种种迹象表明，在车、马未用的远古，具体的自然条件决定了在诸多的高等级的"神明之隩"中，郑洛一线的地位最高。这不仅因为这里与有着相当距离南北流向河段的长程河流黄河有关，并且因为该地气候物产条件良好，较易形成有效的防御体系。同时，这里所涉及的河流系统空间拓展水平较高，可以较方便地形成高等级"神明之隩"的组织系统，在多数时期，可以利用以其为原点放射状展开的黄河、济水、颍河、唐白河等河流对环泰山地区、江汉平原及洞庭湖地区、海河下游乃至西辽河流域、淮河中下游地区以至环太湖地区的有效施压，势力强大的族群还有条件通过渭河、汾河、黄河西河段等实现空间拓展，给宝鸡西安一线、蒙晋陕三角区造成压力。郑洛一线直接与东亚大平原核心部分相接，有利于对东亚大陆腹地的最大宗农耕资源实行控制。嵩山作为该地的空间标识，与泰山遥相呼应，使之成为东亚大陆东西景观轴线的关键支点。十分特别的是，该地恰好位于宝鸡西安一线、环泰山地区、江汉平原及洞庭湖地区和蒙晋陕三角及左近地区等高等级"神明之隩"所框定范围的中心位置，在空间感知上使其具有凌驾于其他高等级的"神明之隩"之上的性质。正是如此，郑洛一线被辨识为与神明沟通的最为有效的场所并名之为"中国"。

仔细观察可以看到，东周以前的诸多时期，最高等级的设围基址只在郑洛一线出现，这种情况当然可以作为古人在相当长的时间里认定"中国"为东亚大陆腹地最为神圣地点的证据。

以特定的社会、文化条件为基础，占据"中国"就意味着获得了与神明沟通的最为特殊的权力，这样的权力是促成族群发展的巨大资源。所以一旦"中国"被辨识和确认，它就成了在东亚大陆腹地活动的人类竞相追逐的场所。对于"中国"的追逐、控制以及依托"中国"实现权力架构和空间拓展也就成了这片大陆空间架构与社会发展历史的特殊内容。

河道网络主导的空间控制系统，只有在独立的道路网络稀疏、交通工具原始、弓箭效用低下的时期才能完全成立。一旦弓箭效用提升，独立的道路网络发展，特别是车、马一定规模地用于战争，相应空间控制系统就会遭到削弱乃至解体，甚至使原本的优势变成劣势，造成空间控制系统转化。这种变化当然会造成对上古景象的强力遮盖，使其成为难以企及的内容。

设围基址是高规格的祭祀场所，高规格的祭祀场所在上古社会组织上具有关键的作用，这自然会使之成为相关人群全力看护的场所。因此它的位置指引着相关人群的空间拓展战略态势，指示着相关人群的心理归属空间。在一定的政治、文化条件下，设围基址一旦确立，就有可能导致以为基础的具有公共价值的功能聚集，使其在社会组织和空间形成上发挥更为积极的作用。也就是说，设围基址是一个显著的标识，对于一定地区来说，它的存在、规格提升、与之有关的设围基址群的出现和规模壮大，意味着在该地区凌驾性权力的存在、权力地位的提升和相关族群的壮大。反过来，一定地区的设围基址的消失、等级降低、设围基址群的衰落和解体，则意味着该地区凌驾性权力的迁出和衰落，权力地位的下降，甚至是相应族群的败亡。

设置圈围，是享有某种特权的表达。从设围基址的稀缺程度看，权力执掌者倾向于对相应特权实施严厉的管控，强烈地排斥政治、文化和空间上的疏离者或对抗者对设围基址的拥有。也就是说，为了维护应有的社会秩序，上古东亚大陆腹地的主导权力的拥有者不仅会要求自己所控制的设围基址系统表现为一定水平的"中心—边缘"结构，而且会刻意阻止不同文化、空间疏离地区的设围基址出现。在相当程度上，"中国"神圣性表达的关键在于"中国"的拥有者所持的祭祀特权对周边地区的凌驾水平。

最早出现在东亚大陆腹地用以圈围明堂或祭祀场所的墙垣应该出自壕沟发掘产生的渣土，并且构成这种墙垣的材料以黏土、壤土为主。黏土和壤土较不容易流失，甚至雨水对于黏土还有一定的压实作用，所以不需要太多土工技术支持就可以形成具有一定阻碍力的设置。黄河中游地区的土质以沙土、粉土为主，沙土、粉土遇水容易流失，在这种地区建造墙垣需要更多的土工技术支持,这应是黄河流域系统性城垣的使用出现较晚的缘由[23]。

墙垣具有更强的空间界分能力,随着不同族群间资源争夺日益激烈,对特殊地段防御的要求不断提升,以土工技术的发展为基础,城垣的使用范围逐渐扩展顺理成章。可是仔细观察城垣使用范围的变迁过程,事情并不那么简单。

用垒石、堆土、木栅栏形成界限与用壕沟形成空间界限的最大不同,是这样的界限在一定程度上阻断了被圈围地块与周边环境的"自然"联系,使其与所处的既有环境分离开来。而设围基址周边的环境对于依托特定的地理条件而成的神圣地段的神圣性的认定本当至为重要,对圈围地段与周边山水通畅联系的坚持,也许是理解中国上古设围基址墙垣使用推进历程的重要侧面。

从工程的角度看,挖掘壕沟就会有渣土出现,利用渣土强化边界是再自然不过的事情。可是,考古材料显示,在一开始,发掘壕沟导致的渣土往往被费力地移到他处,并不用来强化空间的界分。虽然在距今 8000 年前后的澧阳平原上的八十垱遗址上已经见到可以视为城垣雏形的东西,但大约 500 年后,八十垱设围基址消失,在相同地区与八十垱遗址距离不足 20 千米的胡家屋场设围基址上,人们只看到了壕的存在。又 500 年后,同样处于澧阳平原的城头山和汤家岗两个设围基址,只在地位相对次要的汤家岗遗址上看到了墙垣,而等级地位较高且长期持续存在的城头山遗址上只有壕沟。这些迹象似乎表明,在相当长的时间里,在这里,只是在外部竞争压力较大、祭祀地段等级较低的情况下,城垣才成为圈围的选项。

在仰韶时代后期,江汉平原及洞庭湖地区的大多数设围基址都有城垣设置,这应意味着城垣的独特价值得到了较高水平的认可。可在以黄河中游为中心地的仰韶文化的设围基址中，只在位于边缘地带的丹江口地区的淅川龙山岗遗址上见有完整的城垣，郑洛一线的设围基址群中位于中心的、等级较高的设围基址上，并没有城垣的使用。在组群边缘单位的郑州西山遗址上，虽然见城垣，但却只有北半。从考古发掘材料看，此时黄河中游地区的人群已经初步掌握了夯土技术。这些情况应该表明直到此时城垣并不为相应人群所乐用。

城垣较之壕沟有更强的防御能力，利用挖壕的出土形成城垣并不见得比将出土运至他处更为费力。可在郑洛一线的核心地区，系统地使用城垣要晚到龙山时代后期。这种状况应为占有优势条件的人群对于传统做法的坚持所致。

在龙山时代后期，在郑洛一线的边缘性设围基址上，更多地设置了城垣，如山西襄汾陶寺遗址、河南安阳后冈遗址、博爱西金城遗址、登封王城岗遗址、淮阳平粮台古城遗址、辉县孟庄遗址、漯河郝家台遗址、平顶山蒲城店遗址、濮阳戚城遗址、温县徐堡遗址、新密古城寨遗址、新郑人和寨遗址等。但自仰韶时代已经出现，并持续存在到此时的，应为相应人群最为重要的郑州大河村设围基址上始终不见城垣的踪迹，这应该表明了城垣对于设围基址等级的决定价值仍然有限。在距今3850年前后出现的新砦文化郑州东赵遗址上，人们第一次在郑洛一线的核心部位见到了完整的城垣使用。随后二里岗文化的偃师商城遗址上城垣的使用表明城垣已经可以出现在最高等级的祭祀地段上。可由殷墟时期的安阳洹北商城只用壕沟而无城垣的做法看，可以认为直到商代晚期，壕沟仍然是祭祀地段等级的关键决定者。

陶寺遗址、后冈遗址、人和寨遗址、徐堡遗址上只有城垣而无壕沟的做法，显然来自在蒙晋陕三角区及左近地区活动的阿善文化、老虎山文化的石城传统。文化根源的不同，应该决定了没有壕沟只有城墙的做法地位不高。

一些只有城垣而无壕沟的遗址上的城垣平面同样采用了对应于明堂礼仪的处理，表明了城垣也具有等级显示的功能，可将此与以上的讨论结合起来，似乎在一定时期，城垣首先是防御能力的显示者，从根本上说，它的存在并不构成对既有的、以壕沟为基础的设围基址等级系统的严重破坏。

商代最晚期在宝鸡一带出现的属于周人的凤翔水沟遗址和宝鸡蒋家庙遗址上只有城垣的做法，显然是周人接受了老虎山文化的石城传统的表示。水沟遗址是当时周人最高等级的祭祀场所，由于周人最终入主中原，这就给城垣最终取代壕沟成为设围基址等级的首要决定者提供了机会。

依托对考古发掘材料的分析能够得到一定水平的对古人空间认知的了解，可是要想获得更为具体和详细的知识这是不够的，对塑造"中国"历程及上古中国空间架构的相对完整和真切的了解，离不开对传世文献的适当利用。

因为文献自身的原因和后人对历史状况的隔膜，导致了宋代以后疑古之思风起，近现代西方历史观念的输入，更是使得中国古代典籍提供的东周以前的历史叙述系统全面解体。"东周以上无史"[24]的说法，正是这种解体的标志性表达。虽然近年有所改观，但事实上的对宏富的中国古典文献资源的相当水平的搁置仍在持续。

说到与上古历史相关的中国古典文献，下列著作很难回避，一是《今本竹书纪年》（以下称《竹书纪年》），一是《史记》

的《五帝本纪》《夏本纪》《商本纪》和《周本纪》。上列著作向人们提供了一个自黄帝起的连续性极强的历史叙述系统，这使得它们很自然地成为探讨塑造"中国"的历程的主要依托。

总体地看，《史记》中的《五帝本纪》《夏本纪》《商本纪》对历史过程的记述相对简略，将其与考古材料细加对照时困难较多。《竹书纪年》提供了大禹以后各王的具体在位时间，对于历史过程和事件的记述更为详细，理当得到更多的注意。可长期以来，对于许多人来说，《竹书纪年》只是该书作者依着自己的想象杂糅多种材料不具多少可信度的拼盘[25]。这种认知，极大地限制了对于《竹书纪年》的细致发掘。可是，只要人们把相关记述与考古材料进行相对系统的比照，就不仅可以看到相应记述与考古材料所显示的空间态势与逻辑完全一致，并且还可以看到诸多记述与考古发掘成果准确对应。因而，更多地利用《竹书纪年》就成了本书展开的特点之一。

司马迁针对《五帝本纪》的写作说："学者多称五帝，尚矣。然《尚书》独载尧以来；而百家言黄帝，其文不雅驯，荐绅先生难言之。孔子所传《宰予问五帝德》及《帝系姓》，儒者或不传。余尝西至空桐，北过涿鹿，东渐于海，南浮江淮矣，至长老皆各往往称黄帝、尧、舜之处，风教固殊焉，总之不离古文者近是。予观《春秋》《国语》，其发明《五帝德》《帝系姓》章矣，顾弟弗深考，其所表见皆不虚。书缺有间矣，其轶乃时时见于他说。非好学深思，心知其意，固难为浅见寡闻道也。"[26]《史记》的记述是严肃的、认真的，可在当时已经"难为浅见寡闻道"。可见，《竹书纪年》的遭遇也属自然。在本书看来，这些著作的可信，是以优良的历史书写传统为根据的，中国历史书写优良传统的存在，鼓励我们更加积极地利用其他的中国古代典籍。

《竹书纪年》和《史记》的历史叙述，都起自黄帝，可从这两部著作的具体叙述和考古材料看，"中国"的塑造可以推至更为遥远的过去。按照古代文献，在五帝时代之前，还有一个三皇时期。历来三皇有不同的说法，《尚书大传》说燧人、伏羲、神农为三皇，《春秋运斗枢》说三皇为伏羲、女娲、神农，《风俗通义》则主张三皇为伏羲、祝融与神农。在古人那里，女娲与祝融均为灶神，故都可以和燧人对应。考虑到古代画作中女娲和伏羲往往同框，按山东邹城郭里发现的《伏羲庙残碑》说神农之父少典奉祀伏羲，可见伏羲与神农之间另有一世，据此本书主张三皇为女娲与伏羲、祝融、神农三世，这一说法与武梁祠西壁石刻画像所表现的相同（图1-8）。

有学者将仰韶文化半坡类型与炎帝时代对应起来[27]，这就给将比仰韶文化半坡类型更早的考古材料与女娲和伏羲、祝融乃至

图1-8 武梁祠西壁上的上古帝王形象（《中国画像石全集·第1卷·山东汉画像石》）

更遥远的时代联系起来提供了依据。古代典籍对于女娲、伏羲和祝融的记述虽然只是只言片语，但其所对应的时代对于完整的"中国"塑造历程的了解是不可或缺的。

仰韶文化半坡类型存在于距今6000多年的过去，《竹书纪年》排定的由禹到周平王统共历年为2100载左右，即炎帝至舜五帝共历年4000载以上。把炎帝与仰韶文化半坡类型对应，并且以《竹书纪年》和《史记》的相关叙述作为本书展开的基本依托，那就已经认定了在中国古代典籍中出现的伏羲、女娲、祝融、炎帝、黄帝、颛顼、帝喾、尧、舜等，并不是单一的生命体，而是某一族群首领的名称。

认为古籍中的尧、舜及其以前的帝王名号为一个长时段的某一族群首领的名称，似乎已经达成了某种共识。这里需要补充的是，通常认为是夏朝首位帝王名字的"禹"，也是一个相当长时期里的夏人首领的名称。因为如果《史记》对夏代的开创者夏禹的记述大体为真，那么夏朝成立以前，禹还有相当长的活跃时段，他不仅与尧有交集，并且和舜长期合作，这样的时间跨度，使得"禹"不可能是单一的生命体。据此，《史记》提及的与禹同时活动，与尧、舜有关，有的甚至与禹的后人启也有交集的契、稷、皋陶、伯益等也就不会是单一的生命个体。

注　释

[1] 马承源：《何尊铭文初释》，《文物》1976年第1期。
[2] 葛兆光：《宅兹中国：重建有关"中国"的历史论述》，北京：中华

书局，2011年，序3。李新伟：《共识的中国、理想的中国和现实的中国——苏秉琦"中国"形成理论的新思考》，《南方文物》2020年第4期。

[3] 古人有关"中"的讨论的文字，可参见葛志毅：《释中——读清华简〈保训〉》，《邯郸学院学报》2012年第3期。

[4] 邹逸麟、张修桂主编：《中国历史自然地理》，北京：科学出版社，2013年，第253—266页。

[5] 王宝灿：《第四纪时期海平面变化与我国海岸线变迁的探讨》，《上海师范大学学报（自然科学版）》1978年第1期。

[6] 刘莉、陈星灿：《中国考古学：旧石器时代晚期到早期青铜时代》，北京：生活·读书·新知三联书店，2017年，第32~33页。

[7] 这个数据排除了燕山北麓密集出现的小型石圈和在赣江一线集中出现的小型围壕。

[8] 裴安平：《中国史前聚落群聚形态研究》，北京：中华书局，2014年，第3—6页。许宏：《先秦城邑考古》，北京：金城出版社、西苑出版社，2017年，第10—12页。

[9] 司马迁：《史记》（第一册），北京：中华书局，1959年，第106页。

[10] 陈晓华：《新石器时代中期聚落环壕功能辨析》，《湖南考古辑刊》（第10集）2014年。

[11] 吉林大学边疆考古研究中心、吉林省文物考古研究所：《吉林大安市后套木嘎遗址AⅢ区发掘简报》，《考古》2016年第9期。

[12] 湖南省文物考古研究所：《彭头山与八十垱》，北京：科学出版社，2006年，第224—228页。内蒙古自治区文物考古研究所：《白音长汗：新石器时代遗址发掘报告》，北京：科学出版社，2004年，第41页。段天璟、成璟瑭、曹建恩：《红山文化聚落遗址研究的重要发现——2010年赤峰魏家窝铺遗址考古发掘的收获与启示》，《吉林大学社会科学学报》2011年第4期。河南省文物管理局、河南省文物考古研究所：《新安荒坡：黄河小浪底水库考古报告（三）》，郑州：大象出版社，2008年，第33—36页。西安半坡博物馆、陕西省考古研究所、临潼县博物馆：《姜寨——新石器时代遗址发掘报告》，北京：文物出版社，1988年，第51—52页。

[13] 《淮南子·主术训》说"明堂之制……迁延而入之"，《史记》则说明堂"从西南入"。

[14] 蔡邕著，邓安生编：《蔡邕集编年校注》（下册），石家庄：河北教

育出版社,2002年,第518页。

[15] 《史记·封禅书》说秦文公得到了意味着其能成为天下霸主的"若石",故"于陈仓北阪城祠之",可见施加圈围是提高祭祀规格的手段。

[16] 《十三经注疏》整理委员会:《十三经注疏(春秋左传正义)》,北京:北京大学出版社,2000年,第867页。

[17] 王鲁民:《营国:东汉以前华夏聚落景观规制与秩序》,上海:同济大学出版社,2017年,第16—83页。王鲁民、范沛沛:《祭祀与疆域:中国上古空间考古六题》,郑州:大象出版社,2021年,第13—15、36—41页。

[18] 司马迁:《史记》(第四册),北京:中华书局,1959年,第1382页。

[19] 《十三经注疏》整理委员会:《十三经注疏(春秋公羊传注疏)》,北京:北京大学出版社,2000年,第666页。

[20] 《史记》云:"雍旁故有吴阳武畤,雍东有好畤,皆废无祠。或曰:'自古以雍州积高,神明之隩,故立畤郊上帝,诸神祠皆聚云。盖黄帝时尝用事,虽晚周亦郊焉。'"相关讨论详见王鲁民、范沛沛:《祭祀与疆域:中国上古空间考古六题》,郑州:大象出版社,2021年,第73—77页。

[21] 王鲁民、范沛沛:《祭祀与疆域:中国上古空间考古六题》,郑州:大象出版社,2021年,第66—71页。

[22] 王鲁民、范沛沛:《祭祀与疆域:中国上古空间考古六题》,郑州:大象出版社,2021年,第91—95页。

[23] 王鲁民、范沛沛:《祭祀与疆域:中国上古空间考古六题》,郑州:大象出版社,2021年,第18页。

[24] 李扬眉:《"疑古"学说"破坏"意义的再估量——"东周以上无史"论平议》,《文史哲》2006年第5期。

[25] 王国维撰,黄永年校点:《古本竹书纪年辑校·今本竹书纪年疏证》,沈阳:辽宁教育出版社,1997年,第37页。

[26] 司马迁:《史记》(第一册),北京:中华书局,1959年,第46页。

[27] 韩建业:《早期中国:中国文化圈的形成和发展》,上海:上海古籍出版社,2015年,第232页。

第二章

悠远的回响——『中国』的辨识与确认

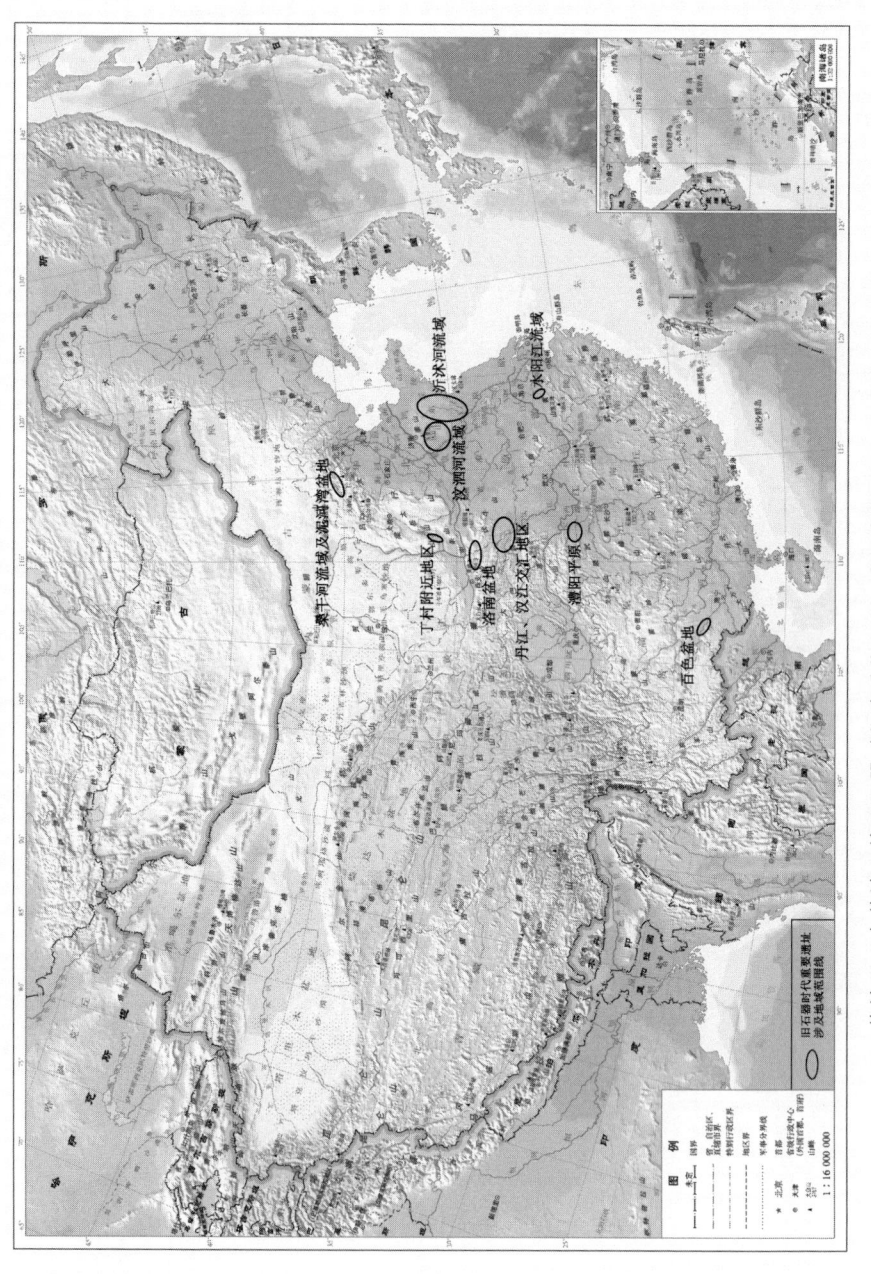

节首图：本节涉及的旧石器时代遗址位置图 [底图审图号：GS (2016) 1609 号]

一、古冥往幽——旧石器时代的遗址组织与地区互动

在东亚大陆腹地，通过占据河道上的特殊点实现对下游乃至更大地域的控制的做法并不是突然产生的，从人类活动遗存看，旧石器时代早期相应的做法已经存在[1]。

1995 年至 2004 年，在洛河上游，洛南盆地洛河及其支流两侧阶地上发现露天旧石器地点 268 处，其中旧石器时代早期遗址 50 处[2]。这些遗址主要集中在洛河入山口处，具体的遗址坐落不仅多和河流转折处及河流交汇点相关，而且在洛河南侧离开河流主道一段距离形成了两个各延绵 10 余千米的遗址分布的连续带（图 2-1-1）。

洛河上游的河道南侧，为丹江干流及其支流淇河、老鹳（灌）河的源头地。在旧石器时代早期，淇河与老鹳河沿线，也有一系列人类活动遗存。将两者联系起来，完全有理由设想，洛河上游旧石器时代早期遗存的南侧存在的遗址带有着防范在淇河及老鹳河沿线活动的人类的作用。洛南盆地与淇河、老鹳河沿线人类活动遗存之间距离约为 100 千米，有限的距离，应该支持两者之间存在互动的设想。

2005 年在河南西峡县丹江支流老鹳河出山口处，老鹳河与丁河的交汇点附近，发现并确认了 7 处旧石器时代早期地点[3]。位

图 2-1-1 陕西洛南盆地旧石器时代遗址分布图（据《中国史前聚落群聚形态研究》改绘）

于下游的龙湾、南寺、小沟和火沟位于河流交汇处，且逼近河道安排。而位于上游的杨岗、赵营和五眼泉则离开河道一定距离坐落，显示出某种防范的态势。这种防范的态势，正与洛南盆地的遗址分布状态相呼应，应为跨流域的族群互动存在的证据（见图2-1-2中A处）。

在老鹳河与丁河交汇处的旧石器时代早期遗址只是一个大的遗址分布结构的一部分。此时在老鹳河以西的淇河以及丹江干流沿线，有更多的旧石器时代早期遗存[4]。从总体上看，这些遗址的坐落都有避离河道分布的倾向。由此不仅可以推测它们与上游地区互动的存在，并且可以想象在互动中对方占据着主动。

在淇河、老鹳河等丹江沿线的旧石器时代早期遗存出现的地点以南的不远处，丹江和汉江的交汇地，位于汉江出山口附近的汉江沿线，也有一系列旧石器时代早期遗存。相关遗存的坐落方式与在丹江一线的旧石器时代早期遗存的坐落方式明显不同，大多逼近水体安排，似乎相应族群自成体系，势力强大，并努力向周边地区渗透（图2-1-2）。

20世纪90年代，在湖南澧阳平原周边的低山丘陵区，发现了一批旧石器时代人类活动遗址，其中4个明确为旧石器时代早期遗存[5]。从具体坐落看，这几个遗址均处在澧水以南，且与河道与山体相夹处相关。虽然在澧水以北有一系列旧石器时代的遗址所属时期未能分明，但大体上看，在澧阳平原活动的人群，避开澧阳平原北部冲击的态势是明确的（图2-1-3）。此时的澧阳平原北部的遗址多出地只有丹江、汉江交汇地一区。虽然澧阳平原与丹江、汉江交汇地之间有200多千米的距离，但仍然可以设想两个地区之间存有某种互动关系。

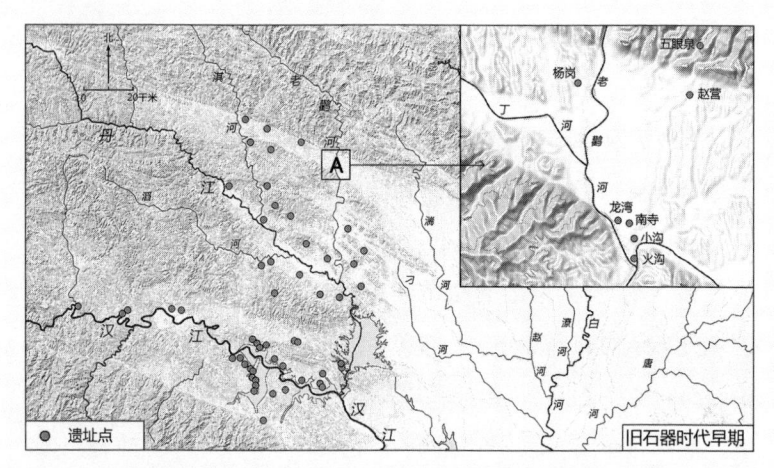

图 2-1-2 丹江与汉江交汇地区旧石器时代早期遗址分布（据《湖北旧石器文化初步研究》《长江中下游地区旧石器文化的分期与分区》《河南地区旧石器文化遗存及相关问题研究》和《中国史前聚落群聚形态研究》绘制）

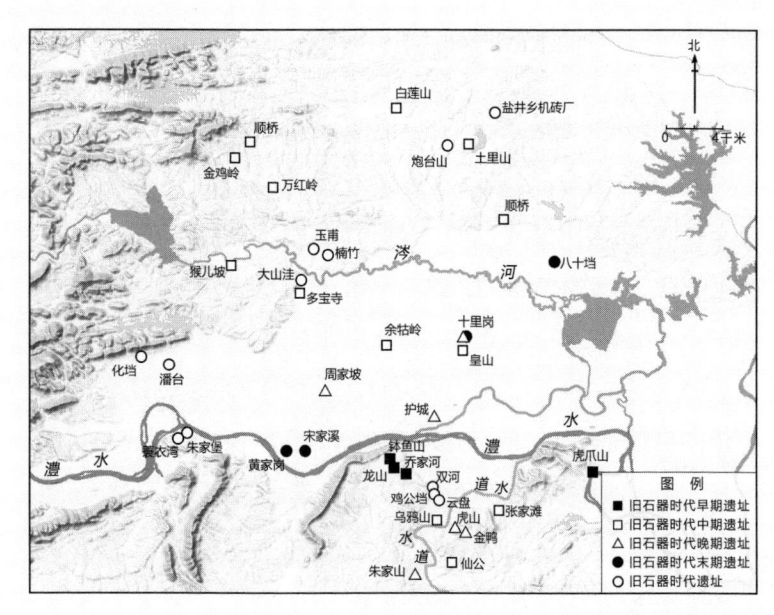

图 2-1-3 湖南澧阳平原及周边地区旧石器时代遗址分布图（据《中国史前聚落群聚形态研究》改绘）

广西百色盆地右江两岸高阶地上先后发现了45处文化面貌相似的旧石器时代早期遗址，它们分布在一个东西长约100千米、南北平均宽约10千米，涉及范围约为1000平方千米以上的河谷中[6]。位于上游的河流出山口以下长约30千米的河段，空间相对狭窄，地形起伏较大，河道蜿蜒曲折，集中出现了30处遗址，而其下长约70千米的地势较为开阔平坦的地区，只有15处遗址出现。从具体的坐落地点看，这些遗址基本上都坐落在河道的转折或地形条件有较大改变的地方。虽然我们很难断定这些遗址具体的共时性状况，可这样的遗址分布状态仍然表明了当时人们特别关注河道上的特殊地点，并倾向于在这些特殊地点驻停（图2-1-4）。如果这些同在一个空间界限明晰的地理单元中的遗存为同一人群所有，且上、下游的遗存有一定的共时性，

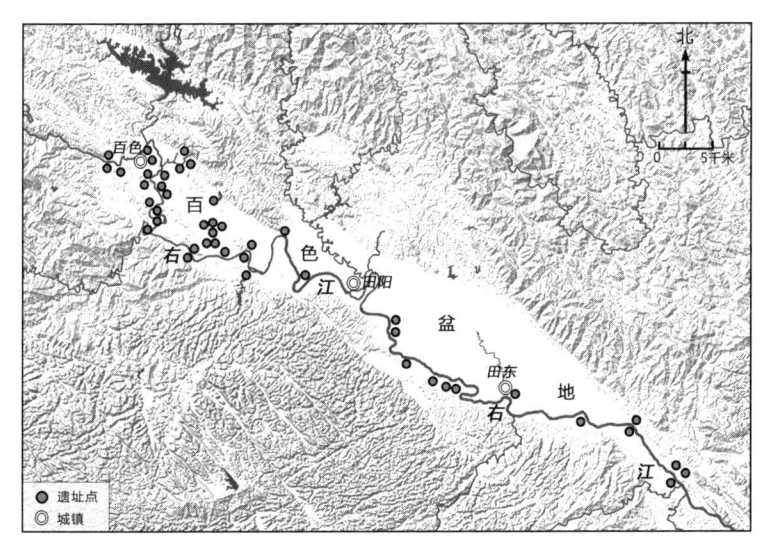

图2-1-4　广西百色盆地右江两岸旧石器时代遗址分布图（据《中国史前聚落群聚形态研究》改绘）

在中下游地段为人类获取生存资源的主要场所的框架下，可推通常在上游遗存点驻扎人群的常规游弋距离应该可以达到 30 千米以上。

在河北阳原县泥河湾盆地东侧桑干河入山口处河道南侧的台地上集中存在一系列旧石器时代早期的遗址[7]，在这些遗址中，位于西侧的遗址离开桑干河主道较远，越向东遗址越靠近桑干河主道。这样的分布不仅显示出对河道上特殊地点的关注，并且也暗示其承受着来自西侧的压力。这些遗址的分布格局，指示着相关人群据此试图控制东侧的桑干河下游地区。从距离上看，在距此 100 多千米的桑干河下游北京周口店一带活动的人群与这些人之间的互动大概率地存在（图 2-1-5）。

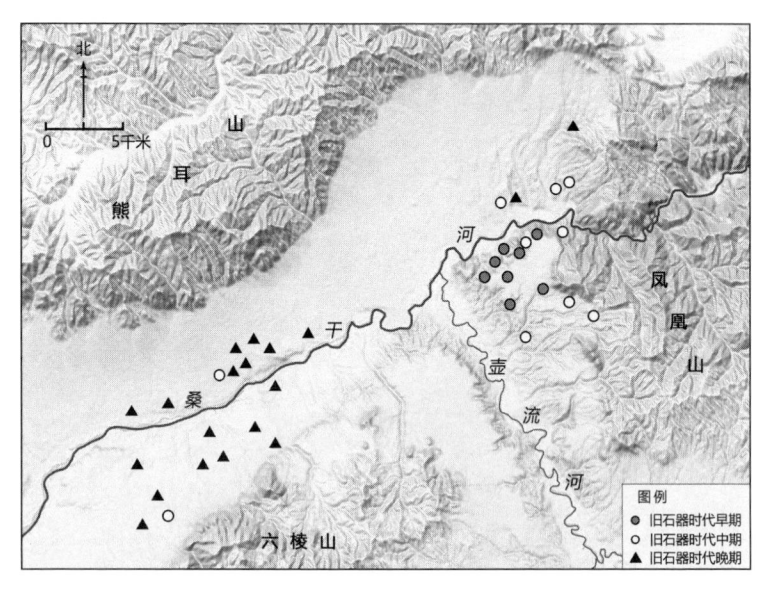

图 2-1-5　河北泥河湾盆地东北部旧石器时代遗址分布图（据《基于 GIS 的泥河湾盆地旧石器时代古人类与地理环境的关系研究》改绘）

山西襄汾县丁村发现有 6 处旧石器时代早期遗址[8]。这 6 个遗址可以分成两组，上游组包括 5 个遗址，在河道转折处形成针对性组团。下游 1 个遗址，位于河道转折处靠近河道安排，两个组团之间相距不足 10 千米，就此设想一个系统控制一定河段的协同组织存在似无问题（图 2-1-6）。

在安徽东部的水阳江流域，发现的旧石器时代早期遗址涉及范围约达 100 平方千米[9]，从空间上看，这些遗址可以分作三个组团。第一组团 14 个遗址集中坐落在水阳江出山口处，这 14 个遗址又可以分为三个部分。上游部分包括 5 个遗址，其中 3 个离

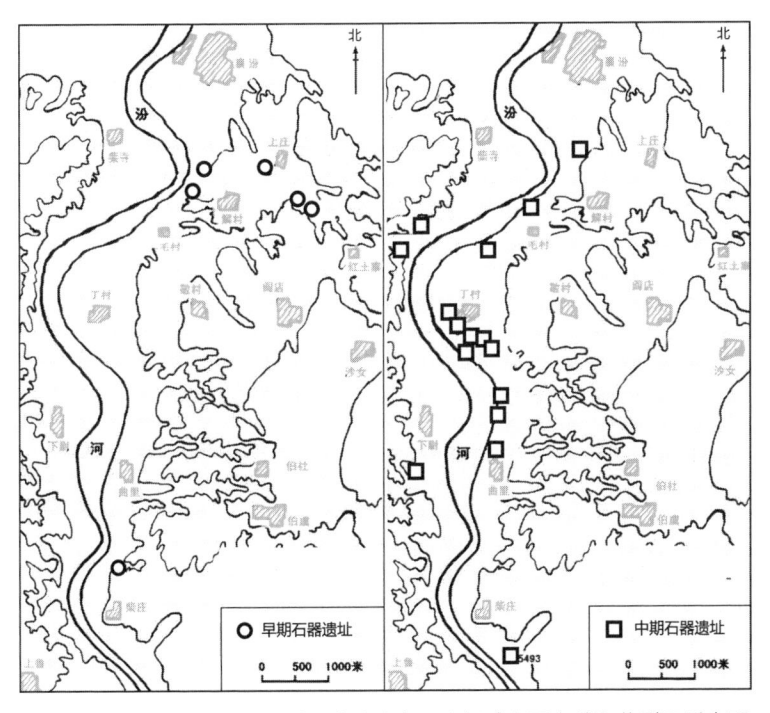

图 2-1-6　山西襄汾旧石器时代遗址分布图（据《中国史前聚落群聚形态研究》改绘）

开主河道一定距离安排，显示出某种防范意识。中游部分 4 个遗址逼近主河道一字排开，表明了与上游部分的协同关系。下游部分则分散于相对平坦的地方，争取更方便的环境条件。因出土物丰富被发掘者视为三大营地中的两个宁国市罗溪村毛竹山和官山位于该组团的中游部分，提示一个中心——边缘的组织构架存在。位于其下的第二组团 10 个遗址可以分成四个部分，分别与不同的河流对应，位于华阳河和水阳江交汇处的被视为三大营地之一的宣城陈山砖瓦厂遗址处在第二组团干流附近的三个部分的核心位置且逼近河道安排，不仅显示这里同样存在一个一定水平的中心——边缘组织构架，并且提示其与上游组团为协同关系。第三组团仅有一个遗址，该遗址坐落在水阳江与山体相夹处附近，离开河道一段距离，将这种状况与第二组团北面两个部分都离开河道一段距离坐落结合起来看，似乎此时在水阳江流域活动的人群需要面对来自西北方的挑战（图 2-1-7）。

旧石器时代早期遗存在山东泰山南侧的沂河一线，以及日照沿海也有发现[10]，在空间上这些遗址可以分作三个部分。第一部分，在沂河干流上游，有 3 个遗址存在。第二部分，在沂河支流祊河的源头地，发现一个遗址。第一、二部分的遗址结合在一起，具有居高临下控制沂河下游的意涵。需要注意的是，沂河干流上最上端的遗址位置与汶河源头地相近，祊河上的遗址位置与泗河源头地相关，这种坐落方式显示出二者协同控制汶、泗流域的倾向。第三部分在日照沿海，有一个旧石器时代早期的遗址，遗址毗邻大海，在获取人类不可或缺的食盐上具有价值，可以设想其在功能上对在沂河一线出现的遗址形成补充。这样，似乎可以认为旧石器时代早期这里已经存在着一个涉及地域广阔的协同单位

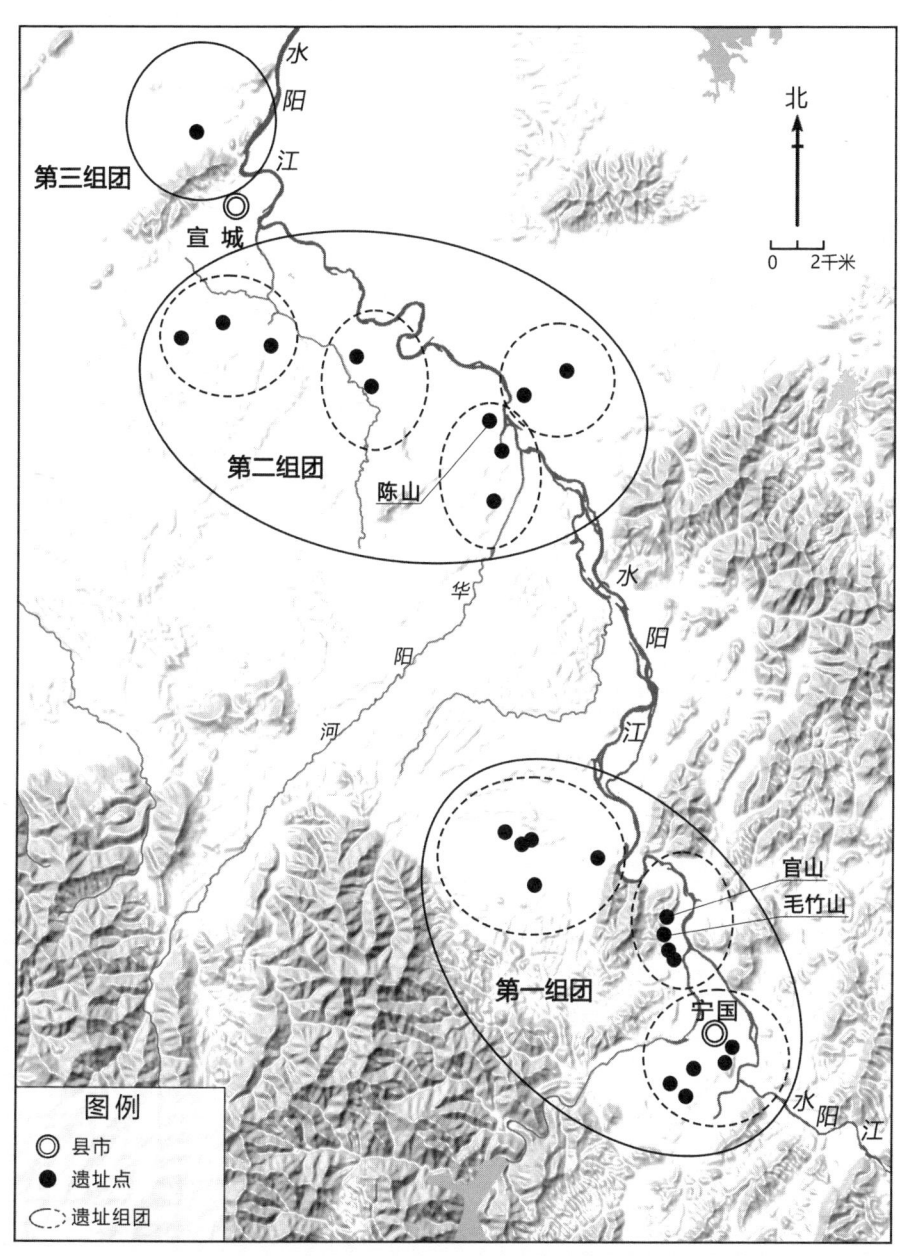

图 2-1-7 安徽水阳江流域旧石器时代早期遗址分布图(据《中国史前聚落群聚形态研究》《安徽水阳江流域 2017 年旧石器考古调查简报》改绘)

整体（图 2-1-8）。

上列的旧石器时代早期遗址，涉及一个极为广大的区域，但这些遗址却有着大致相同的居停场所定位方式，表明借助河道上的特异地点保证自己安全并实现一定空间控制的做法源远流长。发现于洛南盆地、丹江一线、汉江出山口地区，乃至澧阳平原的旧石器时代早期遗址的分布状态显示出的不同族群长距离互动的迹象，似乎表明当时的人类活动范围并不拘于通常认可的狭小空间。特别是这些地点均处在前文提到的由黄河西河到沅江一线巨大的南北交通轴带上，进一步考虑在新石器时代相关空间段是黄

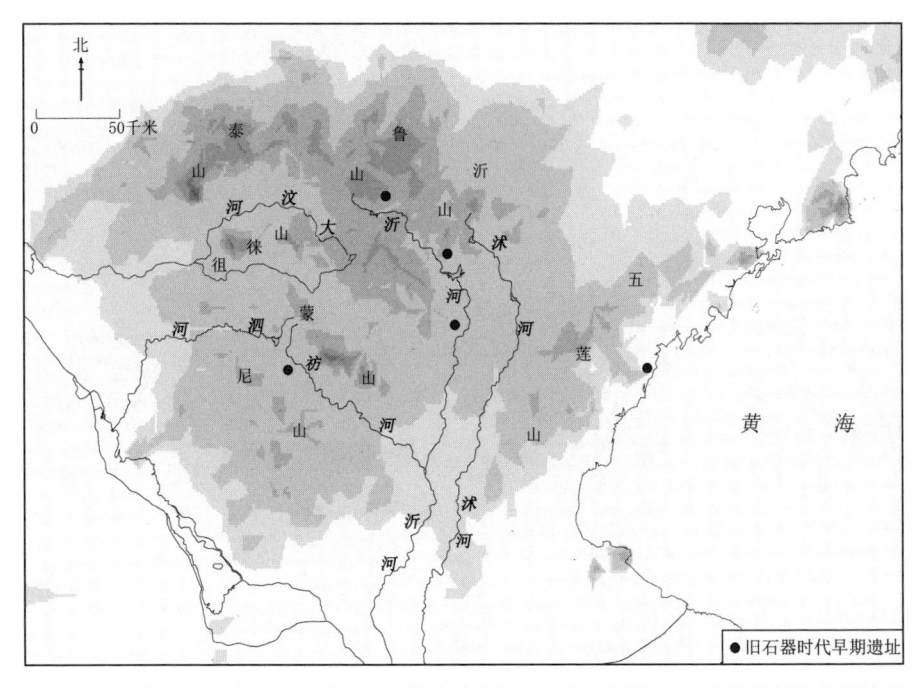

图 2-1-8 泰山西南地区旧石器时代早期遗址分布图［底图依据 SRTM 高程数据和全国地理信息资源目录服务系统（www.webmap.cn）的水系数据绘制］

河中游地区与长江中游地区互动的常规通道,这就特别地提示了旧石器时代早期相关人群在此构成长距离互动空间的可能。

上及之安徽水阳江流域、广西百色盆地、陕西洛南盆地等旧石器时代遗存都可以分作为近距离相邻的多个遗存组团。不同的组团处在相当不同的环境,获取生活资源的方便程度有较大差异,这已经暗示这些组团之间协同的必要性的存在,或者说不同人群之间的某种分工和一定的获取物分配的规则存在。

旧石器时代中期,原本在丹江支流淇河沿线的人类活动遗存消失了,此时的遗址主要在老鹳河沿线出现。遗址的分布范围大幅度向南拓展,相当一部分出现在丹江口东侧接近平原的地点。与淇河相比,老鹳河与洛河上游地区的关系相对疏离,这样的遗址分布状况或者暗示洛河上游人群对该地区造成了更大的压力,虽然此时洛南盆地的遗址存在状况未能明确,但由现有资料似可推测,旧石器时代中期,在洛南盆地活动的人群规模较之以前应有一个较大的扩展。

老鹳河一线与丹江、汉江交汇处的关系更为密切。丹江一线的遗址向老鹳河一线迁移并向南推进当然会对在汉江一线活动的人群造成重大的影响。汉江一线的旧石器时代中期遗址在数量上大幅减少,分布范围大幅度向汉江上游方向退缩的状况可以理解为在丹江一线活动的人群与在汉江一线活动的人群之间的对抗所致,也就是说,在丹江一线活动的人群南下,将原本在汉江出山口处活动的人群逐出了该地区(图 2-1-9)。

澧阳平原旧石器时代中期遗址的数量远较早期为多。在澧水以南,只有两处遗址占据山体的显要处,与澧水支流道水的转折点对应,其坐落地点与旧石器时代早期在此分布的遗址有所呼应。

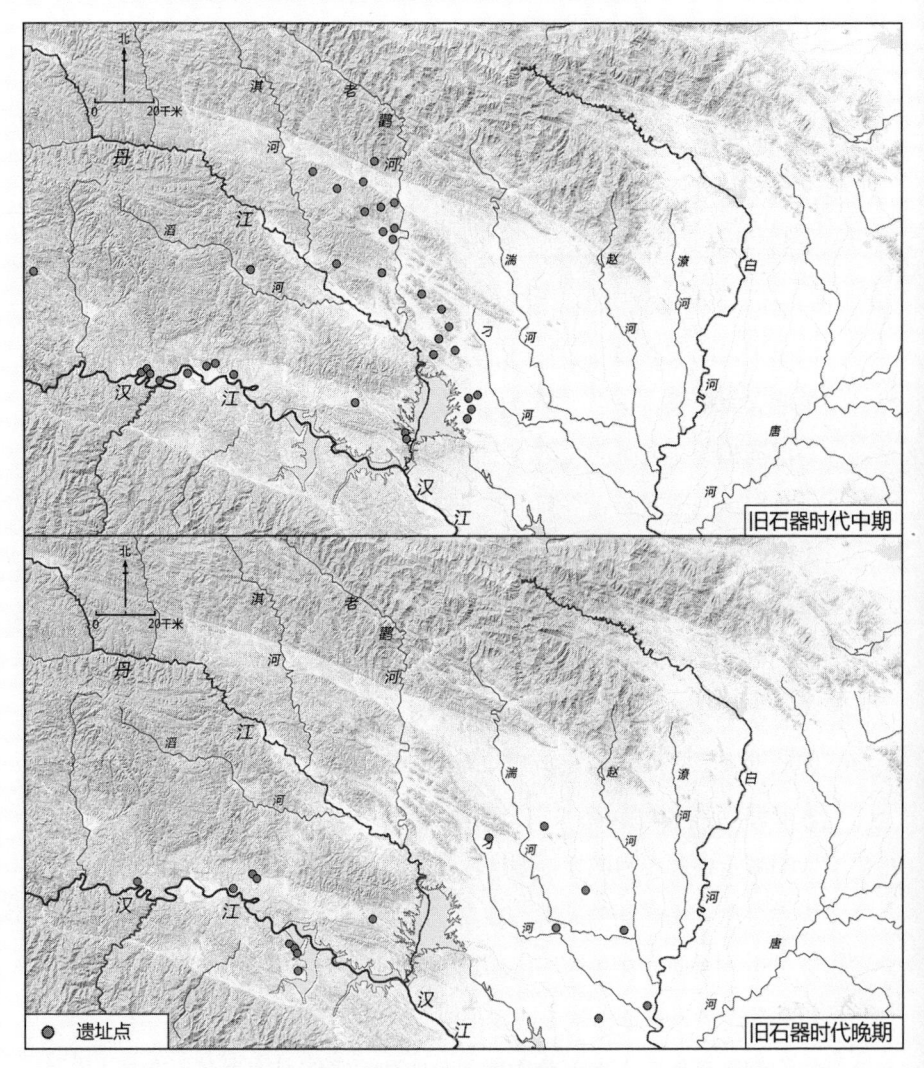

图 2-1-9　丹江与汉江交汇地区旧石器时代中、晚期遗址分布

在澧水以北，这一时期的10余个遗址散布于澧水以北平原地区及较为平缓的丘陵区，表明人群的活动范围大幅向北推进。这种改变应该可以用丹江口地区出现纷争，来自澧阳平原北侧的压力大为减小来解释。

在澧阳平原旧石器时代中期的遗址中，出现了核心区面积达到2000多平方米，规模可观的乌鸦山遗址[11]，这样的遗址存在表明了这里存有着一个有一定等级秩序的多层次的协同体。

山西襄汾丁村的旧石器时代中期的遗址较之早期数量有较大幅度增加，空间控制由两点着力转变为对一定河段整体着力，并且呈现出向平地迁移的倾向。

在山东环泰山地区，已发现的旧石器时代中期遗址仅为三个：一个位于沂河干线上游下段，一个位于祊河与沂河的交汇处，一个位于五莲山东侧的远离大海之处。较之新石器时代早期，这种分布状态虽然放弃了对汶、泗河流域的干预，可在遗址减少、关涉范围收缩的情况下仍然保有了在旧石器时代早期存在的空间、功能协同结构的核心内容（图2-1-10）。位于沂河上游的跋山遗址[12]的遗存堆积厚度近8米，发掘出石制品、骨牙角制品及动物化石5000余件，其中包括一件用古菱齿象门齿修制而成的大型铲形器。在具有统领地位的地点，如此隆重的遗址出现，应该表明了旧石器时代中期这里存在着一个有重要影响力的人类活动体系。

旧石器时代中期，河北阳原县泥河湾盆地东北部的遗址不仅跨在桑干河入山口两侧布置，并且在其西边一段距离处，还有遗址沿河道存在。如果这些遗址有一定共时性且为协同关系，那么，较之旧石器时代早期，此时相关人群势力更为强大，有条件对桑干河主道一线实行了更为强势的控制。

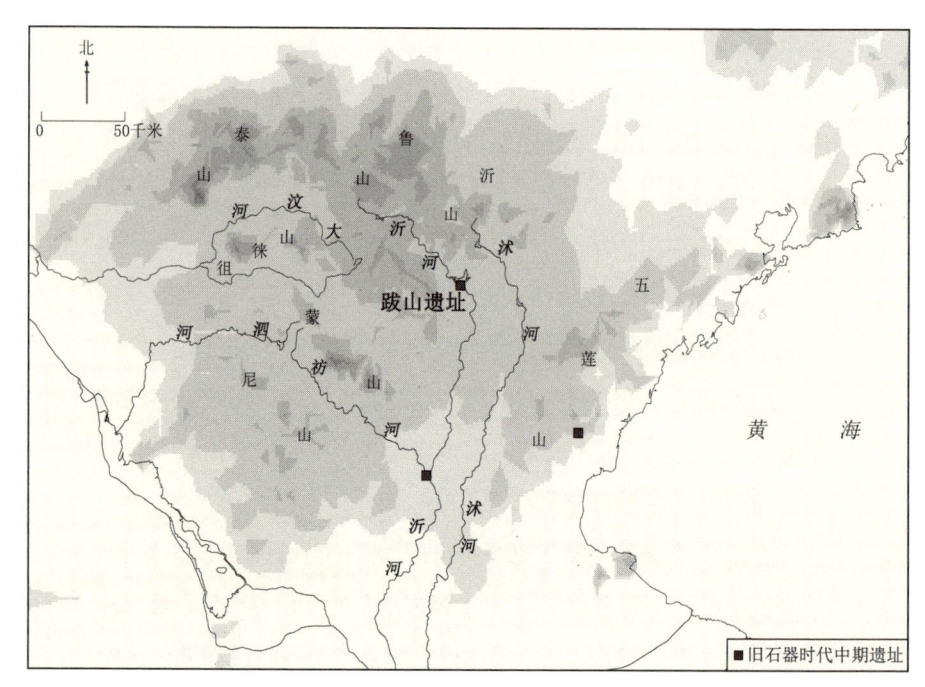

图 2-1-10　泰山西南地区旧石器时代中期遗址分布图［底图依据 SRTM 高程数据和全国地理信息资源目录服务系统（www.webmap.cn）的水系数据绘制］

　　旧石器时代晚期，洛南盆地旧石器时代早期已经存在的位于洛河以南的两个遗址连续带仍然保持着。此时的遗址数量当有较大幅度的增加，新增加的遗址主要分布在洛河北侧，这种状况应该进一步表明了这个群体承受着来自南边的压力。

　　在丹江一线，至今未有旧石器时代晚期的遗存发现，而在距离不远处，同属汉江支流的白河的支流上，有一系列旧石器时代晚期的遗存散布。同时，在汉江出山口处分布的同期遗存也远离丹江一线。这种遗址分布态势，可以理解为来自北方的压力有所增加所致。

这一时期，湖南澧阳平原的遗址分布范围大幅度向南退缩，数量也不及中期，也显示承担着更多的来自北方的压力。如果大胆一些，似乎可以把这些迹象与洛河一线同期遗址数量大幅度增加联系起来。

旧石器时代晚期泰山西南的遗址数量大幅增加。在沭河下游和泗河下游地区出现了规模可观密集分布的遗址群，在日照沿海有连续的遗址分布带存在，沂河、沭河、汶河、泗河上游的遗址交错存在，形成了对相关河道更为系统的控制。这种分布状态完全可以理解为旧石器时代早、中期已有结构的自然延伸。更为严谨完善的协同系统，是以族群的壮大为前提的。将沿海地区、沂沭河流域和汶泗河流域合并计算，此时这里遗址的涉及范围应该达到了3万平方千米（图2-1-11）。

桑干河一线旧石器时代晚期的遗址分布与此前相比显示出某种不同。在桑干河入山口附近，此时只在河道以北有两个遗址存在，在其以西河谷收缩处，则形成了一个颇具规模的总体上遗址越向东越逼近桑干主道设置的遗址组团。一方面，这种状况应该弱化了对桑干河下游的控制，一方面，则更加关注一个独立系统的形成和应对来自西侧的压力。与在襄汾丁村和泰山西南地区出现的情况类似，较之以前，人群似乎更倾向于在地形相对平坦的地方活动。

多个地点的旧石器时代遗址的分布，都显示人类居地逐渐迁向平原的趋势。迁向平原不仅意味着生业模式的改变，更重要的是指向相应人群对环境控制能力的加强。

从空间控制的角度看，上述旧石器时代处于不同地区的遗址的坐落特征、群体组织格局，都表现出十分明确的同一性。这种

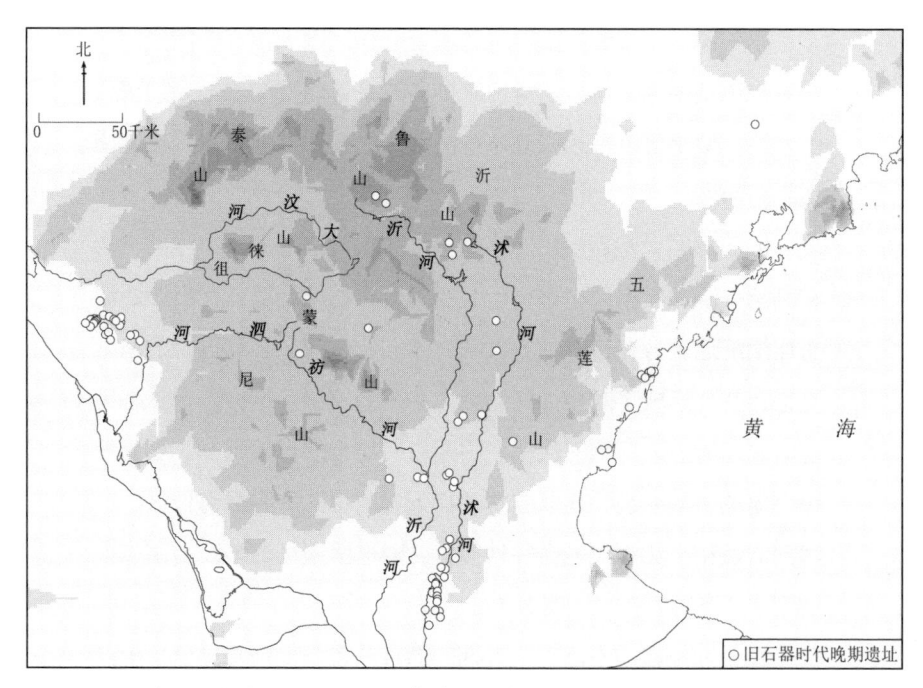

图 2-1-11 泰山西南地区旧石器时代晚期遗址分布图 [底图依据 SRTM 高程数据和全国地理信息资源目录服务系统（www.webmap.cn）的水系数据绘制]

情况，可以理解为一个涉及范围广阔的共享的文化传统存在。

在旧石器时代晚期的遗址中，有一种遗址不同一般。这种遗址数量不多，其或者面积较大，或者堆积较厚，表明其为更多的人或者被人更长时间地使用。这种遗址从分布上看，一个十分重要的特点是其中的相当一部分与后世的设围基址为邻。例如甘肃张家川县杨上、石峡口及庄浪县徐家城遗址均与秦安县大地湾设围基址相邻，陕西蓝田县甘峪—刁寨遗址靠近西安市半坡和姜寨设围遗址，蓝田县涝池河遗址靠近渭南市北刘设围遗址，山西襄汾县丁村遗址与陶寺设围遗址相近，湖南澧县乌鸦山、十里岗遗址与城头山、八十垱设围遗址同区，湖北荆州市鸡公山遗址在阴湘城设围遗址近处，河南舞阳县大岗遗址在漯河市郝家台与平顶山市蒲城店设围遗址之间，许昌市灵井遗址接近禹州市瓦店设围遗址，洛阳市北窑遗址位于瀍河汇入伊洛河处，近处有巩义市稍柴和洛阳市韩旗周城、大邑成周、侯城设围遗址，巩义市洪沟遗址与双槐树设围遗址隔河相望，荥阳市蝙蝠洞、织机洞遗址在东赵、汪沟设围遗址的上游，安阳市小南海遗址在后冈设围遗址、殷墟、洹北商城的上游，辽宁凌源市西八间房遗址边上就是三官甸子城子山设围遗址，喀左县鸽子洞遗址不远处有朝阳市罗锅地设围遗址，山东日照市竹溪村遗址近处有两城镇、丹土设围遗址，江苏连云港市将军崖遗址隔山是藤花落设围遗址，山东平邑县南武阳城、临沂市青峰岭遗址和沂水县跋山遗址离费县防城设围遗址不远，汶上县东贾柏遗址与贾柏、鲁都曲阜设围遗址相近，北京市周口店的山顶洞遗址接近房山区琉璃河和河北保定市要庄设围遗址（图2-1-12）。

　　考古发掘材料表明，旧石器时代晚期或者更早，祭祀活动已经出现。在这些长期使用的遗址上往往见到特殊的出土物可以表明它们与高规格的祭祀活动有更多的关联。旧石器时代中期末段的跋山遗址见有象牙铲。北京周口店山顶洞洞穴的下窨发现了完整动物化石，在墓葬中发现了当时难得一见的红铁矿石。旧石器时代晚期的襄汾丁村、荥阳织机洞、洛阳北窑、喀左鸽子洞、安阳小南海、庄浪徐家城诸遗址不仅有丰厚的地层堆积，而且出土诸多大中型动物化石以及特殊的石制器具。这些特殊遗址所在与设围基址空间上的耦合，应该表明在特殊的"神明之隩"设置祭祀重地的做法至少在旧石器时代晚期已经成为一种常规。特殊的

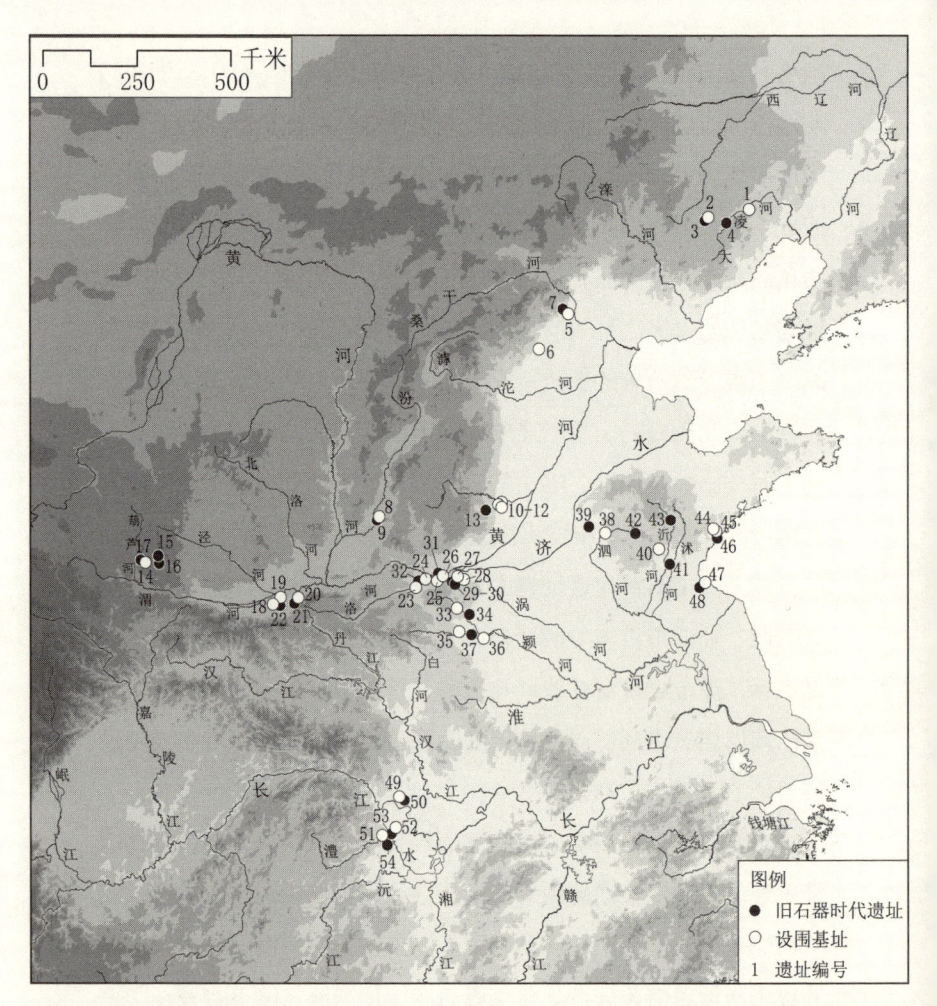

图 2-1-12 旧石器时代常用遗址与后世设围基址位置耦合关系图[底图依据 SRTM 高程数据和全国地理信息资源目录服务系统（www.webmap.cn）的水系数据绘制]

1.罗锅地 2.三官甸子城子山 3.西八间房 4.鸽子洞 5.琉璃河 6.要庄 7.周口店 8.陶寺 9.丁村 10-12.洹北商城、殷墟、后冈 13.小南海 14.大地湾 15.石峡口 16.杨上 17.徐家城 18.半坡 19.姜寨 20.北刘 21.涝池河 22.甘峪—刁寨 23.侯城 24.韩旗周城 25.稍柴 26.双槐树 27.汪沟 28.东赵 29.蝙蝠洞 30.织机洞 31.洪沟 32.北窑 33.瓦店 34.灵井 35.蒲城店 36.郝家台 37.大岗 38.鲁国故城 39.贾柏、东贾柏 40.防城 41.青峰岭 42.南武阳城 43.跋山 44.丹土 45.两城镇 46.竹溪村 47.藤花落 48.将军崖 49.阴湘城 50.鸡公山 51.城头山 52.八十垱 53.十里岗 54.乌鸦山旧石器时代晚期遗址的较多出现且与后世设围址所在相邻表示在东亚大陆腹地整体的社会复杂化水平提升的同时,一个由不同层级的"神明之隩"支持的涉及范围广大的空间架构呼之欲出。

值得特别提及的是,桑干河出山口处的北京周口店是著名的北京猿人发现地,这里长期使用的旧石器时代的遗址,在距今70万年至距今2万年都有发现。把这与桑干河流域旧石器时代遗存相当丰富结合起来,或可认为桑干河中下游地区在旧石器时代的相当长的时间里,一直是一个面积可观的地区的中心场域,那里的旧石器时代晚期的长期使用的遗址或者构成了一个协同系统,在东亚大陆腹地人类活动的组织上起着非同一般的作用。

旧石器时代晚期,在西江支流漓江与湘江源头交汇地出现了广西桂林甑皮岩遗址,在湘江支流潇水与西江支流贺江源头交汇地出现了湖南道县玉蟾岩遗址[13]。这两个遗址都经长期使用并有较丰富的遗存堆积,它们的存在,应当提示出当时岭南地区已经以某种方式与长江流域联系在一起。

在人口稀少、地处隐蔽的情况下,那些长期使用的旧石器时代的特殊地点也许不需要专设人员看守,可一旦走向平原,外部干扰增加,祭祀地点的隆重性提升,指派专员对之进行持续的看守、维护就会成为必要。这些神圣地点的看守者,或者就是最早的定居者。

设想长期使用的特殊地点的最初看守者是行动不方便者,如老人、儿童、孕期的妇女、残疾者,在社会生活组织的经济性上当具有极大的合理性,这也许就是明堂的功能包括了敬老诲稚的原因,甚至可以用以解释在古代社会中,巫觋为何往往为女性甚至是残障人员。

可以设想，当人们的猎取或采集物出现盈余，采集或猎取的东西当时不宜享用，或者一次所得不能达到必要的数量，要经过积累才能获得足够的物品时，动植物驯养的机缘就出现了。由于在更多的时候，特殊的目的才能使相关人员克服随时可能产生的享用所得物的冲动，并且在特殊的仪式地点才有更多的机会安排人员实行专职的、持续的对暂时不用的对象的照料，所以，用以祭祀的特殊地点最有可能成为动植物驯化的最初基地。现知最早的水稻、粟黍、大豆、狗、猪、鸡、牛的遗存的发现地多和旧石器时代长期使用的特殊地点及新石器时代设围基址相关[14]，似乎可以用来支持这种推论。见于湖南澧县城头山遗址的东亚大陆腹地现知最早的稻田与祭祀场地毗邻也可以作为这种推论的证据[15]。

在早期的长期使用的遗存丰富的旧石器时代遗址中，有一类遗址较为特殊，那就是洞穴遗址。相应的洞穴往往处在丘陵地区，并与河流的源头地相关。人们接近这种地点，一般先要经过一段崎岖回转的路程，也就是说人们不得不迂回地行进。同时，在人们多用右手的情况下，使用洞穴作为祭祀空间，携带祭品到达时会很自然地将洞口的右侧作为放置携带物的地点，这样，人所站定的地位就在洞口位置约略偏左。如果洞穴中央是祭祀的主导空间，在洞穴坐北朝南的情况下，上述条件就造成了由西南而东北迁延（迂回）地接近祭场的动线。由是可以认为，传统的明堂礼仪动线实际上是旧石器时代人类洞穴祭祀行为的复制。

由此来看新石器时代的与明堂有关的半地穴型的大房子上要花费相当精力建造的冗长门道，以及工程量不小的半地穴本身，就会意识到其与洞穴的空间格局的对应。半地穴的做法最大的好处就是防风避寒，至今在燕山以北和内蒙古一带仍有挖掘地穴用以应付寒冷的做法。这样，半地穴式的祭祀场所发明的根据就不仅是观念的而且是功用的，并且传统的明堂礼仪应当起源于寒冷地区。因为，模仿山洞是使特定营造物取得神圣性的手段，所以，起初半地穴式建筑可以是相应场所并不一般的表示。

旧石器时代的长期使用的遗址，似乎也有一个由山地走向平原的过程。模仿洞穴的祭祀场所应该是祭祀活动由山地而平原的产物。祭祀地段走向平原，意味着祭祀场所具有更强的公共性和相应人群相对强势。较之丘陵地区，设在相对平缓地方的祭祀地段往往缺乏感知上的独特性，这就使祭祀空间与一般场所的区别成为问题。不同于以往的情势，似乎是与明堂礼仪对应的壕沟形式产生的契机。

与半地穴型大房子是洞穴的替代一样，设围基址是旧石器时代的长期使用的特殊遗址的更具公共性的替代，二者具有某种共生关系。壕沟作为强势人群在平坦地段设置的更具公用性的高等级的祭祀场所的对应物，它一方面使祭祀场所和周边环境区别开来，另一方面又使祭祀场所与"神明之隩"整体保持自然的联系，这种状况似乎深刻地影响到了中国人对自然环境的态度。

二、鸿蒙初辟——设围基址初现与大型空间组织单元的创制

东亚大陆腹地现知最早的，用以框定一定地段以示神圣的壕沟，出现在新旧石器时代之交的距今约 13000 年的吉林省大安市后套木嘎遗址一期遗存上[16]。

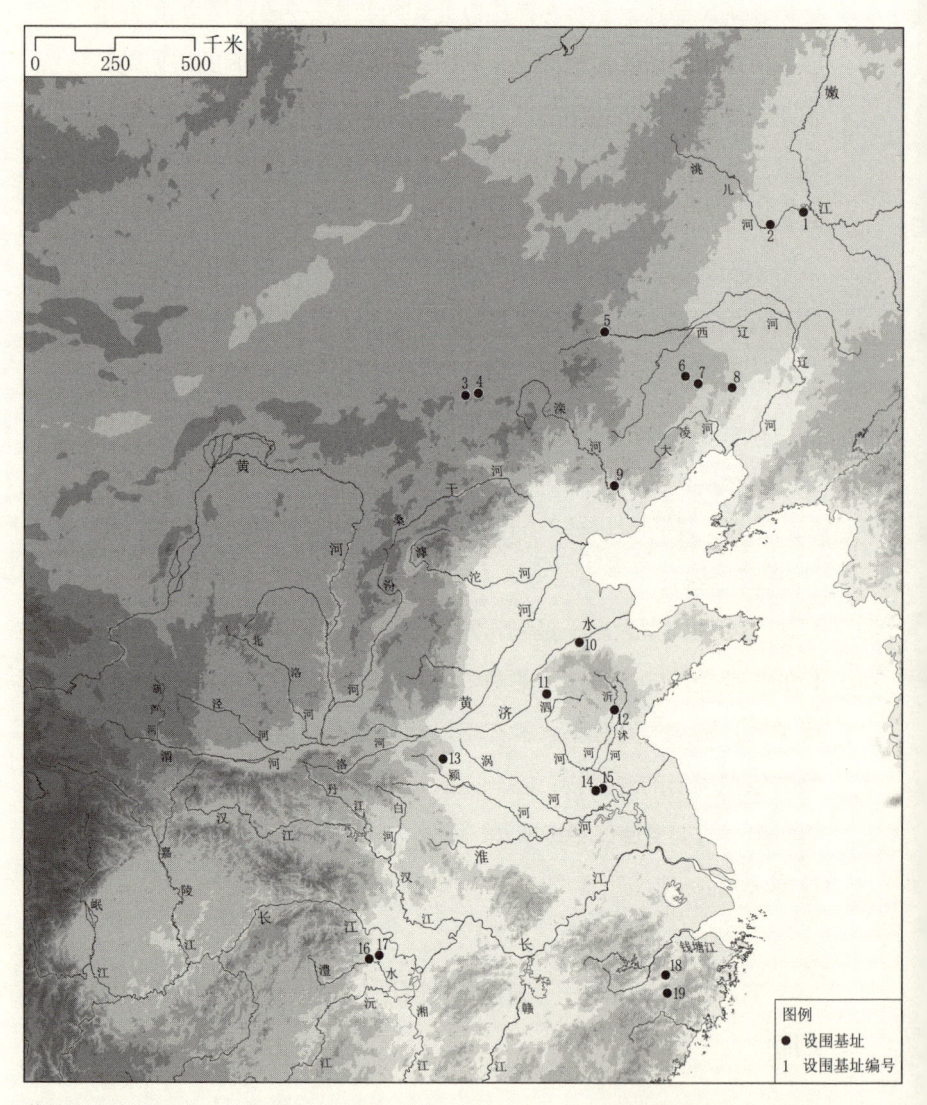

节首图：先仰韶时代（公元前11000年—前5000年）东亚大陆腹地设围基址分布图[底图依据SRTM高程数据和全国地理信息资源目录服务系统（www.webmap.cn）的水系数据绘制]

1.后套木嘎 2.双塔 3.裕民 4.兴隆 5.白音长汗 6.北城子 7.兴隆洼 8.查海 9.东寨 10.小荆山 11.贾柏 12.里宏 13.唐户 14.顺山集 15.韩井 16.胡家屋场 17.八十垱 18.桥头 19.湖西

后套木嘎遗址位于嫩江支流洮儿河南岸，洮儿河与南北流向的嫩江交汇所成湿地的东缘。从更大的区域看，这个地点正处在东北大平原南北轴线的大致中央，这一定位显示出制作者强调自身的特殊性并与大尺度空间互动的企图。在距今 12000 年时，洮儿河一线大致位于东亚大陆森林草原区的西北端。再往北就要进入苔原区，往西则是干旱草原。也就是说，在当时的气候和植被条件下，后套木嘎遗址大略坐落于较适宜人类生存区域的极北之地，这一位置的选择，使其具有了超越东北大平原，针对整个东亚大陆腹地的意义（图 2-2-1）。

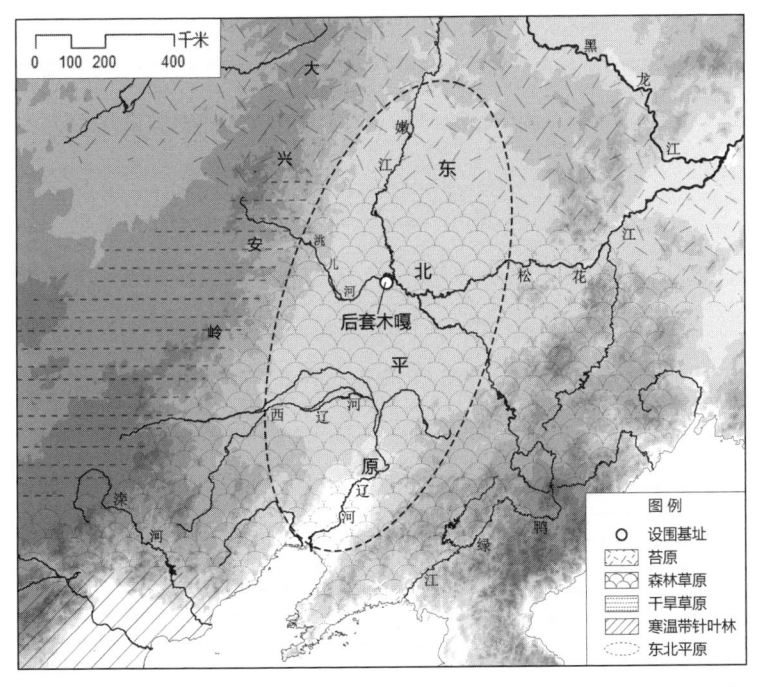

图 2-2-1　后套木嘎设围基址位置图［底图依据 SRTM 高程数据和全国地理信息资源目录服务系统（www.webmap.cn）的水系数据绘制］

在野外生存，北极星是重要的方向指引者。人们观察星空时，在正北方向，存在着一个周边星斗稀少，北斗星及其他星斗以其为轴转动的空域，那就是北极。在历史上，人们把可以标示北极的星辰称作北极星，并将之视为"上帝"的居所，所谓"北辰，帝之所居"[17]。这样，古人认为大地上的极北之地是与"上帝"沟通的关键地点就顺理成章。此外，当人面向南方时，在一天的多数时间里太阳光从前上方照来，这时人的五官清晰、形态壮大，在仪式场合中，仪式的主体坐北面南是相当合理的选择。这一自然现象也可以让早期人类很自然地接受"圣人南面而听天下，向明而治"[18]的说法。极北之地为"上帝"所居和南面为圣人的正当面向结合，使得古人有条件指认后套木嘎遗址所在应为东亚大陆腹地最为重大的"神明之隩"。而将祭祀场所置于该处，当然是一定时期显示相应人群针对一个巨大的空间拥有凌驾性权力的有力手段。

从谋求安定的角度看，后套木嘎设壕基址或者可以选取洮儿河出山口处设置，放弃河道出山口的位置而在大致的东北大平原南北轴线的中点位置坐落，显示出构筑居于中央以制四方的意向，从另一个层面为该设置提供了神圣性的支持。东北平原主体部分南北近500千米，东西约200千米，面积约10万平方千米。后套木嘎设壕基址占据东北大平原中点的位置显示出的与这个巨大空间直接互动的态势，在一定程度上标志着东亚大陆腹地及相关地区的空间组织与族群整合进入了一个新的时期。

后套木嘎设围基址的特殊坐落地点，在当时有机会使其成为东北地区乃至更大范围活动的族群公认的圣地，它的营造可以使其拥有者获得极大的文化—政治优势，在族群扩张和文化影响上取得主导的地位，在东亚大陆社会文化发展上发挥特殊的作用。

在没有新的发现的情况下，或可以为后套木嘎设壕地段独自耸立在东亚大陆腹地近2000年之久。在距今11000年前后，后套木嘎设围基址退出历史舞台。在东亚大陆腹地接替它继续孤立存在的是河北省张家口市康保县兴隆设壕遗址[19]。

后套木嘎遗址的消失和兴隆遗址的兴起，或者与气候变迁有关。气候变迁造成的地上的极北之地的变化，应该会使将极北之地视作与"上帝"沟通的最佳地点的观念受到了某种挑战，人们有必要梳理"中国"与极北之地的次序。

兴隆遗址位于欧亚大草原的东南缘，处在当时干旱草原与森林草原的交接区域。虽然不与任何长程河流主体相关，但却有条件同时面对着桑干河、滦河乃至西辽河的源头地。干旱草原的植被对人们的行动阻碍较小，这就为相关人群同时面对上述三条河流提供了方便。应该说，兴隆设围基址的坐落是一定人群在新的条件下实现大尺度空间控制的精心选择（图2-2-2）。

在兴隆设围基址存续的时段里，桑干河下游及相邻地区出现了有一系列特殊遗存出土的北京门头沟东胡林、怀柔转年和河北徐水南庄头遗址。这些遗址在空间上的相互呼应、接续，显示着在相当长的一段时间里桑干河一线成为了东亚大陆腹地空间博弈的关键场地。

距今10000年前后，兴隆遗址上的壕沟被放弃了，在洮儿河出山口附近的河道转折处，出现了吉林省白城市双塔设壕遗址[20]。较之后套木嘎遗址，双塔遗址的位置更注重防卫。如果其所对应的族群与后套木嘎遗址和兴隆遗址所对应的族群有关，那么，双塔设壕基址的出现既可能表示燕山以北气候转暖，也可以暗示相

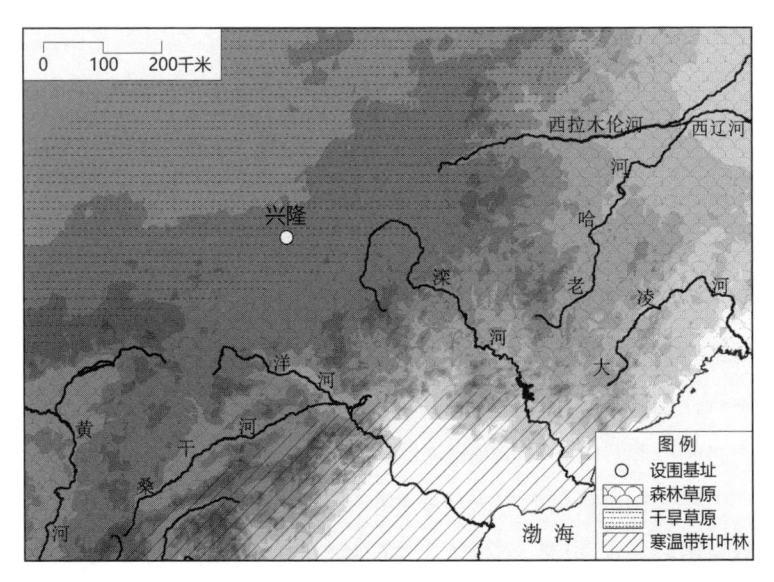

图 2-2-2　兴隆遗址位置图 [底图依据 SRTM 高程数据和全国地理信息资源目录服务系统（www.webmap.cn）的水系数据绘制]

应人群面临着在其以南地区活动者的某种挑战。

在距今 9000 年前后，在东亚大平原南端钱塘江流域钱塘江中游的小型盆地内，出现了属于上山文化中期的浙江义乌市桥头设壕基址[21]。钱塘江离洮儿河足够遥远，但由桥头设围基址上残存的壕沟走势看，其所圈定的范围上当有由西南而东北的环壕主轴设置，这种状况或者表明特定的神圣地段的制作规则已经为在一个十分广大区域内活动的众多族群所接受（图 2-2-3）。

观察距今 9000 年前后的东亚大陆腹地的新石器文化区系及不同区系所在的地理环境，可以看到，上山文化覆盖范围有限，相应地区地形复杂，对外联系相对困难，依托河流为东西向，不利于更具体量的文化—政治统一体形成。在此情况下，在上山文

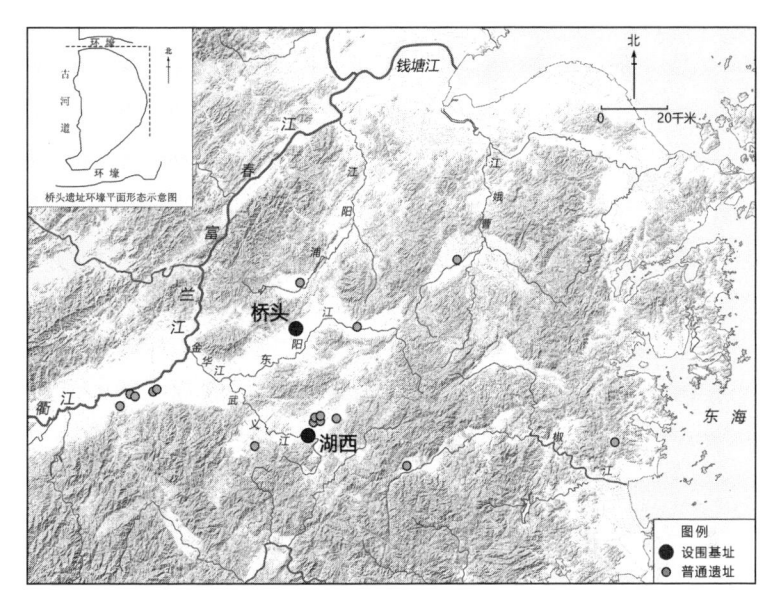

图 2-2-3 上山文化的遗址分布及桥头遗址平面示意图（据《上山文化：发现与记述》改绘）

化区的东南侧、钱塘江的上游地区存在的覆盖范围巨大的异文化区就有可能对其形成致命的威胁。

与之比较，河北省康保县兴隆遗址所在区域的情况大不相同，由于所处空间开放，依托河流走向有利，使得一个包括其在内的由桑干河下游地区到洮儿河一线的覆盖面广阔的文化连续体较易形成。加上附近不存在强大的异文化人群，使得与兴隆遗址相关的人群有更多机会持续存在乃至扩张（图 2-2-4）。

与桥头设围基址出现大致同时，兴隆遗址上再次出现壕沟，造成了在燕山以北两个设围基址并立的局面。距今 8700 年前后，双塔设围基址消失，在东亚大陆腹地北部，只剩兴隆一个设壕基

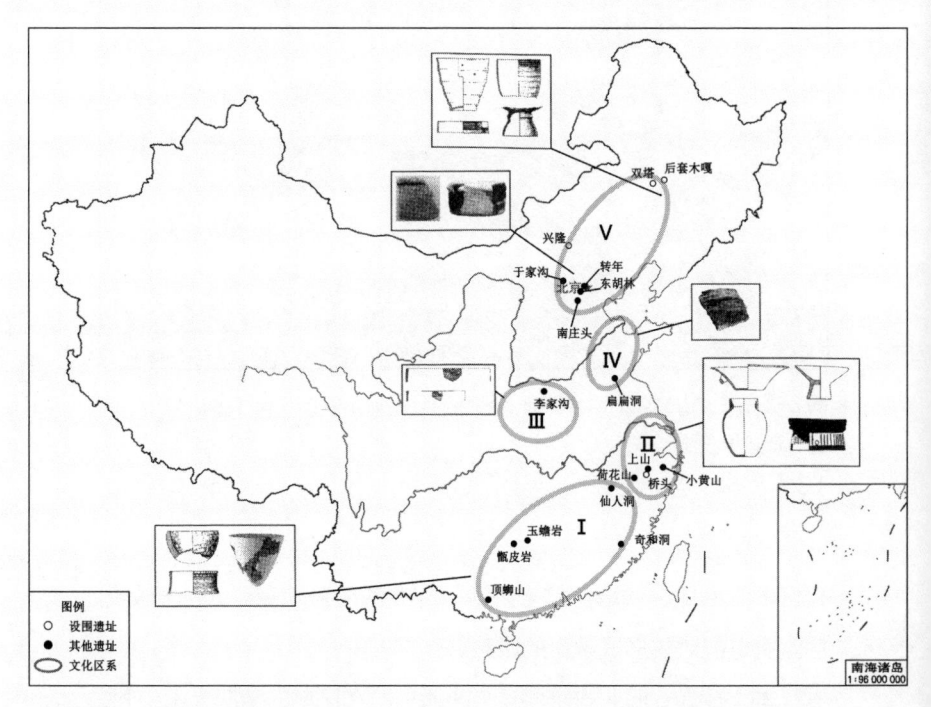

图 2-2-4 中国新石器时代早期文化区系 [据《早期中国：中国文化圈的形成和发展》改绘，底图审图号：GS（2016）1594 号]

Ⅰ.绳纹圜底釜文化系统　Ⅱ.平底盆—圈足盆—双耳罐文化系统　Ⅲ.深腹罐文化系统
Ⅳ.素面圜底釜文化系统　Ⅴ.筒形罐文化系统

址存在，这些变动应该意味着相应地区主导人群活动重心的迁移和组织的变化。

距今 8600 年前后，在东亚大陆腹地南端的桥头设围遗址取消了环壕，在桥头遗址以南 46 千米同一盆地的较隐蔽处，出现了考古学文化面貌相同，遗址面积较桥头遗址大出许多的浙江永康市湖西设壕基址[22]。由桥头而湖西的遗址变动，似乎表示其受到来自周边人群的压力。

钱塘江、滦河及桑干河，都是处在东亚大平原边缘的流程中等的入海河流，对它们实施系统的控制相对容易，以此为跳板进入东亚大平原自然合理。在这样的地点设围基址的出现、变动，可以理解为此时在东亚大平原的南北都有强势族群寻求合适的根据地，尝试在系统地把握相应河流的基础上，开启征服东亚大平原的历程。

距今 8400 年左右，在兴隆设壕遗址以西 25 千米处，出现了同属于裕民文化的内蒙古化德县裕民遗址[23]。文化相同、近距离相邻，应可认为这两个遗址共同形成了更为强势的中心系统。设围基址组合的出现，大幅度提升了相关族群的位势，强化了其对周边地区的影响。而恰好大致与此同时，上山文化的湖西设围基址消失了，这样，在东亚大陆腹地只在燕山以北还存有设围基址。

在距今 8200 年前后，燕山北麓的西辽河流域出现了以兴隆洼文化的敖汉旗北城子和兴隆洼设围遗址为主导的设围基址群[24]，北城子遗址和兴隆洼遗址均坐落在南北流向的河道上，两者之间相距不足 30 千米。教来河上的北城子面对西辽河平原，大凌河支流牤牛河上的兴隆洼则面对由东亚大平原进入辽河平原的入口，近距离相邻和空间针对性的差异显示出它们是试图全面控制燕山与西辽河之间地域的协同单位。北城子遗址上壕沟的圈围面积为6万平方米，兴隆洼遗址上壕沟的圈围面积为3万多平方米，似乎二者中以北城子为主，这种主次次序的安排或者意味着相应族群更关心的是西辽河平原的控制（图2-2-5）。

燕山以北设围基址蓬勃发展的时候，在江苏泗洪县境内泗水流入淮河处出现了顺山集文化的顺山集设围基址，在河南新郑的淮河支流颍河的上游出现了裴李岗文化的唐户设围基址。

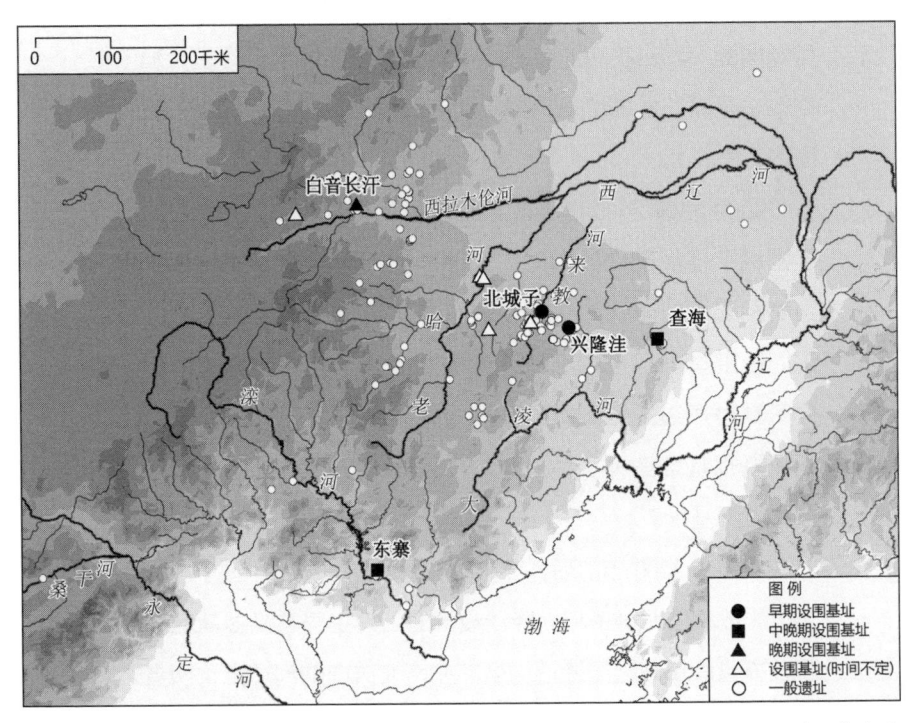

图2-2-5 兴隆洼文化遗址和设围基址分布图［底图依据SRTM高程数据和全国地理信息资源目录服务系统（www.webmap.cn）的水系数据绘制］

顺山集遗址面积17.5万平方米，环壕平面为西南而东北延展之不规则椭圆，圈围面积7.5万平方米。壕沟宽约15米，深2米余，在当时来说这应是一项不小的工程[25]。可是，考古发掘显示，该壕沟挖掘成后不久，即被用作倾倒垃圾的场所。大费心力的壕沟挖成后随即向内倾倒垃圾，很难想象是出自挖掘者的意愿。大致与顺山集遗址上的环壕废弃的同时，在其以东4千米处，出现了同属顺山集文化的韩井设围基址[26]。韩井遗址的环壕圈围面积3万平方米，环壕残宽10.6米，最深处0.9米，平面亦为西南而东北延伸的椭圆。与顺山集遗址相比，韩井遗址的环壕圈围范围较小，环壕的宽度也无法与之相比，其规格远比顺山集遗址为低。韩井遗址与顺山集遗址文化属性相同，距离相近，两者当属于同一族群所有。这样，顺山集遗址上壕沟的放弃和韩井设壕基址的兴起就可以理解为用等级较低的设置取代等级较高的设置。如果没有某种外力的压迫，这种情况是不会发生的。由于顺山集遗址或韩井遗址在顺山集文化遗址中是仅有的设围基址，所以这里应有一个凌驾于顺山集文化人群之上的跨文化的权力在起作用（图2-2-6）。

依当时的情况看，与顺山集文化空间相关度最高的是其西边在嵩山周边活动的裴李岗文化人群。在公元前6200年左右，可能得益于生存技术提高和生存环境的改善，裴李岗文化的人群有了大幅度的增加，相关遗址的覆盖范围甚至达到了10万平方千米，涉及汉江流域、淮河流域和黄河流域[27]，其南部边界跨过淮河，北部边界跨过黄河直抵太行山麓。虽然其所拥有的设围基址和活动重心位于淮河流域，但由遗址已经在洛河与黄河交汇处及颍河上游系统出现，可以认为裴李岗人已经相对系统地控制了洛阳、

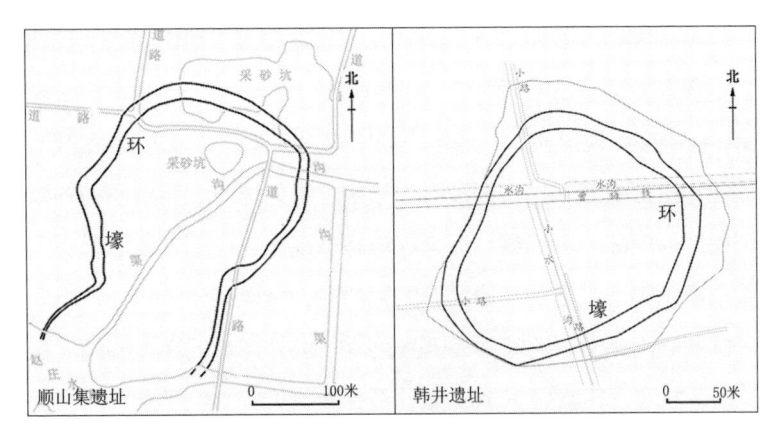

图 2-2-6 顺山集文化顺山集和韩井设围遗址环壕平面图（据《顺山集：泗洪县新石器时代遗址考古发掘报告》《江苏泗洪韩井遗址 2014 年发掘简报》改绘）

郑州一线这个被后人视作"中国"的地区。裴李岗人拥有的河南新郑唐户设围基址坐落在嵩山南麓淮河支流清濊河的源头地，遗址面积达到 30 万平方米，残留的壕沟长度为 300 米[28]，是当时东亚大陆腹地的设围基址中规模最大的。唐户设围基址与顺山集设围基址之间有 400 多千米的直线距离，但其同属淮河流域，由现有资料看，设想裴李岗文化为顺山集文化人群屈服的对象最为合理（图 2-2-7）。

裴李岗文化起步于淮河支流沙河的中游，在沙河中游的裴李岗文化的舞阳市贾湖遗址出土有一系列高等级礼仪用品，可以明确其为重要的祭祀中心，不过贾湖遗址始终不拥有环壕[29]。随着裴李岗文化势力增强，核心人群北上，才在郑洛一线的边缘安排了设壕基址。唐户遗址的位置偏向于对淮河流域的控制，但在环嵩山地区设围基址的存在指示着，在某种水平上，以东亚大陆腹地最为重要的"神明之隩"为支撑的实体性的"中国"

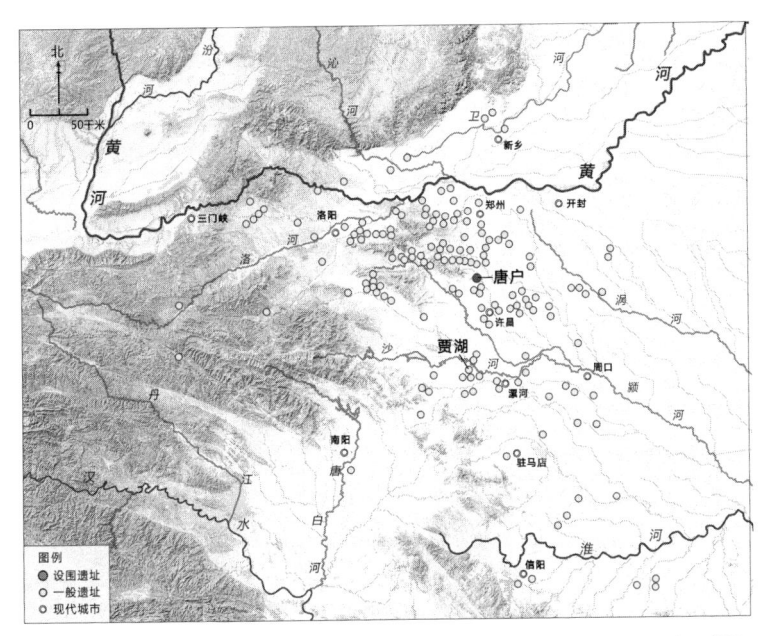

图 2-2-7　裴李岗文化遗址及设围基址分布图（据《论裴李岗文化的分期与年代》改绘）

已经成立。

　　裴李岗文化的遗址覆盖区有黄河中段主道穿越，长程河流的中段穿越会引出较多的外来冲击。郑洛一线缺乏严厉的地理界线与外部区分，因而严密的防御系统形成不易。在外部势力环伺，相应人口较少的情况下，要想牢靠地维持对"中国"的占据，裴李岗文化人群应该承受着特别巨大的压力。

　　距今 8000 年左右，后套木嘎遗址上再次出现了壕沟。这样在欧亚草原边缘及燕山以北地区，出现了包括裕民、兴隆、北城子、兴隆洼和后套木嘎等 5 个主导性设围基址并存的局面。多个设围基址的并存，表明了相应地域成为了东亚大陆腹地政治、文化发展最为活跃的地方。对此时的南至滦河—桑干河一线，北到嫩江上游这一广大地区拥有设围基址的不同文化人群之间的关系可以有不同的想象。但认为这里存在着一个一方面对应东北平原，昭示与古远传统的关系，一方面依托欧亚大草原和西辽河平原，俯瞰东亚大平原北部的协同系统应该是较有竞争力的想象之一。

公元前 6000 年前后，顺山集文化的韩井设围遗址消失了。与之大约同时，在泰沂山脉北麓正当泰沂山系与济水相夹所成之孔道以东，出现了后李文化济南小荆山设围基址[30]。小荆山遗址的定位具有扼控交通孔道阻止其他族群进入胶东半岛的明确意向。基址距济水约 15 千米，东倚山岗，西、北两个方向上均有河流阻隔，加上遗址围壕迎向西方的部分宽度达 30 余米，而迎向东、北方的部分，宽度仅为 10 米左右，可见其对西、北方向防卫的特别关注。虽然距裴李岗文化的唐户遗址 450 千米，在两者之间未发现其他设围基址的情况下，有条件认为后李文化人群承受着来自裴李岗文化人群的压力（图 2-2-8）。

与小荆山设围基址出现大致同时，在澧阳平原出现了属于彭头山文化的湖南澧县八十垱设围基址[31]。彭头山文化目前共发现 16 处遗址，主要集中在澧水北岸的冲积平原上[32]。八十垱遗址是现知唯一一个彭头山文化设围基址，遗址坐落在澧阳平原北侧澧水出山口处的澧水支流涔水边上，遗址面积大约 5 万平方米，圈围范围 3.7 万平方米，规模在彭头山文化遗址中首屈一指。八十垱遗址上的壕沟深度及宽度均相当有限，没有多少防御价值。可在这里发现了中国现知最早的具有区域围闭作用的独立土垣，"最初较矮的土围仅是在环壕一侧堆积排除土形成，后来在对壕沟的

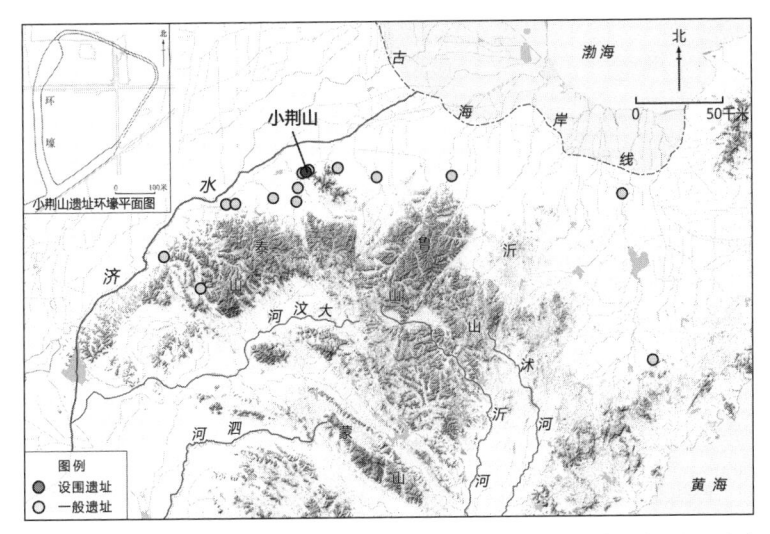

图 2-2-8 后李文化遗址分布及小荆山设围基址平面图（据《后李文化研究》改绘）

疏浚清淤过程中，大概有意识地把开掘新沟的土方集中堆于原土围之上，但最终土围的高度也不超过 1 米……"。虽然这种土垣高度有限，但其高度显示它已经是刻意经营的成果，具有一定的防御价值，可以将之视为后来城垣的先驱（图 2-2-9）。

澧阳平原自旧石器时代早期以来一直是东亚大陆腹地人类繁衍生息的重要场所，其既与长江出山口毗邻，也与汉江和大别山相交处以及华阳—丹江口地区相关，由此沿长江东北向，穿过大别山坳，即可涉足淮河一线并进入东亚大平原。从大区域空间控制的角度看，在钱塘江流域设围基址消失后，澧阳平原成为新的长江流域人群窥视东亚大平原的要点有一定必然性。需要提及的是，此时裴李岗文化人群已经进入汉江流域并涉足大别山一线，从空间上看，他们完全有机会对澧阳平原形成一定的压力。因而

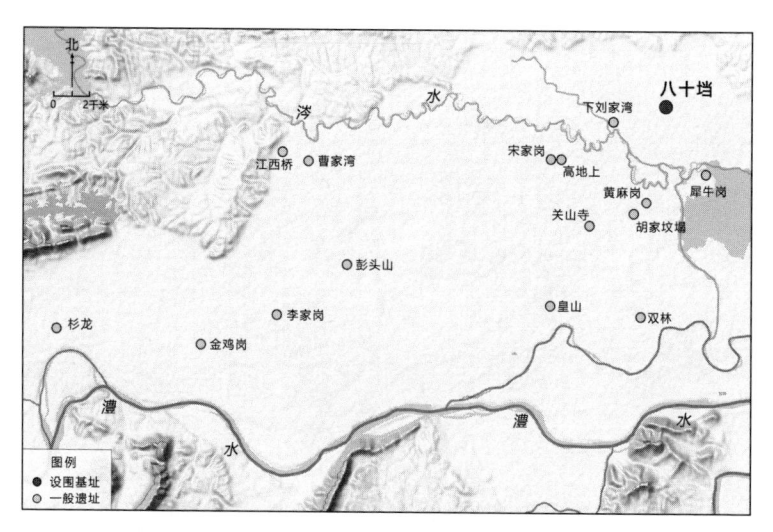

图 2-2-9 澧阳平原彭头山文化遗址分布图（据《新石器时代澧阳平原与汉东地区的文化和社会》改绘）

认为八十垱设围遗址上的土垣的制作是为了应对北方族群的侵扰具有一定的合理性。

公元前 5600 年，裕民设围基址退出历史舞台，裕民文化只剩下兴隆一个设围基址。大约同时，燕山北麓的兴隆洼文化的设壕基址北城子和兴隆洼被放弃了，随之出现的是在燕山南麓滦河出山口处俯瞰滦河下游平原的河北迁西东寨兴隆洼文化设壕基址[33]和与由燕山东侧进入西辽河平原的缘山通道相关的辽宁阜新查海兴隆洼文化设壕基址[34]。这两个遗址与相关地区先有的设围基址文化类型相同，应是同一人群在新的条件下实行空间控制的成果。东寨遗址位于燕山以南，显示出兴隆洼文化人群试图进入东亚大平原的态势。

公元前 5500 年前后，在西辽河主道出山口处出现了兴隆洼文化的设有壕沟的内蒙古林西白音长汗遗址[35]。白音长汗遗址与查海遗址和东寨遗址间的距离大致相等，三者的空间针对性不同使得人们有条件将之视为实现对西辽河流域整体控制的组织。白音长汗遗址面积 10 余万平方米，包括两个环壕地段，其等级应该高于面积 1.25 万平方米、拥有一道环壕的查海遗址和面积不详、仅发现一段环壕的东寨遗址。等级差异的存在和具有某种刻意性的距离安排进一步表明这里存在着一个协同整体。白音长汗遗址应是这一整体结构的主导单位。白音长汗遗址与查海遗址上的壕沟均为浅壕，东寨遗址的壕沟断面尺寸要大得多，这是其与异文化区接近、承担着更多的军事压力的表示。白音长汗遗址和东寨遗址间的距离与其和兴隆遗址间的距离相当接近，东寨遗址位于兴隆遗址的下游却能逼近滦河河道设置，兴隆洼文化设围基址中的主导者白音长汗遗址与裕民文化覆盖范围十分接近，但却能使用浅壕，显示兴隆洼文化人群对裕民文化人群无多防范。故而可以推想此时裕民文化与兴隆洼文化二者具有某种联盟性质。二者之中，兴隆洼文化的设围基址在数量上占有优势，由是，欧亚草原边缘及燕山以北地区多种力量并驾并驱的格局转成为西辽河流域力量主导的局面。

较之出现在燕山以北的其他考古学文化，兴隆洼文化出现较晚，为何其能最终脱颖而出，成为地区的主导者，在我们看来，它的成功在很大程度上得益于其能够有效地依托其所据有的整体环境，形成较少受到外界干扰的独立体系，同时俯瞰西辽河平原、滦河下游平原等，获得较高水平的资源支持，因而有机会长期稳定地成长，最终形成相对的优势。

白音长汗遗址和查海遗址的建筑布局情况相对清晰。由大致的测量可以看到，白音长汗遗址上的建筑门向基本上对着东北大平原中部的后套木嘎遗址所在，查海遗址上的主体建筑则是背向后套木嘎遗址所在。这样的安排应该表明了与这两个遗址相对应的人群将后套木嘎遗址或其所在视作等级更高的神圣空间（图2-2-10）。

回过头去看一下小荆山遗址、顺山集遗址和韩井遗址。虽然建筑的情况不够清晰，可单从它们的环壕平面看，其主轴应该指向东北大平原后套木嘎遗址所在区域。这样的情况应该表明，在一定时期，东北大平原中部是在东亚大陆腹地活动人群广泛认同

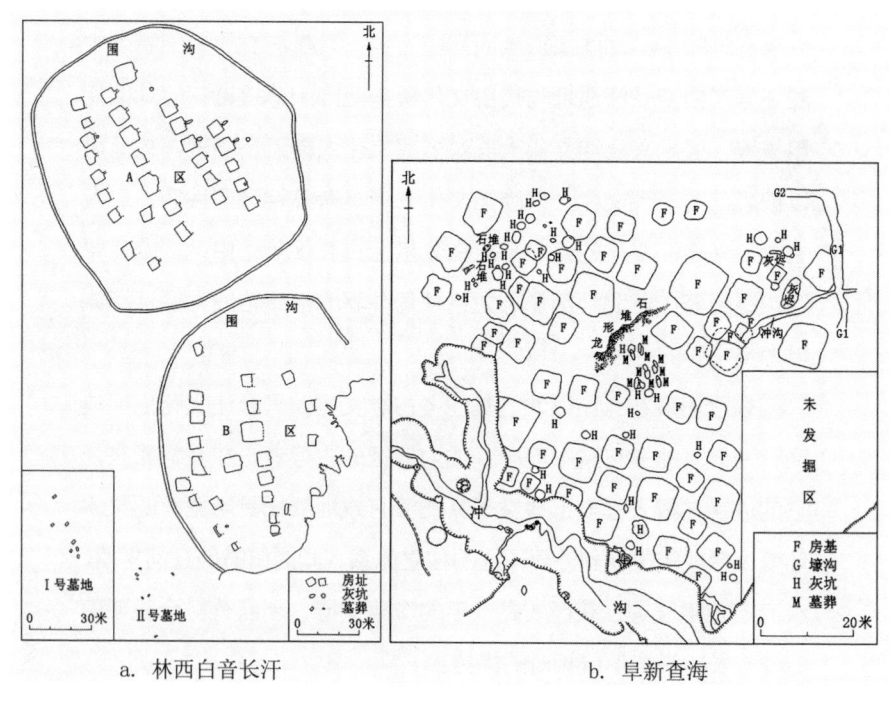

a. 林西白音长汗　　　　　　b. 阜新查海

图 2-2-10　白音长汗遗址和查海遗址平面图（《先秦城邑考古》）

的圣地。鉴于东亚大陆腹地的多数宜于人类活动的地区都位于东北大平原中部的西南,也就是处在卑位,在特定的文化条件下,这种地理条件也可以是人们认为东北大平原中部或后套木嘎遗址更具神圣性的依据。

观察现有的考古遗址,可以看到古人不仅可以通过建筑的门向,并且可以通过建筑的背向乃至圈围平面轴线使自己的营造环境与特定的对象联系起来,达到崇敬、建立特定秩序乃至表明归属的目的。由此可以推想,营造物的坐落地点、营造者所强调的神圣对象所在、营造物的层次以及秩序营造目标的不同,在许多时候会导致营造建筑的门向、背向乃至圈围平面轴线取向的差异。

白音长汗遗址处在一个小型台地上,包括A、B两个设围地段,A、B两区相距不足8米。A区内有29座房屋,B区内有25座房屋。从两个壕沟围合的范围看,以现有密度,无论是A区还是B区都可以将这50多座房屋全部收罗进来,为什么非要画蛇添足,设置两个环壕地段呢?回答这个问题可以从更仔细地观察入手。从建筑门向看,A、B两个地段均为坐西朝东,与遗址南侧的西辽河支流西拉木伦河的流向一致。参与礼仪活动的人们接近遗址,常规的应从西拉木伦河与白音长汗所在台地之间的平地出发,自然地因坡就势采取迁延迂回的路径。进入台地的当口右侧,A区一段基本为直线的壕沟正面迎向来人,暗示着在进入顺序上A区优先。A区内的建筑可以分成东前西后的四排,依据房子的尺寸大小和空间组合差异,可以在这里区分出三个以大房子为主体的特异空间。从A区入口接近这三个特异空间,都要采取由左而右的途径,表明这里容有三个明堂祭祀单位。三个明堂祭祀单位正和此时兴隆洼文化拥有三个主导设围基址的状况对应，因而可以认为白音长汗遗址的 A 区，是针对兴隆洼文化的三个强势族群的祭祀空间。白音长汗遗址的 B 区位于进入台地的当口左侧，离开台地入口稍远，这个位置表明其在进入顺序上靠后。B 区的建筑布局似乎是复制了 A 区的西半部，包括两个特异空间，这里的祭祀活动应当服务于两个特殊的人群。在兴隆洼文化的主导人群的祭祀场所已经在白音长汗 A 区中得到落实的情况下，基于兴隆洼文化与裕民文化的协同关系，认为白音长汗遗址 B 区是兴隆洼文化和裕民文化共用的祭祀场所应当合理（图 2-2-11）。

人们在白音长汗遗址上发现了一件女性石像，大致同样的石

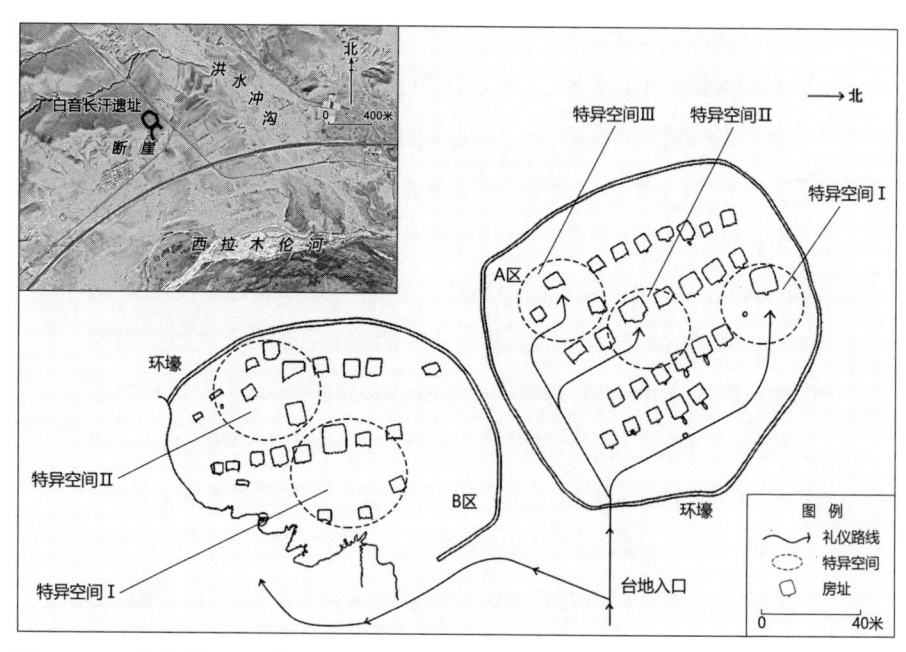

图 2-2-11　白音长汗设围基址周边地理形势及其空间组织分析图（据《白音长汗：新石器时代遗址发掘报告》改绘）

像在兴隆洼文化的林西县西门外遗址上也有发现[36]。这种石像的上半与人体的上半对应，下半为一逐渐收缩的锥形。下端为锥形可以方便插置。在白音长汗遗址上，石像插在房址内正当入口的炉灶后面。炉灶、石像与另一被发掘报告称作蛙形雕像的器件共同构成了室内中轴，可见该石像为重要的崇拜物。由于同属兴隆洼文化的敖汉旗兴隆沟遗址发现有"S形猪首龙"堆塑形象[37]，阜新查海设围基址上发现有"类龙纹""蛇衔蛙"图像和"龙形堆石"，这样，白音长汗遗址上发现的女性石像的下半锥体就有条件与龙、蛇的身体联系起来。或者说，这是一个女性人身蛇尾的造型。在古代图像中，女娲为女性人身蛇尾，故而这里的女性石像可以是女娲的雕像。"娲"即"蛙"，发现该石像的同一房子内的蛙形雕像的轮廓与石像类似，也支持这一石像正是女娲。"蛙"与蟾蜍一类，蟾蜍本是灶神的样子[38]，白音长汗遗址上的女性石像发现于灶旁，也可以作为该石像当为女娲的证据（图2-2-12）。

在古代图像中女娲多不单独出现。诸多汉代画像显示，女娲总是与同为古帝王的伏羲纠缠在一起，这种格局，意味着他们共同主张了一个时代。而这正与裕民文化和兴隆洼文化的设围基址组合在东亚大陆腹地长时间占据主导地位的状况对应。

在女娲伏羲图上，一般为伏羲居右、女娲居左。伏羲和女娲地位崇隆，故在图像中其当为坐北面南，这样，女娲居左、伏羲居右应是女娲居西、伏羲居东的表示。这一东一西的关系，也正好与裕民文化和兴隆洼文化在分布空间上一东一西的关系一致，也就是说裕民文化与女娲一系对应，兴隆洼文化与伏羲一系对应（图2-2-13）。

1-2. 西门外遗址上的女性石像　3. 白音长汗遗址上的类似石像

图 2-2-12　兴隆洼文化的女性石像（《辽西地区新石器时代人像中的动物崇拜》）

图 2-2-13　汉画像石中的伏羲与女娲形象（嘉祥武氏祠汉画像石，《中国画像石全集·第 1 卷·山东汉画像石》）

《淮南子·览冥训》说:"往古之时,四极废,九州裂;天不兼覆,地不周载;火爁炎而不灭,水浩洋而不息;猛兽食颛民,鸷鸟攫老弱。于是女娲炼五色石以补苍天,断鳌足以立四极,杀黑龙以济冀州,积芦灰以止淫水。苍天补,四极正;淫水涸,冀州平;狡虫死,颛民生……"[39]古人的冀州主要部分在今山西一区,从空间上看,裕民文化覆盖区不仅与山西大规模接壤,并且山西全境空间控制的要害汾河的源地,也在与裕民文化密切相关的地区。这种格局很容易导致在山西北部活动的人群与女娲一族间的冲突。由《淮南子》的记述看,女娲在冲突中最终取得了胜利,恢复了应有的秩序。对于本书,关键在于女娲补天的故事正好在空间上支持裕民文化与女娲一族对应的推论。

这一时期兴隆洼文化的白音长汗、查海、东寨三个主导设围基址对应的空间范围应在10万平方千米左右,如果考虑裕民文化的存在,该协同体所涉及的空间应该达到20万平方千米以上。对这样尺度的空间的控制,自然会导致社会的复杂化,需要系统的政治、文化、制度方面的支持。在兴隆洼文化的遗址上,人们看到了复杂多样,制作精细,在同时期其他文化的遗址上难以见到的人工制品。诸如与征伐权力相关的加工细致的石斧,与祭祀活动相关的人面形玉雕,穿有孔洞的人头盖骨和雕刻细致的玉器等,这些都是适应权力范围扩张和层次加密的产物,是社会复杂化水平大幅提升的标识。在后世的图像上,常见到女娲和伏羲一个执规、一个执矩,正是其在创制社会规则、建构社会秩序上取得巨大成就的正确表达。

伏羲也称太昊、庖牺、握登。《帝王世纪》说:"太昊帝庖牺氏,风姓也,母曰华胥。燧人之世,有大人之迹出于雷泽之中,华胥履之，生庖牺于成纪。"[40]《三皇本纪》也有大致相同的说法。这段话是指，在女娲统治时期，伏羲的母亲华胥在雷泽踩踏巨人的足迹感孕，后来在成纪这个地方生下了伏羲。雷泽，在今濮阳一带，濮阳当时是东北地区人群进入黄河中下游的关键地点。成纪，在今渭河上游的静宁和秦安一线，是由东北进入关中的要地。濮阳和秦安都曾有设围基址出现，表明它们是东亚大陆腹地的空间控制要点，是上古时强势族群常规的居地。伏羲之母与濮阳有关表明了伏羲来历不凡。说伏羲生于燧人之世，与裕民文化出现在先，兴隆洼文化出现在后相应。《帝王世纪》的记述可以理解为当时在濮阳一带的人与东北的南下者结合，后裔中的一支转至渭河上游成长为伏羲一系。从空间上看，濮阳和渭河上游都是裕民文化人群向东亚大陆腹地核心区拓展的要道。因而，《帝王世纪》的说法自有其内在逻辑。这样，兴隆洼文化应是黄河下游人群与燕山以北人群结合的产物，这种结合为兴隆洼文化后来取道太行山以东顺利进入东亚大平原的主体部分预设了前提。

《汉书·律历志》说"伏羲画八卦"[41]，古人也惯于把《易经》的创作与伏羲联系起来。八卦是与神明沟通的手段，《易经》则是把握天机之书。在远古的文化条件下，伏羲画八卦、作《易》都为相关族群提供了凌驾于其他族群之上的文化条件。

在山东武梁祠西壁石刻画像的最上端，刻有西王母的形象，如果把西王母与刻在下面的帝王图结合起来看，似乎武梁祠壁画的作者想表示在这些帝王之前，还有一个西王母时代。如果裕民文化和兴隆洼文化的联合体与女娲、伏羲时代对应，那么在此以前，在欧亚草原边缘与燕山以北地区存在着一个后套木嘎、兴隆、双塔分别独立存在的时期。至少从时间上看，这一时期可以与西王母时代联系起来。由《竹书纪年》的记述看，西王母在舜时及周代仍然活动在"中国"的西北部[42]。或者可以认为，西王母是女娲一族未与伏羲一族联合时或未与伏羲联合之部分的首领的称呼。从名称上看，这是一个母系族群，因为在早期历史上的特殊地位，母系制度得到了长久的坚持。相对于东北平原来说，欧亚草原及桑干河一线为西，桑干河一线在旧石器时代是东亚大陆腹地北部最为活跃的地区，新石器时代早期这一地区反而相对静寂，这样突出的变化，使本书可以据此推说，营造后套木嘎等设围基址的人群，应当来自欧亚草原南缘的桑干河流域。

旧石器时代中晚期，大多数陆地气候寒冷干燥。距今 20000 年前后，东亚大陆腹地的冻土线，大致在桑干河一带，这应该表明在一定时期，桑干河流域有条件被认作东亚大陆适合人类活动的极北之地。当是因此，旧石器时代的晚期桑干河中下游是长期使用、积累丰富遗址的多发地。距今 15000 年左右，末次冰期冰盛期结束，随后东亚大陆腹地北部、东北部地区温度上升，极北之地随之改变，将此与新石器时代初期的曾经十分繁荣的桑干河中下游地区设围基址缺失的情况结合起来，就更有条件设想与后套木嘎设围基址相关的族群来自于桑干河中下游地区[43]。

公元前 5500 年前后，环泰山地区的后李文化小荆山设围基址消失了，在泰沂山系的南部出现了与后李文化有关的北辛文化山东汶上贾柏和沂南里宏两个设围基址[44]。贾柏遗址在汶、泗河一线，有两重环壕，里宏遗址在沂、沭河一线，有一重环壕。文化一致，存在等级差异，且汶、泗河与沂河源头地相连，可以认为这是一个以贾柏遗址为主导的协同单位。虽然重心不同，但这两个设围基址的分布暗示的该地区的空间组织结构与旧石器时代在这一地区出现的遗址系统的空间组织结构类似，表明了在这一地区的空间控制格局跨时代的连续性存在。

北辛文化的设围基址组合一改后李文化时设围基址退缩在泰山与济水相夹孔道上的状态，在泰山以南出现，在空间指向上针对淮河中下游地区，这自然会与特别关注淮河流域空间控制的裴李岗文化发生争执。

贾柏遗址出现于少昊故地。伏羲又称太昊，由名称看，少昊应为伏羲之从属，进一步考虑环泰山地区北部与东亚大平原北部空间关系密切，由之设想北辛文化是西辽河人群的一支南下与后李文化结合的产物不能说是毫无根据。

与北辛文化出现大致同时，长时期作为中原主导的裴李岗文化唐户设围基址消失了，裴李岗文化也就此解体。从现知的遗址数量看，北辛文化在实力上并不能和裴李岗文化相比。因而，裴李岗文化的解体，大概率的是北辛文化与兴隆洼—裕民文化联合体共同努力的结果。

公元前 5500 年前后，彭头山文化在存续数百年后为皂市下层文化所取代。在澧阳平原，人们发现皂市下层文化遗址共 19 处，这 19 处属于皂市下层文化的遗址有 18 处为另起炉灶，在基本不利用彭头山遗址的情况下形成了全新的遗址系统[45]。湖南临澧胡家屋场遗址是皂市下层文化唯一的设围基址，由其具体坐落看，较之彭头山文化遗址系统，新的遗址系统重心向澧阳平原的西南方迁移，这显示出在裴李岗文化解体的情况下，来自北方的压力并未稍减（图 2-2-14）。

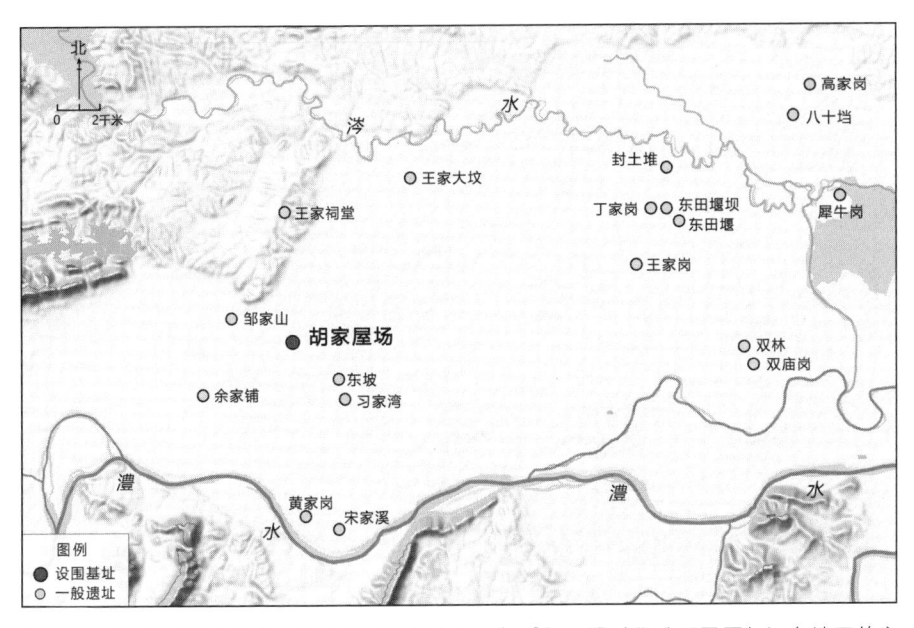

图 2-2-14　澧阳平原皂市下层文化遗址分布图（据《新石器时代澧阳平原与汉东地区的文化和社会》改绘）

三、天造人作——东亚大陆腹地主导者的确认

公元前 5000 年前后，盛极一时的裕民文化与兴隆洼文化共同构筑的涉及地域广阔的设围基址群突然消失了，与之大致同时，在晋西南出现了仰韶文化初期的设围基址组合。

白音长汗、查海等设围基址废弃后，仍然形态完整，遗址上存有一定数量还可以使用的器物，尤其是较大型的器物。白音长汗遗址的房屋居住面上不少器物保留在原位，人们经常活动的区域较为干净。这些迹象表明了这些遗址的放弃是有计划的，似乎还考虑到将来有可能返回使用。

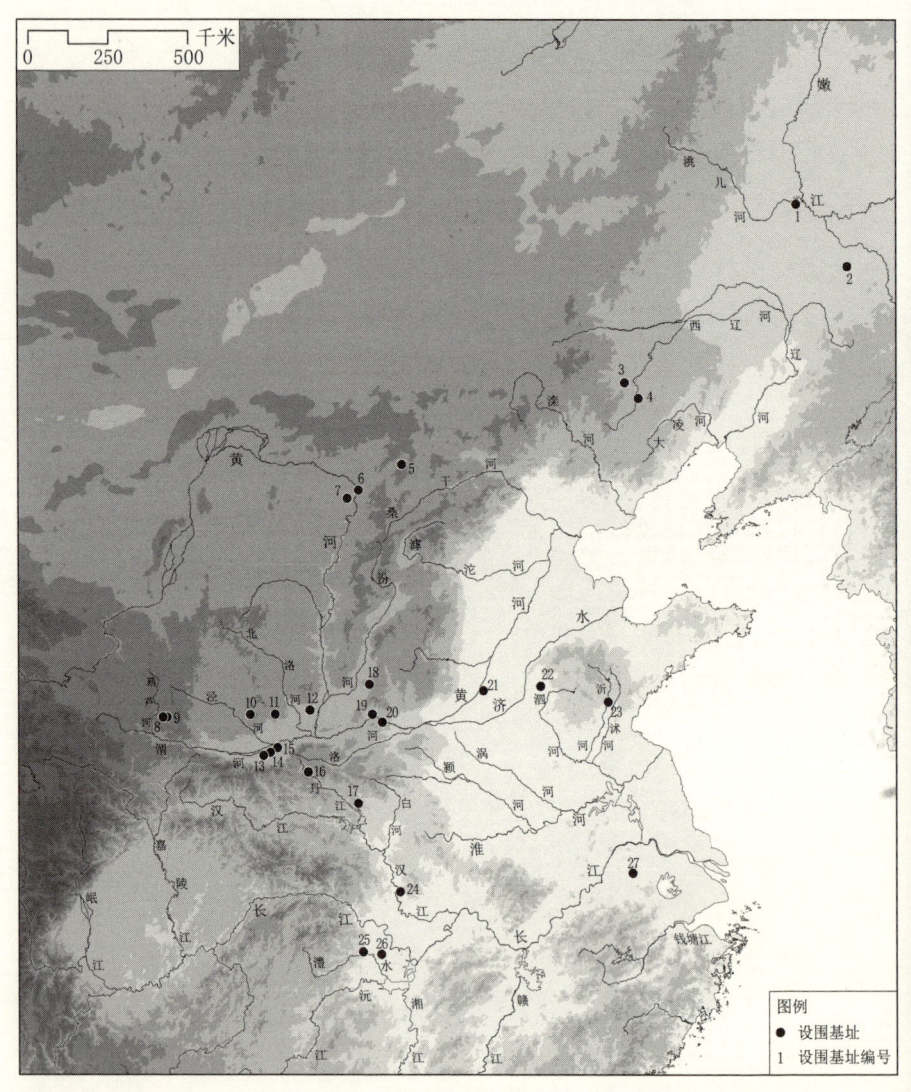

节首图：仰韶时代初、早期（公元前5000年—前3900年）东亚大陆腹地设围基址分布图［底图依据SRTM高程数据和全国地理信息资源目录服务系统（www.webmap.cn）的水系数据绘制］

1.后套木嘎 2.左家山 3.魏家窝铺 4.马鞍桥山 5.石虎山Ⅰ 6.岔河口 7.阳湾 8.大地湾 9.圪垯川 10.崔家河西村 11.瓦窑沟 12.吴家营 13.鱼化寨 14.半坡 15.姜寨 16.紫荆 17.沟湾 18.枣园 19.古城东关 20.荒坡 21.西水坡 22.贾柏 23.里宏 24.边畈 25.汤家岗 26.城头山 27.秦堂山

裕民文化与兴隆洼文化设围基址群消失后的燕山以北地区，后套木嘎设围基址继续存在。在后套木嘎遗址的东南方，出现了左家山下层文化的吉林农安左家山设围基址[46]，显示相应地区的空间实现了一定水平的重构。

兴隆洼文化的设围基址群消失后，在西辽河流域，代替兴隆洼文化而起的是赵宝沟文化。赵宝沟文化与兴隆洼文化之间有着明确的连续性。赵宝沟文化的陶器更加精美，磨制石器也更多，少数家庭拥有更精美的陶器。不仅如此，赵宝沟文化还实现了人口的增长[47]。这些情况应该表明，这里的考古学文化的转换不是以暴力为前提的。迄今为止，还没有见到赵宝沟文化的设围基址，设围基址的缺失，表明赵宝沟文化人群的权力地位有所降低。赵宝沟文化人群可以理解为兴隆洼文化人群的关键部分迁出后，留守原地的部分。

兴盛的兴隆洼文化短时期内有序地消失，应该是更有力的该文化覆盖区存有统一权力的证据。仰韶文化初期的开始阶段，仰韶文化人群就拥有山西翼城枣园与垣曲古城东关两个设围基址[48]。枣园设围基址位于汾河支流浍河的源头地，其可以通过浍河俯瞰汾河和黄河的交汇点，相应位置又离沁河源头不远，沁河在郑州一线汇入黄河，因而，它的坐落还带有通过沁河影响郑州一线的意涵。古城东关遗址坐落在亳清河与黄河的交汇点，靠近黄河主道，离黄河出山口距离有限，它的设置更为明确地提示相关人群意欲通过控制关键地点进而涉足郑洛一线。

古城东关遗址和枣园遗址相距不到 80 千米，亳清河源头地位于汾河下游盆地的东南边缘，在空间上与同样位于汾河下游盆地东南边缘的枣园遗址高度相关，提示枣园遗址与古城东关遗址应为协同关系。这两个遗址中，古城东关规模明确大于枣园，因而古城东关当为主导，将主导单位放在黄河岸边的做法进一步指示其对洛阳盆地乃至郑洛一线的关切。

设围基址是拥有高规格祭祀权力的表示，在以祭祀为中心的社会里，放弃和获取高规格的祭祀权应该受到文化制度的严格约束，所以在大致相同的时间，裕民文化和兴隆洼文化的设围基址群的和平消失，在空间上高度相关的另一个地区仰韶文化的设围基址成组的出现，使本书可以设想枣园遗址和古城东关遗址是与裕民文化和兴隆洼文化联合体相关的人群南下的产物。从空间关系上看，这两个设围基址首先是裕民文化南下的产物。借助于汾河与西河顺流而下的便利，裕民文化人群首先进入关涉郑洛一线的关键地区，并且在一定程度上获得了主导权。

如果把大致开始于公元前 4500 年前后的仰韶文化半坡期与炎帝时代对应的话，那么公元前 5000 年到公元前 4500 年这段时间就应该和祝融时代对应。祝融与女娲一样，都是灶神，因而可推其为女娲一系。《史记》司马贞补《三皇本纪》说："诸侯有共工氏，任智刑以强，霸而不王；以水乘木，乃与祝融战，不胜而怒，乃头触不周山崩，天柱折，地维缺。"[49] 由于共工氏是活动在太行山一线的族群[50]，所以这个故事可以是祝融进入晋西南遭遇当地族群抵抗的记录。公元前 5000 年前后，公元前 6500 年左右出现的，创造丰富的物质文化、所在与共工氏活动范围对应的磁山—北福地文化退出历史舞台，可以用来支持仰韶文化是在磁山—北福地文化所在北边活动的族群南下成果的推说。磁山—北福地文化人群在太行山东麓、滹沱河一线活动，正处在裕民—兴隆洼文化南下的必由之路上，因而它与南下的裕民—兴隆洼文化人群发生冲突不可避免。

从空间与路径的可能性看，裕民文化和兴隆洼文化的南下应该分为两路。裕民文化人群进入山西，那么，兴隆洼文化人群则应沿太行山东侧南下。考虑到伏羲一族本与濮阳有关，这样分工相当合理。

从兴隆洼文化的后继者赵宝沟文化的具体表现看，经过长期的经营，燕山以北地区已经积蓄了雄厚的经济、文化资本，相关人群为何放弃已有的条件，长距离迁移另辟生境？一个可以接受的回答是，基于裕民文化、兴隆洼文化人群的壮大，到了公元前 5000 年前后，相应族群已经有能力把控郑州洛阳一线这一被识别为东亚大陆腹地最为重要的"神明之隩"，南迁，不仅可以在一定水平上减少旧地的人口压力，进驻郑州与洛阳一线，也拥有了更好地与"上帝"沟通的机会和更加有效实现族群发展的条件。从仰韶文化初期设围基址的定位看，相应族群进驻郑洛一线应该遇到了某种挑战，所以最初的仰韶文化的设围基址只在与裕民文化和兴隆洼文化活动地区较多相关的晋西南地区。

《伏羲庙残碑》说："东迁少典……以奉伏羲之祀。"王献唐据此说："少典奉祀伏羲，知为伏羲族裔。"[51] 由之可以设想少典应与祝融同时。《史记索隐》说"少典者，诸侯国号"[52]，指示祝融当政时，少典为其从属。《国语·晋语》说："昔少典取于有蟜氏，生黄帝、炎帝。黄帝以姬水成，炎帝以姜水成。"[53] 有蟜氏在洛阳盆地以北邙山丘陵地区活动，这段姻缘应该就是在仰韶文化初期后段在洛阳盆地北侧靠近黄河南岸出现河南新安县荒坡设壕基址的根据[54]。荒坡遗址处在古城东关遗址下游，两者间距不足 15 千米，它与古城东关应为协同关系。荒坡设围基址的出现，为仰韶文化人群进一步控制郑洛一线奠定了基础。

黄河中游地区的大规模秩序重整，对于位于其南面的江汉平原及左近地区的影响是明确的。公元前 5000 年前后，在大洪山与汉江相夹处出现了属于边畈文化的湖北钟祥边畈设围基址[55]。其坐落有着明确的阻止北方人群南下的意涵。同时，在澧阳平原上，汤家岗文化取代皂市下层文化，形成新的聚落体系。汤家岗文化拥有湖南澧县城头山和安乡县汤家岗两个设围基址[56]。城头山遗址位于澧阳平原南侧，汤家岗遗址北向靠近长江主道布置，两者相距 54 千米。文化相同，空间针对性有异且相距不远，它们当为协同关系。边畈文化明确弱于汤家岗文化，又距其距离有限，可以认为汤家岗文化人群与边畈文化人群一定水平的协同，在一定水平上与仰韶文化人群博弈。

《左传·昭公十七年》说："郑，祝融之虚也。"[57] 一般认为，这个郑就在今河南新郑，与淮河的重要支流颍河相关。据此可推，虽然荒坡设围基址的成立得益于少典与有蟜氏的联姻，但由于少典此时为祝融的从属，所以荒坡设围基址仍为祝融所有。凭借着这个落脚点，祝融一族不仅控制了洛阳盆地，而且进入了嵩山以南地区。这种情况当会促使少典向南继续迁移，进入丹江一华山之阳一线。从大的空间战略看，这也是仰韶文化人群进驻洛阳盆地的应有之义。《史记正义》引《帝王世纪》说："有蟜氏女，登为少典妃，游华阳，有神龙首，感生炎帝"[58]，就有了扎实的依据。由这一记述看，在旨在取得针对江汉平原的战略优势的过程中，原在黄淮一线活动的人群以某种形式与在华阳地区活动的人群结合，导致了新势力出现。

炎帝一族是多方博弈的产物。炎帝一族一旦壮大,就会很自然地谋求独立。但其所在的华阳一区南有江汉一线势力的阻抗,北有晋西南和郑洛一线人群的压制,为了族群的进一步的发展,其转向汉江上游,进入宝鸡与西安一线,寻求相对安定的空间支持应是一项合理的且有某种必然性的选择。《国语·晋语》提及的炎帝因之而成的姜水,是在宝鸡峡出口附近的渭河支流。由这里出发,不仅可以方便地控制渭河中下游,进而涉及河洛地区,而且可以登上秦岭,沿丹江俯瞰华阳一区乃至江汉平原。

从考古遗址的情况看,炎帝一族依托姜水最终成就了庞大的仰韶文化设围基址群(见节首图)。

公元前 4500 年前后,在黄河中下游及丹江一线出现了包括 9 个设围基址的仰韶文化早期设围基址群[59]。其中,陕西西安半坡和姜寨两个设围基址坐落在后世周代的丰、镐两京,汉、唐长安所在的地段。半坡与姜寨遗址近距离相邻,二者格局不同,都有一系列高规格遗物出土,与白音长汗遗址比照,可以认为这是一个高等级的祭祀组合,它们共同构成了仰韶文化早期设围基址群的核心。旬邑县崔家河西村和铜川市瓦窑沟设围基址位于半坡和姜寨以北,分别针对泾河与北洛河,阻抗可能的来自北方的侵袭。在半坡和姜寨的东南,秦岭之上,丹江源头地有商洛市紫荆设围基址。紫荆东南,位于华山之阳的丹江口地区,老鹳河边上是河南淅川县沟湾设围基址,两者构成了针对江汉平原的协同组合。在半坡和姜寨遗址正东,仰韶文化初期已有的古城东关设围基址依然存在,此时它已经变成了关中地区联系东亚大平原的关节点。再向东,在濮阳,有具有控制太行山东麓阻抗东北方人群南下同时压制济水一线双重价值的西水坡设围基址。在蒙晋陕三角区、黄河的出山口处，有内蒙古清水河县岔河口遗址，从位置上看，它是仰韶文化早期设围基址群的北部前哨。

以上9个仰韶文化设围基址因其不同的空间价值构成了一个面对可能存在的外部压力的整体。这个整体的出现是仰韶文化人群内部秩序重整，炎帝一系最终胜出的结果。在某个角度看，炎帝一系胜出的重要根据应当是江汉平原西侧势力的壮大，对其压制成为仰韶人群面对的核心任务这一现实。涉及地域广阔的仰韶文化设围基址群意味着一个涉及范围更为庞大的仰韶文化空间存在。从地理上看，东亚大陆腹地核心区西侧的巨大交通闭环是这个仰韶文化空间成立的基础。这个交通闭环由欧亚草原南部边缘的交通通道和一系列河道共同构成。树木稀少，地形平坦，使得蒙古高原南缘成为该交通闭环的西北侧的基本要素。它与葫芦河、泾河、北洛河、无定河、黄河西河段以及渭河一起，共同构造了这个交通闭环的西北部。在此基础上，以黄河河道和桑干河为框架，以汾河、漳河、滹沱河、沁河为填充，形成了交通闭环的东北部。这两个部分通过洛河、丹江、汝河、颖河、涡河联络汉江与淮河，构造出这个交通闭环的南半部。这是一个以黄河为主干的层次丰富的交通网，只要克服了并不严重的地理阻碍，就能够实现这个网络的各部之间的互通，相关人群能够以此为据，形成相互制衡的关系密切的空间控制链，促成相关族群的联合，支持巨型的文化统一体的出现。这个交通闭环的南部西半，是东西延绵的秦岭，登上秦岭就能够凭借汉江、白河、汝河、颖河对长江、淮河流域施压，这个闭环的东部，与涡河、济水相关，可以凭借它们顺流而下压制环泰山地区。这样的地理条件，使得仰韶文化人群在与其他强势族群的关系上占据优势，为仰韶文化圈的扩张提供了最为基本的支持（图2-3-1）[60]。

从根本上说，仰韶文化圈是伏羲、女娲两个族群合作的产物，从设围基址的出现顺序看，古城东关、枣园和荒坡设围基址存在时，意味着女娲一族占据主导，以半坡和姜寨为中心的仰韶文化设围基址群的出现，意味着伏羲一族占据了优势。在考古学文化上，半坡与姜寨设围基址组合主导的时期，仰韶文化的主导为半坡类型，由遗址的分布看，半坡类型的涉及范围为东至潼关，西

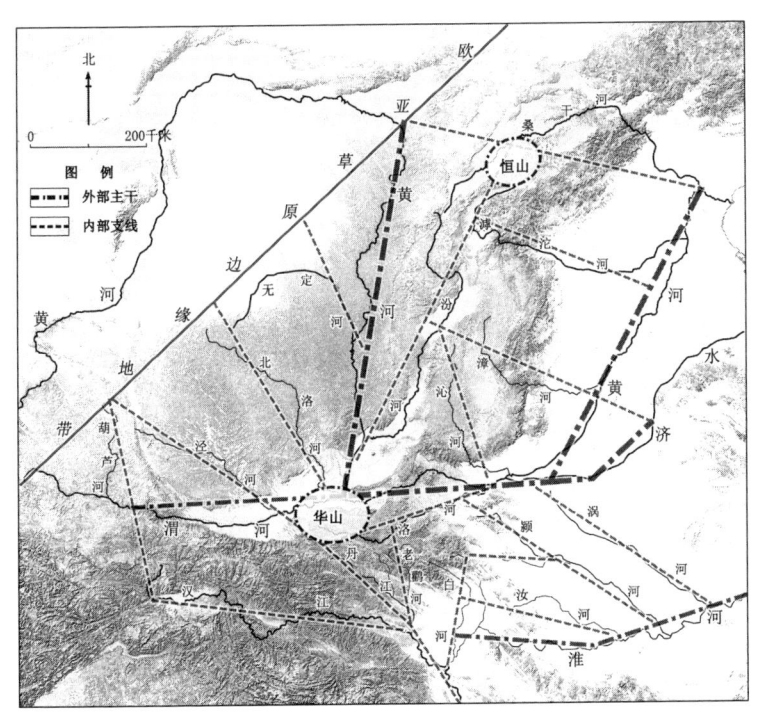

图2-3-1 仰韶文化圈以河流为主干的交通构架示意图

到天水，北至欧亚草原南缘，南到华阳一线，其所对应的是一个面积达 25 万平方千米的地理单元。按照流域和空间管控的可能，这里可以分作 8 个次级单位。研究表明这样的组构决定了半坡类型核心性设围基址姜寨遗址的建筑组织。

姜寨设围基址由 8 个建筑群组环绕一个中心广场构成。每个建筑群组都包括一个大房子和位于其右前方的中型建筑。这 8 个建筑群组与 8 个实际上的地理次级单位对应，使得各地理次级单位的人群各得其所的在此祭祀自己的神灵。大房子的尺寸、群组定位及其与广场的关系，与其所代表的地理次级单位在仰韶文化半坡类型中的地位对应。毫无疑问，这种做法来自白音长汗设围基址 A 区。与白音长汗 A 区相比，姜寨的空间构成方案更加明快有序（图 2-3-2）。

姜寨各建筑组团中大房子（明堂）右前方的中型房屋的功能内容并不简单。由大地湾遗址第四期的仰韶文化遗存核心部分的情况看，这一部分应是一个包括了朝堂、宗庙和寝室在内的功能组合（图 2-3-3）。明堂居于主位，朝堂、宗庙和寝室朝向明堂的格局在相当长的时间里是东亚大陆腹地高等级祭祀地段的常规。

在姜寨的西南方 18 千米，有构成与之不同的半坡设围基址。在功能上，半坡遗址与白音长汗遗址上的 B 区对应。由于炎帝一族占有绝对的优势地位，故其圈围内只有一个明堂祭祀组合。姜寨设围基址存在时，半坡遗址上的大房子规模不大，平面圆形，规格不高，但其外另有一道浅壕圈围，形成了双重圈围，增加了场所的隆重性（图 2-3-4）。姜寨遗址与半坡遗址十分不同的组织方式表明它们为各司其职的组合，姜寨是面对半坡类型所有族群

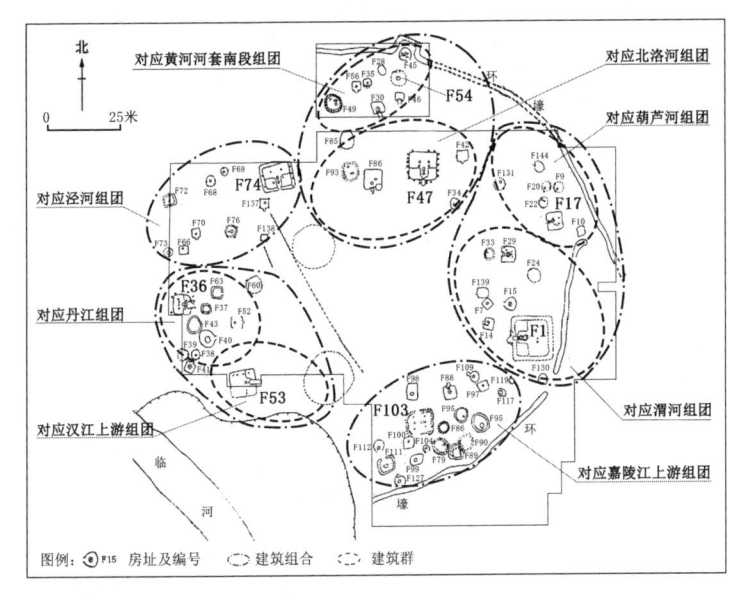

a. 姜寨设围基址半坡期建筑组群划分图

b. 半坡类型所在区域空间划分示意图

图 2-3-2　姜寨遗址建筑组群构成与半坡类型涉及区域空间格局比照图
（据《祭祀与疆域：中国上古空间考古六题》改绘）

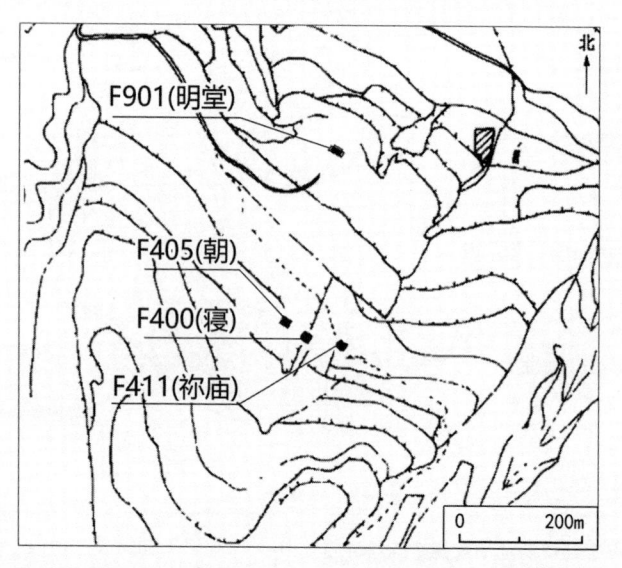

图 2-3-3 大地湾遗址第四期中心区建筑功能（《营国：东汉以前华夏聚落景观规制与秩序》）

a. 半坡遗址半坡期的房址与环壕

b. 半坡遗址史家期的房址与环壕

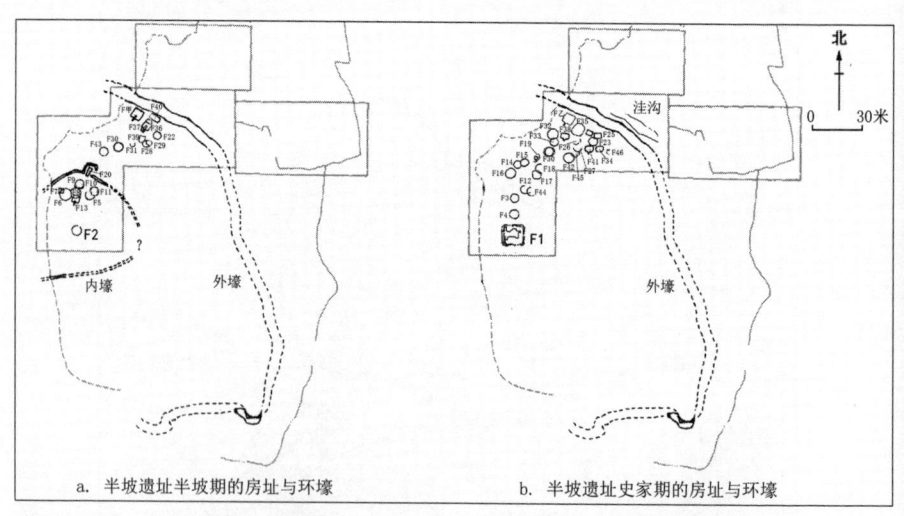

图 2-3-4 半坡设围基址半坡期和史家期的房址与环壕（《祭祀与疆域：中国上古空间考古六题》）

的祭祀场所，半坡则主要服务于半坡类型的核心人群。

仰韶文化半坡类型的设围基址的规模在同时期的遗址中是较小的。同时，姜寨和半坡遗址所在的区域也缺乏大型遗址存在。也就是说，祭祀中心区缺少大量人口的直接支持，这种状况应当意味着，当时的仰韶文化人群实行着祭祀权、行政或军事权的某种分立。

把彩陶、刻画符号、环壕、斧钺遗存这些表明特权存在的要素的出土情况和遗址的规模、坐落地点及圈围的无有等结合考虑，可以看到，在半坡类型覆盖区存在着一个有较大协商空间的层级复杂的权力系统。特权标识元素出现的概率与人口聚集水平不成正比，特权标识要素空间分布分散等暗示相应系统应该以一个自上而下的规划为根据[61]。

斧钺遗存是军事权力存在的标识。从仰韶文化半坡类型的情况看，斧钺遗存主要出现在以河谷为单位的遗址群的上游位置，这种布置一方面与仰韶文化半坡类型的主要威胁来向结合，一方面又有居高临下地控制河谷的便利。当时专职军事人员有限，从空间管控的需求看，将军事防御力量渗入到聚落组织中，是一个合理的选择。把这里的情况与后世以"伍""甲"为居民组织单位的做法联系起来，或者可以想象，这里的居址系统应该有着十分明确的军事属性。

仰韶文化早期前段，在半坡类型覆盖区以外，还有西水坡、古城东关、沟湾和岔河口等设围基址。这些设围基址都与一定区域的人群相对应，基于相应区域均远小于半坡类型覆盖区，且其只拥有单一的设围基址，因而有条件设想它们是半坡类型的从属单位。

《史记》说汉刘邦在长安"置祠祝官、女巫。其梁巫，祠天、地、天社、天水、房中、堂上之属；晋巫，祠五帝、东君、云中〔君〕、司命、巫社、巫祠、族人、先炊之属；秦巫，祠社主、巫保、族累之属；荆巫，祠堂下、巫先、司命、施糜之属"[62]。从地理上看，梁与西水坡有关，晋与古城东关有关，秦即本地或者延及渭河上游，荆与沟湾有关。取四方之巫于长安是制作长安中心性的手段。可汉代在疆域的四方空间延伸远远超过上述梁、晋、秦、荆所涉空间的情况下，将梁、晋、秦、荆巫集于长安当是来自于久远传统。据此可推测，仰韶文化早期在半坡、姜寨遗址所在地区就有来自于梁、晋、秦、荆的巫觋聚集。这也就支持仰韶文化早期整个仰韶文化圈是一个以半坡类型为主导的权力统一体的判断。

大量长期持续使用的遗址存在，表明了仰韶文化人群的主体部分应该已经进入了系统性的定居阶段。旧石器时代的长期使用的遗址已经意味着一定水平的定居，当时的定居应该限于极少数地点，可具体的定居实践有助于人们了解定居的价值、意义以及要面对的关键挑战。

生产剩余和陶器这种不太容易携带的物件的发明，会降低人们的游动水平，促成更多的定居发生。较多的定居当会提升人类空间计较的水平，从技术的角度看，据守空间争夺的关键地点是实现空间控制和进行空间计较的常规手段，因而对于核心生存资源的争夺，当会进一步推动人类定居。

为了确保据守地点的安全、稳定，在相关地区增加人口密度十分必要。一定地区定居人口密度超过一定的界限，会使自然的产出难以满足相应人群的生存需求，这就需要适当水平的动植物驯化作为支持,从而促进了农业发展。反过来,农业的发展又会使得定居作为一种基本的空间博弈手段在更大的范围里实行。

在遭遇侵犯时定居者对相关土地坚守度更高,同时,在通常情况下定居地区更容易管控,这就使得定居有可能形成更强的系统合力并在空间竞争上更具优势,一旦这些优势为权力执掌者明确认知,在其权力范围内全面地系统地实行定居就有条件发生。

仰韶早期的定居系统的出现和炎帝——又称神农氏——这个在农耕上有重大贡献的人物对应,应该可以解读为大规模定居的需要促成了农耕技术的发展。炎帝的另一个称呼"烈山氏"似乎是说,他在农业上的核心贡献是通过焚烧快速地取得大面积的耕地,使得农耕得以规模化进行。农耕的规模化进行,首先在黄河一线展开,让相应的族群得以实现大规模的定居,从而结成更加稳定的社会—空间系统,为其最终脱颖而出,构成在体量上凌驾于其他族群的权力单位,成为东亚大陆腹地的主导者奠定了基础。

相关研究表明,最早的农业出现在并不最适合农耕的山麓地带[63](图2-3-5)。这应该是支持规模化定居的农业,尤其是以

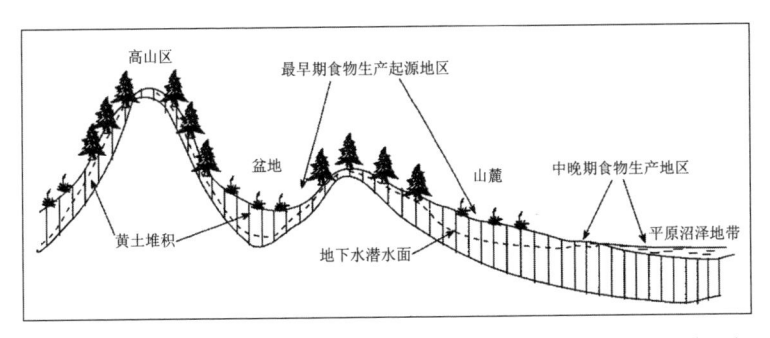

图2-3-5 华北地区农业起源地带(《史前的现代化:从狩猎采集到农业起源》)

谷物生产为主的农业,是空间博弈与环境控制的产物技术层面的证据。正是人们占据水源地和居高临下地对物产相对丰富的平原地带控制的需求,导致了农耕最早在山麓地带发生。东亚大陆大规模的农耕社会首先在东亚大陆腹地核心区这个特殊地点出现,则应暗示持续的对特定空间的争夺是定居和农耕发展的重要条件。

希腊、土耳其的考古材料显示,由狩猎采集而农耕,人们的平均身高有较大幅度的缩减[64],可见,由狩猎采集而农耕,多数人的生活条件有较大幅度的降低。所以,虽然生活更加安定,但农耕并不见得是最基层民众的自然选择。把定居和农耕的发展视作在空间竞争日益激烈的条件下上层权力的选择更为自然。用农耕作为生活需求的部分补充是正常的,但却很难设想在没有明确的、系统性的挑战存在的情况下,人们会持续地费心劳力地寻求用农耕来取代狩猎与采集作为生业。用农耕的获取作为生活来源的主要部分,应该是面对巨大军事压力时不得已的选择。也就是说,一定的权力对特定空间的争夺和管控在人类定居和农业发展上起着巨大的甚至是决定性的作用。由于特定空间的争夺与管控直接与定居对应,因而是定居导致了规模性的农业的发展,而不是相反。

由炎帝一族主导的产业革命当会引发更大范围的生业替换和定居系统的扩张。在农耕适宜地区,较之以前整体性更强,涉及更大的地理板块的更加稳定的权力单位逐渐出现,使得东亚大陆腹地的空间博弈进入一个全新的阶段。

公元前 4500 年前后,红山文化在西辽河一带兴起,红山文化是兴隆洼文化与赵宝沟文化的继承者。此时,在燕山以北出现的内蒙古赤峰市魏家窝铺和辽宁建平县马鞍桥山设围基址[65],可以作为红山文化兴起的关键标志。魏家窝铺遗址针对老哈河，俯瞰西辽河平原，马鞍桥山遗址针对大凌河，管控沿海进入辽河平原的通道，这样的空间控制结构与兴隆洼文化早期在此地实行的空间控制结构基本一致。在这两个设围基址出现前后，位于辽河以北的左家山设围基址消失了，这种变化意味着燕山以北地区经历了一个牵涉范围巨大的秩序重整。如今在这里活动的人群与从这里走出去的仰韶文化人群未必还是协同关系。

与仰韶文化势力大幅扩张不同，公元前 4400 年前后，环泰山地区的里宏设围基址消失了，只剩下贾柏一个设围基址与西水坡遥遥相对。公元前 4200 年左右，北辛文化的贾柏设围基址也消失了，在环泰山地区大汶口文化取代了北辛文化。环泰山地区出现了设围基址真空期，这或者是仰韶人群施压的结果。

大略同时，位于澧阳平原的汤家岗设围基址消失了，这一地区的考古学文化也由汤家岗文化转为大溪文化。大溪文化来自长江三峡，覆盖范围更大，这样的变动应该意味着相应地区实现了一次较大规模的族群整合，设围基址的减少应暗示这个整合过程未必和平。

应该得益于邻近的环泰山地区和洞庭湖地区忙于解决自己的问题，此时活动在长江下游地区的马家浜文化崛起，有条件在长江以南设置江苏溧阳市秦堂山设围基址[66]。

公元前 4200 年前后，东亚大陆腹地设围基址变动最大的事件当是自仰韶文化初期就已存在的古城东关设围基址退出历史舞台。基于古城东关与祝融一系相互对应，它的消失应该是女娲一系与伏羲一系间的冲突达到一定水平的表现。

与古城东关消失相连，公元前 4100 年左右，在蒙晋陕三角区的岔河口遗址附近出现了内蒙古准格尔旗阳湾和凉城县石虎山Ⅰ等设围基址[67]。阳湾与岔河口设围基址近距离相邻，等级有差，或为一个组合性中心。它的出现极大地改变了黄河流域聚落系统的既有秩序，从渭河一线设围基址的变动看，它们显然给以关中为中心的仰韶文化半坡类型造成了巨大的压力。

与蒙晋陕三角区设围基址群形成大致同步，位于关中地区的姜寨遗址放弃了环壕，在半坡遗址以西略偏南18千米处出现了组织结构与姜寨遗址大致相同的西安鱼化寨设围基址。鱼化寨遗址与半坡遗址构成一个新的对子，成为新的仰韶文化人群的祭祀中心。因为在明堂礼仪中祭祀者都是由西南而东北地接近神明，所以，西南或西为卑位，东北或东为尊位。这样，由姜寨而鱼化寨意味着用于主导族群祭祀的半坡遗址的地位提升，相应地，在半坡遗址上，放弃了原来规格较低的大房子，设置了这一时期仰韶文化遗址系统中规模最大的中心建筑，这种变化，应是为了应对外部挑战而进行某种水平的权力集中的表达。此时在晋陕峡谷南段河西出现了陕西合阳县吴家营设围基址，它们与崔家河西村和瓦窑沟一起，引导着更为严密的针对北部压力的防御体系的形成[68]。与这一系列变化相连，关中地区的考古学文化也由仰韶文化半坡类型转为仰韶文化史家类型。

在天水一带，此时出现了甘肃秦安县大地湾设围基址与张家川县圪垯川设围基址，这两个设围基址相距仅15千米。大地湾遗址圈围内建筑分布格局与半坡遗址类似，圪垯川遗址圈围内有三个以大房子为主导的组团，与姜寨遗址类同，两者应该为一个高规格的祭祀组合。圪垯川遗址上有三道环壕，如此高规格的设置存在应该表明这一组合具有相当强的独立性，并在一定水平上对渭河中游形成压力。

关中地区的势力与蒙晋陕三角区和渭河上游势力的博弈，为长期在郑洛一线活动的黄帝一族的崛起提供了条件。黄帝与炎帝一样，是少典与有蟜氏结合的产物，其最初在今新郑一带，依托姬水即清濋河活动。清濋河是淮河主要支流颍河的支流，背负嵩山，东南向汇入颍河，所处位置相对安定，又直接涉及东亚大平原，在空间控制上地位特殊。裴李岗文化唯一的设围基址唐户遗址就曾在清濋河上游坐落。黄帝又称轩辕，《史记》说，"轩辕之时，神农氏世衰，诸侯相侵伐，暴虐百姓，而神农氏弗能征。于是轩辕乃习用干戈，以征不享，诸侯咸来宾从。而蚩尤最为暴，莫能伐"[69]，表明了黄帝起初是炎帝的从属，在代替炎帝行事的过程中得以壮大。

《归藏》说："蚩尤出自羊水。"[70]羊水为桑干河支流，在裕民文化的覆盖范围之内，据此可推测蚩尤来自于女娲一系。《太平御览》卷七十九引《龙鱼河图》"蚩尤兄弟八十一人，并兽身人语，铜头铁额，食沙石子"[71]，孔安国说"九黎君号蚩尤"，"沙石子"可以对应欧亚草原的环境，"九黎"与相关地区地形复杂容易造成文化多样性的情形相合，所以蚩尤是在欧亚草原南缘及相关地区活动的构成复杂的人群的主导者。从地理上看，阳湾及石虎山Ⅰ两个设围基址的出现就是蚩尤兴起的标识。蚩尤又称骥头，《山海经·大荒南经》说："炎融，生骥兜（头）"[72]，蚩尤在炎帝与祝融二者的交互之地活动，说其在两者的影响下生发合乎常理（图2-3-6）。

从空间上看蒙晋陕三角区设围基址群的存在，意味着蚩尤一族已经在汾河、北洛河、泾河上游活动，这不仅直接压制西安一线，

图2-3-6 汉画像石中的蚩尤（䭬头）形象（《临沂汉画像石》）

而且使得整个仰韶文化圈所依托的交通大环的重要段落被阻断，给仰韶文化的整体存在造成重大威胁，克服这一阻断，保证仰韶文化圈的完整性，应是炎黄二帝共同的关切，并最终导致了二者合力对蚩尤一族发动战争。

把古城东关设围基址的消失与蒙晋陕三角区设围基址群的出现联系起来，可以认为炎黄二帝的对抗者蚩尤背后有祝融一系的影子，追根溯源，炎黄二帝与蚩尤的争执，实际上是伏羲一系与女娲一系的争执。古人只提蚩尤而不及祝融、女娲，应与炎帝的权力实际上是由祝融转移而来有关。

《逸周书·尝麦解》说："昔天之初，诞作二后，乃设建典，命赤帝分正二卿，命蚩尤于宇少昊，以临四方，司□□上天未成之庆。蚩尤乃逐帝，争于涿鹿之河，九隅无遗。赤帝大慑，乃说于黄帝，执蚩尤，杀之于中冀。以甲兵释怒，用大正顺天思序，纪于大帝，用名之曰绝辔之野。"[73] 这段文字虽有脱漏，但基本可解。"二后"当指伏羲、女娲；"二卿"当指黄帝与祝融；"命"的发出者应为"二后"；"于宇"意为"入驻"；少昊在今山东和冀东南一带活动。这样，这段话的大致意思就是，开天辟地之初，女娲、伏羲建立典仪。命炎帝处理好与黄帝和祝融的关系，命蚩尤入驻少昊一族的领地，以形成合理的天下格局。由道理上看，蚩尤当然不能够进入少昊领地的核心区，最有可能入驻的地方是冀东南、鲁西北一区，而这里当时主要为沼泽区，并不是居住的理想选择，让蚩尤放弃自己的旧有领地给炎帝让路，蚩尤当然不服，因此蚩尤和炎帝开战，二者在桑干河一线多个地点发生对抗。炎帝一系遭到重创后，不得已求助于黄帝，炎黄二帝合力最终生擒了蚩尤，并杀之于冀州中部，使天下恢复秩序。为了永远铭记这一事件，将之报予"上帝"，并将杀蚩尤之地命名为"绝辔之野"。

炎黄二帝执杀蚩尤，在设围基址上表现为阳湾和石虎山Ⅰ两个设围基址在公元前 3900 年前后同时消失，对蚩尤的胜利再次提升了黄帝一系的地位，使之有条件与炎帝对抗，由是，中国历史的进程跨入了仰韶文化中期。

蚩尤与炎、黄二帝一样，并非生物个体，是一定时期九黎一族首领的名称。所以，虽然在对抗中惨败，先前的首领被执杀，但蚩尤仍然可以继续存在，并且仍然给在黄河中下游活动的族群造成严重的压力。

将仰韶文化早期的遗址涉及范围与同时存在的其他文化的遗址涉及范围相比较，其在军事能力上占据绝对优势是毋庸置疑的。虽然仰韶文化内部并非铁板一块，但只其一部对于其他文化已是重大威胁，当时的仰韶人自认为是东亚大陆腹地主宰并不为过。如果进一步考虑其他文化的设围基址在规格上的弱势，推想他们对仰韶文化某种水平的顺从也没有太大问题。依此，《史记》所说的"诸侯"，应该不仅限于仰韶文化范围。

中国人自称华夏，从声音上看，"华"即"娲"，"夏"即"羲"。华夏民族，是女娲与伏羲结合的产物。从考古学上看，女娲与伏羲自滦河及西辽河地区起步，以强势的姿态进入黄河中下游地区，依托这一地区的地理优势积极开拓，在距今6500年前后形成了尺度巨大的权力单位，使得黄河在中国历史上的主导地位难以撼动。

注　释

[1]　本书采用张宏彦的分期：初期，距今200万—100万年；早期，距今100万—20万年；中期，距今20万—5万年；晚期，距今5万—1.2万年。详见张宏彦：《中国史前考古学导论》，北京：科学出版社，2011年，第36页。

[2]　王社江、沈辰、胡松梅等：《洛南盆地1995—1999年野外地点发现的石制品》，《人类学学报》2005年第2期。

[3]　裴树文、宋国定：《西峡旧石器考古调查简报》，《人类学学报》2006年第4期。

[4]　相关遗址信息采自以下文献：祝恒富：《湖北旧石器文化初步研究》，《华夏考古》2002年第3期。方梦霞：《长江中下游地区旧石器文化的分期与分区》，杭州：浙江大学硕士学位论文，2016年。袁文明：《河

南地区旧石器文化遗存及相关问题研究》，长春：吉林大学硕士学位论文，2015年。

[5] 裴安平：《中国史前聚落群聚形态研究》，北京：中华书局，2014年，第33页。

[6] 王幼平：《中国远古人类文化的源流》，北京：科学出版社，2005年，第122页。

[7] 相关遗址信息采自以下文献：王大伟：《基于GIS的泥河湾盆地旧石器时代古人类与地理环境的关系研究》，石家庄：河北师范大学硕士学位论文，2018年。

[8] 裴安平：《中国史前聚落群聚形态研究》，北京：中华书局，2014年，第44页。

[9] 相关遗址信息采自以下文献：裴安平：《中国史前聚落群聚形态研究》，北京：中华书局，2014年，第35—39页。董哲、裴树文、袁四方：《安徽水阳江流域2017年旧石器考古调查简报》，《人类学学报》2019年第2期。

[10] 相关遗址信息除特别注明外采自以下文献：王法岗：《山东地区旧石器时代遗存研究》，长春：吉林大学硕士学位论文，2007年。

[11] 湖南省文物考古研究所：《湖南澧县乌鸦山旧石器遗址2011年发掘简报》，《江汉考古》2019年第6期。

[12] 山东省文物考古研究院、沂水县文化和旅游局：《"考古中国"重大项目——沂水跋山遗址重要考古发现成果发布》，"山东考古"微信公众号，2021年9月29日。

[13] 广西壮族自治区文物工作队、桂林市革命委员会文物管理委员会：《广西桂林甑皮岩洞穴遗址的试掘》，《考古》1976年第3期。Mary E.Prendergast、袁家荣、Ofer Bar-Yosef：《湖南玉蟾岩遗址旧石器时代末期的动物群》，《湖南考古辑刊》（第9集）2011年。

[14] 有关家畜和农作物发现地的资料参见刘莉、陈星灿：《中国考古学：旧石器时代晚期到早期青铜时代》，北京：生活·读书·新知三联书店，2017年，第四章。

[15] 郭伟民：《城头山城墙、壕沟的营造及其所反映的聚落变迁》，《南方文物》2007年第2期。

[16] 吉林大学边疆考古研究中心、吉林省文物考古研究所：《吉林大安市后套木嘎遗址AⅢ区发掘简报》，《考古》2016年第9期。王立新：《后套

木嘎新石器时代遗存及相关问题研究》，《考古学报》2018年第2期。

[17] 《后汉书》卷四十八注："天有紫微宫，是上帝之所居也"，紫微即北辰，均指北极星。详见范晔：《后汉书》（第六册），北京：中华书局，1965年，第1617页。

[18] 刘彬：《〈易经〉校释译论》，济南：山东人民出版社，2019年，第469页。

[19] 中国国家博物馆、河北省文物考古研究院、张家口市文物考古研究所、康保县文物局、暨南大学历史学系：《河北康保兴隆遗址2018～2019年发掘简报》，《考古》2021年第1期。

[20] 吉林大学边疆考古研究中心、吉林省文物考古研究所：《吉林白城双塔遗址新石器时代遗存》，《考古学报》2013年第4期。

[21] 上山文化遗址的资料详见浙江省文物考古研究所：《上山文化：发现与记述》，北京：文物出版社，2016年，第13、184页。

[22] 浙江省文物考古研究所：《上山文化：发现与记述》，北京：文物出版社，2016年，第104页。

[23] 内蒙古自治区文物考古研究所、乌兰察布市博物馆、化德县文物管理所：《内蒙古化德县裕民遗址发掘简报》，《考古》2021年第1期。

[24] 北城子、兴隆洼遗址的资料分别见以下文献：杨虎、刘国祥、邵国田：《敖汉旗发现一大型兴隆洼文化环壕聚落》，《中国文物报》1998年7月26日第一版。中国社会科学院考古研究所内蒙古工作队：《内蒙古敖汉旗兴隆洼遗址发掘简报》，《考古》1985年第10期。其他设围遗址的资料参见国家文物局编：《中国文物地图集：内蒙古自治区分册》，西安：西安地图出版社，2003年。

[25] 顺山集资料详见南京博物院、泗洪县博物馆：《顺山集：泗洪县新石器时代遗址考古发掘报告》，北京：科学出版社，2016年。

[26] 中国国家博物馆、南京博物院、泗洪县博物馆：《江苏泗洪韩井遗址2014年发掘简报》，《东南文化》2018年第1期。

[27] 裴李岗文化遗址的分布范围参见蔡金英：《论裴李岗文化的分期与年代》，《殷都学刊》2020年第4期。

[28] 郑州市文物考古研究院、河南省文物管理局南水北调文物保护办公室：《河南新郑市唐户遗址裴李岗文化遗存2007年发掘简报》，《考古》2010年第5期。

[29] 贾湖遗址的资料详见河南省文物考古研究所：《舞阳贾湖》（上卷、下卷），北京：科学出版社，1999年。

[30] 山东省文物考古研究所、章丘市博物馆：《山东章丘市小荆山后李文化环壕聚落勘探报告》，《华夏考古》2003年第3期。

[31] 八十垱的资料参见湖南省文物考古研究所：《彭头山与八十垱》，北京：科学出版社，2006年。

[32] 彭头山文化遗址分布参见郭伟民：《新石器时代澧阳平原与汉东地区的文化和社会》，北京：文物出版社，2010年，第128页。

[33] 河北省文物研究所：《河北省迁西县东寨遗址发掘简报》，《文物春秋》1992年增刊。

[34] 书中有关查海遗址的资料详见辽宁省文物考古研究所：《查海：新石器时代聚落遗址发掘报告》，北京：文物出版社，2012年。

[35] 书中有关白音长汗遗址的资料参见内蒙古自治区文物考古研究所：《白音长汗：新石器时代遗址发掘报告》，北京：科学出版社，2004年。

[36] 陈苇：《从居室墓和石雕像看兴隆洼文化的祖先崇拜》，《内蒙古文物考古》2008年第1期。

[37] 刘国祥：《兴隆沟聚落遗址发掘收获及意义》，《东北文物考古论集》，北京：科学出版社，2004年，第58—74页。

[38] 参见刘夫德：《上古史发掘》，西安：陕西人民出版社，2010年，第264—269页。

[39] 刘安等编著，高诱注：《淮南子》，上海：上海古籍出版社，1989年，第65页。

[40] 徐宗元辑：《帝王世纪辑存》，北京：中华书局，1964年，第3页。

[41] 班固：《汉书》（第四册），北京：中华书局，1962年，第955页。

[42] 《竹书纪年》载，"（舜）九年，西王母来朝"。"（穆王）十七年，王西征昆仑丘，见西王母。其年西王母来朝，宾于昭宫。"详见王国维撰，黄永年校点：《古本竹书纪年辑校·今本竹书纪年疏证》，沈阳：辽宁教育出版社，1997年，第46、89页。

[43] 有关气候变化和冻土线的资料参见刘莉、陈星灿：《中国考古学：旧石器时代晚期到早期青铜时代》，北京：生活·读书·新知三联书店，2017年，第33、70页。

[44] 梅圆圆：《汶上县贾柏遗址的考古勘探》，《山东省文物考古研究院

2018 年度田野考古工作汇报交流会纪要（一）》，"山东考古"微信公众号 2019 年 2 月 3 日。朱超、张强：《山东沂南里宏遗址发现北辛文化环壕聚落》，《大众考古》2020 年第 8 期。

[45] 皂市下层文化遗址分布参见郭伟民：《新石器时代澧阳平原与汉东地区的文化和社会》，北京：文物出版社，2010 年，第 140 页。胡家屋场的资料参见湖南省文物考古研究所：《湖南临澧县胡家屋场新石器时代遗址》，《考古学报》1993 年第 2 期。

[46] 赵心杨：《第二松花江流域、牡丹江流域新石器时代聚落形态与社会研究》，沈阳：辽宁师范大学硕士学位论文，2020 年，第 28 页。赵宾福、于怀石：《左家山下层文化新探》，《边疆考古研究》2016 年第 1 期。

[47] 刘莉、陈星灿：《中国考古学：旧石器时代晚期到早期青铜时代》，北京：生活·读书·新知三联书店，2017 年，第 189 页。

[48] 枣园和古城东关的资料参见：山西省考古研究所：《翼城枣园》，北京：科学技术文献出版社，2004 年。山西省考古研究所、垣曲县博物馆：《垣曲古城东关》，北京：科学出版社，2001 年。魏兴涛：《豫西晋南和关中地区仰韶文化初期遗存研究》，《考古学报》2014 年第 4 期。

[49] 司马迁撰，裴骃集解，司马贞索隐，张守节正义：《史记》（全十册）（点校本二十四史修订本），北京：中华书局，2014 年，第 4024 页。

[50] 有关共工氏的讨论参见徐旭生：《中国古史的传说时代》，桂林：广西师范大学出版社，2003 年，第 54 页。邹衡：《夏商周考古学论文集》，北京：文物出版社，1980 年，第 282—284 页。牛红广：《共工氏地望考辨》，《洛阳师范学院学报》2006 年第 1 期。

[51] 王献唐：《炎黄氏族文化考》，青岛：青岛出版社，2006 年，第 329 页。

[52] 司马迁：《史记》（第一册），北京：中华书局，1959 年，第 2 页。

[53] 左丘明：《国语》，上海：上海古籍出版社，2015 年，第 237 页。

[54] 荒坡的资料和分期参见：河南省文物管理局、河南省文物考古研究所：《新安荒坡：黄河小浪底水库考古报告（三）》，郑州：大象出版社，2008 年。魏兴涛：《豫西晋南和关中地区仰韶文化初期遗存研究》，《考古学报》2014 年第 4 期。

[55] 刘辉：《长江中游新石器时代城址聚落的新发现与新思考》，《中国聚落考古的理论与实践（第一辑）：纪念新砦遗址发掘 30 周年学术研讨会论文集》，北京：科学出版社，2010 年，第 248—262 页。

[56] 城头山和汤家岗遗址的资料参见：湖南省文物考古研究所：《澧县城头山：新石器时代遗址发掘报告》，北京：文物出版社，2007年。郭伟民：《城头山遗址与洞庭湖区新石器时代文化》，长沙：岳麓书社，2012年，第224页。

[57] 《十三经注疏》整理委员会：《十三经注疏（春秋左传正义）》，北京：北京大学出版社，1999年，第1368页。

[58] 司马迁：《史记》（第一册），北京：中华书局，1959年，第4页。

[59] 仰韶文化早期各设围基址的资料及相关讨论参见王鲁民、范沛沛：《祭祀与疆域：中国上古空间考古六题》，郑州：大象出版社，2021年，第28—64页。

[60] 王鲁民、范沛沛：《祭祀与疆域：中国上古空间考古六题》，郑州：大象出版社，2021年，第93—95页。

[61] 相关讨论参见王鲁民、范沛沛：《祭祀与疆域：中国上古空间考古六题》，郑州：大象出版社，2021年，第28—64页。

[62] 司马迁：《史记》（第四册），北京：中华书局，1959年，第1378—1379页。

[63] 陈胜前：《史前的现代化：从狩猎采集到农业起源》，北京：生活·读书·新知三联书店，2020年，第242页。

[64] Jared Diamond: The Worst Mistake in the History of the Human Race, Discover, 1987, 8（5）：64—66.

[65] 魏家窝铺的资料详见刘国祥：《红山文化研究》，北京：科学出版社，2015年，第167页。马鞍桥山的资料详见辽宁省文物考古研究院：《2020年度马鞍桥山遗址发掘情况汇报》，"辽宁省文物考古研究院"微信公众号，2021年2月19日。

[66] 南京博物院：《"江苏省溧阳市秦堂山遗址考古成果专家论证会"会议纪要》，《东南文化》2016年第3期。

[67] 内蒙古自治区文物考古研究所：《内蒙古准格尔旗阳湾遗址发掘简报》，《考古与文物》2016年第2期。魏坚、冯宝：《试论石虎山类型》，《边疆考古研究》2018年第2期。

[68] 鱼化寨、大地湾、吴家营、圪垯川遗址的资料详见：西安市文物保护考古研究院：《西安鱼化寨》，北京：科学出版社，2017年。甘肃省文物考古研究所：《秦安大地湾：新石器时代遗址发掘报告》，北京：文物出版社，

2006年。陕西省考古研究所配合基建考古队：《陕西合阳吴家营仰韶文化遗址清理简报》，《考古与文物》1990年第6期。国家文物局：《2021年"考古中国"重大项目重要进展工作会（实录）》，"国家文物局"微信公众号，2021年12月2日。

[69] 司马迁：《史记》（第一册），北京：中华书局，1959年，第3页。

[70] 朱兴国：《三易通义》，济南：齐鲁书社，2006年，第332页。

[71] 李昉等撰：《太平御览》（第一册），上海：上海古籍出版社，2008年，第753页。

[72] 周明初校注：《山海经》，杭州：浙江古籍出版社，2000年，第218页。

[73] 黄怀信、张懋镕、田旭东撰，李学勤审定：《逸周书汇校集注》，上海：上海古籍出版社，1995年，第781—784页。

第三章

天命与正统——以特定形式为基础的实体「中国」的实现与坚持

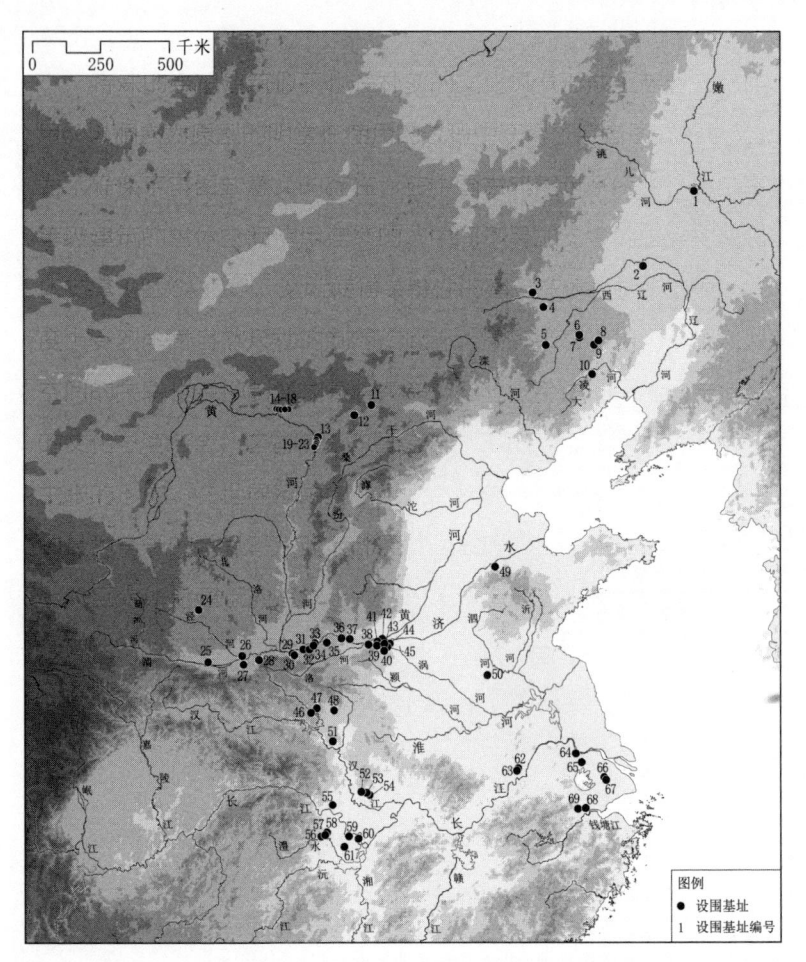

节首图：仰韶时代中、晚期（公元前 3900—前 2800 年）东亚大陆腹地设围基址分布图 [底图依据SRTM高程数据和全国地理信息资源目录服务系统(www.webmap.cn)的水系数据绘制]

1. 后套木嘎 2. 哈民忙哈 3. 那斯台 4. 二道窝铺 5. 魏家窝铺 6. 七家 7. 兴隆沟第二地点 8. 刘家屯遗址群 9. 西台 10. 小东山 11. 大坝沟 12. 王墓山坡中 13. 岔河口 14-18. 阿善、西园、莎木佳、黑麻板、威俊（从西至东） 19-23. 寨子圪旦、白草塔、马路塔、小沙湾、寨子塔（从北至南） 24. 南佐 25. 案板 26. 杨官寨 27. 马腾空 28. 北刘 29. 北阳平 30. 西坡 31. 五帝 32. 人马寨—窑头 33. 三里桥 34. 庙底沟 35. 仰韶村 36. 妯娌 37. 古湛城 38. 双槐树 39. 汪沟 40. 古城村 41. 青台 42. 西山 43. 建业壹号城邦小区 44. 大河村 45. 尚岗杨 46. 龙山岗 47. 沟湾 48. 冢洼 49. 焦家 50. 金寨 51. 凤凰咀 52. 屈家岭遗址群 53. 谭家岭 54. 龙嘴 55. 阴湘城 56. 城头山 57. 鸡叫城 58. 三元宫 59. 走马岭 60. 七星墩 61. 卢保山 62. 韦岗 63. 凌家滩 64. 象墩 65. 青城墩 66. 朱墓村 67. 赵陵山 68. 玉架山环壕基址群 69. 良渚古城

一、历履新境——实体"中国"的诞生

公元前 3900 年前后，蒙晋陕交界处恢复了旧状，只剩下岔河口一个设围基址。原仰韶文化半坡类型覆盖范围内的设围基址个数也大幅减少，只有陕西扶风案板、西安杨官寨、渭南北刘等三处。与之形成对照，在函谷关到郑州一线，设围基址个数激增，出现了河南灵宝北阳平、西坡、五帝，三门峡庙底沟、三里桥、人马寨—窑头，渑池仰韶村，郑州古城村，淅川沟湾和镇平寨洼等 10 个设围遗址构成的仰韶文化设围基址群[1]。在仰韶文化的势力更加盛大的状况下，位于大别山与汉江相夹处的边畈设围基址消失了，在江汉平原及洞庭湖区也只有城头山一个设围基址。长江下游已经存在了 200 年左右的马家浜文化晚期秦堂山设围基址也消失了。其他文化设围基址的消失，更加凸显了仰韶文化圈尤其是函谷关到郑州一线设围基址群的强势地位。

此时，在辽河平原上，马鞍桥山设围基址退出历史舞台。在西辽河上游西拉木伦河出山口处，出现了红山文化的内蒙古翁牛特旗二道窝铺设围基址[2]，它与已有的魏家窝铺一起，形成了新设围基址组合。魏家窝铺针对西辽河支流老哈河，二道窝铺针对西辽河的出山口。这种布置似乎放松了由中原进入辽河平原要道的控制，将重心龟缩于所据空间的西隅，意指躲避来自东侧的冲

第三章

击，认为这种格局与仰韶文化的压迫相关，也不是没有道理。

关中地区设围基址数量的减少，意味着炎帝一系的衰落。考虑到黄帝起自郑洛一线，潼关为严厉的地理界限，可以认为函谷关到郑州一线涉及多个空间控制方向的设围基址群当为"诸侯咸来宾从"后的黄帝统辖。虽然炎帝所处位于上游，但是黄帝拥有的设围基址个数远多于炎帝，加上直接面对丰饶的东亚大平原，两相比较，应该认定，黄帝一系已经占有明确的优势。

在函谷关到郑州一线的设围基址群中，灵宝西坡遗址规模可观，且见有建筑面积近 300 平方米的大型建筑遗址和众多重要遗物。该遗址所在称作铸鼎原，《史记·封禅书》说："黄帝采首山铜，铸鼎于荆山下。"[3] 据此可以认为荆山在铸鼎原附近。关于首山的地望，一直莫衷一是。首先，在灵宝就有铜矿发现。其次，由《竹书纪年》述及的帝尧禅位于舜的礼仪过程看，首山应位于黄河主道旁边。由于古代运输条件不佳，就近炼铜较为合理，所以认为首山在灵宝境内应无大错。这样的推断，不仅有助于认定函谷关到郑州一线的设围基址群为黄帝所有，并且也明确了函谷关一线为相应设围基址群的重心所在。

由设围基址的变动看，炎黄二帝之间的博弈，经历了一个长期的过程。长时期的仰韶文化内部秩序整理，显然给周边族群的发展和壮大提供了机会。

公元前 3600 年前后，在燕山北麓孟克河出山口处，出现了敖汉旗七家设围基址。七家遗址以东 45 千米处，在南流的大凌河支流牤牛河发源地，出现了敖汉旗西台设围遗址[4]。七家遗址的设置有助于强化对西辽河一线的控制，而西台遗址的出现则表明相关人群将防范他人从南边由燕山东麓进入辽河平原纳入考虑。

西台遗址由两个设壕部分构成，祭祀等级最高，显示红山文化设围基址组合的重心东移。这样的安排进一步表明了红山文化的实力增强，更为积极地应对来自南方的压力。

公元前3600年前后，在长江出山口处北岸，有关注与汉江一线联络的倾向，有属于大溪文化的荆州阴湘城设围基址，在其下游的南岸，逼近长江干流，有更多与澧阳平原结合的机会，则有石首走马岭设围基址，在汉江与大别山相交处，则是天门龙嘴设围基址[5]。这些距离相近、规模不等、祭祀等级有别的设围基址与原来就存在的澧阳平原的城头山遗址一起，分别面对长江、汉江和澧水，呈现为更为系统地对澧阳平原、江汉平原西部实施控制的格局。在长江沿线设置有两个设壕遗址，使得系统重心北移至了长江一线。这当然表示相关人群有能力更加积极地应对仰韶文化人群南下的压力。

公元前3600年前后，在长江下游北岸的安徽含山出现了凌家滩文化的凌家滩和韦岗设壕遗址。凌家滩有深壕两重，遗址面积达160万平方米[6]，远大于这一时期其他文化的设围基址的遗址面积。巨大的设围遗址，表明一个对周边更具挑战性的人群出现。凌家滩设围基址的遗址面积为凌家滩文化的遗址中规模最大者，与仰韶文化的设围基址遗址规模相对较小比照，或者指示着与仰韶文化不同的权力模式存在。该遗址位于长江与山体相夹处，北倚山岗，南面长江，显示出对长江上游和北方压力的防范。

《史记》说："轩辕乃修德振兵，治五气，蓺五种，抚万民，度四方，教熊罴貔貅䝙虎，以与炎帝战于阪泉之野。三战，然后得其志。"[7]可见，最终炎、黄二帝难免一战。公元前3400年前后，关中地区原有的案板、杨官寨、北刘三个设围基址全部消失，应该是黄帝一系胜利而炎帝一系失败的标识。由此，黄河中游进入仰韶文化晚期。

炎黄决战之地的阪泉地望，一直存有争执，从设围基址存在的格局看，阪泉在晋西南的说法应无问题。阪泉决战具体的位置远离关中之地，逼近黄帝的设围基址群，并且处在黄帝的设围基址群的上游位置，似乎表明这次战斗炎帝是更为主动的一方。

仰韶文化晚期的黄河中游，仰韶文化人群构筑了新的宏大的设围基址系统。新的设围基址群的重心设在郑洛一线，位于黄帝一族活动旧地。该系统在关中地区，只有西安马腾空设围基址。在潼关以东，除了北阳平得以保留，西坡、五帝、庙底沟、三里桥、人马寨—窑头等设围基址全部放弃，取而代之的是在郑洛一线的近距离相邻的洛阳古湛城，巩义双槐树，荥阳青台、汪沟，以及郑州尚岗杨等5个设围基址构成的群体[8]。

公元前3200年前后，在上述设围基址群的古湛城遗址以西增加了孟津妯娌设围基址，在青台遗址以北逼近黄河主道增加了郑州西山设围基址，在群落的东端取消了尚岗杨设围基址，加设郑州大河村和建业壹号城邦小区两个设围基址。这些动作使得相应系统更为宏大和严密。由关中到郑洛一线的沿黄河布局的庞大设围基址系统的存在，切实地揭示了东亚大陆腹地最为重要的"神明之奥"的空间控制价值，使得一个实体性的"中国"得到完整的呈现（图3-1-1）。

在这一设围基址系统的最西端，位于渭河和泾河的交汇处，为设有一道环壕，遗址面积约3万平方米的马腾空遗址。在马腾空遗址以东，位于函谷关一线，靠近黄河入山口处为设有一道环壕，遗址面积约10万平方米的北阳平遗址。在北阳平以东，接近

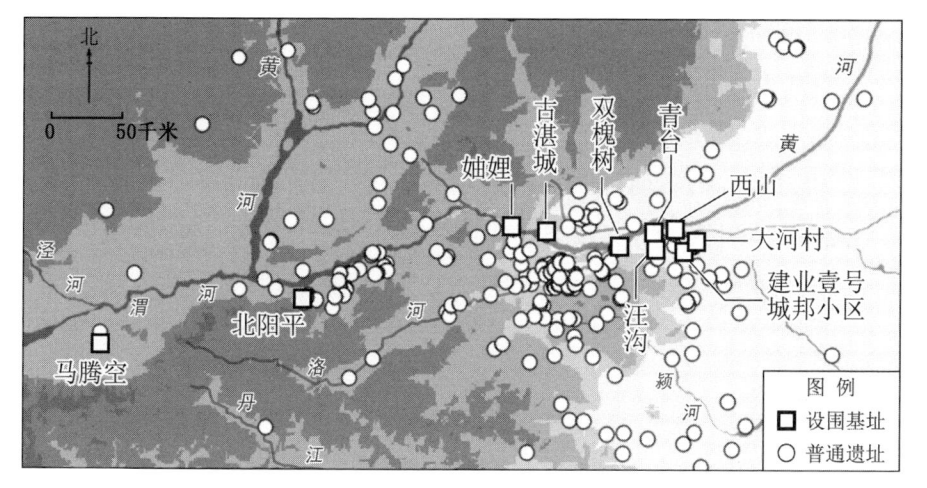

图 3-1-1 公元前 3200 年前后关中到郑洛一线设围基址分布图 [底图依据 SRTM 高程数据和全国地理信息资源目录服务系统（www.webmap.cn）的水系数据绘制]

黄河出山口的小型盆地中部的黄河南岸，为设有一道深壕，遗址面积约 1 万平方米的妯娌遗址。在妯娌以东的黄河出山口处，河道的北岸为设有一道环壕，遗址面积约 20 万平方米的古湛城遗址。在古湛城以东，位于伊洛河与黄河的交汇处，为设有三道壕沟，遗址面积达 117 万平方米的双槐树遗址。再往东是无明确的河道针对性，设有四道环壕，其中三道为深壕，遗址面积约 84 万平方米的汪沟遗址。在汪沟北偏东，与汪沟相互照应，为设有四道环壕，三道为深壕，同样缺乏明确的河道针对性的面积约为 50 万平方米的青台遗址。青台遗址与汪沟遗址间距只有 8.4 千米，又呈由西南而东北的照应状态，参考半坡与姜寨的情况，可以认为二者为祭祀对象有差异的核心组合。在这个核心组合以东，靠近济水与黄河交汇处，为设有两道环壕，外壕为深壕，遗址面积约 36 万平方米的西山遗址。在西山遗址东南约15千米，有建业壹号城邦小区和大河村遗址形成的设围基址组合，二者共同针对淮河支流贾鲁河的源头地。建业壹号城邦小区遗址设有一道环壕，遗址面积10万平方米，大河村遗址设有两道深壕，遗址面积约40万平方米。河道针对性、遗址规模和圈围规格的不同组合，明确地显示这里存在的是一个核心单位明确的设围基址协同整体（图3-1-2）。

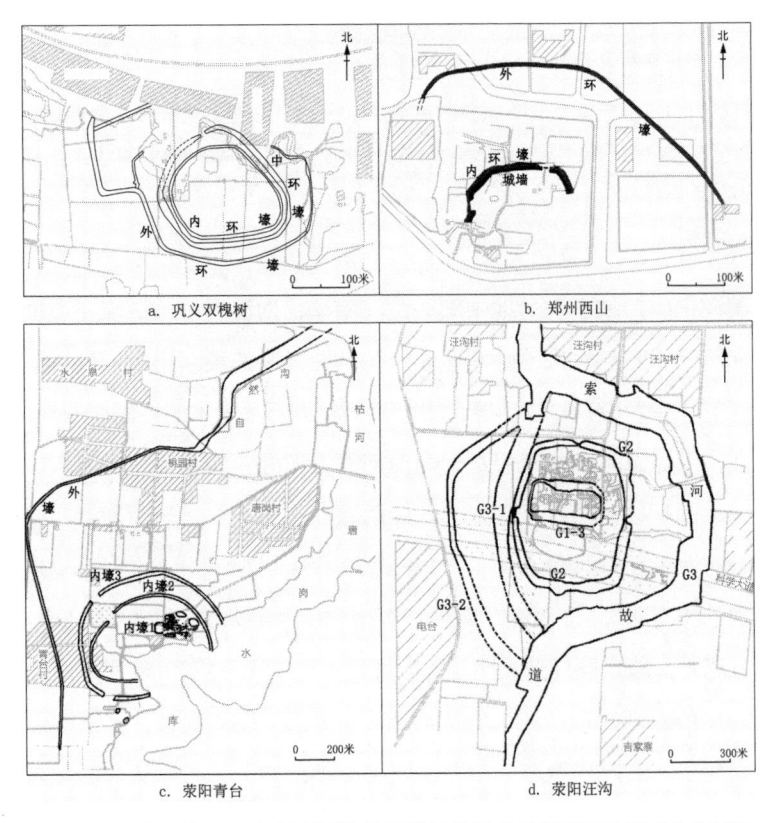

a. 巩义双槐树

b. 郑州西山

c. 荥阳青台

d. 荥阳汪沟

图 3-1-2　公元前3200年前后郑洛地区遗址设围基址平面图（据《先秦城邑考古》《河南巩义双槐树新石器时代遗址》改绘）

双槐树遗址面积超大，可由其内壕入口位于东南侧看，该基址应朝正东，对着郑州一区，表明了它是汪沟和青台设围基址的从属。这样做，应该是其型制特殊，容易造成秩序混淆所致。

在中国的传统文化系统中，黄为土色，"土"意味着中央。"黄帝"的意思就是将统治的核心要素置于"中国"的至高统治者，《史记》说轩辕氏"有土德之瑞，故号黄帝"[9]。由是可以明确，黄帝是上述由关中绵延至郑州一线的宏大设围基址群的主张者。

《史记正义》说黄帝"母曰附宝，之祁野，见大电绕北斗枢星，感而怀孕，二十四月而生黄帝于寿丘"[10]。在双槐树遗址和青台遗址上都见到了将陶罐埋入土中形成的北斗星图案。在历史上，北斗七星特殊的构成使之成为了北极的特殊指示物。所以，在这些设围基址中安排北斗图案，不仅将这些设围基址与黄帝联系了起来，并且将"中国"与幽远的北方联系了起来（图3-1-3）。

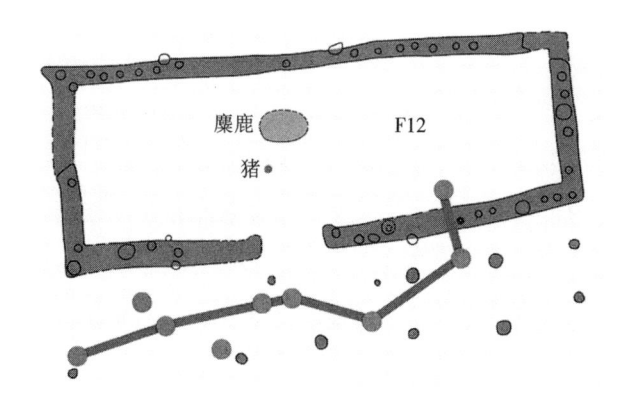

图 3-1-3 双槐树遗址上的北斗九星图案（《河洛古国：原初中国的文明图景》）

把中原地区的统治者与北斗相连，似乎是黄帝一族的文化传统。不仅黄帝与北斗相关，并且同属于五帝的黄帝的后代颛顼、帝尧的出生都与北斗有一定联系。《竹书纪年》说："（颛顼）母曰女枢，见瑶光之星，贯月如虹，感己于幽房之宫，生颛顼于若水。""瑶光之星"为北斗第七星。又说"（帝尧）母曰庆都，生于斗维之野，常有黄云覆其上，及长，观于三河，常有龙随之。……面锐上丰下，足履翼宿。……孕十四月而生尧于丹陵"[11]。"斗"，为北斗；"维"，本意为大绳。在古人看来，北斗七星绕北极星旋转，有赖于北斗的第一星"天枢"与北极星之间有一条大绳相连，这条设想出来的大绳即所谓"斗维"。《天问》说："斡维焉系，天极焉加"[12]——"联系北斗和北极的绳子系在什么地方？北极星被固定在什么东西之上？"，可见"斗维"又称"斡维"。《尚书》说，"（舜）在璇玑玉衡"[13]。"璇"为北斗第二星"天璇"；"玑"指北斗第三星"天玑"；"玉衡"为北斗第五星。我们知道，舜常驻冀州，古代"冀州"在"两河之间"，即冀州的主要部分为黄河的西河、南河和东河框定，注意到黄河这三个段落的构形，正与北斗的斗魁部分相类，可知古人将黄河的中下游部分及上游的末段与北斗对应。黄帝之时，黄河的东河的走向，正指向东北大平原的中部，所以"斗维之野"当指这一神圣时期的东河末端与后套木嘎遗址之间连线涉及的地区（图3-1-4）。"斗维之野"的说法十分具体地指明了，当时在东亚大陆腹地核心区活动的强势族群与东北大平原密切相关。而用"在璇玑玉衡"指示舜的驻扎之地，强调了其与地上之北极的特殊关系，试图以此确立其统治的正当性。

古人说，"斗为帝车运于中央，临制四乡"[14]。这当然指据

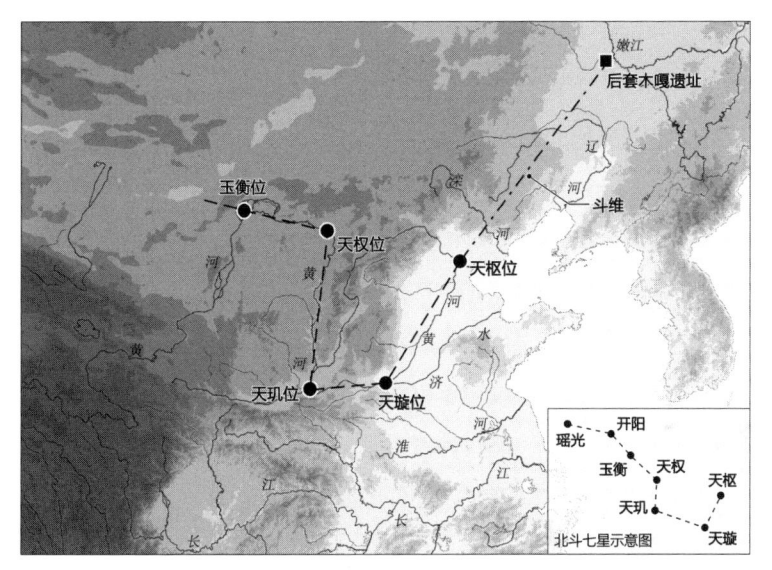

图 3-1-4　距今 9000—4600 年的黄河走势与 "斗维" 示意图 [底图依据 SRTM 高程数据和全国地理信息资源目录服务系统（www.webmap.cn）的水系数据绘制]

有山西，有利于借助于黄河中下游河道对周边地区实行控制。可如果把北极为上帝所居与"斗为帝车"联系起来，似乎更为基本的是，在古人那里，黄河中下游的河道是远古居于燕山以北的统治者或当时中原统治者的远古祖灵入驻中原的便捷工具。这里的"帝"并非一个超越性的存在，而是与统治者密切相关的远古祖宗。由古人刻意指明尧母生于斗维之野相关的说法可见，建立自己的居地与地上的北极之间的联系，不仅是表明自身归属，并且是证明自身价值特殊乃至获取福佑的手段。

上及之由关中到郑洛一线顺序安排的设围基址系统，有着十分复杂的等级分层，不仅采用了组合型核心，而且在核心基址上使用了三重乃至四重壕的做法。在壕沟尺寸与圈围范围的确定上，也存在着细微的分寸差别。在西山遗址上，更是看到了黄河流域最早的城垣。史称黄帝对于礼制有特殊的贡献，似乎可以用这个设围基址群的构成作为证明。

这一时期仰韶文化设围基址的规模较仰韶早、中期有较大幅度的提升，可即使是规模最大的双槐树遗址，遗址面积也不过117万平方米，而在这个设围遗址群周边有遗址面积更大的同时期仰韶文化遗址存在。这表明在仰韶文化晚期，还大致沿袭仰韶早期已经确立的祭祀权和军事能力相对分离的做法。从具体的空间格局看，在当时，那些规模可观但却没有设围的遗址才是黄帝掌控地域边界的实际确定者。仰韶文化晚期出现在郑洛地区的设围遗址群本身的军事价值有限，它首先作为特定族群的祭祀中心和对特定空间占有的宣示物存在。结合仰韶文化晚期大型遗址的分布状态，可以认为，黄帝掌控的地域大致北至汾河源头地，西到宝鸡一线，南达淮河干流，东抵豫东、鲁西一带。

华阳或丹江口地区，是中心位于郑洛一线和关中地区的权力单位压制江汉平原及洞庭湖区的传统地点。公元前3400年前后，此地在保留已有的两个设围基址的基础上，又增加了河南淅川龙山岗设围基址[15]，与既有的沟湾、冢洼结合，形成更为强势的组合。这样做，显然与江汉平原及洞庭湖区族群势力增强有关。在关中及郑洛一线设围基址大幅度更换的情况下，沟湾设围基址一经出现就长时间地持续存在显得颇不寻常。之所以如此，除了持续的外部压力存在，恐怕还和相关人群在当地有着牢靠的基础相关。

早在公元前3500年前后，经过一定规模的族群整合，起源于汉江东部地区的油子岭文化已经完全覆盖长江中游起点周边地区，并形成了由五个遗址构成的设围基址群。即在大溪时代就有的城头山、阴湘城、走马岭，和新增加的处在涔水以东丘陵地段的湖南澧县三元宫设壕基址，以及取代原有的龙嘴遗址，在其西北不远处的小型盆地中的湖北天门谭家岭城址[16]（图3-1-5）。谭家岭壕沟圈围范围远大于龙嘴，规模的扩大显示出相关人群更加积极地应对来自汉江上游的压力。此时的阴湘城遗址转成为两个设壕地段并置的格局，显示其为这个群体的主导。江汉平原西侧及洞庭湖地区较大规模的设围基址群的形成，和阴湘城遗址上两个设壕地段并列的做法，指示着油子岭文化人群对更高的权力

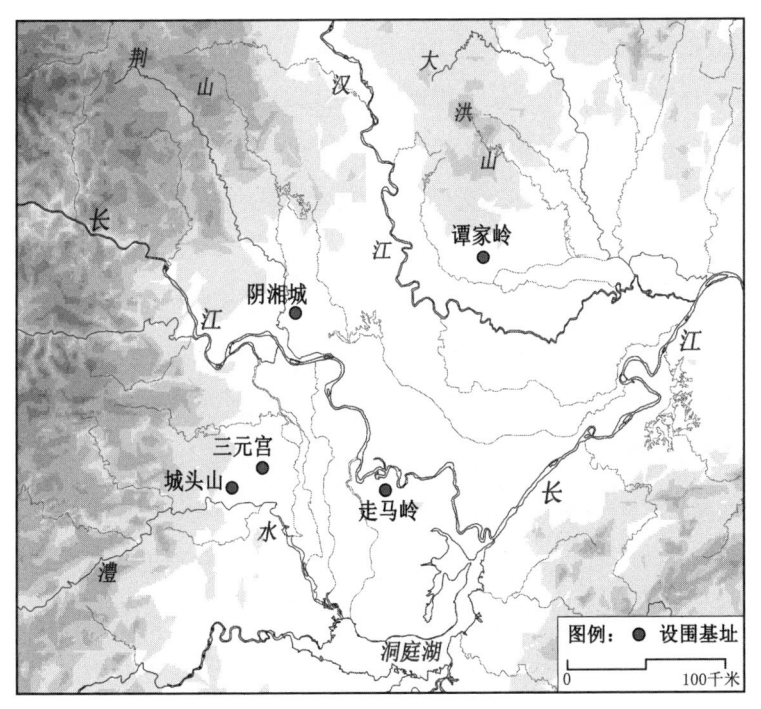

图 3-1-5 公元前 3500 年前后油子岭文化设围基址分布图 [底图依据 SRTM 高程数据和全国地理信息资源目录服务系统（www.webmap.cn）的水系数据绘制]

地位的要求。

公元前 3200 年前后，江汉平原势力吸收大别山西麓族群后向北拓展，相应地区进入屈家岭文化时期。这时在相距不足 20 千米的三元宫遗址与城头山遗址之间增加了湖南澧县鸡叫城设围基址，在谭家岭遗址以东加设了包含设围地段的湖北京山屈家岭遗址群，强化了澧阳平原及汉江一线的看护。大致同时，在靠近丹江口的地方出现了屈家岭文化的湖北襄阳凤凰咀设围基址，显示出明确地挑战仰韶文化的态势。而阴湘城设围基址的取消，似乎表示为了适应新的形势，正在进行族群的重新布局[17]。

公元前 3400 年前后，在长江下游的长江以南、太湖以东，离开凌家滩设围基址不足 200 千米出现了崧泽文化晚期的江苏常州青城墩设壕基址[18]。青城墩设壕基址的出现意味着崧泽文化的崛起。崧泽文化的崛起，使得长江下游的相当有限的范围里双雄并置。二者如何相处，成为相关族群需要解决的问题。

公元前 3300 年前后，整合凌家滩文化、崧泽文化与河姆渡文化等多种因素的良渚文化兴起。良渚文化出现之始就拥有四个设壕基址，表示相应人群实力不凡。此时，原来属于崧泽文化的青城墩转为良渚文化所有。在其西北，逼近长江出现了江苏常州象墩设围基址。在其东南则有江苏昆山赵陵山设围基址出现。在远离江汉平原的余杭盆地，出现了浙江杭州玉架山环壕基址。此时的玉架山遗址由四个环壕地段构成，相互间距不过数十米，将相应做法与白音长汗、姜寨遗址相较，并考虑其远离异文化活动区的定位，可以认为，玉架山遗址是整个良渚文化区的综合性祭祀中心，是良渚文化各个族群的集中祭祀场所。结合设围基址形态、含有重大礼器的遗址的位置以及普通遗址分布所表现出的系统性协同的征象，可以认为此时的良渚文化地区与一个涉及四个族群，大约 8 万平方千米的地域，有能力对周边形成重大压力的权力单位对应[19]（图 3-1-6，图 3-1-7）。

与良渚文化的崛起相伴，公元前 3200 年左右，在泰沂山系西南，靠近淮河干道出现了面积可观的大汶口文化安徽萧县金寨设壕基址[20]。从位置上看，这一遗址的营造应该是环泰山地区人群应付良渚文化人群北上的措施之一。

公元前 3400 年左右，辽西地区的红山文化的设围基址群进行了大尺度的更动和扩张。放弃二道窝铺设围基址，在西辽河北岸更靠近其出山口的位置设置内蒙古巴林右旗那斯台设壕基址，在七家遗址附近加设内蒙古敖汉旗兴隆沟第二地点设围基址，在西台遗址附近加设包括三个含有围壕地段的内蒙古敖汉旗刘家屯遗址群。设围基址的增加，使得燕山北麓的祭祀中心更具辐射能力。大凌河上端出山口处新设置的辽宁朝阳小东山设围基址，显示红山文化人群把对进入辽河平原的沿海通道的控制放到了更为明确的位置。[21] 那斯台设围基址的遗址面积达到 150 万平方米，在规模上远超同期红山文化的其他遗址，与凌家滩文化的情况类似，暗示此时的红山文化的权力格局与仰韶文化有相当大的差异。那斯台设围基址的出现，使得辽河流域人群的活动重心向西转移，在东侧进入西辽河平原的通道得到有效控制时，这一安排可以启发在蒙晋陕三角区活动的势力兴起。

公元前 3400 年左右，在西辽河干流以北的新开河一线，科尔沁沙地北缘出现了在文化上与红山文化接近的哈民忙哈文化的内蒙古科尔沁左翼中旗哈民忙哈设围基址[22]。早已存在的后套木嘎设围基址，此时也转为哈民忙哈文化所有。哈民忙哈遗址拥有

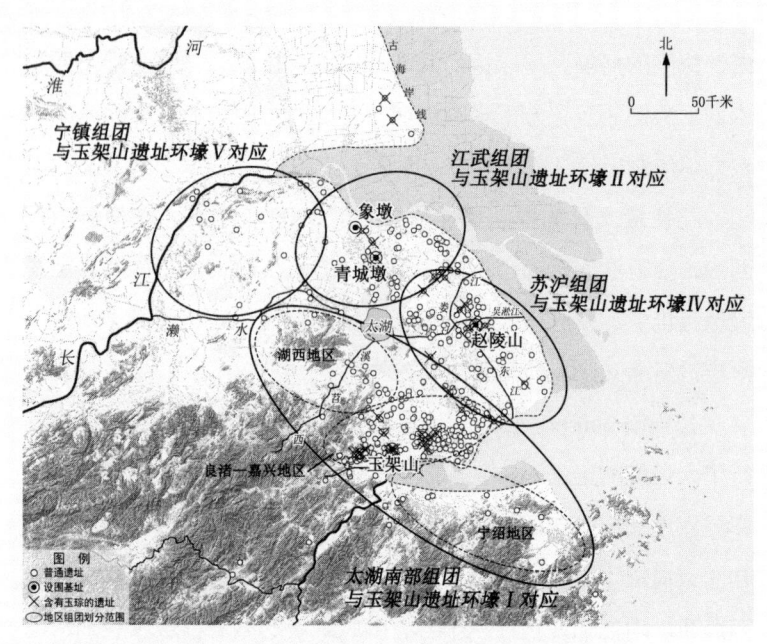

图 3-1-6 公元前 3300 年左右良渚文化的设围遗址及空间区划

图 3-1-7 公元前 3300 年左右的玉架山设围遗址群平面图（据《何以良渚》改绘）

两道环壕,后套木嘎遗址拥有三道环壕,等级高于哈民忙哈遗址,应为哈民忙哈文化人群祭祀场所的主导。大区域地看,后套木嘎遗址、哈民忙哈遗址与燕山北麓的红山文化设围基址集聚区相互照应地处在同一条空间轴线上,哈民忙哈遗址恰巧坐落在这条轴线的中央部位。这种现象似乎可以理解为哈民忙哈文化与红山文化为协同关系的表示。

公元前 3400 年前后,在燕山北坡,红山文化的设围基址群以南的高处,出现了以牛河梁遗址为代表的红山文化晚期祭祀场所群[23]。从空间上看,这一祭场具有沟通燕山南北的作用。在相应的遗址上,有包括制作精美的"女神"像在内的一系列重要文物出土。这样的出土物不仅提示着一个高度文明的社会存在,如果把红山文化的"女神"像与西王母联系起来,应可以看到这里存在着一个传承久远的文化体系(图 3-1-8)。

公元前 3400 年前后,在位于蒙晋陕三角区的岔河口设围基址的东北方向出现了内蒙古凉城王墓山坡中和察右前旗大坝沟两个仰韶文化海生不浪类型的设围基址[24]。《史记》说,在黄帝主政时期,"蚩尤作乱,不用帝命"[25]。从地域上看,这种情况应是蚩尤一族再次崛起的表征。把蒙晋陕三角区设围基址群的出现与西辽河流域红山文化设围基址的组织态势联系起来看,似乎蚩尤的崛起有着红山文化的背景。蚩尤在泾河、北洛河、黄河、汾河的上游地区活动,其崛起当然会给关中及中原地区造成巨大的压力。在汾河上游多个仰韶文化大型遗址持续存在,暗示黄帝与蚩尤展开了一场旷日持久的斗争。

公元前 3200 年前后,在甘肃庆阳出现了仰韶文化的拥有两道环壕、规模可观的南佐遗址[26]。由其较高的祭祀等级和处在泾

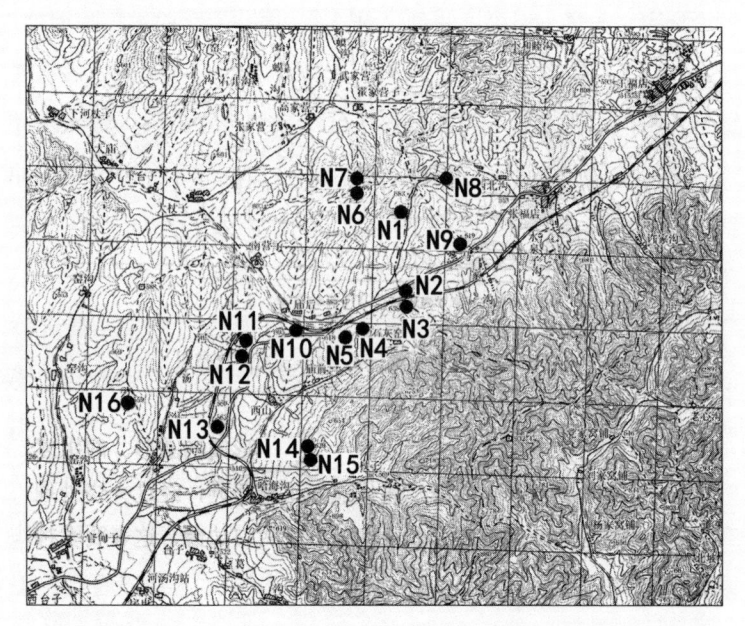

a. 牛河梁遗址群

N1：女神庙　N2～N12、N14～N16：积石冢　N13：大型建筑基址

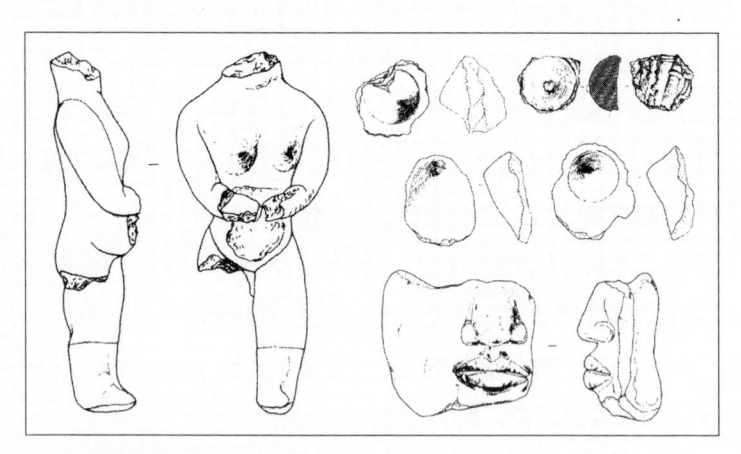

b. 牛河梁遗址群出土人像残件

图 3-1-8　牛河梁遗址群及重要出土物举例（《红山文化研究》）

河上游支流蒲河出山口边的位置看，很难将其归入已有的仰韶文化设围基址群，应属黄帝一系的马腾空设围基址坐落在泾渭交汇处的渭河以南，呈现为规避泾河一线冲击的态势可以用来支持这一判断。从大的脉络看，或者可将南佐遗址归于炎帝一系。

正是在这样的条件下，黄帝开展了大规模的巡狩活动。巡狩是伴有杀伐举措的空间权力认定和空间秩序梳理活动，其在权力空间格局和权力神圣性塑造上具有特殊的作用。按照《史记》，黄帝的这次巡狩"东至于海，登丸山，及岱宗。西至于空桐，登鸡头。南至于江，登熊、湘。北逐荤粥，合符釜山，而邑于涿鹿之阿"[27]。描述这一事件只用了40个字，可却对应着一个相当长的历史时期。

按照后世的一般理解，东向巡狩的目的地应为泰山，但从《史记》的叙述看，黄帝的巡狩，丸山才是目的地，登泰山只是顺便为之。黄帝东向所登之丸山并不高大，是一处相对独立面对大海的开敞高岗，可其却直面相对独立的海湾的顶点，越过渤海海峡，与辽东半岛顶端老铁山山岬相对。丹水由丸山发源并注入大海，这使丸山与"神明之隩"相关。如果在此面向大海举行仪式，沂山主峰恰为背景，有助于隆重气氛的形成。更重要的是，这一地点大致处在环泰山地区最为重要的两个"神明之隩"——济水与泰山相夹处，五莲山与大海相夹处连线的大致中点，这就更增加了其典仪价值。应该是这些特点，使丸山成为了黄帝东巡狩举行礼仪活动的首选场地（图3-1-9）。

西巡狩涉及两个地点，平凉的崆峒山和庆阳的鸡头山，二者均为泾河上具有较高地位的"神明之隩"。崆峒山为泾河中游起点，鸡头山则距南佐遗址约50千米，位于南佐遗址的上游，

第三章　129

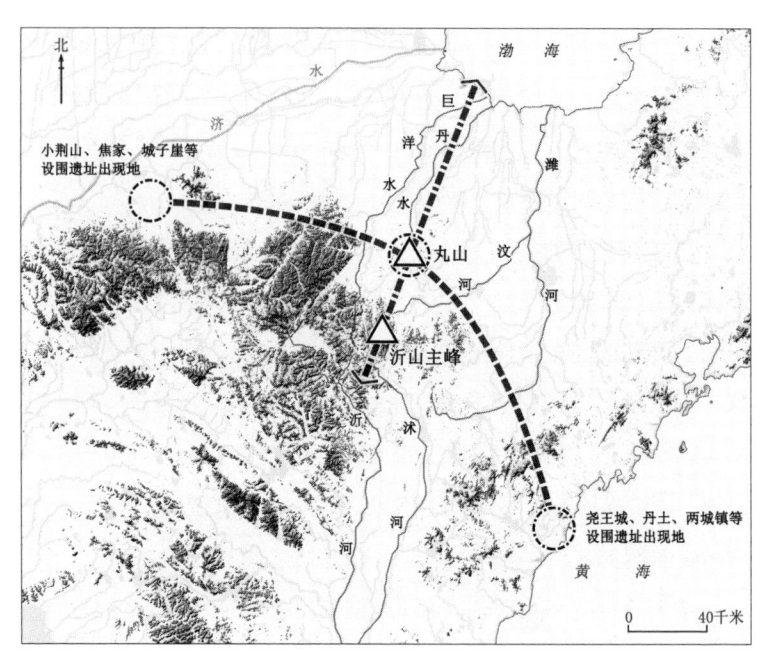

图 3-1-9　作为圣地的丸山及支撑要素空间架构（《祭祀与疆域：中国上古空间考古六题》）

对其形成压制之势。

南巡狩是从中原西侧的熊山开始的。熊山位于丹江源地，虽然方向上并不在郑洛一线南边，但却是中原俯瞰江汉平原的要点。南巡狩以此为起点自有其道理。湘山位于长江主道与洞庭湖交接处，是显示洞庭湖为接纳众水蔚为大观之所的要地。长距离地先熊后湘，既有显示自己处于有利地理位置的意思，也有面对众多族群宣示威武的内容[28]（图 3-1-10）。

北巡狩，显然与一场战争相关。应该是这场战争，最终导致了红山文化和哈民忙哈文化的设围基址于公元前 3000 年前后全数

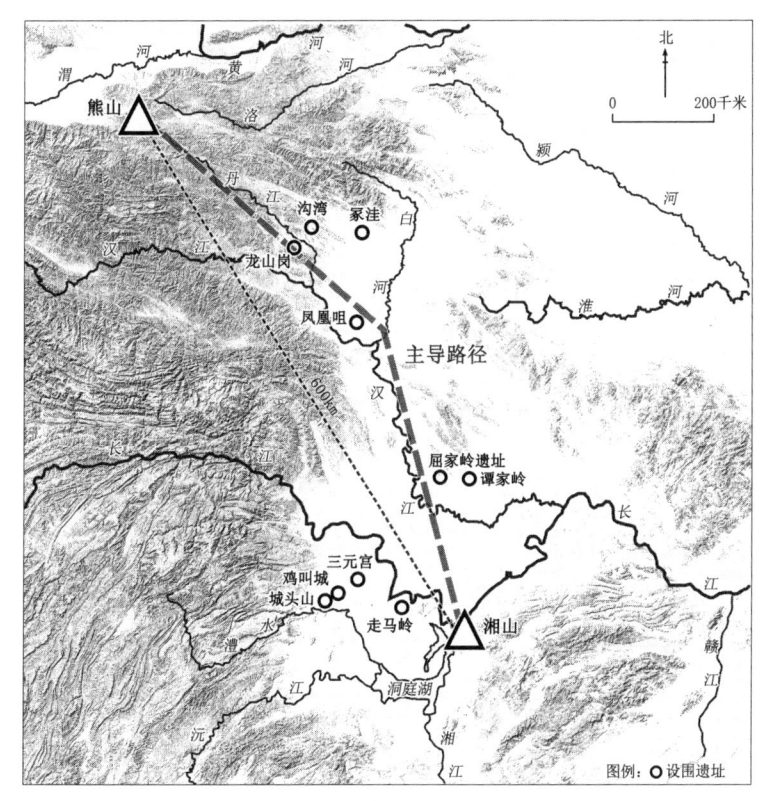

图 3-1-10　熊、湘二山空间关系图(《祭祀与疆域：中国上古空间考古六题》)

灭失。

　　大致与哈民忙哈文化及红山文化设围基址群灭失的同时，蒙晋陕三角区的王墓山坡中和大坝沟两个设围基址也消失了，这里又只剩下岔河口一个设围基址。王墓山坡中和大坝沟设围基址退出历史舞台，表明了蚩尤一族再一次受到重大打击。对此，《史记》说："蚩尤作乱，不用帝命，于是黄帝乃征师诸侯，与蚩尤战于涿鹿之野，遂擒杀蚩尤。"[29] 从空间顺序看，相关战斗是从

第三章　131

"北逐荤粥"胜利后抄蚩尤的后路开始的。虽然黄帝在军事成功的基础上与北方的相关势力"合符釜山"——达成某种协议,但似乎并没有完全解决北方的问题。以至于黄帝要"邑于逐鹿之阿"——在桑干河出山口一带建立仰韶人群的居住体系,应对来自北方的压力。

黄帝巡狩的目的地以及作邑于之的"逐鹿之阿"都是特殊的"神明之隩"。这些地点与郑洛一线的距离大致相同,也就是说,黄帝巡狩证明了"中国"的认定是基于四个方向上大致相同距离处存在着特殊的"神明之隩"的说法。

司马迁认为将秦雍城一带认作"神明之隩"的说法,"其语不经见,缙绅者不道"[30],可见将河流的特异地段视作"神明之隩"在西汉时已经被严重地边缘化了。所以这里揭示的黄帝巡狩具体场面的种种细节及与"神明之隩"的特殊关系,和黄帝在各个方向上的巡狩姿态有区别的表达,就更证明了《史记》所述确是以流传久远的史迹为依据的。据此可以认定,《史记》所说在黄帝时期,祭祀核心位于郑洛地区的人群凭借综合优势获得了周边族群的某种服从,实现了对西至甘肃东部、东至胶东半岛、北至燕山南麓、南至洞庭湖区的广大地域的一定水平的控制基本可信。

红山文化衰落后,在西辽河流域活动的小河沿文化没有发现设围基址。与兴隆洼文化设围基址消失后的状况全然不同,小河沿文化时期的西辽河盆地"人口急剧减少,游牧业基本取代农业,居住的流动性增强,大型祭祀遗址皆遭废弃,不再修建公共建筑,玉器制作绝迹"[31]。这样的小河沿文化应该很难对外形成大的压力。

公元前 3000 年前后，在蒙晋陕三角区黄河转弯处或者岔河口设围基址的上下出现了阿善文化设围基址群[32]。阿善文化的设围基址不设壕沟，单用石垣进行空间区隔，一些文献称其为"石城"。石城往往以簇群的方式出现。在这里出现的阿善文化石城可以分作两组：第一组包括内蒙古包头市阿善、西园、莎木佳、黑麻板和土默特右旗威俊等 5 个遗址，排布在黄河进入晋陕峡谷之前的河道北侧丘陵边缘。这一组石城的典型格局是沿山脊排布祭坛形成轴线，在山脚处设置墙垣围出轴线起点，形成相对稳定的、导向明晰的礼仪环境。第二组石城也包括 5 个遗址，分别是黄河西岸的内蒙古准格尔旗寨子圪旦、白草塔、寨子塔，黄河东岸的内蒙古清水河县马路塔和小沙湾遗址，这些遗址位于岔河口遗址与后世的长城缺口之间，沿南流黄河顺序地展开。这里的石城依托河边的半岛形台地或独立丘台设置：在半岛形台地上的，只在入口处设置墙垣进行空间限定，形成独立的空间；在独立丘台上的，则使用墙垣进行空间圈围。有些基址上见有坛台，表明该地段为礼仪场所（图 3-1-11）。

辽河流域在公元前 5000 年前后就出现了属于赵宝沟文化的石砌祭坛[33]，不同的建筑形式标志着与明堂祭祀不同的祭祀格局。经过时间的酝酿，最终造成了连续布局台坛形成强势轴线的独特做法[34]，与明堂祭祀关注由西南而东北动线的制作形成对比。相应做法表现出的强大的空间统摄力，为东亚大陆腹地的神圣空间的营造提供了不同的具有说服力的方案（图 3-1-12）。

用祭坛作为祭祀场所的关键设置的做法来自西辽河流域，由此或可认定阿善文化石城是西辽河流域势力被黄帝重创后，流落至此的荤粥或红山文化的人群所为。与此相关的石城集中地出现，

a. 包头威俊（II号台地）

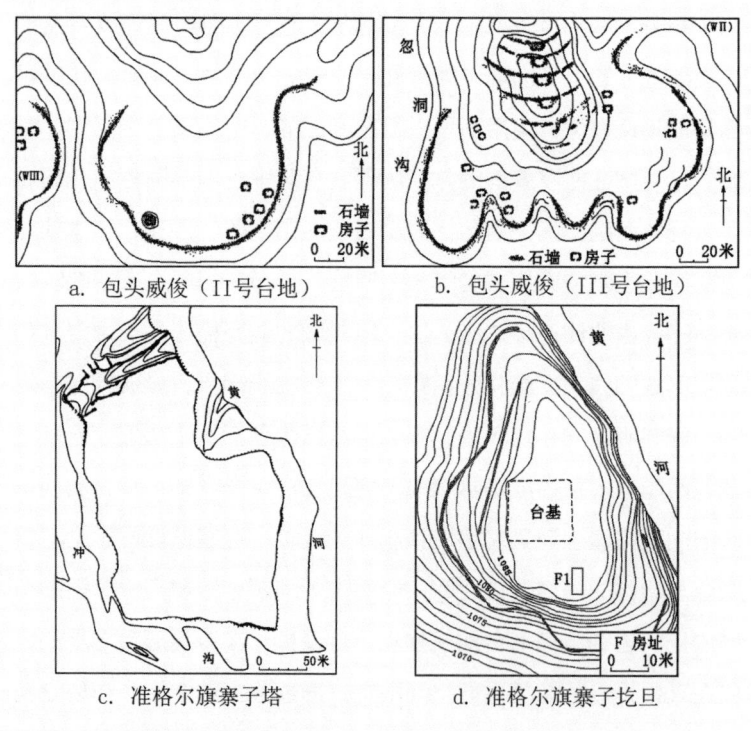

b. 包头威俊（III号台地）

c. 准格尔旗寨子塔

d. 准格尔旗寨子圪旦

图 3-1-11 阿善文化设围基址的不同形式（《先秦城邑考古》）

莎木佳遗址上的祭坛

阿善遗址上的祭坛

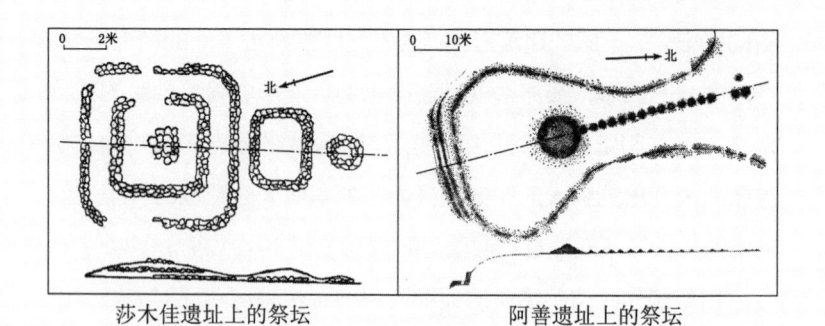

图 3-1-12 阿善文化莎木佳遗址和阿善遗址上的祭坛（《内蒙古大青山西段新石器时代遗址》）

当然会给中原地区造成压力。阿善文化石城在岔河口遗址上下安排的做法，实际上造成了以岔河口遗址为主导的状态，这表明岔河口设围基址上的供奉对象，同样为阿善文化人群所尊崇。这一事实表明了红山文化与仰韶文化在祭祀源头上有相通之处，支持仰韶文化与燕山以北人群南下有关的说法。

阿善文化石城，无论圈围制作、主体元素形式、动线安排、坐落地点选择都与以明堂为主体的设围基址明确不同。造成这种不同的原因应该不仅是文化的而且是等级规格的。对于此时的权力中心设置在"中国"的族群来说，很可能阿善文化石城对于既有礼制秩序的冒犯有限，因而在大体上是可以接受的。

《史记》说："黄帝居轩辕之丘，而娶于西陵之女，是为嫘祖。嫘祖为黄帝正妃，生二子，其后皆有天下：其一曰玄嚣，是为青阳，青阳降居江水；其二曰昌意，降居若水。"[35] "居"意为"管控"，何为江水、何为若水历来有多种不同的说法。从公元前 3000 年前后长江流域势力明确崛起的情形看，江水应指长江中下游干流，若水则为位于长江上游的支流岷江。具体地说，青阳所管控的江水应指长江中下游河段。其定位在江汉平原以下，主要针对良渚文化人群。昌意管控的岷江在长江的上游地区。岷江虽然与江汉平原距离遥远，但却可以勾连华阳一线，给在江汉平原活动的人群造成压力。

长江有西陵峡，在长江流域人群对中原地区形成重大挑战的情况下，推测嫘祖出自峡江地区有相当的道理。正是这样的来历，才能有效地支持"青阳降居江水"和"昌意降居若水"，以对长江流域施压。以出自峡江地区的嫘祖为正妃，应该意味着当时黄帝一族将长江一线视作核心挑战的来源地。

公元前 3000 年前后，屈家岭文化的设围基址群由 7 个增加到 9 个，包括新出现的湖南华容县七星墩、南县卢保山设围遗址[36]，以及延续使用的凤凰咀、屈家岭、谭家岭、三元宫、鸡叫城、城头山、走马岭等设围基址。设围基址的增多，表明了屈家岭文化势力进一步壮大。在走马岭遗址以下 30 千米，靠近长江主道出现的七星墩遗址上有两重壕沟，内壕圈围面积 6 万多平方米，外壕圈围面积 25 万平方米，内外壕的平面均为西南隅突出，祭祀等级较高。它的出现极大地提升了屈家岭文化的祭祀规格，将此与相应的设围基址群扩大结合，屈家岭文化人群不服从的姿态特别明晰（图 3-1-13）。

在屈家岭文化设围基址数量增长、核心祭祀场所等级提升的情况下，丹江口一带长期存在的属于仰韶文化的沟湾设围基址消失了。这种变化，应该是江汉平原人群在对中原人群的争斗中取得一定成功的表达。

公元前 3000 年前后，良渚文化的玉架山设围基址改为由 6 个设壕地段构成，祭祀地段的增加表示强势族群的增加和控制空间的扩张（图 3-1-14）。与之对应，在已有的赵陵山遗址附近，出现了江苏昆山朱墓村设围基址，在玉架山遗址以西，出现了壕沟圈围面积达到 150 万平方米的浙江杭州良渚古城，良渚古城此时城墙还未设置，为设壕基址，壕沟平面的西南隅明确突出，祭祀等级甚高。

良渚古城的东北部，有南北相连的两个高台。南边皇坟山台地的西南有一隆起，其东北方为八亩山台地。二者由西南而东北的分布，表明了八亩山为明堂所在。北边莫角山台地上的东侧有大莫角山，大莫角山与八亩山大致南北相值，但体量要大出许多，

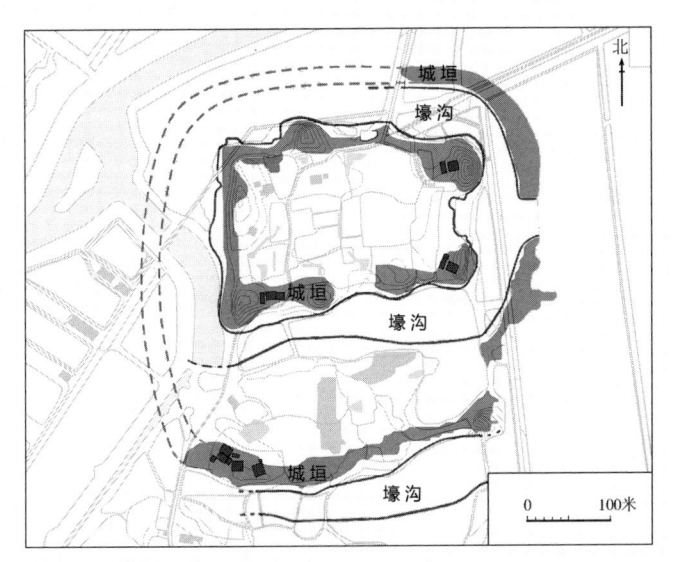

图 3-1-13 七星墩设围基址平面图（据《湖南华容县七星墩遗址 2018 年调查、勘探和发掘简报》改绘）

图 3-1-14 公元前 3000 年前后的玉架山设围遗址群（据《何以良渚》改绘）

显示其上有更为重要的设置。在大莫角山周边见有壕沟一道，进一步强调了莫角山一区不同一般。与后世的相关案例显示的宗庙往往居于宫殿区东侧的情况比照，大莫角山当为宗庙的台基。与中原地区一些案例的宗庙体量较小，以求与明堂在等级上形成某种平衡的做法比照，可以认为这里的宗庙地位明确高于明堂，这样的安排显示此时的良渚古城的拥有者的地位崇隆，握有更多的权力。人们在皇坟山西北侧，三面环水的池中寺的堆筑土中发现大量炭化稻谷堆积，表明相关的"池沼"并非一般游览的场所，而是形成土地神祭祀场所的必要条件[37]（图3-1-15）。

良渚古城与玉架山设壕基址群之间的位置关系，类似于仰韶文化早期半坡遗址与姜寨遗址之间的位置关系，良渚古城在西，面对特殊族群的祭祀，玉架山遗址在东，面向更具公共性的祭祀。与半坡和姜寨遗址组合不同的是，良渚古城远比玉架山设围基址规模大，形式崇隆。这意味着，较之半坡与姜寨遗址组合，良渚文化的主导人群更为强势。

所谓莫角山和皇坟山，其实是人工制作的高大台体，将祭祀建筑置于台体之上，有助于其与日常空间的区隔，这就使人可以在圈围之中安排一般居住地段而不过分影响祭祀活动的展开。历史地看，这样的处理在中国都城营造手段的进化上具有积极的意义。

七星墩遗址的圈围平面、玉架山遗址和良渚古城遗址上的建筑均为南北向布置，与同时期黄河流域的做法不同。正南北应是朝向天上的北极，这或者意味着此时在长江流域活动的人群与黄河流域人群在世界秩序认定上存在着重大差异。

良渚文化的崛起，当然会给毗邻的环泰山地区人群形成挑战，但设围基址的变动，显示此时环泰山地区人群的注意力并不在此。

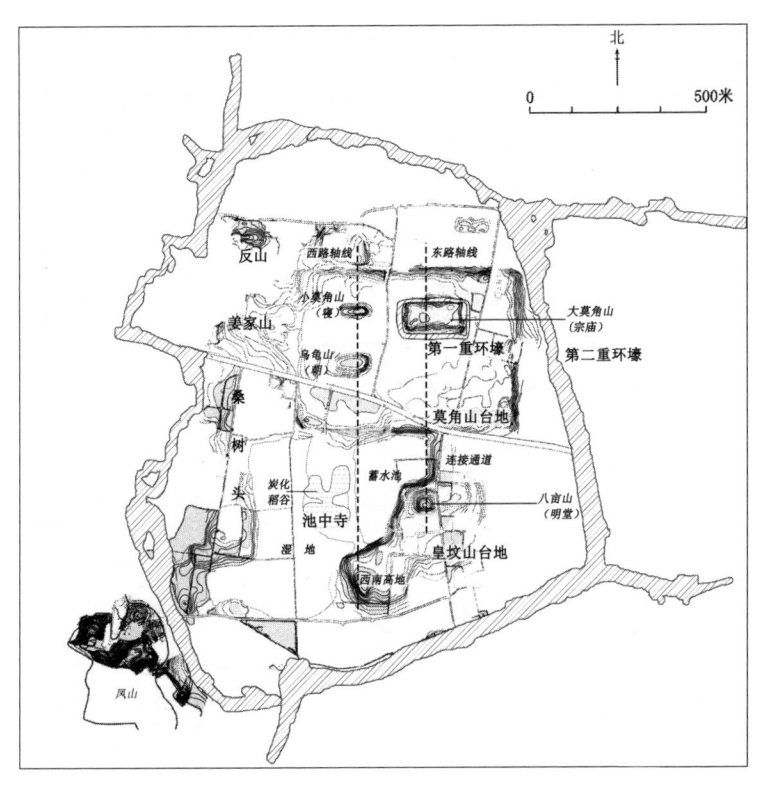

图 3-1-15 公元前 3300 年前后良渚古城平面图（据《良渚古城综合研究报告》改绘）

公元前 3000 年前后，位于泰山南部的金寨设围基址放弃了。在济水与泰山相夹处出现了山东济南焦家城址[38]。设围基址坐落地点的改变显示环泰山地区的人群将注意力转向华北平原。焦家遗址的面积在 100 万平方米以上，遗址上发现夯土墙和外侧壕沟，夯土墙格局未明，壕沟平面格局基本明晰。该围壕的壕内面积约 12.3 万平方米，平面形状大致为西南隅突出的椭圆形，表明其对应规格不低。围壕东北角存在大尺度缺口，故其为"轩城"。为了弥补因"轩城"处理而导致的防守弱环，在缺口以北约 80 米处设置了一道长约 300 米的东西向壕沟，造出一段如同瓮城的空间。面向济水的圈围部分大尺度地缺失以及设置了附加壕沟的壕沟系统仍然面向西方敞口，似乎表示对济水上游势力的服从，其针对的主要为来自北方的压力。考古报告指出焦家设围基址的"壕沟位于夯土墙外侧，在发掘区内壕沟和夯土墙开口高度相比基本持平或略低"，这说明该圈围曾经遭到严重的破坏。在焦家遗址上，"越向北夯土墙遭到破坏和扰动的迹象越为严重"，暗示其曾遭到来自于西北方的攻击（图 3-1-16）。若将这一状况与蒙晋陕三角区阿善文化石城的出现联系起来，应可解释为何此时环泰山地

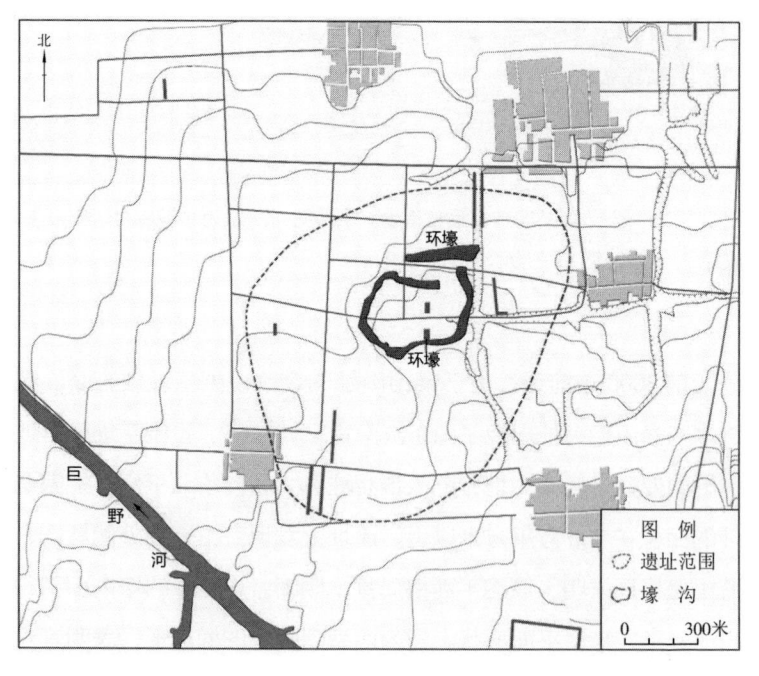

图 3-1-16　济南焦家遗址平面图（《济南市章丘区焦家新石器时代遗址》）

区的人群将注意力更多地放在泰山以北地区。

与阿善文化覆盖区在空间上联络并不紧密的环泰山地区人群对阿善文化的崛起都有反应,更何况处于黄河西河下游的黄帝一族。推测此时黄帝一族的注意力也有相当的部分转到应对阿善文化的崛起上似有相当的根据。

黄帝一族的空间战略方向转移,为在长江一线活动的不服从力量提供了进一步扩张的机会。

二、神圣绵延——实体"中国"的坚持与拓展

在公元前 2800 年左右,蒙晋陕三角及周边地区的岔河口设围基址消失了,这里只剩下阿善文化的石城。岔河口设围基址持续存在了 1500 余年,周边的设围基址来了又去,它却屹立不倒,并且一直以仰韶文化的面貌存在。缘由当是其供奉的对象为不同的人群共同尊重。从其地理区位及可能关涉的人群看,这里应该是女娲或女娲和伏羲的祭祀场所。岔河口设围基址的消失,意味着阿善文化人群与中原权力单位在文化上进一步拉开距离。

与岔河口设围基址退出历史舞台大致同时,位于郑洛一线的以汪沟遗址和青台遗址为核心的庞大设围基址群解体了。只剩下大河村和妯娌两个单位延续使用,一个面对黄河,一个面对淮河,标志着对"中国"的占据。而在黄河的西河一线的后世长城垭口以南,有一系列设围基址崛起。这应该意味着为了应对西河北端阿善文化势力的压力,这里实行了大规模的族群迁移。

《国语·楚语》说:"及少皞之衰也,九黎乱德,民神杂糅,不可方物。夫人作享,家为巫史,无有要质。民匮于祀,而不知其福。

图例
● 设围基址
1 设围基址编号

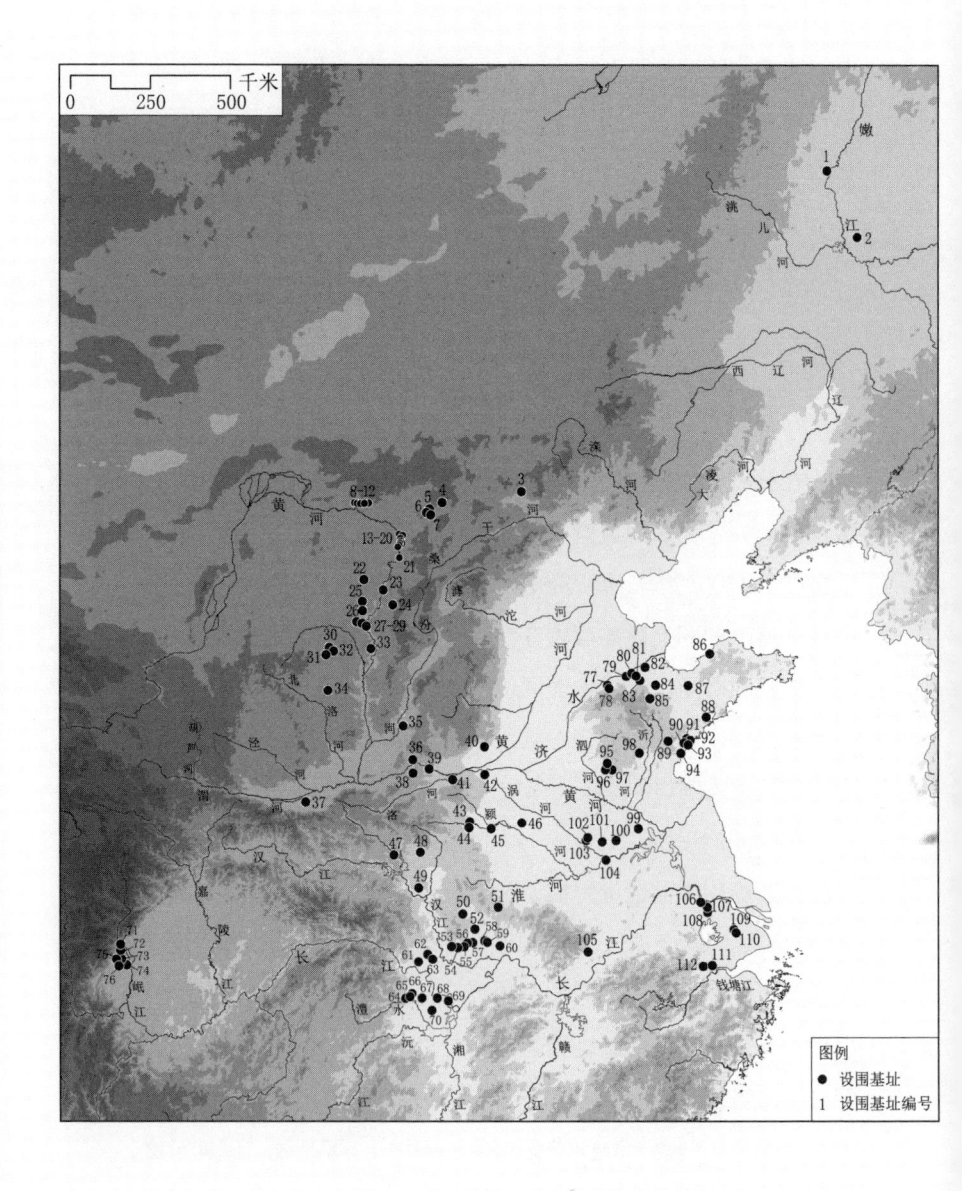

节首图：龙山时代早期至龙山时代晚期前段（公元前2800年—前2070年）设围基址分布图 [底图依据SRTM高程数据和全国地理信息资源目录服务系统（www.webmap.cn）的水系数据绘制]

1. 洪河　2. 小拉哈　3. 邓槽沟梁　4. 大庙坡　5. 老虎山　6. 西白玉　7. 板城　8-12. 阿善、西园、莎木佳、黑麻板、威俊（从西至东）　13-20. 下塔、后城咀、寨子圪旦、白草塔、寨子上、马路塔、小沙湾、寨子塔（从北至南）　21. 天峰坪　22. 寨峁　23. 林遮峪　24. 白崖沟　25. 石峁　26. 寨峁梁　27-29. 兴隆寺、石摞摞山、崔家河（从西至东）　30. 寨山　31. 金山寨　32. 青龙山　33. 后寨子峁　34. 芦山峁　35. 陶寺　36. 古城东关　37. 太平　38. 仰韶村　39. 妯娌　40. 孟庄　41. 稍柴　42. 大河村　43. 蒲城店　44. 余庄　45. 郝家台　46. 平粮台　47. 龙山岗　48. 冢注　49. 凤凰咀　50. 黄土岗　51. 土城　52. 王古溜　53. 屈家岭遗址群　54. 石家河、谭家岭　55. 笑城　56. 陶家湖　57. 门板湾　58. 杨家嘴　59. 叶家庙　60. 张西湾　61. 阴湘城　62. 马家院　63. 城河　64. 鸡叫城　65. 三元宫　66. 鸡鸣城　67. 青河　68. 走马岭　69. 七星墩　70. 卢保山　71. 芒城　72. 双河　73. 紫竹　74. 宝墩　75. 盐店　76. 高山　77. 焦家　78. 城子崖　79. 丁公　80. 李寨　81. 后埠　82. 北营　83. 桐林　84. 边线王　85. 西朱封　86. 老店　87. 逄家庄　88. 南营　89. 薄板台　90. 大桃园　91. 丹土　92. 两城镇　93. 苏家村　94. 尧王城　95. 岗上　96. 西康留　97. 建新　98. 防城　99. 赵庄　100. 垓下　101. 南城孜　102. 尉迟寺　103. 刘堌堆　104. 禹会村　105. 孙家城　106. 寺墩　107. 象墩　108. 青城墩　109. 朱墓村　110. 赵陵山　111. 玉架山环壕基址群　112. 良渚古城烝享无度，民渎齐盟，无有严威。神狎民则，不蠲其为。嘉生不降，无物以享。祸灾荐臻，莫尽其气。颛顼受之，乃命南正重司天以属神，命火正黎司地以属民，使复旧常，无相侵渎，是谓绝地天通。"[39] 九黎为蚩尤一族，其在欧亚大草原南缘活动，按照考古材料显示的考古学文化空间分布状态，此时的"九黎"对应的是阿善文化人群。少暤即少昊，是在泰山以北或黄河下游地区活动人群的首领。从字面看，这段话是说，由于环泰山地区及相关人群势力的衰落和"九黎"的干扰，导致了祭祀规则的混乱。颛顼命令"重""黎"对之进行整顿，恢复了原来的常规。但实际情况并不是那么简单。

《尚书·吕刑》中的一段文字也与"绝地天通"有关："若古有训，蚩尤惟始作乱，延及于平民，罔不寇贼，鸱义奸宄，夺攘矫虔。苗民弗用灵，制以刑，惟作五虐之刑曰法，杀戮无辜。爰始淫为劓、刵、椓、黥，越兹丽刑，并制，罔差有辞。民兴胥渐，泯泯棼棼，罔中于信，以覆诅盟。虐威，庶戮方告无辜于上。上帝监民，罔有馨香德，刑发闻惟腥。皇帝哀矜庶戮之不辜，报虐以威，遏绝苗民，无世在下。乃命重、黎绝地天通……"[40] "苗民"，亦即蚩尤一族或阿善文化人群。因为"苗"字正是蚩尤形象的写照（图3-2-1）。故"九黎乱德"就是"蚩尤作乱"，这是一场延及大众的暴力灾祸，改变局面的、不同族群间一定规模的战争。这样的"绝地天通"也就很难认作与祭祀活动相关。

其实，与岔河口设围基址消失同时，在西河的中下段包括寨峁等遗址在内的设围基址群的出现，才真正地与颛顼"绝地天通"有关。

从型制看，公元前2800年前后在后世的长城豁口以南新出

图 3-2-1　"苗"字与蚩尤形象的比较（蚩尤形象采自《中国画像石全集·第 1 卷·山东汉画像石》）

现的设围基址均为石城，在文化面貌上与阿善文化相似，但从空间定位上看，它们却应属于不同的政治集团。这些石城可以分成两组，北面一组包括陕西神木寨峁和山西兴县白崖沟 2 个遗址，着力于控制无定河、西河和汾河。南面一组包括陕西吴堡后寨子峁，榆林青龙山、寨山和金山寨等 4 个遗址[41]，后寨子峁遗址逼近西河干流，青龙山诸遗址位于无定河、北洛河之间，有着防护关中地区的作用。南与乾对，故为天，因而南组与"重"对应；北与坤对，故为地，所以北组与"黎"对应。这样，所谓的"绝地天通"，首先是中原政权的主持者阻止长城以外的阿善文化人群南下，使这一地区各族群各归旧位，不再互相侵扰的空间行为（图 3-2-2）。

以杨雄等人所说为据，重、黎与祝融相关，祝融与蚩尤原本一系，所以重、黎与"九黎""苗民"在文化上相近。祝融一系

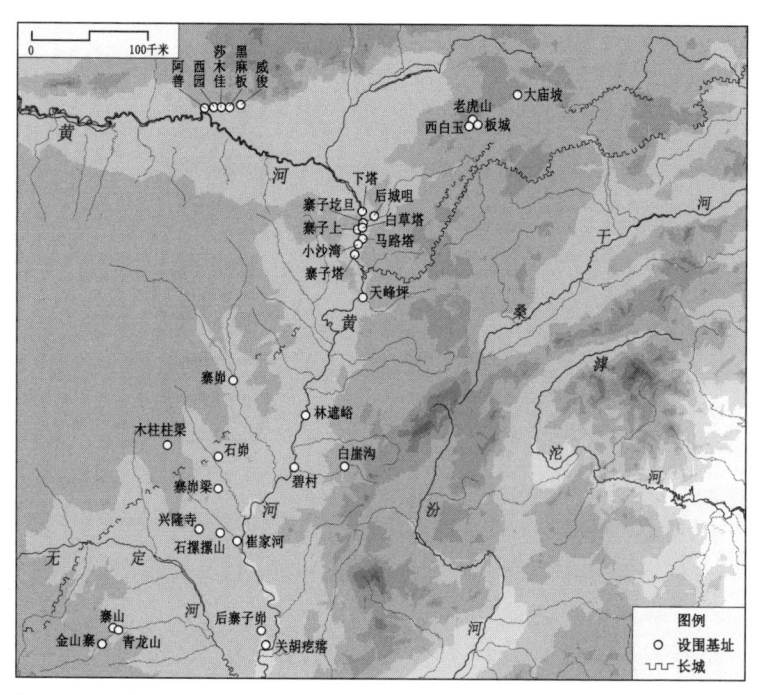

图 3-2-2 龙山时代西河及其北部主要设围基址分布图 [底图依据 SRTM 高程数据和全国地理信息资源目录服务系统（www.webmap.cn）的水系数据绘制]

自仰韶文化初期就在山西汾河一线活动，故其文化与"九黎""苗民"又不完全相同。颛顼动员重、黎以对抗蚩尤一系南下在政治上可行，在空间上合理。

虽然同为石城，但长城内的石城在分布上和构成上都与在长城以外的石城有所不同。在分布上，长城内的石城，城与城之间不连续安排、相互间有较大距离且构成方式不同。或者可以白崖沟遗址作为构成方式不同的案例。白崖沟遗址位于黄河支流蔚汾河北岸的山地上，遗址面积 120 万平方米，是这一时期晋陕峡谷一线设围基址中规模最大者。白崖沟遗址有两道城垣，圈围形态与中原地区所用的圈围格局相类。城内主体为东西两山夹一谷的地形格局，在面向山谷的多个山棱上，留有房屋遗存，其分布指示这里或有多个与阿善文化威俊城址的格局相似的祭祀场所。放弃每个祭祀场所单设城垣的做法，采用大城将多个祭祀场所圈在一起，使得白崖沟遗址在空间结构上与姜寨有一定水平的接近，并和长城以外的阿善文化石城拉开距离（图3-2-3）。

大致在与重、黎对应的石城系统出现的同时，山西垣曲古城东关遗址上开挖出了新的壕沟，恢复了其高等级祭祀场所的地位。古城东关设围基址处在的位置使之具有沟通郑洛一线与晋陕峡谷周边地区的作用，它的存在提示此时相应的族群关注于晋陕峡谷

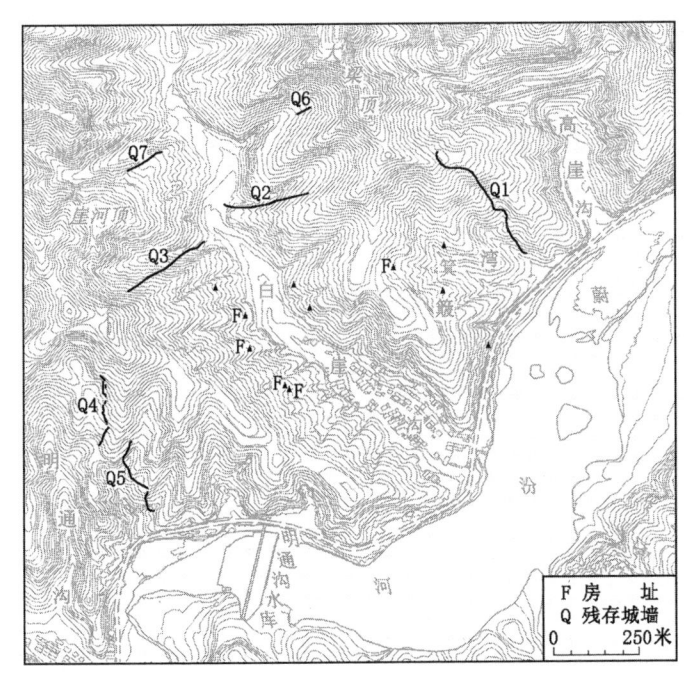

图3-2-3 兴县白崖沟设围基址平面图（《先秦城邑考古》）

周边地区、汾河一线与郑洛一线的连续的空间关系的建构，这当然有助重、黎更为积极地应对来自于上游的九黎的压力。

此时，庆阳南佐设围基址退出了历史舞台。可见重、黎与"苗民"的对抗涉及的空间范围相当可观。

《竹书纪年》说："（颛顼）首戴干戈，有圣德，生十年而佐少昊氏。"[42]这样的背景，有机会让颛顼在促成黄河中游地区人群与环泰沂山系人群的军事协同和文化融合上发挥作用，为此时环泰山地区人群空间注意力转向华北提供解释。颛顼"首戴干戈"的形象是其在征伐上有突出表现的表示，这也从侧面表明，"绝地天通"首先是严酷的军事行动。

应该是颛顼在与九黎的对抗中取得了一定的成功，大致在公元前2900年以后，环泰山地区人群开始花较多的力量应对在江淮一线活动的人群。在泰山西南出现的庞大的大汶口文化晚期的设围基址群，是环泰山地区人群战略重心转移的显示。环泰山地区人群的战略中心转移可以分成两个阶段：第一阶段，环泰山地区的设围基址群由三个部分构成，第一部分为泰山以北的山东济南焦家遗址，第二部分为泰山西南的山东滕州岗上、西康留和枣庄建新遗址，第三部分为沿淮河展开的安徽蒙城刘堌堆、尉迟寺和江苏泗洪赵庄遗址。岗上遗址的面积约80万平方米，壕沟圈围面积40万平方米，圈围平面西南隅突出，等级不让焦家遗址，表明这里存在着两个重心。第一阶段的时间十分有限，很快岗上遗址的圈围消失了，在五莲山与大海相夹处出现了日照尧王城设围基址[43]（图3-2-4）。此时的尧王城遗址面积应不小于100万平方米，圈围面积近20万平方米，应为取代岗上遗址的新的中心设置。尧王城的圈围平面为西南隅压缩，比较岗上遗址与尧王城遗址的圈

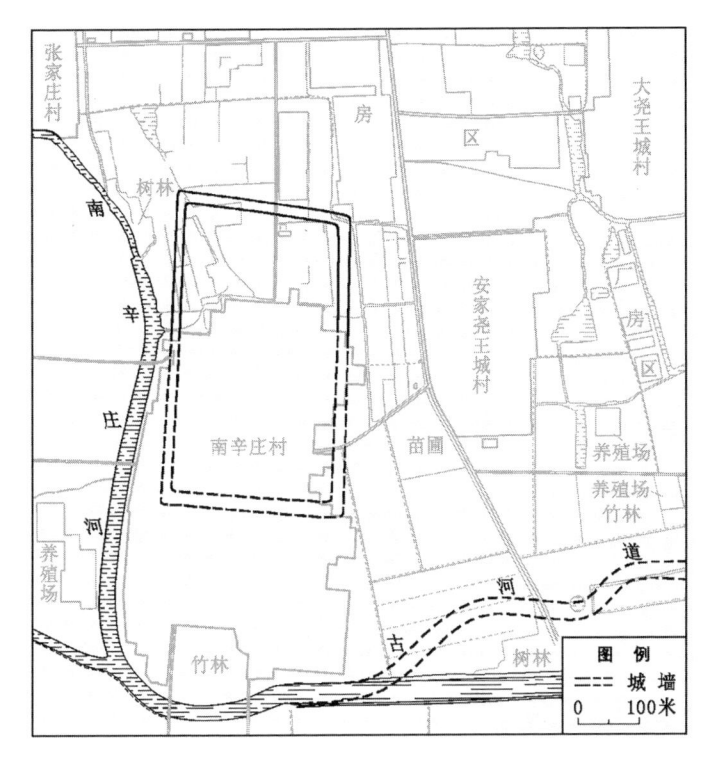

图 3-2-4 大汶口文化晚期尧王城遗址平面图（《先秦城邑考古》）

围，似乎尧王城的祭祀等级有所降低，这种变化，或当是相应地区权力系统协调所致。尧王城之所在更靠近良渚文化圈，它的安排是环泰山人群更加积极南向的表示（图3-2-5）。

尧王城遗址是大汶口文化晚期的遗址中遗址规模最大的。从尧王城的构成看，圈围之外，还有相当可观的遗址面积，这就意味着在城池之外有一定规模的人口聚集，这种格局可以暗示行政、军事和祭祀权的集中，造成与仰韶文化不同的权力格局。大汶口文化晚期的墓葬中，可以看到的明确的富贵一体的现象[44]，正可

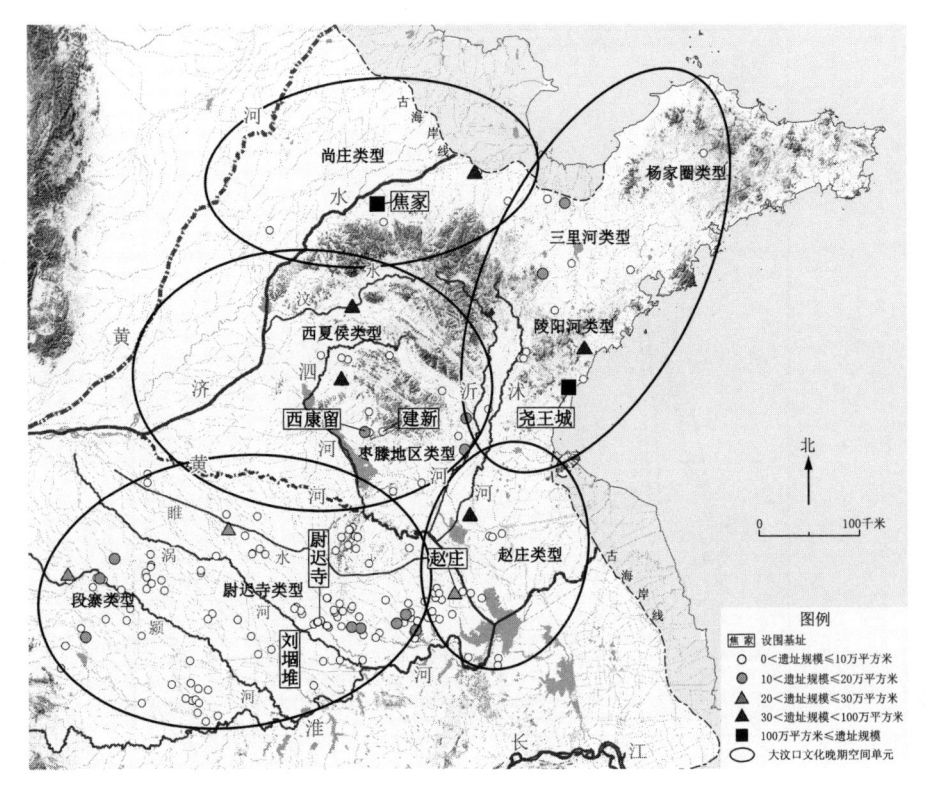

图 3-2-5　大汶口文化晚期以尧王城遗址为中心的设围基址组织及空间区划

作为这个推说的支持。

虽然尧王城遗址规模可观，但远在泰山北侧的焦家遗址的规模与它也相差无几，可以推测此时环泰山地区仍然存在着两个中心。与文献资料提供的上古族群活动的地域结合，或可认为焦家当与少昊一族对应，尧王城则为更具土著色彩的帝夋一族所有。帝夋的妻子名羲和，羲和的"羲"与伏羲的"羲"字同，"和"与"华""娲"声音相近，据此可以推说羲和源自华夏一系。

在尉迟寺遗址上，人们首次看到了将宗庙安置于明堂以东，在明堂前边安排朝会建筑，在明堂后面安排寝室的做法。从现有材料看，这种做法在相当长的时间里替代属于仰韶文化的大地湾遗址四期核心地段那样的格局，成为高等级祭祀地段主导建筑布置的常规（图3-2-6）。在这种格局中，宗庙和朝会场所的地位得到了大幅度的提升，显示当政者拥有了更多的权力。

公元前2800年前后，良渚文化设围基址群的构成未变，但良渚古城在已有的围壕外侧，又加设了一圈城墙，使得良渚古城的圈围范围接近300万平方米，这是一个前所未有的构成。但仔细观察，却可以看到这里并不存在与城垣对应的壕沟，在城垣的东北有明确的缺角，在城垣的西南，则有一系列城垣的缺失，圈围形状基本为圆形，但仍有条件认为其西南隅压缩。也就是说，新的建设并未提升原来壕城所主张的祭祀等级，虽然凭借城墙提升了地段防御水平，但又通过轩城的做法显示其对外部权力的顺从。这种带有某种矛盾的做法，应是其面对巨大外部压力再三权衡的结果（图3-2-7）。

在良渚古城遗址上可以明确地看到，在城垣与围壕之间存在较大面积的居住类遗址。把一定规模的居民纳入到圈围当中，有助于提升相应地段的防卫能力，并启发着新的将祭祀、行政、居住甚至市场纳入圈围的一体化的集聚形式的出现。

《史记》说："帝颛顼高阳者，黄帝之孙而昌意之子也。静渊以有谋，疏通而知事；养材以任地，载时以象天，依鬼神以制义，治气以教化，絜诚以祭祀。北至于幽陵，南至于交阯，西至于流沙，东至于蟠木。动静之物，大小之神，日月所照，莫不砥属。"[45]这里提到的颛顼巡狩的四至中，流沙在今张掖一带。交阯，即交

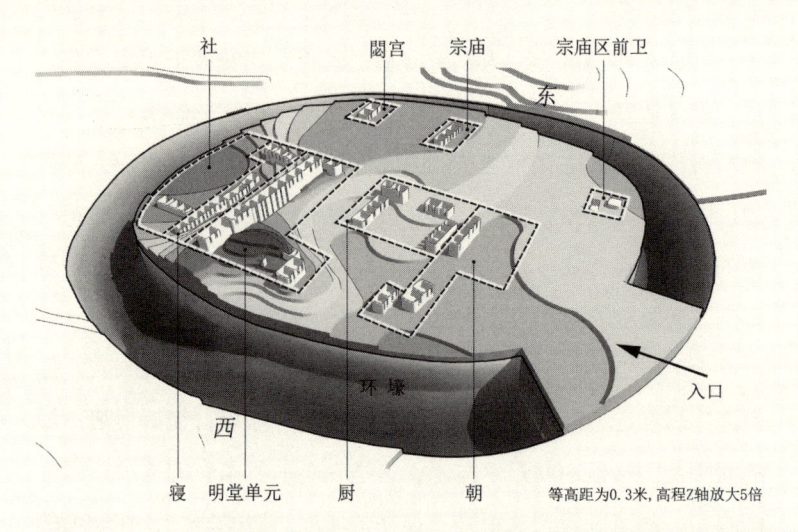

图 3-2-6　大汶口文化晚期尉迟寺遗址核心区的建筑功能（《祭祀与疆域：中国上古空间考古六题》）

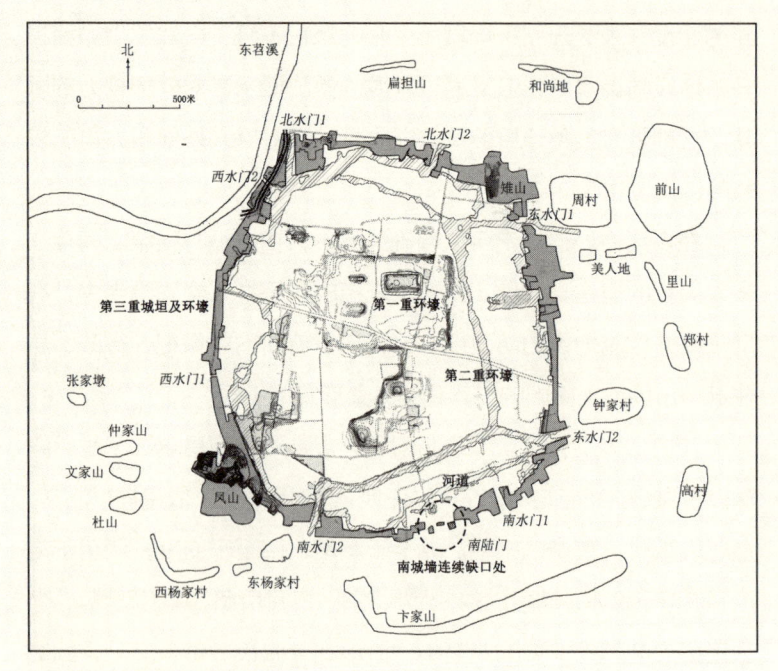

图 3-2-7　公元前 2800 年前后的良渚古城（据《良渚古城综合研究报告》《2006-2013 年良渚古城考古的主要收获》改绘）

趾，为指爪集中于一点的形象，是指该地与流向有别的多条重要河流源头相关，这样的地点在南方最为突出的在今桂林一带。张掖和桂林距洛阳盆地的直线距离大致相等，可推交趾当在桂林一区。如果颛顼的巡狩具有建构"中国"的礼仪性质，那么，东边的蟠木对应的当是其与河洛的距离大致和张掖与河洛的距离相等的海上小岛。按照四向大致相等的原则，北向的幽陵则应在西辽河一线。这是一个极为广大的空间，在黄帝时期营造的位于郑洛一线的庞大的设围基址群不存的情况下，为了强调"中国"的神圣，在武力的支持下，极力扩大巡狩的范围应是表明权力正当的应有之义。

旧石器时代在桂林出现的长期使用的甑皮岩洞穴遗址表明了当时人们就对桂林地理的特异性有充分的认知。颛顼将南巡狩的终点置于此地，可以视作对一个极为悠久的知识系统的回应。

公元前2600年前后，在环泰山地区的淮河以北，新安排的安徽固镇南城孜、垓下两个设围基址与原有的刘堌堆、尉迟寺和赵庄遗址连成一排，构成了逼近淮河主道设置的强势设围基址群，显示出大汶口文化人群对环太湖及钱塘江下游地区的进一步的强势。

应该主要是由于环泰山地区势力的努力，公元前2600年前后，良渚文化进逼长江的象墩和青城墩以及位于其后方的朱墓村和赵陵山等4个设围基址消失了。虽然在靠近长江的位置出现了等级颇高的江苏常州寺墩设围基址，但原有的防御梯次不复存在，显示良渚文化大尺度的衰落。

与良渚文化衰落不同，公元前2600年以后，江汉平原及洞庭湖区的屈家岭文化势力大幅扩张，形成了包括20个遗址的设围基址群（图3-2-8）。

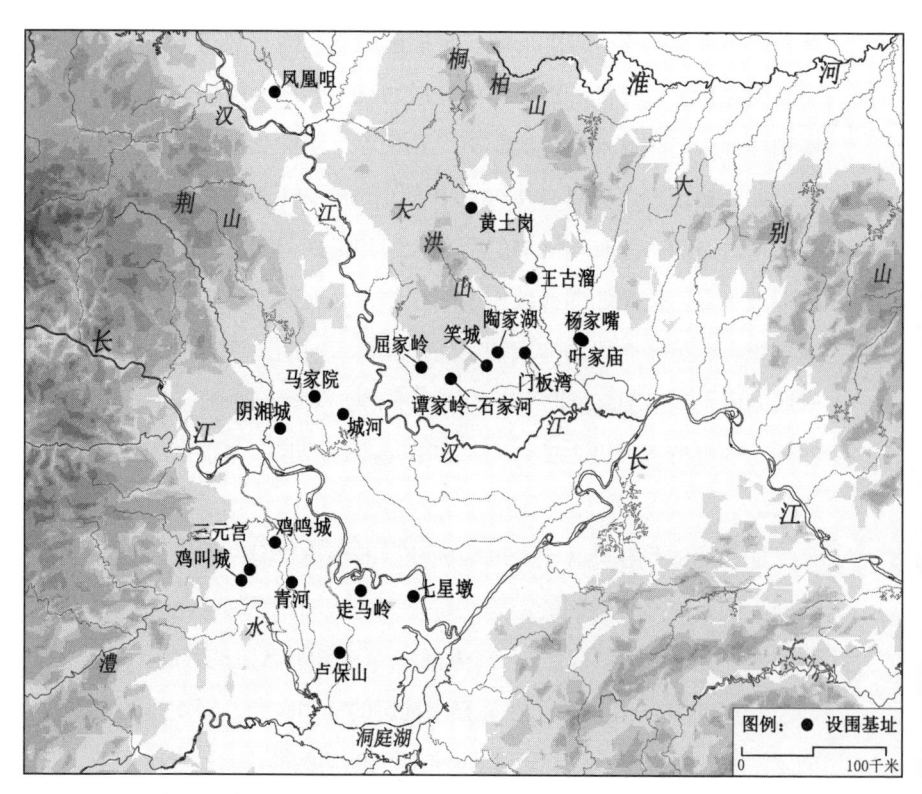

图 3-2-8 距今 2600 年前后屈家岭文化设围基址分布图 [底图依据 SRTM 高程数据和全国地理信息资源目录服务系统（www.webmap.cn）的水系数据绘制]

在汉江以北，屈家岭文化的设围基址达到了 10 个，形成了北抵丹江口南线、南至汉江与长江交汇处，各遗址间距离有限、空间针对有别、祭祀等级有差的联合体。包括原有的湖北襄阳凤凰咀和京山屈家岭遗址，新设置的湖北随州黄土岗、安陆王古溜、孝感杨家嘴和叶家庙、应城门板湾和陶家湖、天门笑城，以及在谭家岭城址的基础上，取消谭家岭城圈，以谭家岭所在为核心的天门石家河等设围基址[46]。

石家河遗址的环壕圈围范围达到 180 万平方米。环壕范围内还有一道圈围范围为 120 万平方米的城垣[47]。因为城垣的东北部大范围缺失，故可认为其为轩城。在这个城垣缺失部分，有一小型台地，可见在城垣设置之初，已经对预设的防御缺环实行了补充（图 3-2-9）。石家河遗址的圈围范围内的地形复杂，并不适合常规的人群聚集。但在城垣外近处，分布着 20 余处聚落，表明必要时可以在城区内实现一定规模的人群集中。石家河设围基址

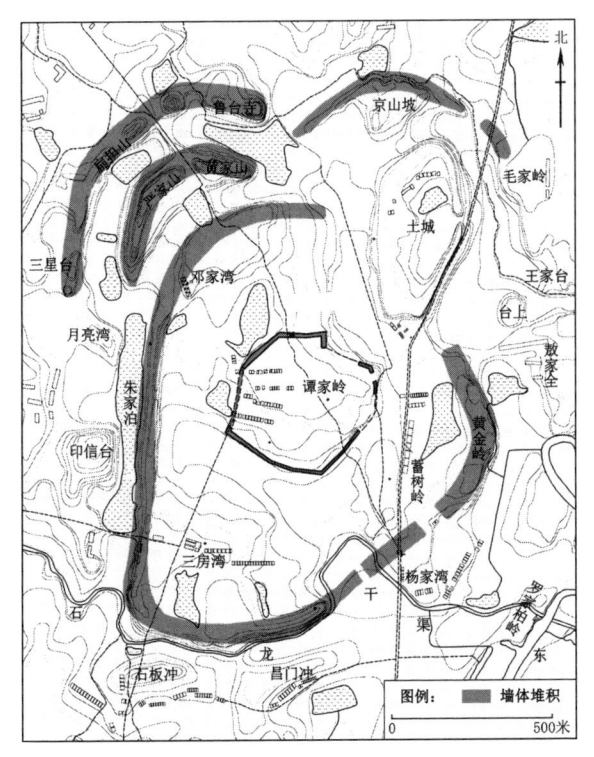

图 3-2-9　天门谭家岭—石家河设围基址平面图（据《湖北天门石家河谭家岭城址 2015～2016 年发掘简报》《湖北天门市石家河遗址 2014～2016 年的勘探与发掘》改绘）

新的圈围形成时放弃了原有的谭家岭圈围,故其只有一道围壕,祭祀规格低于拥有两道围壕的七星墩遗址,表明此时七星墩遗址仍然是屈家岭文化人群的中心性礼仪设置。

在长江出山口北岸,屈家岭文化人群重新启用湖北荆州阴湘城遗址,在其东面新安排了湖北沙洋马家院和城河城两个设围基址,着意与汉江一线相连。这 3 个遗址与原有的位于长江南岸的走马岭和七星墩遗址结合,构成了包括 5 个规模、等级有别的遗址的设围基址组团。该组团的出现,不仅强化了对长江出山口的看护,而且将澧水和汉江连为一体。

在澧阳平原及周边,城头山设围基址取消了,在澧阳平原与长江之间,为了加强与长江一线的走马岭和七星墩两个设围基址的关联,新设置了湖北公安县鸡鸣城和青河城两个设围基址,形成了包括原有的卢保山、三元宫、鸡叫城遗址在内的 5 个设围基址组成的秩序整体。鸡叫城位于澧阳平原深处,平面等级不低,应该是这一组团此时的中心设置。

就现有的材料看,屈家岭文化的遗址组织具有以下特征:一、大型遗址主要分布在屈家岭文化区的北部。二、设围基址更多地用城。三、圈围更多地与大型遗址结合——现知遗址规模 50 万平方米的遗址中,含有圈围的占 70% 以上。这些现象表明屈家岭文化军事能力与祭祀特权的结合水平较高,并指示相关族群特别关注与中原势力的竞争。

拥有 20 个设围基址的屈家岭人群的能量是巨大的。此时,丹江口处的由中原权力支配的镇平冢洼设围基址消失了,并且在一段时间里,在华阳一区的淅川龙山岗设围基址亦为屈家岭文化所有。这些原本为中原地区族群所有的设围基址的易手,使得屈家岭人群有机会进入南阳盆地接近洛河上游地区，极大地威胁着中原势力的核心地。

公元前 2600 年前后，黄河发生大规模的改道，由原来在郑州以下东北向入海，改为流向东南借淮河河道入海[48]。这一改道，使得郑洛一线对于东亚大平原北部的控制能力大幅减弱，天赋的"中国"对于东亚大平原实施总体性控制的优势遭到损坏。也许对古人更为重要的是，黄河改道改变了郑洛一线与人们心目中的地上北极间的天然联系，使其神圣价值遭到削弱。江汉平原势力的严重挑战和自然环境条件大尺度的改变，标志着颛顼时代的结束和帝喾时代的开始。

《史记》说："帝喾高辛者，黄帝之曾孙也。高辛父曰蟜极，蟜极父曰玄嚣，玄嚣父曰黄帝。"[49]玄嚣即青阳，青阳降居江水，据此可推帝喾与江淮地区颇有渊源，所以，帝喾上位当是中原势力更加积极地应对长江一线势力的信号。

《史记集解》皇甫谧说颛顼"都帝丘，今东郡濮阳是也"[50]。颛顼以濮阳为关键据点，是以黄河在郑州以下东北向入海为根据的。驻扎在濮阳，具有依托少昊一族阻抗九黎沿桑干河、滹沱河等进入华北的作用，以此为基础，与重、黎配合，可以达到完整保有郑洛一线的目的。黄河的改道，使得濮阳的战略价值大打折扣，屈家岭文化的北上也会促使中原地区人群战略方向转移，所以帝喾更换驻地势在必行。《竹书纪年》说帝喾"居亳"[51]。亳在洛阳盆地边缘，在位置上可以归之于淮河流域（详后），这一定位使得帝喾一方面可以在一定水平上避开可能沿洛河北上的江汉平原势力和沿黄河而下的阿善文化人群的压力，另一方面，又在一定水平上强调了对于"中国"的占据。

《竹书纪年》说帝喾："十六年，帝使重帅师灭有郐。"[52]由重之所处可推有郐在河汾之间活动。将这一记述与考古材料结合，或可以为"灭有郐"是随后出现的西河一线设围基址系统大尺度改变的前奏。

《史记·五帝本纪》记帝喾高辛时说："高辛生而神灵，自言其名。普施利物，不于其身。聪以知远，明以察微。顺天之义，知民之急。仁而威，惠而信，修身而天下服。取地之财而节用之，抚教万民而利诲之，历日月而迎送之，明鬼神而敬事之。其色郁郁，其德嶷嶷。其动也时，其服也士。帝喾溉执中而遍天下，日月所照，风雨所至，莫不从服。"[53]由这段话看，帝喾应该是一个深谋远虑、视野广阔并且行动谨慎的统治者。

公元前 2500 年前后，在岷江中游出现了以四川新津宝墩城址为主导的设围基址群[54]。这个设围基址群包括 4 个遗址，它们近距离相邻，拥挤在 150 平方千米的狭小地段上，相互间距离在 8—20 千米之间。其中大邑盐店 16 万平方米，崇州紫竹 20 万平方米，大邑高山古城 35 万平方米，宝墩古城此时只有内城，面积 60 万平方米。盐店古城圈围平面西南隅压缩，东北角为圆弧；紫竹与高山古城圈围平面西南隅膨出，东北角完整；宝墩古城内城圈围平面基本为矩形，西南隅大略为直角，东北角突出。近距离相邻，规格有别，故它们之间为协同关系。由规模和平面形态两方面看，宝墩古城当为主导。宝墩古城面朝西南，背负中原，盐店、紫竹和高山古城均朝向东南方向的宝墩古城，显示出宝墩古城的依托与主导性。这些设围基址全部分布在岷山西侧支流西河的西侧。宝墩古城更是坐落在易于防守的沼泽区，暗示这是一个应对峡江地区乃至石家河人群压力的整体。从遗址与河流的关系看，这些遗址聚集于江河两侧，缺乏宏观地理控制的表达，或可认为，这时的宝墩文化的设围基址群是缺乏充分条件支持的，应对特别任务的架构（图3-2-10，图3-2-11）。

与宝墩文化设围基址群的出现大略同时，在大别山与长江之间的夹道上，有张四墩文化的安徽怀宁孙家城设围基址出现[55]。孙家城遗址的位置使其既可以针对良渚人群，又可以针对石家河人群，具有多方面的战略属性。

如果把宝墩文化与当年降居若水的昌意后人相关联，把张四墩文化与当年降居江水的青阳后人相关联，把相应设围基址的出现与帝喾的谋划联系起来，至少在空间关联和行为程序上并不存

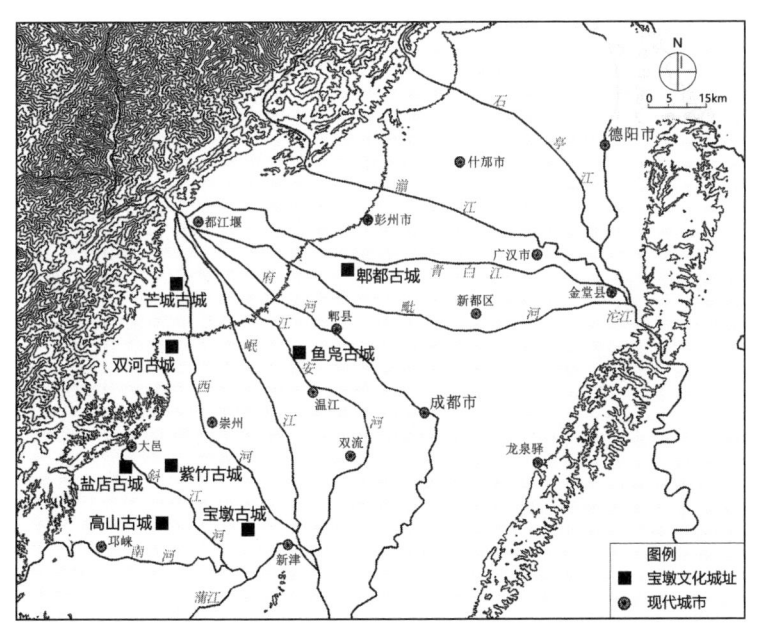

图3-2-10 宝墩文化设围基址分布图（据《成都平原先秦聚落变迁分析》改绘）

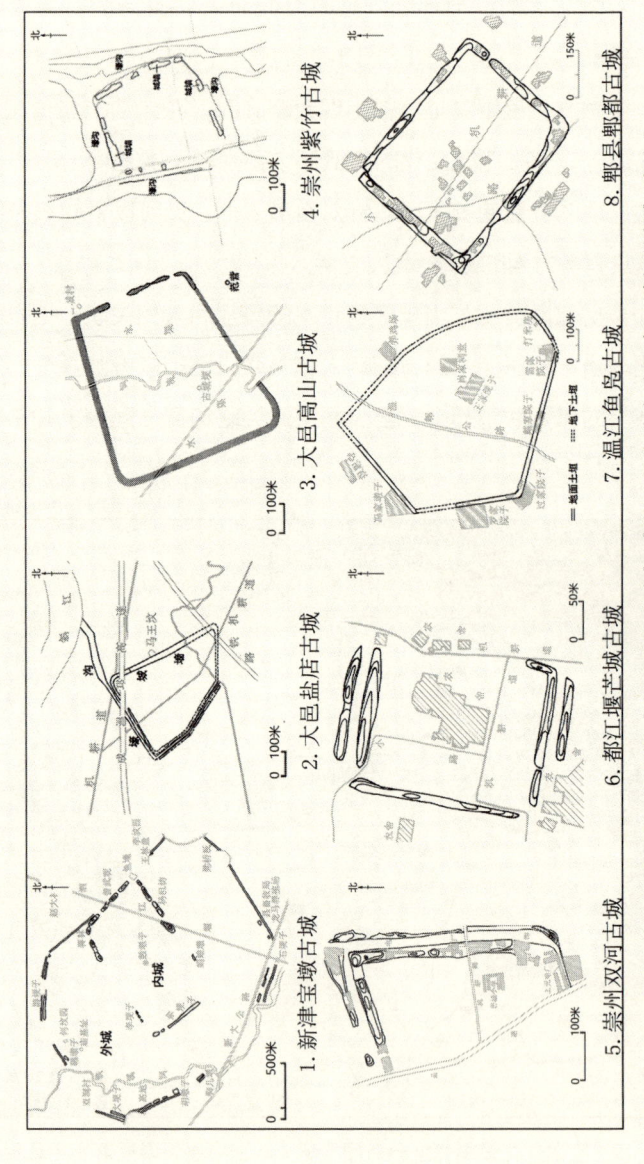

图 3-2-11 宝墩文化城址平面一览（据《先秦城邑考古》《崇州市紫竹古城调查、试掘简报》改绘）

1. 新津宝墩古城
2. 大邑盐店古城
3. 大邑高山古城
4. 崇州紫竹古城
5. 崇州双河古城
6. 都江堰芒城古城
7. 温江鱼凫古城
8. 郫县郫都古城

在实质性的障碍。

外部条件系统性的变动,显然对在江汉平原活动的人群造成了重大的影响。大约同一时期,与江汉平原相关的龙山岗设围基址放弃了,同时汉江以北组团中的凤凰咀、杨家嘴、门板湾和澧阳平原上的三元宫等设围基址也消失了。在考古学上,这里进入了石家河文化时期。此时,在设围基址群的东北方靠近淮河一线出现了石家河文化的湖北大悟土城设围基址,反映出淮河一线成为南北方不同族群空间争夺的新场地。

此时,环泰山设围基址群进行了某种收缩,逼近淮河设置的5个设围基址中的刘堌堆和尉迟寺取消了圈围。在尧王城遗址的东北方37千米处,出现了五莲丹土设围基址。丹土遗址此时的圈围范围只有9.5万平方米,平面等级也低,但从位置上看,它可能是与尧王城遗址匹配使用的祭祀地段。环泰山地区南侧设围基址群涉及空间的收缩,或者暗示着黄河中游势力开始渗入淮河中下游地区。

公元前2500年左右,在东北的嫩江流域出现了昂昂溪文化的黑龙江齐齐哈尔洪河与肇源小拉哈设围基址,洪河遗址由5个紧邻的小型环壕地段构成,小拉哈有两道壕沟,遗址面积为10万平方米[56]。二者之间虽然距离可观,但不同的型制仍然促使我们认为它们为一协同组合。这一协同组合的出现,应该意味着一个涉及范围颇为可观的联合体存在。

公元前2500年前后,蒙晋陕三角区的设围基址形势发生了重大的改变。在黄河进入西河前沿黄河东西段分布的阿善文化城址全部消失。在岱海地区周边出现了包括内蒙古凉城县大庙坡、板城、西白玉和老虎山4个设围基址构成的群体。在黄河西河的后世长城垭口以北，原来的阿善文化设围基址也大部分消失，新出现了内蒙古清水河后城咀、下塔和准格尔旗寨子上3个设围基址，与保留的白草塔构成了新的设围基址群[57]。就此，这一地区进入了考古学上的老虎山文化时期。由老虎山文化的设围基址分布看，此时在欧亚大草原南缘活动的人群的活动重心向东迁移。

老虎山文化分布在包括内蒙古中南部、晋中北、陕北和冀西北大部分在内的广大地区[58]，包括多种地方类型，相互间的关系错综复杂。蒙晋陕三角区老虎山文化的设围基址亦为不设壕沟的石城。与长城以外的阿善文化石城相比，在分布上不再简单地沿河道连续布置，在格局上也有所不同。从形态上看，这些石城可以大致分作两种：一种结合地形布置，以环绕的城垣围出神圣地段。城垣的平面形态又可分成与明堂祭祀相关和与明堂祭祀无关两个类型。一种结合山谷布置，在山谷两侧设置引向山顶的墙垣，在山顶的城垣顶端布置祭坛。强有力的轴线塑造是这种石城的突出特征（图3-2-12）。虽然都是利用山体形成轴线，阿善文化人群利用山脊布置祭坛，老虎山文化人群则利用山谷的顶端，不同的做法造成了十分不同的空间感受，成为了强有力的族群认同手段。

在西河一线长城豁口以北的老虎山文化的设围基址中，后城咀遗址的面积达到了138万平方米，由内城和外城构成，这种形态显示出对中原文化的吸收。巨大的规模和高等级的形态构成方式指示着某种与中原权力争胜的刻意。后城咀设围基址的存在，表明了较之在长城以外活动的阿善文化人群，老虎山文化人群更为强势，这当然会给在黄河中游活动的族群造成更大的压力。

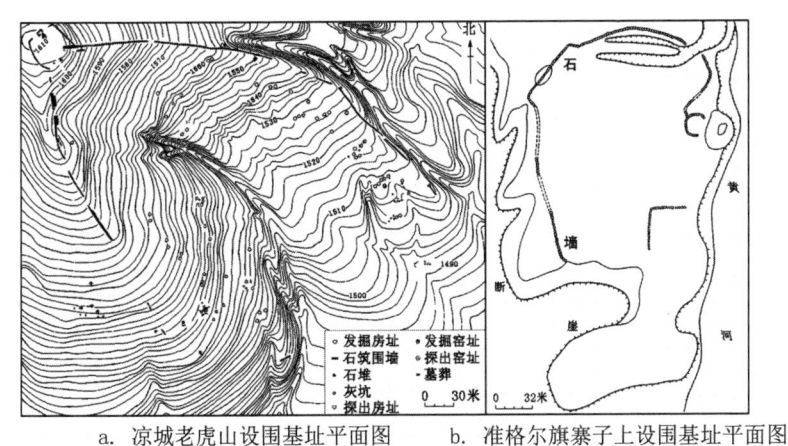

a. 凉城老虎山设围基址平面图　　b. 准格尔旗寨子上设围基址平面图

图 3-2-12　老虎山文化石城遗址举例（《先秦城邑考古》）

　　与蒙晋陕三角地带的形势的转变同步，位于后世长城以内西河一线的设围基址群实现了大规模的扩展。在黄河以东，白崖沟以上，出现了山西偏关天峰坪和保德林遮峪两个设围基址。天峰坪正当后世的长城豁口，显示出力图阻止北侧人群南下的姿态。在黄河以西，则出现了陕西佳县兴隆寺、石摞摞山和崔家河三个设围基址，强化了原有设围基址群的空间连续性。这些变化意味着这一地区新的防御系统的形成[59]。

　　老虎山文化的兴起，使得来自黄河上游的压力更为紧要。《史记集解》引《皇览》说，"帝喾冢在东郡濮阳顿丘城南台阴野中"[60]，似乎暗示在其时代最后的时段，帝喾的主要工作是应对来自北方的压力。

　　更好地应对老虎山文化的挑战，是大约公元前 2300 年前后帝尧登基的理由。

　　帝尧，名放勋。《史记》说"帝喾娶陈锋氏女，生放勋。娶嫩訾氏女,生挚。帝喾崩,而挚代立。帝挚立,不善,而弟放勋立,是为帝尧"[61]。按,嫩訾氏为在河南、山东交界处活动的族群。从位置上看,立挚为帝,有利于联合环泰山势力更好地应对江淮一线。按照《竹书纪年》尧母"生于斗维之野",很可能属于在燕山南麓活动的族群。且"即长,观于三河",参考河北望都为尧母故地的说法,"观于三河"应是进入桑干河、滹沱河和汾河的源头地限定的三角区。这样的根基,当然有助于其动员力量,对长城以外的老虎山文化人员施加压力,所以,以尧代挚,从根本上说是中原势力应对外来挑战的重心转移的结果。

《逸周书·史记解》记载昔者西夏性仁非兵,城郭不修,武士无位,惠而好赏,屈而无以赏。唐氏伐之,城郭不守,武士不用,西夏以亡。潘振说:"西夏,即大夏与?《左传》:'迁实沈于大夏,唐人是因。'注云:大夏,晋阳县。今山西太原府太原县也。"[62]唐氏,即帝尧一族。以上引文表明尧本在其他地区活动,通过剿灭西夏进入汾河流域,驻扎在今太原一带,从而有条件成为对抗长城外老虎山文化人群的主力。在汾阳发现的面积达到680万平方米的龙山时代晚期的峪道河遗址或曾是帝尧的驻地[63]。

太原与濮阳相比,更加逼近中原势力与北方族群争胜的焦点。所以帝尧继位,可以视为在黄河东南入海的地理条件下,中原人群对抗北部压力的更具针对性的强硬态势。人们至今在太原一带并未发现设围基址,表明了郑洛一线仍然是相应势力的祭祀中心。《竹书纪年》说:"(尧)五十年,帝游于首山。乘素车玄驹。五十三年,帝(尧)祭于洛。"[64]首山在灵宝境内,洛即洛河,帝尧在此举行重要祭祀活动应该可以支持以上说法。

《史记·五帝本纪》说帝尧上位后:"乃命羲、和,敬顺昊天,数法日月星辰,敬授民时。分命羲仲,居郁夷,曰旸谷。敬道日出,便程东作。日中,星鸟,以殷中春。其民析,鸟兽字微。申命羲叔,居南交。便程南为,敬致。日永,星火,以正中夏。其民因,鸟兽希革。申命和仲,居西土,曰昧谷。敬道日入,便程西成。夜中,星虚,以正中秋。其民夷易,鸟兽毛毨。申命和叔,居北方,曰幽都。便在伏物。日短,星昴,以正中冬。其民燠,鸟兽氄毛。"[65]《国语·楚语》说:"尧复育重黎之后"[66],将之与尧"命羲、和"对应,可推羲、和为重、黎后裔,其活动范围当不离西河地区。文中"居"的意思仍然是"管控"。按照上文,尧要羲仲管控东方旸谷一带,羲叔管控南方交趾一带,和仲管控西方昧谷一带,和叔管控北方幽都一带。旸谷在泰山以东,交趾在桂林一带,昧谷应在陇西,幽都当在燕山以北。按照此时的设围基址分布,环泰山地区有众多的强势族群,在西河与"南交"之间,有与中原对抗的强大势力存在。所以羲仲、羲叔对相应地区的管控更多是象征性的,或者只是获得了尧授予的权力。他们实行管控的据点,应该还在他们原先活动的地区。这样,所谓的"居"应主要是象征意义。由交趾之所在看,旸谷、昧谷、幽都等都应该是特殊的"神明之隩"。观天授时在上古是极为重要的权力。观天和管理特殊的"神明之隩"表示赋予了羲、和很高的地位和很大的权力,这可以激励他们更为积极地应对来自长城以外人群的挑战。公元前 2300 年左右,在黄河西河长城缺口以南的白崖沟、寨山、金山寨等设围基址放弃的同时,在西河及相关地区出现了陕西榆林寨峁梁、神木石峁、延安芦山峁和山西襄汾陶寺等设围基址,形成了新的空间控制系统[67]。在本书看来,这就是帝尧指使羲、和"敬顺昊天，数法日月星辰，敬授民时"的成果。

陶寺遗址位于峪道河遗址的东南。考古发掘显示，公元前2300年时，这里建有圈围范围约13万平方米的环壕，公元前2100年时，放弃环壕，建设没有环壕的大城，大城东南有一夹城，夹城中有一系列大墓和观象台出土。遗址上发现有用扬子鳄皮为蒙的鼓。夹城的位置与源自东南地区的出土物，表明该遗址与东南方相关（图3-2-13）。

石峁石城位于峪道河遗址西北，遗址为三重夹城。石峁在公

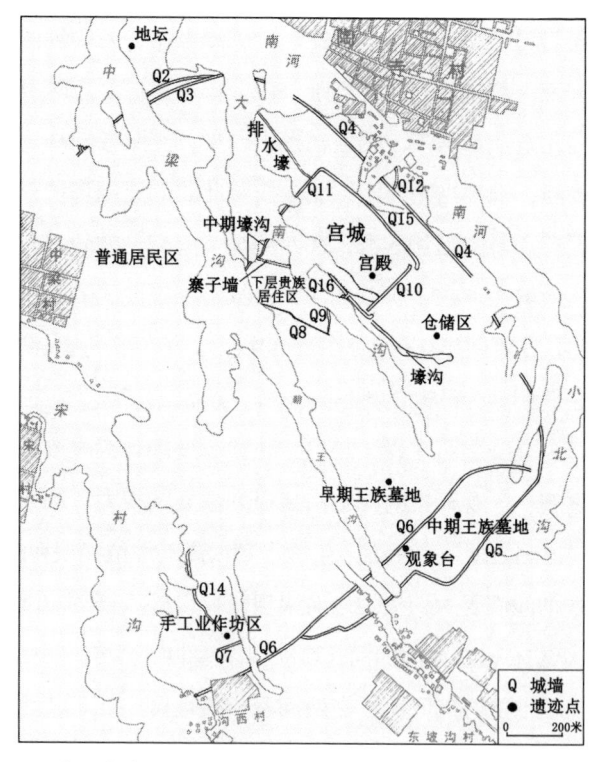

图3-2-13 襄汾陶寺设围基址平面图（据《薪火相传探尧都——陶寺遗址发掘与研究四十年历史述略》改绘）

元前 2300 年时只有范围约 8 万平方米的小城，公元前 2100 年以后，才先后添加了中城和大城。其小城部分称皇城台，皇城台在整个城址的西北部，显示其与西北方相关（图 3-2-14）。

特殊的考古遗存和遗址的具体位置，鼓励人们将陶寺和石峁遗址与羲、和联系起来。从城池构成要素和所处位置看，陶寺遗址应与"羲"相关，石峁遗址当为"和"所有。古人以为"羲"与"重"对应、"和"与"黎"对应[68]，而这正与陶寺在南、石峁在北相合。可见，"尧命羲、和"的空间格局总体上是"重司天，

图 3-2-14　神木石峁设围基址平面图（《先秦城邑考古》）

黎司地"的延续。

比较陶寺和石峁的城池格局，应该可以看出，陶寺人群在文化上与中原地区更近，而石峁人群带有更多的北方色彩。可见羲和虽出自重黎，可由于生活空间不同，导致了最终"重"更关注其与伏羲一族的关联，"黎"更强调其源自女娲一系。

白崖沟设围基址取消而石峁设围基址的兴起，意味着关涉族群中的重要一支，由河东迁至了河西。金山寨和寨山设围基址取消而陶寺设围基址的兴起，意味着关涉族群中的重要一支，由河西迁至了汾河流域，这一迁移的直线距离约300千米，这当然会使陶寺文化与汾河下游周边既存的考古学文化在内容上不相连续，具有某种"空降"的特征[69]。"仲""叔"意味着排行第二和第三。因而上述变化不仅涉及空间组织的变更，也涉及相应族群的内部秩序的变化。从"羲仲""羲叔""和仲""和叔"的名称看，帝尧应该是将羲、和二族中的次要者，提拔到了主要的地位。这种做法，应该有调动相应人群积极性的意义。

在应该属于"羲"之一族的青龙山、寨山和金山寨三个遗址中，只有原地保留的青龙山拥有两道圈垣，等级最高，认为它属于排行第一的"羲伯"有相当的道理。这样寨山和金山寨应分别与羲仲、羲叔相关。至于与青龙山、寨山和金山寨等遗址同时出现的后寨子峁遗址，相较于青龙山遗址等逼近西河干道设置，显示出更具公共性的特质，加之面积较大，且拥有壕沟，等级较高，或可推测其为羲之一族的公共祭地。

至于与"和"有关的遗址之所属的推断，似乎需要进一步的资料方可进行。

延安芦山峁设围基址的出现显然有强化北洛河乃至泾河一线

防御的价值。如果芦山峁为羲之一部的话，那么，似乎有理由期望，在"三河"一带同期设围基址的发现。以构成陶寺遗址对应于羲仲，芦山峁遗址对应于羲叔，石峁遗址对应于和仲，有待发现的遗址对应于和叔的与帝尧所命完整对应的体系。

位于汾河下游的陶寺设围基址出现后，原来位于黄河南河出山口一区的古城东关和妯娌两个设围基址退出历史舞台，在古城东关遗址黄河对岸的河南渑池仰韶村遗址上重新设置了壕沟，黄河与洛河的交点附近出现了河南巩义稍柴设围基址。新的安排使得晋西南至郑州一带的设围基址分布相对均匀，与长城以内的老虎山文化城址群的联络更为连续，也就是说，将同在黄河北岸的陶寺遗址视为古城东关遗址的某种替代，将仰韶村遗址视作妯娌遗址的某种替代，这种替代的存在当然可以看作是长城内老虎山文化人群从属于中原权力的进一步证明。与上述的遗址变动大略同时，具有压制江淮势力作用的河南淮阳平粮台和安徽蚌埠禹会村两个设围基址出现了[70]。它们的出现使得环泰山地区、淮河一线、郑洛一线与晋西南地区与晋陕峡谷的长城以内地区连成一体，形成了一个可以应对多方面压力的具有强大的空间控制能力的庞大体系。

公元前2300年前后，良渚文化走向灭亡。从相关地区设围基址分布的变迁看，这是环泰山地区与郑洛一线势力共同努力的结果。良渚文化在太湖地区消失后，一些位于良渚文化核心区域之外的遗址却显示出浓厚的良渚文化特征，表明一部分良渚文化人群逃离了太湖地区[71]。良渚文化之后，在钱塘江流域及环太湖地区活动的钱山漾文化、广富林文化、马桥文化都缺乏设围基址的营造，显示这一地区的人群不再具有大范围的权力争胜的能力。

公元前 2300 年前后，在桑干河出山口附近，出现了老虎山文化的遗址面积 34 万平方米的崇礼县邓槽沟梁设围基址[72]，从位置和文化属性看，它与长城以北的老虎山文化遗址为协同关系。邓槽沟梁设围基址的出现，显示出相应人群由北侧向东亚大平原漫延，这样，环泰山地区就承受着新的压力。

在一定程度上与良渚文化的消失和黄河中游势力介入江淮中下游地区有关，公元前 2300 年前后，环泰山地区出现了新的设围基址体系。设围基址系统的更易，意味着新的族群整合，相应地区的考古学文化也由大汶口文化转成为海岱龙山文化。新的设围基址体系包括三个部分[73]，在泰山东南，设围基址由原来的 7 个减少为 5 个，包括沿用大汶口文化晚期的尧王城和丹土遗址，以及新设置的山东莒县薄板台[74]、日照大桃园和两城镇设围基址，从布局上看，这一部分的空间涉及区域有相当水平的收缩。在泰山东北，济南一线已经存在了数百年的焦家设围基址放弃了，由西而东新安排了济南市城子崖、邹平市丁公、桓台县李寨、淄博市桐林、寿光市边线王和临朐县西朱封等 6 个设围基址，以应对桑干河一线的压力。在今龙口一带，则有招远市老店遗址形成对北部沿海通道的控制。

山东日照尧王城遗址是泰山东南设围基址群的主导单位。尧王城设围基址此时在已有的城圈东、南两个方向上加设新的城垣，形成圈围范围约 40 万平方米的夹城。在夹城以外，又设圈围范围达 400 万平方米的环壕。平坦的地形和巨大的圈围范围为居民入住创造了条件，导致不同的功能在此集聚，形成现代人所认同的城市。

山东淄博桐林遗址应该是泰山东北设围基址群的主导单位，其位于相应设围基址群的中间位置，所在平坦，对外联系方便。遗址总面积达到 230 万平方米。此时桐林遗址只有内城，城圈范围约 15 万平方米。但是城圈外有限范围里分布着 8 处聚落遗址遗存，因此在这里应有较多人口。这样的格局有条件实现祭祀权、行政权和军事权的相对聚集（图 3-2-15）。相较于此时的尧王城遗址，桐林遗址的圈围规模较小，祭祀等级较低。似乎此时在泰山东南方向活动的族群地位更高，在泰山北部较多的设围基址聚集，更多地是为了应对来自北方的压力。

由设围基址群规模和主导设围基址的组织看，此时的环泰山地区存在着两个实力大致相当的族群。这与《史记》说舜的重臣中，有分别来自泰山南北的皋陶、益的情况对应。一般以为皋陶出生地在今曲阜，益则为费县人。从位置上看，皋陶应与环泰山北部的桐林相关，是少昊的继承者，益则与环泰山南侧的尧王

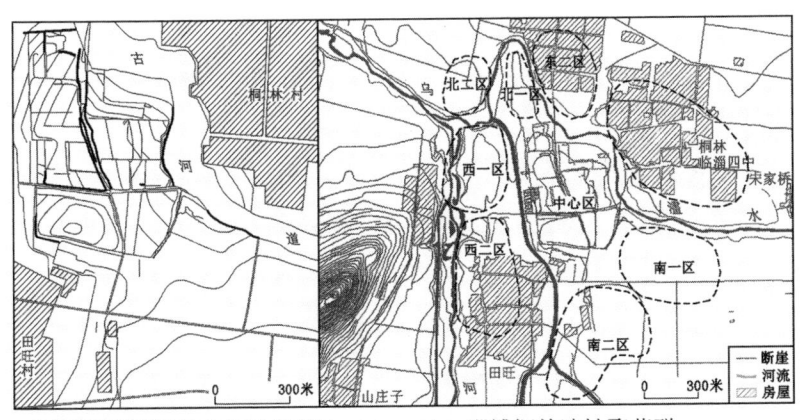

a. 淄博桐林遗址核心区设围基址　　b. 淄博桐林遗址聚落群

图 3-2-15　淄博桐林设围基址及聚落群（《先秦城邑考古》）

城相关，是帝夋的后裔。以《史记》为基础，考虑海岱龙山设围基址布局变迁与黄河中游设围基址变动的呼应，可以认为海岱龙山文化人群为中心在郑洛一线的权力单位的从属。

公元前 2300 年左右，在汉江以北，位于涢水上游一线的石家河文化的黄土岗设围基址消失了，相应设围基址群的北向前锋只剩下土城设围基址一个。在下游靠近汉江和长江交汇点的地方，出现了武汉张西湾设围基址，强化了长江一线的防守。澧阳平原北部长江沿线的走马岭遗址，及其南侧约 38 千米深入洞庭湖区的卢保山遗址上也不再设置圈围。这种变化意味着石家河文化空间战略侧重的某种转移（图 3-2-16）。

由文献看，帝尧在起用羲、和应对来自各方的压力的同时，又用鲧加强对江淮地区的压制。前面提及的在淮河一线的平粮台设围基址，应该是鲧在历史上存在的标识。但相应的进展远小于预期，《史记》说，帝尧用鲧治水"九岁，功用不成"[75]。在本书看来，帝尧用鲧治水失败，应是中原族群与江淮势力的博弈遭遇某种挫折的隐喻。

为了改变因鲧的失败导致的被动局面，帝尧将舜引入了历史舞台的中心。

《史记》说："舜，冀州之人也。舜耕历山，渔雷泽，陶河滨，作什器于寿丘，就时于负夏。舜父瞽叟顽，母嚚，弟象傲，皆欲杀舜。舜顺适不失子道，兄弟孝慈。欲杀，不可得；即求，尝在侧。"历山在晋西南，雷泽、寿丘在豫北、鲁西。郑玄曰："负夏，卫地。"《尚书大传》曰"就时负夏"，孟子释曰："迁于负夏。"可见，舜本冀州人，曾在太行山东西一个相当大的范围内活动，最终定居于今新乡一带。《史记》又说："舜年二十

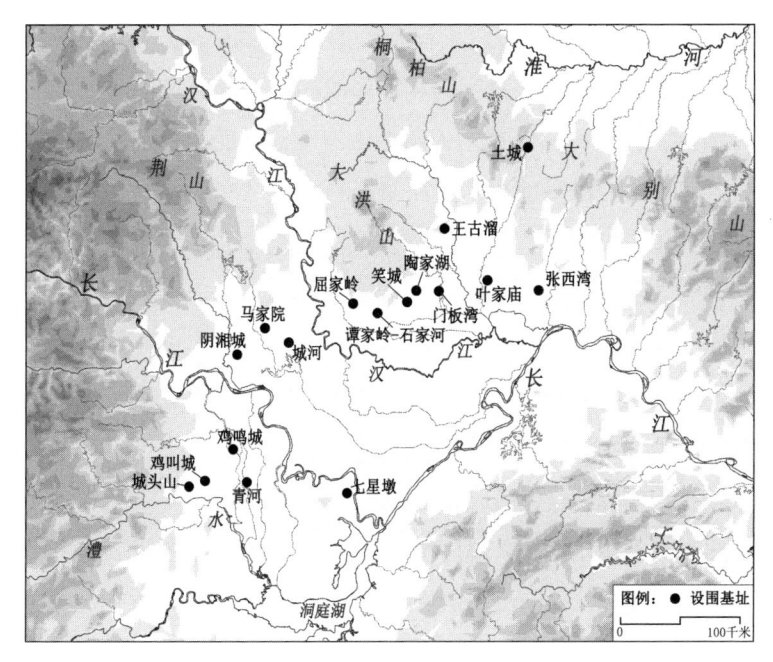

图 3-2-16　公元前 2300 年前后的石家河文化设围基址分布图 [底图依据 SRTM 高程数据和全国地理信息资源目录服务系统（www.webmap.cn）的水系数据绘制]

以孝闻。三十而帝尧问可用者，四岳咸荐虞舜，曰可。于是尧乃以二女妻舜以观其内，使九男与处以观其外。舜居妫汭，内行弥谨。尧二女不敢以贵骄事舜亲戚，甚有妇道。尧九男皆益笃。舜耕历山，历山之人皆让畔；渔雷泽，雷泽上人皆让居；陶河滨，河滨器皆不苦窳。一年而所居成聚，二年成邑，三年成都。"[76] 由上引文字看，舜不像尧那样，有强大的政治背景。并且受到血缘相近的族群的排斥、挤压，为躲避相关族群的压迫而不断迁徙。后来在尧的支持下，舜逐步地成为强势族群的统领。在空间过程上，这一强势族群的形成似乎可以归纳为先形成聚落，而后构造聚落体系，最终设立具有地区凌驾性的高规格的祭祀中心。一般地说，这也应该是强势族群形成的常规过程。公元前2200年前后，在太行山以东古人所指之卫地，出现了后冈二期文化的辉县孟庄设围基址[77]。孟庄遗址的面积约30万平方米，垣内面积约13万平方米，圈围平面大体为平行四边形，东北角基本完整，等级不低。从位置、时间和规格看，其当是舜所成之都（图3-2-17）。

妫水是发源于晋西南历山的沁河支流，妫汭是妫水汇入沁河处。把由"妫汭"而"负夏"的位置变化与由"聚"而"都"的族群壮大历程结合，可以看出一条舜之一族由小空间而大场地，逐步避开老虎山文化人群压制，争取独立的轨迹。在此背景下，所谓"渔雷泽，陶河滨"似乎就有了带领族人围绕最终的定都之所进行空间廓清的意义。

观察尧、舜间的权力转移过程，首先是遭遇某种失败使得尧

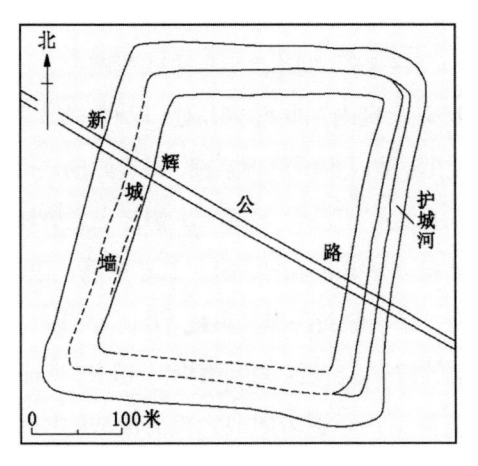

图3-2-17　辉县孟庄设围基址（《先秦城邑考古》）

不得不作出要让位于贤的表示，然后起用没有多少家世背景的舜来应对复杂的局面，除了安排"二女""九男"对之实行多方面的监控，还大力宣扬舜不得父母兄弟的欢心，这些都可以理解为帝尧试图继续把持权柄的显示。帝尧的种种作为，使得舜的存在具有极强的过渡性质。

公元前 2150 年前后，大致与孟庄设围基址出现同时，在长江上游的岷江一线，在宝墩古城已有的城圈外，加设了一圈大城，使得圈围范围达到了 276 万平方米。同时，放弃原有高山古城，在原设围基址群的上游与东流沱江的相关处，设立了都江堰芒城古城和崇州双河古城，与既有的盐店古城、紫竹古城和宝墩古城构成一个系统控制岷江全线，空间企图更加宏阔的新整体。这一改变，意味着相应权力单位实行了更大范围的人力动员，对峡江一线乃至江汉平原的施压更为积极。宝墩大城规模可观，城垣建设的投入巨大，但遗址上所见的居住遗址不多，建筑的数量有限，建筑规模也没有值得特别提及者，似乎整体环境隆重性的塑造主要依靠不同寻常的城垣。

公元前 2150 年前后，在河南省中部的外方山以南，沙颍河一线，几乎同时出现了平顶山蒲城店、叶县余庄、郾城郝家台三个设围基址[78]。根据文献记述，大禹一族此时已经进入权力中枢，所以这些设围基址的出现当是《帝王纪》所说的"禹受封为夏伯，在豫州外方之南"[79]的显示。从位置上看，这些设围基址的存在，当然旨在给江汉平原造成压力。

应有和岷江一线及外方山以南的行动配合的意涵，在今西安附近出现了属于客省庄二期文化的太平设壕基址[80]。相关人群可以登秦岭循丹江南下，强化对于江汉平原的压制。

在这样的形势下，公元前 2150 年前后，石家河设围基址系统开始崩溃。王古溜、叶家庙、笑城、马家院、阴湘城、鸡鸣城、鸡叫城等设围基址消失了，汉江以北只剩下屈家岭遗址群、石家河、陶家湖、张西湾和土城 5 个设围基址，汉江以南只剩下城河、七星墩和青河城 3 个设围基址。

石家河文化势力的败落，应该直接归功于舜、禹。与对江淮斗争的初步胜利相关，原来位于石家河设围基址群下游的张四墩文化的孙家城设围基址消失了。由于孙家城遗址当与青阳相关，而舜、禹属于昌意一系，所以它的消失颇有回味的余地。

由《史记》的记述看，舜对来自环泰山地区的皋陶、益相当倚重。应该与此相关，此时的环泰山地区设围基址数量达到 18 个，原有的设围基址全部继续使用，并且边线王、丹土、丁公、两城镇等城址均进行了扩建。泰山以北新出现了山东桓台后埠和博兴北营设围基址，联结泰山南北的胶莱平原上出现了平度逢家庄设围基址，在泰山以南则新出现了费县防城和连云港藤花落两个设围遗址，在泰山以东沿海，新增加了青岛南营设围基址。新出的设围基址与原已存在的设围基址配合，形成了各部分空间关联性更强的设围基址系统。所成结构应该可以更好地应对来自东亚大平原北部以及江淮一线两方面的压力。

扩建后的丹土设围基址面积达到 18 万平方米，圈围西南隅明确突出。两城镇设围基址此时加设了中壕，圈围范围达到 30 多万平方米，两者相距仅 4.5 千米，有着结合成为一个特殊祭祀组合的机会。这样的安排，表明在泰山以南地区活动的族群的祭祀地位更高，与泰山以北地区的设围基址更多取得了某种平衡，也与《史记》说大禹曾将天下传给在泰山以南活动的人群的首领的格局相对应。

《史记》说舜登基后,"岁二月,东巡狩,至于岱宗,柴,望秩于山川。遂见东方君长,合时月正日,同律度量衡,修五礼五玉三帛二生一死为挚,如五器,卒乃复。五月,南巡狩;八月,西巡狩;十一月,北巡狩:皆如初"[81]。东巡狩的落脚点为泰山,与黄帝东巡狩的落脚位置大体一致,不过,舜是直接上了泰山。似乎上古以特定的山水关系为通神地点的做法已经逐渐地成为历史。从环境变迁的角度看,陆路交通网络积累与发展自然会导致这个结果。对东巡狩详细记述显示对于环泰山地区特别关切,这与《史记》记述的舜对环泰山地区族群多有倚重相一致。至于其他几个方向巡狩的落脚点,《史记》没有具体地说,由当时的设围基址分布形势看,在这些方向上舜似乎没有太多的发言权。

从《史记》的记述看,在五帝时期的最后阶段,大禹确实重要,但并未占据绝对优势,属于环泰山地区势力的皋陶、益等人显然是其重要的竞争对手。虽然舜、禹同出于昌意一系,可帝舜似乎也对大禹疑虑重重。应该是一件大事,帮助舜作出了最终的决断。《尚书·益稷》说"(禹)娶于涂山,辛、壬、癸、甲,启呱呱而泣"[82]。涂山在今蚌埠,时间与地望结合,认为近年在蚌埠发掘到的禹会村设围基址为涂山氏所有应该合理。禹会村遗址面积 200 万平方米,圈围范围至少 18 万平方米,在此时的黄淮平原一区,其规格首屈一指,可见涂山氏地位颇高,实力很强。从空间形势看,禹与涂山氏结合后,淮河一线尽为禹所有,这显然大张了其势力,以至于最终"帝舜荐禹于天,为嗣"[83]。在禹为某一族群首领名称的框架下,禹的儿子并不见得能转变为禹。在《尚书·益稷》中大禹夸张地提及他与涂山氏生了个儿子,似乎相当充分地暗示了这一联姻的重要。

公元前 2100 年前后,在淮河支流颖河的源头地出现了登封王城岗设围基址,在丹江支流唐白河源头地附近出现了方城平高台设围基址。它们与已有的平顶山蒲城店、叶县余庄、郾城郝家台、淮阳平粮台和舞阳大杜庄遗址一起构成了一个庞大的王湾三期文化为主的设围基址群[84]。王城岗在战国时的阳城附近,按照古人"禹都阳城"的说法,可以认为这是一个由禹主张的以王城岗为核心的设围基址协同群体。

与以王城岗遗址为核心的设围基址群的崛起相对应,江汉平原一区的设围基址持续减少。

公元前 2100 年前后,长城以外持续存在了数百年的老虎山文化设围基址群消失了,长期的博弈以黄河中下游人群取得最终的胜利而告终。《竹书纪年》说"(帝舜)九年,西王母来朝"[85],应是对这一重大胜利的记述。

以战胜长城以外的老虎山文化人群为背景,晋陕峡谷河套地区的石峁遗址上出现了中城城垣,使得圈围范围达到了 210 万平方米,陶寺遗址上出现了大城,圈围范围达到 280 万平方米。这种改变表明了羲、和二族更为强势,这种强势也可以视为对大禹一族兴起的某种反应。

石峁的中城和陶寺的大城,都无对应的壕沟设置,且均为轩城。在形态上看,二者又都是夹城,特别是陶寺大城设置后,原来的小城取消,避免了套城格局的出现。由这些现象可以看出,城池的设置者力图在一定秩序结构中保持某种平衡,避免过度地刺激不同的势力。由现有的资料看,似乎夹城的做法是此时的发明。夹城提供了等级低于套城的多重圈围形式,丰富了古代城池的等级系统。

由在陶寺和石峁遗址上发现的建筑遗存看，这里房屋建设的工程投入与城垣建设的工程投入不成比例。不仅房屋建筑数量相当有限，而且规模也很一般。整个设置与前及之宝墩古城颇为相似，给人以深刻印象的主要是规模宏大的城垣，这样的情形应该表示，当时圈围在等级表达上具有强烈的主导性。

石峁古城的核心部分皇城台是一个由西南迁延入之的，以明堂、宗庙为主体的空间单位。随后建造的中城中，则结合地形条件，形成了多个在山脊上布置坛台的地点，这是一个将不同文化类型的祭祀礼仪统合在一起的场所。明堂、宗庙主导的场所在内，处在制高点皇城台上，坛台设置在外，所处地段较低的格局，应该表明了与明堂相关的礼仪活动在这里占据着统领地位。

石峁古城的中城建成后不久，又在中城之外加设大城，构成有三道城垣的轩城，使得圈围范围大于400万平方米。与之对应，陶寺小城又被启用，形成了二重套城，虽然在面积上不及石峁古城，但在型制上却与之争胜。这种此呼彼应的变化在一定程度上反映了羲、和两族在地位上的争执，这有可能导致两者之间更为严重的冲突发生。

公元前2070年开始进入夏朝的积年，从遗址情况看，此时，大禹一族并未在东亚大陆腹地取得决定性的胜利。环泰山地区和黄河西河一线都存在着文化不同、大规模的设围基址群，并且在嫩江流域、岷江流域和江汉平原上都有一定规模的设围基址群在。十分特别的是，在黄河以北，太行山东麓，虽然新出现了与大禹相关的王湾三期文化王湾类型的博爱县西金城设围遗址，但与舜有关的遗址仍在发展，在孟庄设围基址以北，出现了属于后冈二期文化的后冈设围基址[86]。这样的情况表明帝舜的势力与大禹一族的博弈仍在进行。

公元前 2050 年前后，泰山以北的设围基址组团中，李寨遗址上不再设置圈围，桐林遗址进行了扩建，新的圈围面积达到 35 万平方米。在济水北岸，出现了山东阳谷景阳岗和茌平教场铺两个设围基址，在泰山以北济水沿线形成了连续的设围基址带。从空间上看，这样的安排使得海岱龙山文化的设围基址在一定水平上与后冈二期文化的设围基址相呼应。

泰山以南的设围基址布局态势与泰山以北的强势不同，在日照沿海一线，尧王城遗址被放弃了，两城镇遗址再次扩建，扩建后的圈围面积达到近 67 万平方米。从空间位置看，两城镇与丹土结合形成了泰山东南一区的新的中心。较之原来的结构，新的结构中心的位置明确地向胶东半岛退缩。

长城以北的老虎山文化设围基址群消失后不久，在燕山以北存有时日的昂昂溪文化的洪河、小拉哈设围基址消失了。《竹书纪年》说"（舜）二十五年，息慎氏来朝，贡弓矢"[87]。虽然此时已经进入夏代积年，可由《竹书纪年》的记述看，当时许多人还认为帝舜一族为中原权力之正统。

将文献与考古资料结合可以看到，尧所重用者在考古学上多和老虎山文化相关，相应的人员或族群包括羲、和，谨兜、共工、三苗。谨兜，即骧头。共工长期在冀州北部活动。舜有了一定权力后，曾要求尧放弃对这些人员或族群的倚重："请流共工于幽陵，以变北狄；放骧兜于崇山，以变南蛮；迁三苗于三危，以变西戎；殛鲧于羽山，以变东夷。"[88] 随着长城以北老虎山人群的压力解除，舜、禹更有条件对尧之旧属进行整肃。按照《尚书·大禹谟》，舜要大禹对三苗开战[89]。公元前 2050 年前后，西河一线后世长城以南的设围基址由 11 个减为 6 个，可以理解为相应整肃的结果。此时，黄河东岸，天峰坪和林遮峪等遗址被新出现的山西兴县碧村和吴堡关胡疙瘩设围基址取代。黄河西岸，放弃了寨峁、寨峁梁、兴隆寺、石摞摞山、崔家河等设围基址。在石峁遗址以西新出现了陕西神木木柱柱梁设壕基址[90]。较之以前，新的组合显示出老虎山文化活动重心北移，这种变化当然有利于避开郑洛一线对相应人群的压力。

三、"五服"与"九州"——东亚大陆腹地的空间控制要点组织与层级

《史记·索隐》述及《史记》的记述从黄帝开始的理由说，"此以黄帝为五帝之首，盖依《大戴礼·五帝德》"[91]。其实，如果把"黄帝"这一称谓与 5000 多年前出现于郑洛一线的设围基址群结合起来看，可以认为《史记》的记述之所以从黄帝始，是因为黄帝使得东亚大陆腹地的"自然的"地理架构特征得到了充分的体现，有效地揭示了这一地理系统的核心价值。换句话说，五帝之所以从黄帝开始，是因为黄帝使早已为东亚大陆腹地人类共识的神圣秩序，或获得神明特别护佑的"中国"成为社会的现实。对于古人来说，这应该是"天人合一"的极致，以之为历史的起始点，当然是再合理不过了。

《竹书纪年》记载黄帝击败竞争对手后，为了获得神明的支持，举行盛大的礼仪活动："帝黄服斋于宫中，坐于玄扈、洛水之上。有凤凰集，不食生虫，不履生草，或止帝之东园，或巢于

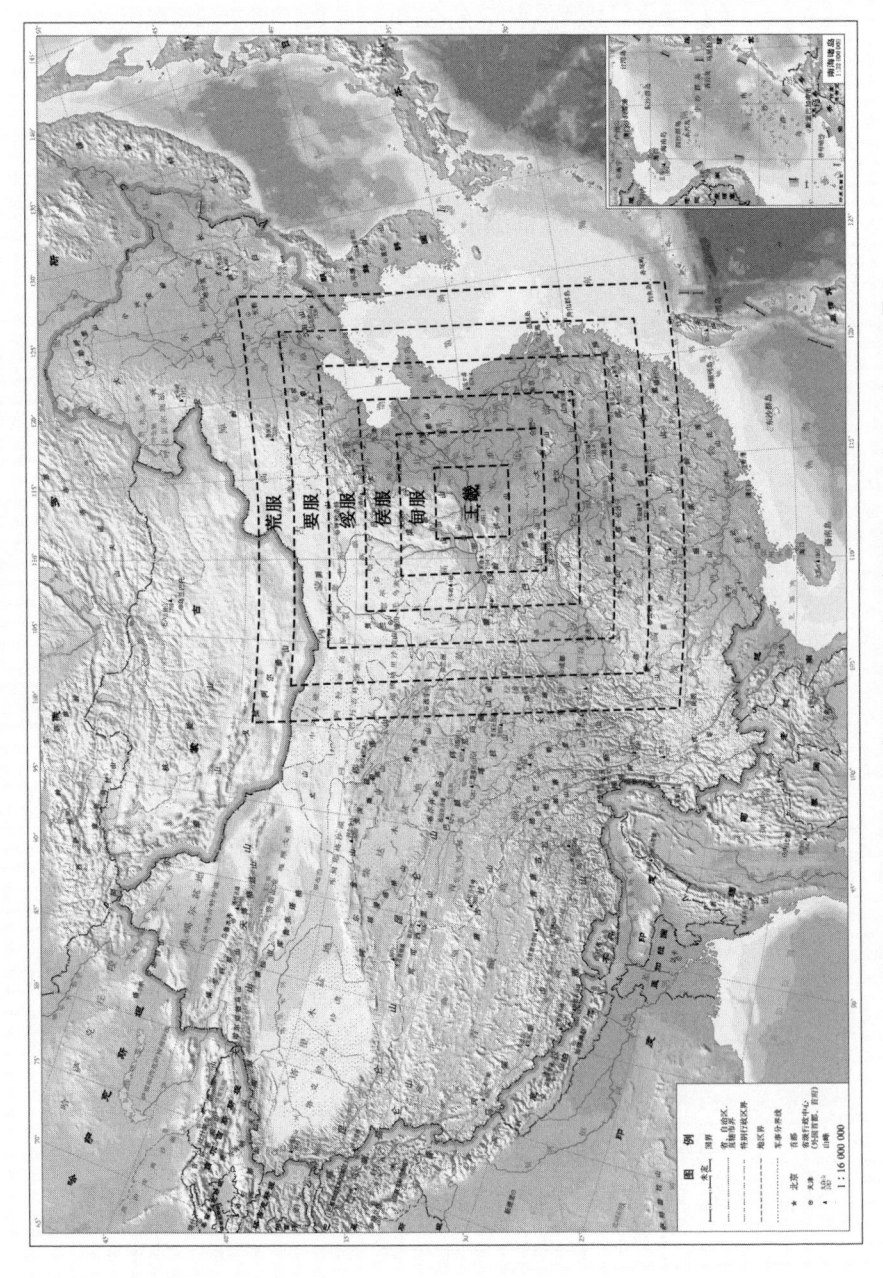

节首图：《尚书·禹贡》五服图 [底图审图号：GS（2016）1609号]

阿阁，或鸣于庭，其雄自歌，其雌自舞，麒麟在囿，神鸟来仪。有大蝼如羊，大蚓如虹。帝以土气胜，遂以土德王……庚申，天雾三日三夜，昼昏。帝问天老、力牧、容成曰：'于公如何？'天老曰：'臣闻之，国安，其主好文，则凤凰居之；国乱，其主好武，则凤凰去之。今凤凰翔于东郊而乐之，其鸣音中夷则，与天相副。以是观之，天有严教以赐帝，帝勿犯也。'召史卜之，龟燋，史曰：'臣不能占也，其问之圣人。'帝曰：'已问天老、力牧、容成矣。'史北面再拜曰：'龟不违圣智，故燋。'雾既降，游于洛水之上，见大鱼，杀五牲以醮之，天乃甚雨，七日七夜，鱼流于海，得图书焉。《龙图》出河，《龟书》出洛，赤文篆字，以授轩辕，接万神于明庭"[92]。在古人那里，文中提及的神异事迹的存在，既是黄帝统治的合法性的依据，同时也是"中国"或者洛阳一区具有特殊的通神价值的最好说明。

玄扈，为洛河以南的山丘，其下有玄扈之水注入洛河。因为"《龙图》出河，《龟书》出洛"是仪式景象的不可或缺的内容，所以玄扈当在黄河与洛河的交汇点附近。特殊的位置和具有"神明之隩"的属性，使玄扈之水汇入洛河的地方成为了特殊的空间点，即古人所谓之洛汭。洛河才是沟通神明的最为关键的地点。这与洛河本身流程不长，所处安定，可却居于沟通江、河、济、淮等东亚大陆腹地最重要河流的枢纽地位密切相关。"坐于玄扈、洛水之上"，是在特定条件下最能体现得到神明的支持，从容安稳地"居于中央，临制四方"的行为。

《竹书纪年》记载了尧禅位于舜的仪式过程："乃洁斋修坛场于河、洛，择良日率舜等升首山，遵河渚。有五老游焉，盖五星之精也，相谓曰：'《河图》将来告帝以期，知我者重瞳黄姚。'

五老因飞为流星上入昴。二月辛丑，昧明礼备，至于日昃，荣光出河，休气四塞，白云起，回风摇，乃有龙马衔甲，赤文绿色，缘坛而上，吐《甲图》而去。甲似龟，背广九尺，其图以白玉为检，赤玉为柙，泥以黄金，约以青绳，检文曰：'闿色授帝舜。'言虞夏当受天命。帝乃写其言，藏于东序。后二年二月仲辛，率群臣东沈璧于洛，礼毕退俟，至于下昃，赤光起，元龟负书而出，背甲赤文成字，止于坛。其书言当禅舜，遂让舜。"[93]这还没完，按照《史记》等，最后的典礼要在再一年的"正月上日"在"文祖"当中进行。尧禅位于舜的仪式是一个相当复杂的过程。大致说来，先是在黄河与洛河的交汇处修筑丘坛，择良日，尧率舜等登上首山，从首山沿黄河东向至仪式举行地点，在获得神灵对仪式的肯定后，选择吉日举行典礼，在获得上天的充分回应后，将所得《甲图》收藏起来。两年后又到河洛行礼，得上天再次肯定，礼仪告一段落，俟至次年正月才在明堂行正式的禅让大礼。首山在今灵宝，是标识黄河进入崤山的要地，与灵宝西坡诸遗址以及战略要地函谷关一区，黄帝正是据此与炎帝争雄。黄河与洛河交汇处是上天确认人间权力正当性的关键场合，也是巩义双槐树、稍柴诸遗址之所在。《史记》提到的"文祖"即明堂。在郑洛一线的设围基址中，只有郑州大河村遗址自黄帝确立"中国"一直使用至进入夏代积年，表明其为黄帝一族必不可少的传统祭祀地段。大河村遗址首与颍河相关，而颍河是黄帝一族成长的起点，黄帝后人举行最重要典礼的明堂理应在此。这样由首山而河洛再明堂的过程，正是对黄帝一族获得成功的历史过程的追溯，对于黄帝一族的首领来说，当然也是入主"中国"的正确方式。整个礼仪过程将黄河入山口、黄河出山口和东亚大平原的起点联系起来，对于帝尧，这是对先人的辉煌业绩的展示，对于帝舜，这是一次历史教育，对于今人，则是郑洛一线地位特殊的证明。

黄帝和帝尧举行仪式都涉及的洛河与黄河的交汇点，从空间控制的角度看，这是实体性"中国"战略价值的某种标识。可是，情况似乎不止于此，如果将河洛交汇之处作为起点，按照《尚书·禹贡》五服之说对东亚大陆腹地空间进行层次划分，会有一系列让人们惊异的结果。

公元前 1900 年左右，黄河再次改道，由在郑州以下东南流夺淮入黄海，改为在郑州以下东北流经河北流入渤海。《尚书·禹贡》中提到"东河"，即郑州以下东北流向的黄河，表明了《尚书·禹贡》完成时这次改道已经发生。按照《史记》等，《尚书·禹贡》是大禹奉帝舜之命进行工作的成果。据此或可认为《尚书·禹贡》的形成经历了一个相当长的过程。考虑其开始的时间，这里把对《尚书·禹贡》的讨论放在五帝时期。

《尚书·禹贡》的主要内容可以分为三个部分：一是九州的分划以及不同地区的贡献责任和进贡路线梳理，二是全域性交通框架的建构内容，三是"中央—边缘"结构的层级确认。

《尚书·禹贡》的第三部分"中央—边缘"结构层级确认与"中国"的中心性形式营造最为相关，故在此先行讨论。这部分的具体文字如下："令天子之国以外五百里甸服：百里赋纳总，二百里纳铚，三百里纳秸服，四百里粟，五百里米。甸服外五百里侯服：百里采，二百里任国，三百里诸侯。侯服外五百里绥服：三百里揆文教，二百里奋武卫。绥服外五百里要服：三百里夷，二百里蔡。要服外五百里荒服：三百里蛮，二百里流。"[94] 参考每服空间延展 500 里的做法，可以设定天子之国的尺寸为方千里。

这样《尚书·禹贡》就为人们提供了一个以天子之国为中心，各向以500里为单位等距延伸，包括六个层级，总尺寸方6000里的空间分层框架。

这个空间分层框架在实际环境上的具体落实，取决于一里的实际长度。古人以6尺为一步，300步为一里。所以里长决定于步长，步长决定于尺长。尺长的确定，最为朴素且实际的说法是"布手知尺"。也就是手掌的长度即为尺的长度。一般说，亚洲人成年男子的手长在20厘米左右。有研究者认为，周代一尺为19.7厘米[95]。这个尺寸接近20厘米，所以设想原始的时期人们以19.7厘米为一尺是合理的。如此，则一步约118厘米，一里为355米。

西安半坡与姜寨遗址、半坡和鱼化寨遗址之间距均约为18千米，以355米一里计，18千米约等于50里。西周的丰、镐之间距离10.8千米，汉长安和长陵之间距离10.6千米，以355米一里计，该距离约为30里。古人以30里为一舍，50里即100里的一半。以355米为一里对这些可能存在某种设计的距离进行丈量，其结果为节点性整数，应该表明这样的一里的确在相当长的时期得到了应用。仔细测量相互协同的设围基址之间的距离，其距离较近者，往往是这种"里"的30里的倍数，也可以为此证明。

《孙子兵法》在涉及行军时说："是故卷甲而趋，日夜不处，倍道兼行，百里而争利，则擒三将军，劲者先，疲者后，其法十一而至；五十里而争利，则蹶上将军，其法半至；三十里而争利，则三分之二至，是故军无辎重则亡、无粮食则亡、无委积则亡。"[96] 这里的"百里""五十里""三十里"当指一天的行程。以355米为一里，"百里""五十里"和"三十里"应约合今天的 35.5 千米、17.75 千米和 10.65 千米。如果士兵为轻装，一天行军 35.5 千米，只有十分之一的人能跟上队伍，不合常理。所以文中的"十一而至""半至"和"三分之二至"的对象只能是随军的辎重。《孙子兵法》在这段话的结尾部分说："无辎重则亡、无粮食则亡、无委积则亡。"正是指明了这种针对性。可见，行进的方式或速度在确认距离的远近上起着重要作用。半坡遗址和姜寨遗址是相互关联的祭祀地段，长安中有高庙，汉高祖的祭祀要在长陵与高庙之间巡游。为使礼仪活动按预定的时间展开，这种地点之间的联系要考虑祭祀仪仗队列的行进速度。考虑古人进行仪式的常规，可以认为长陵与高庙之间的距离为仪仗小半天的路程，半坡遗址与姜寨遗址之间的距离为仪仗大半天的路程：一个凌晨出发，晌午到达；一个凌晨出发，中午过后到达。

确定了一里为 355 米，以河洛交汇点为原点进行五服界限的空间落实，那么就会发现，王畿的东界与开封以东济水转折处相关，南界正过华山南坡（华阳）的尽端，西界正值函谷关一线，北界与通达安阳、濮阳的漳河的源头地重叠；甸服的东界则正过泰山与济水相夹之最窄处和鄱阳湖东缘，南界抵大别山北缘，将溳水、沮漳河源头地包括在内，西界与泾河、渭河的交汇点对应，北界正当汾河出山口；而侯服东界正当泰山东麓，与丸山及尧王城遗址对应，南界抵达澧阳平原北缘，与长江出山口相关，西界正当渭河出山口，与汧渭之会和西北战略重镇银川对应，北界大致与黄河西河段长城豁口及恒山一线重叠；绥服的东界与钱塘江入海口照应，南界恰过洞庭湖南缘，西界将出现过大地湾遗址的葫芦河流域正好包括在内，北界则正落在西辽河重要支流老哈河源头地；要服的东界将东亚大陆腹地陆地的最东端包括在内，南界大致在南岳衡山一线，与湘江和衡山相夹处相关，西界正当岷江一线，北界则贯穿过辽河平原中央；荒服北界将西辽河平原完整包括在内，西界将四川盆地全部划入，南界正当南岭中线，在此可以俯瞰西江流域。于是，以人体为基础的尺度单位，以500里为基础，进行五服划分的结果，使得"中国"成为了一个由"神明之隩"系统支持的整体，这当然会极大地提振"中国"的经营者对于"中国"的信心，相信河洛之地为"天地之所合也，四时之所交也，风雨之所会也，阴阳之所和也"[97]的神异场所。

由以355米为一里，以河洛交点为起点，以500里为模数，对东亚大陆腹地进行层级区划的结果与高等级的"神明之隩"的系统对应看，或者实际上的"里"长的确定还有另外辅助的途径。这一途径应该基于对东亚大陆腹地空间控制系统的全面认知，通过将一系列的"神明之隩"与河洛交汇处间距的系统比较后达成。如果这样，大地丈量尺度的确定，就既是对所处环境内在秘密的揭示，也是对"中国"神圣性的证明。

后世因为社会变迁，度量系统更替，交通方式改变，以至于《周礼》的作者已经不知道认定洛阳为天下之中的实际依据，主张："以土圭之法测土深，正日景以求地中。日南则景短，多暑；日北则景长，多寒；日东则景夕，多风；日西则景朝，多阴。日至之景，尺有五寸，谓之地中。"[98]"景"即"影"，"至"指夏至。以"八尺之表"夏至日正午时投在圭面上的影长"尺有五寸"来指认洛阳为地中，从根本上说，是将地中硬性地与洛阳绑定。

五服的区划，只是"中国"建构的一个方面，真实的"中国"的实现要靠不同部分之间的交通往还和边缘对中央责任的落实来体现，《尚书·禹贡》的第一部分，针对的就是责任空间划分和各部与中央交通关系的梳理。

《尚书》说，舜"肇十有二州"[99]，似乎在现在看到的《尚书·禹贡》写成以前，还有另外一个版本。从《尚书·禹贡》所述看，责任空间的划定并不是一件简单的事情，而是一项包括了大量调查、分析和总结的复杂的工作。之所以在立十二州后，又花费心力划置九州，黄河改道造成大尺度空间控制条件变化应该是主要原因。

《史记·夏本纪》引《禹贡》说："禹行自冀州始。冀州：既载壶口，治梁及岐。既修太原，至于岳阳。覃怀致功，至于衡漳。其土白壤。赋上上错，田中中，常、卫既从，大陆既为。鸟夷皮服。夹右碣石，入于海。济、河维沇州：九河既道，雷夏既泽，雍、沮会同，桑土既蚕，于是民得下丘居土。其土黑坟，草繇木条。田中下，赋贞，作十有三年乃同。其贡漆丝，其篚织文。浮于济、漯，通于河。海岱维青州：堣夷既略，潍、淄其道。其土白坟，海滨广潟，厥田斥卤。田上下，赋中上。厥贡盐絺，海物维错，岱畎丝、枲、铅、松、怪石，莱夷为牧，其篚檿丝。浮于汶，通于济。海岱及淮维徐州：淮、沂其治，蒙、羽其艺。大野既都，东原底平。其土赤埴坟，草木渐包。其田上中，赋中中。贡维土五色，羽畎夏狄，峄阳孤桐，泗滨浮磬，淮夷蚌珠臮鱼，其篚玄纤缟。浮于淮、泗，通于河。淮海维扬州：彭蠡既都，阳鸟所居。三江既入，震泽致定。竹箭既布。其草惟夭，其木惟乔，其土涂泥。田下下，赋下上上杂。贡金三品，瑶、琨、竹箭，齿、革、羽、旄，岛夷卉服，其篚织贝，其包橘、柚锡贡。均江海，通淮、泗。荆及衡阳维荆州：江、汉朝宗于海。九江甚中，沱、涔已道，云土、梦为治。其土涂泥。田下中，赋上下。贡羽、旄、齿、革，金三品，杶、榦、栝、柏，砺、砥、砮、丹，维箘簬、楛，三国致贡其名，包匦菁茅，其篚玄纁玑组，九江入赐大龟。浮于江、沱、涔、汉，逾于雒，至于南河。荆河惟豫州：伊、雒、瀍、涧既入于河，荥播既都，道菏泽，被明都。其土壤，下土坟垆。田中上，赋杂上中。贡漆、丝、绨、纻，其篚纤絮，锡贡磬错。浮于雒，达于河。华阳黑水惟梁州：汶、嶓既艺，沱、涔既道，蔡、蒙旅平，和夷厎绩。其土青骊。田下上，赋下中三错。贡璆、铁、银、镂、砮、磬，熊、罴、狐、狸、织皮。西倾因桓是来，浮于潜，逾于沔，入于渭，乱于河。黑水西河惟雍州：弱水既西，泾属渭汭。漆、沮既从，沣水所同。荆、岐已旅，终南、敦物至于鸟鼠。原隰厎绩，至于都野。三危既度，三苗大序。其土黄壤。田上上，赋中下。贡璆、琳、琅玕。浮于积石，至于龙门西河，会于渭汭。织皮昆仑、析支、渠搜、西戎是序。"[100]

"禹行自冀州始"，意味着当时的行政中心在冀州，表明相应的工作应该起始于帝舜之时。以"夹右碣石，入于海"为依据，可以断定冀州的东界是进入夏代后的东北向入海的黄河。将不同时间的现象无碍地置于一处，说明《禹贡》所面对的不是简单的自然，而是神圣的秩序。与一般认为冀州在黄河西河与东北流黄河之间不同，《尚书·禹贡》说，"既载壶口，治梁及岐"，指明当时冀州的西部应包括陕西的一部分，最西处甚至可以延至宝鸡一线。由考古遗址的分布看，这样的区划是要将西河西侧的与石峁遗址、芦山峁遗址这些设围基址对应的人群活动范围划入冀州，从而在一定水平上强化行政中心的统辖能力和重心地位。冀州的南部大致以黄河为界是没有问题的，"既修太原，至于岳阳"更加明确了这一点。岳，只能是指太行山，"岳阳"当指太行山以南。按照谷永、班固等人的说法，舜时的冀州北界大致在今保定一线，在保定以北，还有幽州、并州和营州。幽州之地南起于保定，北至于燕山南麓，并州之地与山西北部及内蒙古相关，营州则在燕山以北，涉及西辽河平原等。在黄河夺淮入海时，这些地区作为祝融、蚩尤旧地，族群构成复杂且位于冀州上游，对该地区进行细致的分划，减缩其综合实力以利于管控是较好的选择，但是黄河改道，东北向的黄河下游河段使得冀、幽、营三州更为紧密地联系在一起，因为可以利用燕山转过来压制并州，使其上游地位不那么凸显。从提升冀州实力的角度着眼，将此三州统统归入冀州自有其道理。

冀州的范围确定后，其他各州范围的确定就相对容易。沇州在黄河与济水之间。青州包括泰沂山系北半及胶东半岛大部。徐州涉及沂山、大海及淮河。将泰沂山系一分为二，分别为青州和徐州，包含着将势力强大的环泰沂山系人群分划以利于治理的内容，当然也与这里的人群本来就为来源不尽相同的两部分相关。淮河以南与大海相关的巨大区域是扬州，扬州之所以巨大，缘由在于相关地域大部仍处于"荒蛮"状态。荆州的起点是荆山，荆山在华阳以下，这种安排似乎考虑了中原对此地的管控方便。荆山与黄河之间是豫州。不把豫州并入冀州，应该是为了保证神圣空间的独立。考虑历史及空间管控需要，豫州与徐州之间应以泗河为界，其西南侧应该涵盖部分丹江口地区，否则其神圣性就会遭到削弱。梁州以华山之阳丹江口一线为东界，西边到达岷江一线，将丹江口与岷江归入一围，使通过长江上游，经华阳一线压制江汉平原的空间的连续性得到保证。由于渭河以北、晋陕峡谷以西的诸多地段属冀州，所以雍州相当偏远，好在有黄河，其与冀州的联系并不麻烦。"荆、岐已旅"中的荆，当指荆山。这样，大禹所划九州中有三个，即豫州、梁州、雍州与华阳—丹江口地区相关。这既与当时的政治军事形势直接对应，也提示统一的中国的建构有赖于蒙晋陕三角区、关中、郑洛一线及江汉平原一体化。将华阳一区分作三份，一旦江汉平原有事，位于上游的梁州、雍州和豫州有机会联合起来对之施压，这当然有利于完整"中国"的确立（图3-3-1）。

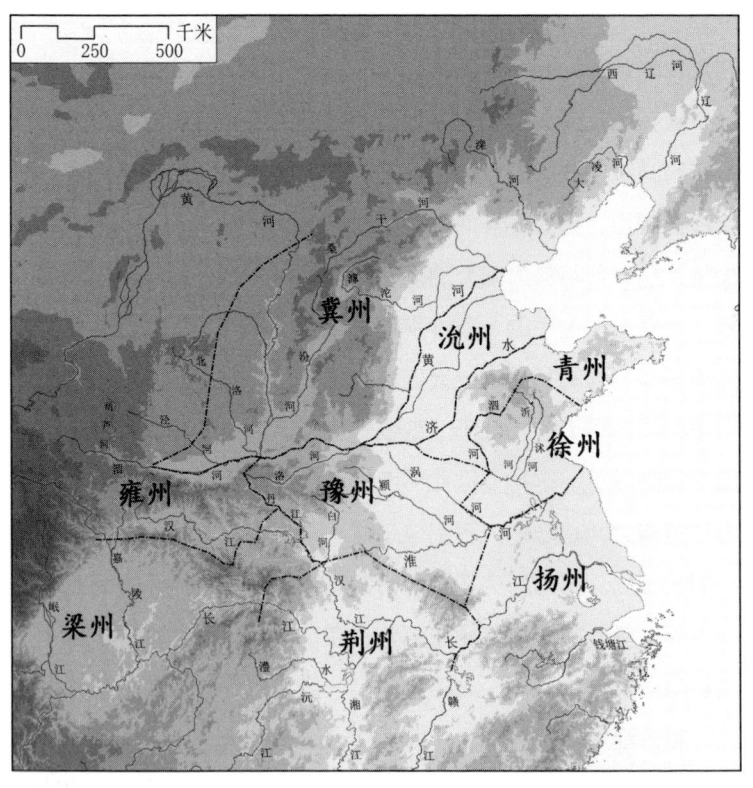

图3-3-1 《尚书·禹贡》九州区划示意[底图依据SRTM高程数据和全国地理信息资源目录服务系统（www.webmap.cn）的水系数据绘制]

九州的划分不仅考虑了地理、历史条件，而且充分考虑了管控需求，所以各州的尺寸差别巨大。

东亚大陆腹地舟船发明得很早，即使是北方也是同样。不过现有考古材料涉及的上古船只都是小船，很难作为长距离的大量货物运输的工具。水运有量大价廉的特点，在多数时候，水运都是一个高效的选择。在九州的划分中，中长程河流往往作为重要的分界线本身，就已说明长距离水运已经占据重要的地位，可见造船的技术此时应该已经达到了一个较高的水平。由具体的叙述看，《尚书·禹贡》表达得再清楚不过的是当时的大宗货物运输是以水路为主的。除了冀州，每一州都先给出大致的边界，然后介绍内部主要通道、耕地等第、主要贡品，最后介绍其与黄河联系的通道。由于以冀州为进贡的目的地，冀州三面有河，进入了黄河也就连上了冀州。在行政中心设在冀州的情况下，这里应该集中了大量的人口，特别是核心部分，人口密度应该较高，需要外来物资补充。进贡应该在相当程度上是要满足这种集聚产生的要求，所以相应的运输可以视作后世漕运的先声。

交通网络是空间控制的基础。《尚书·禹贡》第二部分涉及交通网络的完善，其文字如下："道九山：汧及岐至于荆山，逾于河；壶口、雷首至于太岳；砥柱、析城至于王屋；太行、常山至于碣石，入于海；西倾、朱圉、鸟鼠至于太华；熊耳、外方、桐柏至于负尾；道嶓冢，至于荆山；内方至于大别；汶山之阳至衡山，过九江，至于敷浅原。""道九川：弱水至于合黎，馀波入于流沙。道黑水，至于三危，入于南海。道河积石，至于龙门，南至华阴，东至砥柱，又东至于盟津，东过洛汭，至于大邳，北过降水，至于大陆，北播为九河，同为逆河，入于海。嶓冢道漾，东流为汉，又东为苍浪之水，过三澨，入于大别，南入于江，东汇泽为彭蠡，东为北江，入于海。汶山道江，东别为沱，又东至于醴，过九江，至于东陵，东迤北会于汇，东为中江，入于梅。道沇水，东为济，入于河，泆为荥，东出陶丘北，又东至于荷，又东北会于汶，又东北入于海。道淮自桐柏，东会于泗、沂，东入于海。道渭自鸟鼠同穴，东会于沣，又东北至于泾，东过漆、沮，入于河。道雒自熊耳，东北会于涧、瀍，又东会于伊，东北入于河。"[101]

　　山是河流源头的汇集之地。在以河道为主的情况下，"道九山"的目的是在水网不能满足通达的要求时在山区进行道路设置，建立河道之间的联系，对以河道为主体的交通网络进行完善。这里需要特别提及的是，《尚书·禹贡》所述之九条通道中有五条与华阳一线相关。再一次强调了通过华阳将长江流域与黄河流域联系在一起对于当时东亚大陆腹地整体空间控制的重要性。从考古遗存的情况看，由洛河经华阳到江汉平原的通道在旧石器时代已经成立。在某种意义上说，这条通道的维护、构造不仅具有交通意义，而且具有特殊的文化内容。这九条道路中，最长的是最后一条，这条路由四川盆地西侧开始，北向后进入大巴山，穿过华阳一线，过大别山、过九江沿罗霄山到达衡山。该道路西段将四川盆地、关中地区及河洛一线连在一起，该道路的东段则将江汉平原、鄱阳湖平原及钱塘江流域连在一起，最终将落脚点放在衡山，构造了西段在上、东段在下的概念，使西段沿线的人们可以从多个方向进入长江中下游，为尺寸巨大的荆州和扬州的管控创造了条件。

　　川就是河道。河道不会自然地构成一个与当时人类活动要求高度吻合的网络，将一些薄弱的地方予以补强，使之与实际的交通要求更加匹配就是"道九川"的目标。从内容上看，"道九山"的工作是网络的架构，"道九川"主要涉及网络的加强，所以将"道九山"放在前面有其道理。在本书看来，九川中最为引人瞩目的是由弱水至流沙的通道。起自张掖，西北向流入沙漠的弱水的一部已处在五服之外。它的存在不仅强调了中原地区与西域的联系，并且表明《尚书·禹贡》的作者并不以为五服以外再无天地。

《尚书·禹贡》的叙述表明，在公元前2100年至公元前1900年之间，人们进行了大尺度的山河秩序整治。力图通过空间划分、强化各部分的交通联系、确认边缘对中央的责任、明确行政及经济单元管控的条件，来确保实体性大规模的"中国"的实现。

这一点，似乎在《尚书·禹贡》的开篇已经说明。不过，似乎西周的《豳公盨》铭文的表达稍有不同。在《豳公盨》中，"随山刊木，奠高山大川"变成了"陟山濬川，迺刊方设征"[102]。应该看到，"疏浚河道"不仅是实现更有力的空间管控的手段，并且还有减少水患，为提高农田灌溉水平提供条件，拓展农耕生活空间的价值。而这些，对于普通的民众来说，正是最值得感念的内容。

由前面叙述可见，泰山、华山等在"中国"的塑造中起着特殊的作用。泰山和华山都称"岳"，从古人地理认知的角度切入，所谓岳，应是在空间控制和"中国"塑造上具有重要作用的山系的标识性单元。

"岳"的甲骨文作"山"[103]，与大汶口文化晚期所见陶文"山"相似[104]（图3-3-2），或可推想岳的概念来自山东，甚至是基于对泰山的认识。作此推想的缘由首先在于泰山独立于东亚

| 陵阳河遗址 | 于庄遗址 | 尉迟寺遗址 |

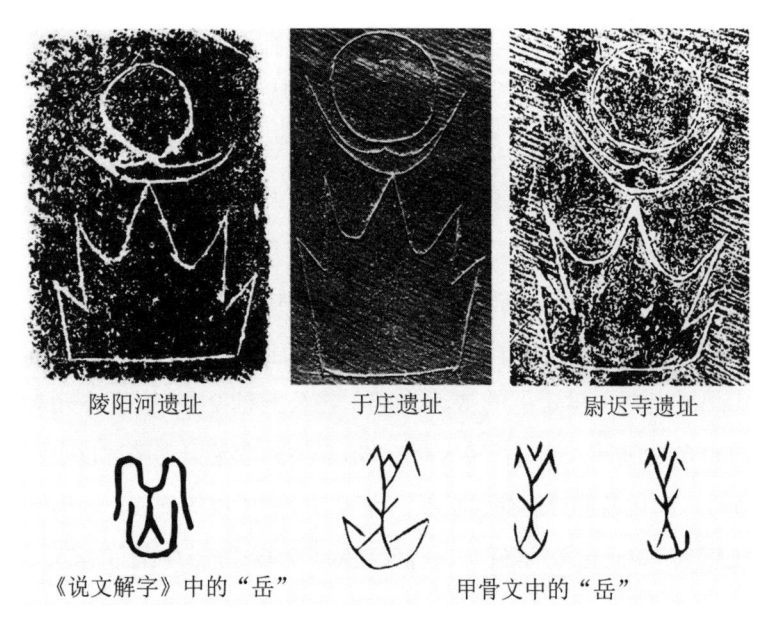

《说文解字》中的"岳"　　　甲骨文中的"岳"

图 3-3-2　大汶口文化晚期陶文及古文中的"岳"字（据《太昊氏与少昊氏的考古学探索——从宁阳于庄发现的大汶口文化陶文说起》《甲骨文字典》改绘）

大平原中部，与东亚大陆最重要的"神明之隩"遥相呼应，本身又是一系列重要的"神明之隩"的造就者，它标志着东亚大陆腹地空间控制主线的存在；是实施东亚大平原空间控制的要点。其次，泰山在旧石器时代就是人口繁盛之地，历史上的两次黄河改道，由于泰山周边地形隆起，减少了环泰山地区的人群的损失，拯救了不少的生命。再次，据守泰山及相关山体与济水和大海所成之狭窄孔道可以有效地限制泰山以西人群进入胶东半岛，靠着泰山，范围足够广阔的胶东半岛成为安定之地。所以，泰山在环泰山地区活动的乃至更大范围的人群那里具有特殊地位，为了表达对它的重视，人们专创"岳"字对之进行表彰，十分必要。其他的在"中国"塑造上占据特殊地位的山峦被称作"岳",实际上是将之归为泰山一类的结果,因而泰山也就顺理成章地成为五岳之首。

与泰山相关的主要神灵的主要职司,如东岳大帝的作用为保境安民,碧霞元君的作用为送子佑众,泰山石敢当用于抗阻外来侵犯,正是泰山在东亚大陆腹地早期历史上所起作用在不同层位的折射。

从考古遗存看,泰山因其特殊的地位,在旧石器时代已经为在东亚大陆腹地活动的人群所特别关注,新石器时代又成为华夏一族的重要支系少昊的领地。作为立足于郑洛一线的权力单位与东亚大陆腹地其他人群博弈的支持力量,其在"中国"的塑造上具有特殊的作用。对于立足于郑洛一线的统治者来说,获得环泰山地区人群的支持是一项重要的政治资源,因此造就了通过"封禅"这种独特的仪式来确认环泰山地区人群的支持和自己统治正当的做法。《韩非子·十过》说:"黄帝合鬼神于西泰山之上。"[105]说的正是黄帝通过祭祀众多族群的神明以获得支持。

恒山北有桑干河,南有滹沱河,对于黄河流域的权力单位来说,恒山周边地区是控制东亚大平原北部,防止北方异文化族群南下的特殊场合。控制恒山一区,有助于保障黄河中下游地区的安定。另外,恒山又是实现燕山南北沟通的空间的标识,女娲、伏羲正是由此进入黄河中游地区,并最终实现了宏大的"中国"的构造。《千字文》说"岳宗恒岱",把恒山排在泰山之前,表明了华夏文明主导人群曾经特别地强调恒山的重要性。

华山与西河、汉江、渭河、洛河相关,既是郑洛一线和关中地区人群系统应对顺西河而下的冲击的要点,又是联系关中与河洛地区形成控制黄河中游地区统一体的重要依凭，还是实现黄河流域对长江流域战略压制的根据。作为多个方向沟通和博弈关键场所的标识，将华山作为五岳之一，确是理所当然。

嵩山与黄河、伊河、伊洛河以及淮河的多条支流相关，既在控制黄淮平原、压制淮河地区及长江中下游地区上扮演重要角色，又是在淮河上游活动的人群转向黄河一线实现空间控制层级跃升的关键场所。作为郑洛一线这一神圣空间的景观标识物，实体"中国"的创造者、成长的见证者，它被华夏一族特别地关注也在情理之中。

衡山与湘江相夹形成了十分特殊的"神明之隩"，它不仅是顺湘江向北进入长江流域的要点，更是中原地区人群据此突破南岭的限制进入岭南的要点。颛顼巡狩南至于湘江和漓江共同源头地交趾，应该意味着衡山的价值已经为黄河流域人群所确知，特殊的空间控制价值和悠久的文化支持，使得衡山成为"岳"的一员。

或者可以说"岳"是在中原地区占主导地位的族群的生存上具有特殊地位的山体。从自然的条件看，太行山是漳河、汾河、滹沱河的发源地，并且在商代后期，是阻止西北方人群侵袭，掩护殷人首都的突出屏障，所以在殷人那里，它就有机会被视作"岳"[106]。

《尚书·舜典》提及的帝舜南巡狩所至的南岳为何，古人有不同说法。有人以为是衡山，也有人以为是霍山。孙星衍疏《尚书大传》云："霍山一说在今安徽潜山县，一说在今安徽霍丘县，未知孰是。"[107]霍邱县并无与高等级"神明之隩"相关的山体。潜山县之霍山，正当赣江汇入长江之处和长江安庆处的曲折点，又与安徽怀宁张四墩类型的孙家城设围基址所在相近。在江汉平原与环太湖地区同时有强势族群活动时，被中原统治者认作南巡的目的地确有可能。帝舜南巡时，良渚文化已经退出历史舞台，石家河文化人群尚有一定势力，潜山县之霍山位于石家河设围基址群的下游，据此不足以震慑江汉平原，因而很难为已经对江汉地区取得一定胜利的中原势力认作南岳。帝舜南巡狩所至之南岳，应为衡山。控制衡山一区不仅可以同时压制江汉平原和赣江流域，并且昭示着颛顼盛业的恢复，与当时的军政大势呼应。

"五岳"的地理位置特殊，在东亚大陆腹地的空间塑造上起着突出的作用，上古时权力中心位于"中国"的人群对其涉及地区进行特殊的管控是"中国"塑造的要求。《尚书》提到的尧时就设有"四岳"的官职。从当时的权力空间的构成看，"四岳"的管理对象，应是泰山、华山、恒山和嵩山地区。不将衡山计入，是因为当时江汉平原还存在强势的异己势力，中原权力的管控范围应该难以达至湘江中、上游地区。

注　释

[1] 案板、杨官寨、北刘、古城村、冢洼、西坡、庙底沟、三里桥遗址的资料详见许宏：《先秦城邑考古》，北京：西苑出版社、金城出版社，2017年，第48—51页。北阳平、五帝、人马寨—窑头、仰韶村遗址的资料详见魏兴涛等：《河南三门峡市仰韶文化遗址考古勘探取得重要成果》，《中国文物报》2020年4月3日。

[2] 内蒙古自治区文物考古研究所：《翁牛特旗二道窝铺遗址发掘简报》，《内蒙古文物考古文集》第4辑，北京：科学出版社，2013年。

[3] 司马迁：《史记》（第四册），北京：中华书局，1959 年，第 1394 页。

[4] 七家和西台遗址的资料详见：赤峰市博物馆、敖汉旗博物馆：《赤峰市敖汉旗七家红山文化遗址发掘报告》，《草原文物》2015 年第 1 期。刘国祥：《红山文化研究》，北京：科学出版社，2015 年，第 178—181 页。

[5] 阴湘城遗址的资料详见许宏：《先秦城邑考古》，北京：西苑出版社、金城出版社，2017 年，第 51 页。走马岭资料详见武汉大学历史学院考古系、石首市走马岭考古遗址公园管理所：《湖北石首市走马岭新石器时代城址的发掘》，《考古》2018 年第 9 期。龙嘴遗址的资料详见湖北省文物考古研究所、天门市博物馆：《天门龙嘴》，北京：科学出版社，2015 年。

[6] 凌家滩遗址的资料详见王虎：《含山县凌家滩遗址保护规划研究》，合肥：安徽建筑大学硕士学位论文，2019 年。

[7] 司马迁：《史记》（第一册），北京：中华书局，1959 年，第 3 页。

[8] 仰韶文化晚期仰韶文化相关遗址的资料和讨论详见王鲁民、范沛沛：《祭祀与疆域：中国上古空间考古六题》，郑州：大象出版社，2021 年，第三章。

[9] 司马迁：《史记》（第一册），北京：中华书局，1959 年，第 6 页。

[10] 司马迁：《史记》（第一册），北京：中华书局，1959 年，第 2 页。

[11] 王国维撰，黄永年校点：《古本竹书纪年辑校·今本竹书纪年疏证》，沈阳：辽宁教育出版社，1997 年，第 41、42 页。

[12] 刘向辑，王逸注，洪兴祖补注：《楚辞》，上海：上海古籍出版社，2015 年，第 160 页。

[13] 李民、王健：《尚书译注》，上海：上海古籍出版社，2004 年，第 13 页。

[14] 司马迁：《史记》（第四册），北京：中华书局，1959 年，第 1291 页。

[15] 梁法伟：《河南淅川龙山岗仰韶时代晚期城址发掘收获》，《中国文物报》2013 年 3 月 29 日。

[16] 三元宫、谭家岭遗址的资料分别详见：湖南省博物馆：《澧县梦溪三元宫遗址》，《考古学报》1979 年第 4 期。湖北省文物考古研究所、北京大学考古文博学院、天门市博物馆：《湖北天门石家河谭家岭城址 2015～2016 年发掘简报》，《江汉考古》2017 年第 5 期。

[17] 鸡叫城、屈家岭遗址群、凤凰咀遗址的资料详见：郭伟民：《新石器时代澧阳平原与汉东地区的文化和社会》，北京：文物出版社，2010 年，第 173—176 页。湖北省文物考古研究所、荆门市博物馆、屈家岭遗址管

理处：《湖北荆门市屈家岭遗址 2015～2017 年发掘简报》，《考古》2019 年第 3 期。向其芳：《襄阳凤凰咀城址的确认与意义》，《中国文物报》2019 年 8 月 9 日。

[18] 李政：《青城墩遗址考古成果论证会在常州召开》，《中国文物报》2019 年 10 月 15 日。

[19] 良渚文化设围遗址的资料及相关讨论详见王鲁民、范沛沛：《祭祀与疆域：中国上古空间考古六题》，郑州：大象出版社，2021 年，第四章。

[20] 安徽省文物考古研究所、萧县博物馆：《安徽萧县金寨新石器时代遗址西区 2016 年发掘简报》，《东南文化》2020 年第 3 期。安徽省文物考古研究所、萧县博物馆：《安徽萧县金寨新石器时代遗址北区 2017 年发掘简报》，《东南文化》2020 年第 3 期。

[21] 那斯台、兴隆沟第二地点、刘家屯、小东山遗址的资料详见：巴林右旗博物馆：《内蒙古巴林右旗那斯台遗址调查》，《考古》1987 年第 6 期。中国社会科学院考古研究所内蒙古第一工作队：《内蒙古赤峰市兴隆沟聚落遗址 2002～2003 年的发掘》，《考古》2004 年第 7 期。邵国田：《概述敖汉旗的红山文化遗址分布》，《中国北方古代文化国际学术研讨会论文集》，北京：中国文史出版社，1995 年，第 97—102 页。刘国祥：《红山文化研究》，北京：科学出版社，2015 年，第 202—207 页。

[22] 刘国祥：《红山文化研究》，北京：科学出版社，2015 年，第 169—178 页。

[23] 刘国祥：《红山文化研究》，北京：科学出版社，2015 年，第 219—312 页。

[24] 王墓山坡中和大坝沟遗址的资料详见：内蒙古文物考古研究所、北京大学中国考古学研究中心"聚落演变与早期文明"课题组：《岱海考古（三）：仰韶文化遗址发掘报告集》，北京：科学出版社，2003 年，第 150—165 页。内蒙古文物考古研究所：《庙子沟与大坝沟：新石器时代聚落遗址发掘报告》，北京：中国大百科全书出版社，2003 年，第 274—530 页。

[25] 司马迁：《史记》（第一册），北京：中华书局，1959 年，第 3 页。

[26] 国家文物局：《2021 年"考古中国"重大项目重要进展工作会（实录）》，"国家文物局"微信公众号，2021 年 12 月 2 日。

[27] 司马迁：《史记》（第一册），北京：中华书局，1959 年，第 6 页。

[28] 王鲁民、范沛沛：《祭祀与疆域：中国上古空间考古六题》，郑州：

大象出版社，2021年，第100页。

[29] 司马迁：《史记》（第一册），北京：中华书局，1959年，第3页。

[30] 司马迁：《史记》（第四册），北京：中华书局，1959年，第1359页。

[31] 刘莉、陈星灿：《中国考古学：旧石器时代晚期到早期青铜时代》，北京：生活·读书·新知三联书店，2017年，第193页。

[32] 阿善文化设围基址的资料详见许宏：《先秦城邑考古》，北京：西苑出版社、金城出版社，2017年，第69—72页。

[33] 刘莉、陈星灿：《中国考古学：旧石器时代晚期到早期青铜时代》，北京：生活·读书·新知三联书店，2017年，第185页。

[34] 包头市文物管理所：《内蒙古大青山西段新石器时代遗址》，《考古》1986年第6期。

[35] 司马迁：《史记》（第一册），北京：中华书局，1959年，第10页。

[36] 七星墩遗址的资料详见湖南省文物考古研究所：《湖南华容县七星墩遗址2018年调查、勘探和发掘简报》，《考古》2021年第2期。卢保山遗址的资料详见何赞、余晓福：《湖南南县卢保山遗址发现湖南第四座史前城址》，《中国文物报》2020年3月6日。

[37] 《周礼·春官·大司乐》："夏日至，于泽中之方丘奏之"，贾公彦疏："因下以事地，故于泽中。"

[38] 山东大学考古学与博物馆学系、济南市章丘区城子崖遗址博物馆：《济南市章丘区焦家新石器时代遗址》，《考古》2018年第7期。

[39] 徐元诰撰，王树民、沈长云点校：《国语集解》，北京：中华书局，2002年，第514—515页。

[40] 孙星衍撰，陈抗、盛冬玲点校：《尚书今古文注疏》，北京：中华书局，1986年，第519—523页。

[41] 寨峁、后寨子峁、青龙山、寨山、金山寨、白崖沟等遗址的资料详见许宏：《先秦城邑考古》，北京：西苑出版社、金城出版社，2017年，第73—74页。

[42] 王国维撰，黄永年校点：《古本竹书纪年辑校·今本竹书纪年疏证》，沈阳：辽宁教育出版社，1997年，第41页。

[43] 岗上遗址的资料详见孙启锐：《滕州岗上遗址考古勘探》，《山东省文物考古研究院2019年度田野工作汇报会（上）》，"山东考古"微信公众号，2020年1月23日。建新遗址的资料详见山东省文物考古研究院：《枣

庄建新遗址考古勘探报告》，《海岱考古》（第十辑），北京：科学出版社，2017年。尉迟寺、刘堌堆、赵庄、尧王城及后文涉及的垓下、南城孜、丹土等遗址的资料及大汶口文化晚期遗址系统的相关讨论参见王鲁民、范沛沛：《祭祀与疆域：中国上古空间考古六题》，郑州：大象出版社，2021年，第146—178页。

[44] 刘莉、陈星灿：《中国考古学：旧石器时代晚期到早期青铜时代》，北京：生活·读书·新知三联书店，2017年，第198页。

[45] 司马迁：《史记》（第一册），北京：中华书局，1959年，第11—12页。

[46] 黄土岗、王古溜、杨家嘴、叶家庙、门板湾、陶家湖、笑城以及后文提到的马家院、城河城、鸡鸣城、青河城等屈家岭文化、石家河文化设围基址的资料可参考许宏：《先秦城邑考古》，北京：西苑出版社、金城出版社，2017年，第78—86页。

[47] 石家河城址的资料可见湖北省文物考古研究所、北京大学考古文博学院、天门市博物馆：《湖北天门市石家河遗址2014~2016年的勘探与发掘》，《考古》2017年第7期。

[48] 有关黄河河道变迁的讨论参见王青：《试论史前黄河下游的改道与古文化的发展》，《中原文物》1993年第4期。Pauline Sebillaud（史宝琳）：《中原地区公元前三千纪下半叶和公元前两千纪的聚落分布研究》，长春：吉林大学博士学位论文，2014年，第143页。

[49] 司马迁：《史记》（第一册），北京：中华书局，1959年，第13页。

[50] 司马迁：《史记》（第一册），北京：中华书局，1959年，第12页。

[51] 王国维撰，黄永年校点：《古本竹书纪年辑校·今本竹书纪年疏证》，沈阳：辽宁教育出版社，1997年，第42页。

[52] 王国维撰，黄永年校点：《古本竹书纪年辑校·今本竹书纪年疏证》，沈阳：辽宁教育出版社，1997年，第42页。

[53] 司马迁：《史记》（第一册），北京：中华书局，1959年，第13—14页。

[54] 宝墩文化设围基址的资料可参考：许宏：《先秦城邑考古》，北京：西苑出版社、金城出版社，2017年，第128—132页。成都文物考古研究所、崇州市文物管理所：《崇州市紫竹古城调查、试掘简报》，《成都考古发现》，2014年。

[55] 有关张四墩文化和孙家城遗址的资料详见：朔知：《皖西南新石器时代文化的变迁》，《南方文物》2006年第2期。朔知、金晓春：《安徽怀

宁孙家城遗址发现新石器时代城址》，《中国文物报》2008年2月15日。
张东：《江淮走廊新石器时代晚期的聚落变迁》，《南方文物》2020年第6期。

[56] 洪河遗址的资料详见黑龙江省文物考古研究所：《黑龙江齐齐哈尔市洪河遗址》，《考古》2020年第7期。小拉哈遗址的资料详见黑龙江省文物考古研究所、吉林大学考古学系：《黑龙江肇源县小拉哈遗址发掘报告》，《考古学报》1998年第1期；赵宾福：《松嫩平原早期青铜文化的发现与认识》，《边疆考古研究》2002年第1辑。

[57] 后城咀的资料详见国家文物局：《聚焦新石器时代！"考古中国"公布4项重要考古成果》，"文博中国"微信公众号，2020年12月19日。大庙坡、板城、西白玉、老虎山、下塔、寨子上等老虎山文化遗址的资料详见许宏：《先秦城邑考古》，北京：西苑出版社、金城出版社，2017年，第93—98页。

[58] 韩建业：《老虎山文化的扩张与对外影响》，《中原文物》2007年第1期。

[59] 天峰坪遗址的资料详见王学涛：《山西黄河岸发现一座4500年前石寨》，《光明日报》2020年11月16日。林遮峪、兴隆寺、石擦擦山、崔家河遗址的资料详见许宏：《先秦城邑考古》，北京：西苑出版社、金城出版社，2017年，第93—98页。

[60] 司马迁：《史记》（第一册），北京：中华书局，1959年，第15页。

[61] 司马迁：《史记》（第一册），北京：中华书局，1959年，第14页。

[62] 黄怀信、张懋镕、田旭东撰，李学勤审定：《逸周书汇校集注》，上海：上海古籍出版社，1995年，第1033—1034页。

[63] 峪道河遗址的资料详见山西省考古研究所：《山西汾阳县峪道河遗址调查》，《考古》1983年第11期。

[64] 王国维撰，黄永年校点：《古本竹书纪年辑校·今本竹书纪年疏证》，沈阳：辽宁教育出版社，1997年，第43页。

[65] 司马迁：《史记》（第一册），北京：中华书局，1959年，第16—17页。

[66] 徐元诰撰，王树民、沈长云点校：《国语集解》，北京：中华书局，2002年，第516页。

[67] 石峁遗址、寨峁梁遗址和陶寺遗址的资料可见许宏：《先秦城邑考古》，北京：西苑出版社、金城出版社，2017年，第98—100、102—105页。陶寺遗址的资料可见何驽、高江涛：《薪火相传探尧都——陶寺遗址发掘与研

究四十年历史述略》，《南方文物》2018年第4期。芦山峁遗址的资料详见陕西省考古研究院、西北大学文化遗产学院、延安市文物研究所：《陕西延安市芦山峁新石器时代遗址》，《考古》2019年第7期。

[68]　《吕刑传》云："重即羲，黎即和。"《扬子法言》："羲近重，和近黎。"

[69]　何驽：《2010年陶寺遗址群聚落形态考古实践与理论收获》，《中国社会科学院古代文明研究中心通讯》2011年第21期。何驽：《陶寺文化谱系研究综论》，《古代文明》（第三卷），2004年。

[70]　仰韶村、稍柴、平粮台、禹会村的资料分别见：河南省文物考古研究院、三门峡市文物考古研究所、渑池县文化广电和旅游局：《河南渑池县仰韶村遗址考古勘探报告》，《华夏考古》2020年第2期。顾万发：《文明之光：古都郑州探索与研究》，北京：科学出版社，2016年，第26—28页。河南省文物研究所、周口地区文化局文物科：《河南淮阳平粮台龙山文化城址试掘简报》，《文物》1983年第3期。马荣瑞：《禹会村龙山文化城址确认》，《光明日报》2020年11月26日。

[71]　刘莉、陈星灿：《中国考古学：旧石器时代晚期到早期青铜时代》，北京：生活·读书·新知三联书店，2017年，第252—253页。

[72]　邓槽沟梁遗址的资料可见赵战护：《草原新石器时代的新探索——冀蒙交界坝上地区新石器时代遗址考古发掘现场论证会纪要》，《中国文物报》2019年12月6日。唐雯雯：《中国北方地区史前城址研究》，石家庄：河北师范大学硕士学位论文，2019年，第80页。

[73]　海岱地区龙山文化遗址的资料详见许宏：《先秦城邑考古》，北京：西苑出版社、金城出版社，2017年，第116—128页。

[74]　中国社会科学院考古研究所山东队、中山大学人类学系、山东省文物考古研究院、日照市莒县博物馆：《山东莒县薄板台遗址的调查、勘探与试掘》，《考古》2019年第12期。

[75]　司马迁：《史记》（第一册），北京：中华书局，1959年，第20页。

[76]　司马迁：《史记》（第一册），北京：中华书局，1959年，第32—34页。

[77]　孟庄的资料详见河南省文物考古研究所：《辉县孟庄》，郑州：中州古籍出版社，2003年。

[78]　蒲城店、余庄、郝家台等遗址的资料分别详见：河南省文物考古研究所、平顶山市文物局：《河南平顶山蒲城店遗址发掘简报》，《文物》2008

年第 5 期。国家文物局：《五项"考古中国"重大项目成果有力推动夏文化和早期中国研究》，"国家文物局"微信公众号，2020 年 11 月 25 日。北京大学考古文博学院、河南省文物考古研究院、漯河市文物考古研究所：《河南漯河郝家台遗址 2015～2016 年田野考古主要收获》，《华夏考古》2017 年第 3 期。

[79] 司马迁：《史记》（第一册），北京：中华书局，1959 年，第 49 页。
[80] 庞乐、轩辕杨子：《考古明确西安太平遗址进入夏代纪年范围》，《西安日报》2021 年 10 月 9 日。
[81] 司马迁：《史记》（第一册），北京：中华书局，1959 年，第 24 页。
[82] 李民、王健：《尚书译注》，上海：上海古籍出版社，2004 年，第 49 页。
[83] 司马迁：《史记》（第一册），北京：中华书局，1959 年，第 82 页。
[84] 平高台、大杜庄的遗址资料详见许宏：《先秦城邑考古》，北京：西苑出版社、金城出版社，2017 年，第 107 页。
[85] 王国维撰，黄永年校点：《古本竹书纪年辑校·今本竹书纪年疏证》，沈阳：辽宁教育出版社，1997 年，第 46 页。
[86] 西金城、后冈遗址的资料可参考许宏：《先秦城邑考古》，北京：西苑出版社、金城出版社，2017 年，第 107、111 页。
[87] 王国维撰，黄永年校点：《古本竹书纪年辑校·今本竹书纪年疏证》，沈阳：辽宁教育出版社，1997 年，第 47 页。
[88] 司马迁：《史记》（第一册），北京：中华书局，1959 年，第 28 页。
[89] 《尚书·大禹谟》："帝曰：'咨，禹！惟时有苗弗率，汝徂征！'"详见李民、王健：《尚书译注》，上海：上海古籍出版社，2004 年，第 100 页。
[90] 碧村、关胡疙瘩、木柱柱梁遗址的资料详见许宏：《先秦城邑考古》，北京：西苑出版社、金城出版社，2017 年，第 96—101 页。
[91] 司马迁：《史记》（第一册），北京：中华书局，1959 年，第 1—2 页。
[92] 王国维撰，黄永年校点：《古本竹书纪年辑校·今本竹书纪年疏证》，沈阳：辽宁教育出版社，1997 年，第 40 页。
[93] 王国维撰，黄永年校点：《古本竹书纪年辑校·今本竹书纪年疏证》，沈阳：辽宁教育出版社，1997 年，第 44—45 页。
[94] 孙星衍撰，陈抗、盛冬玲点校：《尚书今古文注疏》，北京：中华书局，1986 年，第 202—207 页。

[95]　参考闻人军：《〈考工记〉齐尺考辨》，《考古》1983年第1期。

[96]　李零：《〈孙子〉十三篇综合研究》，北京：中华书局，2006年，第47页。

[97]　《十三经注疏》整理委员会：《周礼注疏（十三经注疏）》，北京：北京大学出版社，2000年，第298页。

[98]　《十三经注疏》整理委员会：《周礼注疏（十三经注疏）》，北京：北京大学出版社，2000年，第298、295页。

[99]　孙星衍撰，陈抗、盛冬玲点校：《尚书今古文注疏》，北京：中华书局，1986年，第51页。

[100]　司马迁：《史记》（第一册），北京：中华书局，1959年，第52—65页。

[101]　司马迁：《史记》（第一册），北京：中华书局，1959年，第67—70页。

[102]　《豳公盨》铭文拓本及考释，可见《中国历史文物》（现刊名为《中国国家博物馆馆刊》）2002年第6期。

[103]　许慎撰，段玉裁注，许惟贤整理：《说文解字注》，南京：凤凰出版社，2015年，第765页。

[104]　王青：《太昊氏与少昊氏的考古学探索——从宁阳于庄发现的大汶口文化陶文说起》，《中原文物》2021年第4期。

[105]　王先慎集解，姜俊俊校点：《韩非子》，上海：上海古籍出版社，2015年，第76页。

[106]　郑杰祥：《商代地理概论》，郑州：中州古籍出版社，1994年，第46页。

[107]　李民、王健：《尚书译注》，上海：上海古籍出版社，2004年，第15页。

第四章
秩序的重整——「中国」的再生与转型

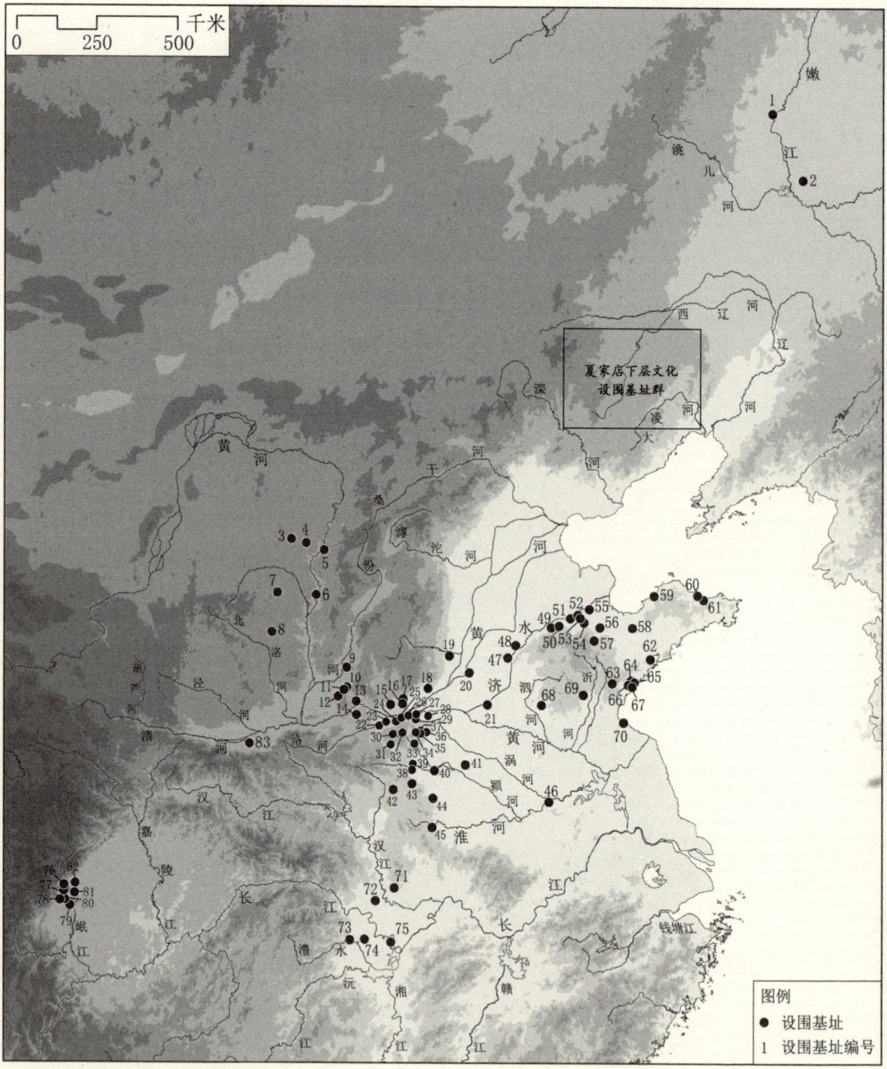

0 250 500 千米
夏家店下层文化
设围基址群
图例
● 设围基址
1 设围基址编号
嫩江
洮儿河
西辽河
辽河
滦河
大凌河
黄河
桑干河
滹沱河
汾河
北洛河
泾河
渭河
清河
洛河
济水
泗河
沂河
涡河
颍河
淮河
汉江
嘉陵江
岷江
长江
澧水
沅江
湘江
赣江
钱塘江

节首图：夏代（公元前2070年—公元前1600年）东亚大陆腹地设围基址分布图 [底图依据 SRTM 高程数据和全国地理信息资源目录服务系统（www.webmap.cn）的水系数据绘制]

1.洪河 2.小拉哈 3.木柱柱梁 4.石峁 5.碧村 6.关胡疙瘩 7.青龙山 8.芦山峁 9.陶寺 10.西吴壁 11.周家庄 12.东下冯 13.古城南关 14.仰韶村 15.禹寺 16.徐堡 17.西金城 18.孟庄 19.后冈 20.戚城 21.十里铺北 22.王圪垱 23.二里头 24.稍柴 25.花地嘴 26.西史村 27.大师姑 28.大河村 29.东赵 30.南洼 31.煤山 32.王城岗 33.瓦店 34.新砦 35.人和寨 36.望京楼 37.古城寨 38.余庄 39.蒲城店 40.郝家台 41.平粮台 42.平高台 43.大杜庄 44.杨庄 45.孙寨 46.禹会村 47.景阳岗 48.教场铺 49.城子崖 50.榆林 51.丁公 52.史家 53.后埠 54.桐林 55.北营 56.边线王 57.西朱封 58.逄家庄 59.老店 60.庙后 61.照格庄 62.南营 63.薄板台 64.丹土 65.两城镇 66.大桃园 67.苏家村 68.庄里西 69.防城 70.藤花落 71.屈家岭 72.城河 73.孙家岗 74.青河 75.七星墩 76.芒城 77.双河 78.盐店 79.宝墩 80.紫竹 81.鱼凫 82.郫都古城 83.太平

一、茫茫禹迹——王湾三期、新砦与二里头诸考古学文化之间的转换

《史记·夏本纪》说:"夏禹,名曰文命。禹之父曰鲧,鲧之父曰帝颛顼,颛顼之父曰昌意,昌意之父曰黄帝。"《史记·五帝本纪》说昌意"降居若水"[1]。《竹书纪年》说颛顼之母"生颛顼于若水"[2]。由此,杨雄《蜀王本纪》说"禹本汶山郡广柔县人也"[3]是可信的。《玉篇》说,"禹,虫也"。《说文解字》说,"蜀,葵中虫也"[4]。从字形上看,"蜀"与"禹"同构。由之,也可推说禹是蜀人的一支,禹来自于昌意一系。昌意之母嫘祖是蚕桑的发明者,《华阳国志》说第一代蜀王名蚕丛,蚕为虫的一种,所以大禹出自嫘祖且与蚕丛当同为一门。大禹一族曾在今晋西南、豫西一带活动,据上可推其是由岷江流域迁至晋西南的。着眼于东亚大陆腹地的空间形势,大禹一族迁出四川的时间应在宝墩文化早期设围基址出现之后。大禹一族的长距离迁移应是为了支持帝尧对江汉平原及洞庭湖一区实施压制。晋西南是西夏旧地,故大禹为夏伯。

应为大禹支配的王湾三期文化的漯河郝家台、登封王城岗的圈围形状均为规则矩形,宝墩文化人群多用规则矩形城池,也表明了大禹与四川的特殊关系,并指示其大致的迁徙时间。与大禹

前后由岷江流域迁至中原地区的应当还有鲧之一族。淮阳平粮台在文化上区别于郝家台和王城岗，但其正方形的城圈形状也与宝墩文化一致，可以作为其最初为鲧所支配的证明。或可认为，帝尧时，大禹一族在配合鲧对江汉平原的行动中与颖河、汝河流域的人群结合导致了王湾三期文化的诞生。由于鲧应对江汉平原势力不力被黜，尧、舜以禹代鲧，使得大禹一族得以作为应对江汉平原的主力。

从圈围平面看，平粮台遗址以及王城岗遗址、古城寨遗址、蒲城店遗址均为正南北向安排，这似乎意味着大禹一族深受长江中下游文化的影响。

观察龙山时代后期黄河中下游的考古学文化的分类，有一个现象值得注意，那就是环泰山地区牵涉面积数十万平方千米，在地理上分属流向各异的河谷，可这个地区的考古学文化却被认为大致相同。与此形成对照，汾河一线面积与环泰山地区相差无几，中有汾河串连，在空间上较容易成为一体，可研究者却愿意将这个地区的考古学文化区别为多种类型[5]。这种现象，应是这一地区经历了多次的外地族群迁入的反映，这和这一地区是中原势力应对长城以外人群南下的关键，长期面对战争，需要不断地引入人口进行防御补充的情况对应。

公元前2150年前后，属于王湾三期文化的漯河郝家台、平顶山蒲城店等设围基址的出现，标志着大禹一族强势登上历史舞台。如果把平粮台与鲧联系起来，把郝家台和蒲城店与禹联系起来，把郝家台和平粮台的出现地正对石家河文化北上取径联系起来，十分明确，古来所谓的鲧、禹治水的故事，应该首先是以弹压江汉平原及洞庭湖区的不服从者为主要目标的军事行动。

在江汉平原势力消退，王湾三期文化覆盖范围扩张的情况下，公元前2100年以后，在嵩山以南的山坳里，颍河的源头地"箕山之阳"出现了登封王城岗小城[6]。王城岗小城包括东西并列的两个圈围，每个圈围的面积仅1万平方米左右。虽然规模有限，但却在结构上与大溪文化晚期的阴湘城一致，在等级上高于已有的王湾三期文化的设围基址，是相应族群更高等级的综合性祭祀中心，它的出现，显示出相关族群进一步整合，争取更高政治地位的态势。从王城岗设围基址规模有限且处在空间逼仄易于防守的地段看，此时的大禹，在政治上和军事上还相当拘谨。数十年之后，王城岗小城南部出现了一圈范围约30万平方米的大城形成规格更高的夹城，这个夹城的出现，表明大禹的地位进一步提升（图4-1-1）。考虑到此时黄帝一族原有祭祀中心大河村设围基址依然存在，故可将夹城的使用理解成不敢冒犯既有秩序的表示。

《竹书纪年》说舜十四年"荐禹于天，使行天子事也"，"十五年，帝（舜）命夏后有事于太室"[7]。若把此与王城岗小城的建设对应，那么舜在位五十年死，大禹"三年丧毕，都于阳城"，至少在时间上可以与王城岗大城的设置对应。

夏朝终于公元前1600年，若将《竹书纪年》提供的各王在位及无王期的年数相加，并结合《尚书》和《史记》对舜、禹在位时间的说法，可以认为，舜十四年应该是公元前2070年。

从整个设围基址分布的空间态势上看，公元前2100年前后，淮阳平粮台已为禹所控。这样大禹一族就拥有了包括登封王城岗、平顶山蒲城店、叶县余庄、漯河郝家台、舞钢大杜庄、方城平高台和淮阳平粮台等遗址在内的设围基址系统。其势力远超此时只有一个设围基址的帝舜一族。

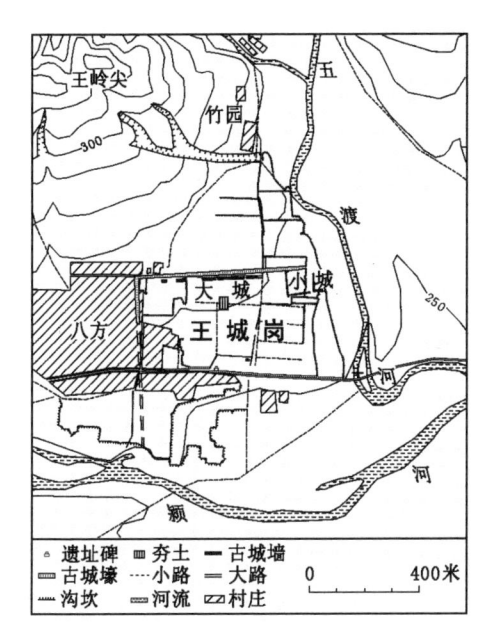

图 4-1-1 登封王城岗设围基址平面图（《先秦城邑考古》）

注意到蒲城店和裴李岗文化的舞阳贾湖遗址同在一区，而王城岗又与裴李岗文化的设围基址新郑唐户相近，可见，大禹的设围基址群的构造次序和几千年前的裴李岗文化祭祀中心变迁格局一致。这种一致，暗示在手段大致相同的条件下，在这个地区的空间控制扩张的途径只能如此。

公元前 2100 年以后，原来给黄河中下游人群造成压力的位于长城以北的老虎山文化设围基址群退出历史舞台，曾经活跃在江汉平原上的石家河文化也大幅衰落，这样，中原地区各族群之间的竞争逐渐成为新的焦点。

对于大禹一族来说，当时也许最迫切的问题是舜的势力的存在。公元前 2000 年前后,后冈二期文化的安阳后冈设围基址消失了。不久后,在濮阳一带,与后冈二期文化的孟庄设围基址拉开距离,在海岱龙山文化的阳谷景阳岗设围基址以西不远处,出现后冈二期文化的濮阳戚城设围基址[8]。《竹书纪年》说"(舜)二十九年,帝命子义钧封于商。"[9]《水经注》云:"河水旧东决,迳濮阳城东北,故卫也,帝颛顼之墟。昔颛顼自穷桑徙此,号曰商丘,或谓之帝丘。"[10] 据此,濮阳戚城设围基址为舜子义钧所为。从位置上看,戚城遗址的出现,或表明舜一族一定程度上与环泰山人群结合,共同应对大禹一族的崛起。

公元前 2070 年以后,大禹一系对江淮地区的进攻持续。江汉平原上的设围基址在 2050 年前后只剩下屈家岭、城河、七星墩和青河四个,来自江汉平原的压力得到缓解。这就为最后一任大禹"东巡狩"创造了条件。从文献看,大禹的"东巡狩"意味着对长江下游开展军事行动,可是不幸,大禹"至于会稽而崩"[11]。由泰山东南海岱龙山文化的设围基址群构造变动看,大禹的东巡狩与环泰山地区受到来自长江下游一线的挑战有关,但也包含着联合涂山氏对环泰山东南族群施压的内容。

会稽,即今绍兴,是位于长江以南的独立空间的关键地点,控制了会稽,意味着对长江下游冲积平原的完整把握。大禹东巡狩的失败,在一定程度上激励后世帝王将钱塘江一线作为东巡狩的目的地,把对会稽的占据,当作"中国"的塑造与权力正当性显示的特殊标识。

由于舜之族的势力有限,故此时大禹一族的核心挑战应该来自皋陶与益。对于势力较强的皋陶,按照《史记》,"帝禹立而举皋陶荐之,且授政焉,而皋陶卒。"皋陶死后,大禹"封皋陶之后于英、六，或在许"[12]。将皋陶一族分化，一部分迁至淮河下游南侧的大别山区，一部分安排到大禹完全控制的地区。与之对应，泰山北部的海岱龙山文化的设围基址一定水平的减少。皋陶一族迁出后，夏王使同姓诸侯斟寻入驻了皋陶旧地。虽然大禹"以天下授益"，但却似乎并未举行禅让大礼，这就为其后继者启在与益的博弈上提供了机会，最终使得"益让帝禹之子启，而辟居箕山之阳"[13]，后启将益囚禁于大禹一族的完全管控区。与此对应，与益相关的设围基址群规模减缩。

《史记》说夏后启即天子位后，"有扈氏不服，启伐之，大战于甘"，"遂灭有扈氏"。《史记集解》引《地理志》曰，"扶风鄠县是扈国"。《史记索隐》说，"鄠南有甘亭"[14]。被认作为夏人所有的二里头文化遗存在关中地区十分稀有，可今在关中西部，人们发现了孤零零的以二里头文化遗存为主的扶风下康遗址[15]。遗址规模不大，但却遗存内容丰富，等级较高。结合其位于扶风南端渭河边上的位置，可以认为它就是帝启灭扈后，留在关中的据点。

在公元前 2000 年前后，石家河文化设围基址全部消失，在原先的澧县鸡叫城的附近出现了属于后石家河文化的澧县孙家岗环壕遗址[16]。从平面看，孙家岗遗址的等级很低，围圈面积也只有 13.5 万平方米，由此判断，后石家河人群很难对中原形成严重的挑战，大禹治水获得了最终的胜利（图 4-1-2）。

石家河文化设围基址全数消失，江汉平原上没有了对中原政权形成压力的人群，原本用以压制江汉平原势力的在岷江和嘉陵江流域活动的人群的地位和作用就得重新考虑。大约在公元前 2010 年，启即开始对长江上游地区的秩序进行整理。《竹书纪年》

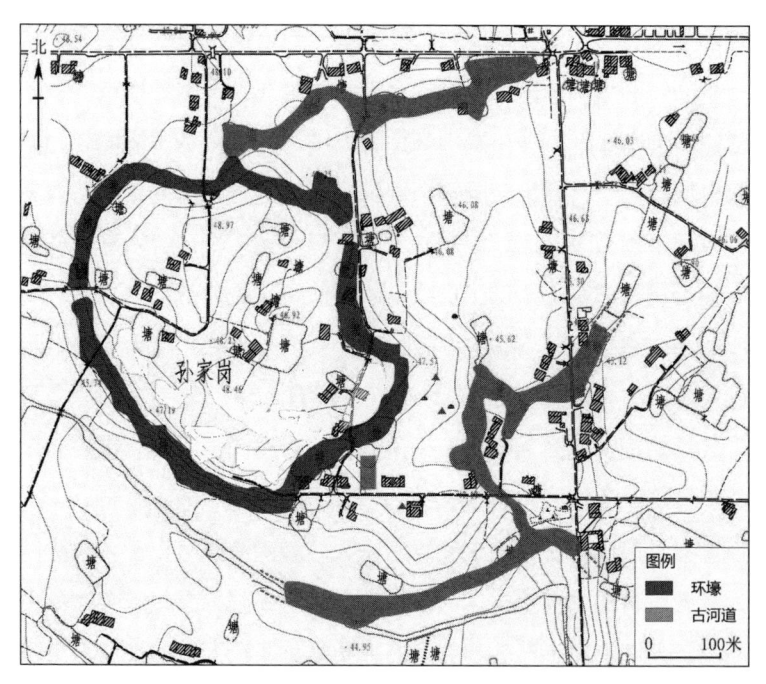

图 4-1-2　澧县孙家岗设围基址平面图（据《湖南澧县孙家岗遗址 2015 年钻探简报》改绘）

说，"八年，帝使孟涂如巴莅讼"[17]，即是帝启调整巴人与蜀人的关系，进行国土秩序整理的重要行动。

巴人，即在巴山和嘉陵江流域流动的人群。由《华阳国志》看，巴人和蜀人都参与了对江汉平原一区施压的行动。巴人所处地理位置与江汉平原紧邻，这样的位置容易使其自以为贡献要大于岷江地区的蜀人。但是，蜀人与夏王一族，认定蜀人功劳更大是王朝的政治要求，"孟涂如巴莅讼"应是为了不使巴人在将主要功劳归于岷江流域人群时过度不满而进行的安抚工作。

在安顿了巴人之后，"（启）十年，帝巡狩，舞《九韶》于大穆之野",在"大穆之野"举行盛大的典礼。按照《竹书纪年》:"颛顼产伯鲧,是维若阳,居天穆之阳。"[18]可见"天穆"与鲧有关。古文"天"与"大"通。可以认为"大穆之野"当为天穆山周边之平地,因族群的空间扩展一般由小河而大河,由上游而下游,故"大穆之野"位置应在岷江上游地区。"大穆之野"是启的先人鲧的旧地,在此举行盛大的典礼,具有确认族系神圣,将相关成功主要置于该族系名下,确认鲧和大禹一系在四川盆地主导地位的价值。

启舞《九韶》后不久,宝墩文化的设围基址群包含的遗址由5个转为3个,并不再有宝墩那样的大型遗址。设围基址整体规格的降低,在形式上进一步明确了其从属于中原地区设围基址群的地位。新的设围基址群包括了崇州双河遗址、温江鱼凫遗址和成都郫都古城遗址。郫都古城圈围面积最大,且有壕有垣,故等级最高。其坐落在沱江上游,沱江为岷江之东南流的一支,通过它可以较顺利地进入嘉陵江流域也就是巴人活动地区,具有借助河道压制巴人的价值。此时岷江流域的设围基址群规格降低,但却有了更高的空间控制价值,能够得体地落实中原权力在四川盆地的空间战略。

由启与有扈氏大战之地甘亭的位置看,有扈控制的范围应该包括岷江和嘉陵江上游的部分地区,这一位置使其在与位于下游的与夏人相关之族系的博弈上占据优势。或可以为有扈与夏人的矛盾有着长久的历史。启一上位即拿有扈开刀,不惮劳苦,长距离征伐并不是赌一时之气。有征伐有扈的胜利为基础,对巴人的规管也更为主动。

公元前2000年前后,陶寺遭遇暴力平毁。种种迹象表明,这是一场羲、和之间的内乱。陶寺设围基址消失后，在陶寺所在以南 30 余千米，涉及涑水河和直通黄河干流的毫清河的共同源头地，出现了绛县周家庄设围基址[19]。

周家庄遗址上的圈围用的是壕沟，可其形态显然带有更多的老虎山文化的因素，据此可以设想其拥有者和石峁古城的拥有者间关系更为紧密，西河一线设围基址形态在文化上的趋同，或者指示相关人群在政治上的同一性加强，这种情况可以给在郑洛一线活动的人群造成更大的压力。周家庄的遗址面积达到了 450 万平方米，包括多处居住地段、墓地和手工业作坊遗存，显示出更多的功能综合性（图 4-1-3）。

晋陕峡谷地区的变动，导致了夏人的一系列反应。《竹书纪

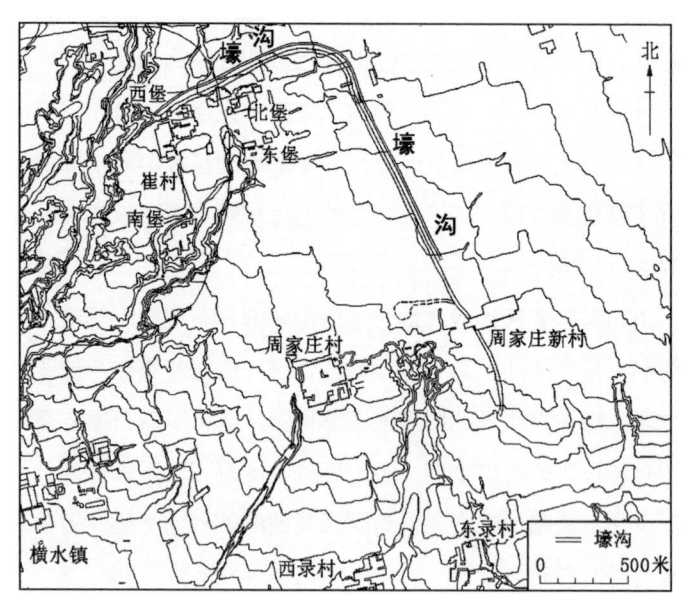

图 4-1-3 绛县周家庄设围基址平面图（《先秦城邑考古》）

年》说夏启先"放王季子武观于西河",加强对晋陕峡谷地区的监控,后又因为武观叛乱而"征西河",启的后继者帝太康则"元年,帝即位。居斟寻,畋于洛表"[20]。斟寻在今洛阳盆地一区。"畋"本指耕作,田猎,也寓指军事行动。夏启本居河南禹县一带,改居洛阳,意味着指挥中心北移。洛表,到底在洛阳盆地以南还是在洛阳盆地以北可以讨论。《史记》说:"帝太康失国,昆弟五人,须于洛汭,作《五子之歌》。"[21]《尚书》所录《五子之歌》之三说:"惟彼陶唐,有此冀方。今失厥道,乱其纪纲,乃厎灭亡。"[22]似指太康田猎于冀地。结合当时西河一线有强势异文化人群活动的状况,洛表当为洛阳盆地以北。也就是说,太康"畋于洛表"实际上是对老虎山文化人群动武。

《竹书纪年》说,后羿趁着太康"畋于洛表",驱逐太康,入居洛阳一区。

后羿出于在泰山以南活动之族群,"羿"与"益"音同,可推其为益之别称或后人[23]。这里的羿,应为益的后人。其驱逐太康,当有为其先人报仇的含义。

后羿以两件事闻名,一是"射九日",一是引出嫦娥奔月。《山海经·海内经》说,"帝俊赐羿彤弓素矰,以扶下国……"可知后羿为帝俊之族属,属于泰山南部活动的族群。《山海经·大荒南经》说,"羲和者,帝俊之妻,生十日"[24],"日"应寓指活动于东方的族群,"生十日"意指羲和与帝俊的后代分作十个支系,后羿应为其中之一。这样,"射九日"就是说后羿成功地压制了其他九个支系,成为族群内部竞争的胜出者。参照《淮南子·本经》"尧乃使羿……上射十日"的说法,或者可以将此与公元前2300年前后的环泰山地区设围基址的变动中,泰山东南的设围基址数量减少并大尺度的布局结构改变对应。嫦娥也称姮娥。《淮南子》说:"羿请不死之药于西王母,姮娥窃以奔月,怅然有丧,无以续之。"[25] 在西河一线活动的老虎山文化人群中当有西王母一族,嫦娥为其支系。"不死"可指建立不世之功成为后世永设专祀的神灵。由此,所谓嫦娥奔月,可指后羿一族进驻中原后试图联合西王母,从内部瓦解集聚于西河南部的不服从势力,以成不世之功,因嫦娥阻碍而未得成功的寓言。月出西方,奔月是说"嫦娥"一系因此脱离西王母一族大尺度地向西迁移。

太康仅在位四年,太康之弟仲康即位后不久,夏王又对西河一线的老虎山文化人群进行征伐。《史记》说:"帝中康时,羲、和湎淫,废时乱日,胤往征之,作《胤征》。"[26]

仲康时,朝政为后羿所把持。所以有可能,嫦娥奔月只是胤对西河一线征伐的部分内容。由西河一线的设围基址在这一时期无甚变动看,胤对西河一线的征伐并未获得太多成绩。

为了应对西河一线的战事,大禹一族设围基址群的重心北移。蚌埠禹会村、淮阳平粮台、漯河郝家台、方城平高台等设围基址被放弃了,以登封王城岗为中心形成了包括新设置的新密古城寨、新郑人和寨、禹州瓦店、信阳孙寨和延续使用的平顶山蒲城店、叶县余庄、舞阳大杜庄等 8 个设围基址的协同整体。黄河以北,太行山东南一线,西金城取消了,出现了属于王湾三期文化的孟州禹寺、温县徐堡两个设围基址[27]。这样,由禹一族所控制的设围基址群已经大致地将既有的、长久地存在于郑洛一线的渑池仰韶村、巩义稍柴和郑州大河村诸设围基址系统地包含在内。

仲康在位七年,仲康之子相即位后为避羿,"出居商丘(濮阳)"。帝相八年,羿为寒浞所杀,寒浞来自于在泰山东北部活动的族群，与皋陶一族当有关系，因而寒浞对夏人不满有着历史根据。帝相二十八年，寒浞使其子浇杀相。相死时其夫人正怀孕，第二年相的儿子少康出世。少康成人后，组织夏人灭杀寒浞最终复国。

由大禹和后启针对皋陶和后益开始，到后羿、寒浞被灭，夏人与环泰山地区势力的持续对抗使得环泰山地区的势力受到了严重的打击，到了公元前 1950 年前后，环泰山地区的设围基址数锐减为 10 个。

按照《竹书纪年》提供的数据，由桀向上倒推得知，相被杀于公元前 1956 年。《开元占经》卷十九引《荆州占》说，"五星并聚，篡弑成"[28]。这次"五星并聚"应该发生于公元前 1953 年[29]，与寒浞使浇杀相的公元前 1956 年间隔了两年。由《竹书纪年》看，夏王死后，守丧期多为两年。相被杀后两年不仅没有相的后人出来正面挑战寒浞，宣布继承帝位，反而出现了"五星并聚"的天象，表明了浇杀相得到了某种认可，故曰"篡弑成"。据此，《竹书纪年》提供的夏代各王在位年数和夏朝终结于公元前 1600 年应该是不错的。少康在相被杀 40 年后即位，时间当在公元前 1915 年。

少康即位后不久，公元前 1900 年前后，黄河由郑州以下东南入海改回郑州以下东北入海，长期地看这对于占据郑洛一线的人群控制黄河下游有利。虽然此时的黄河河道与黄帝之时有所不同，但还是赋予了郑洛一线某种神圣性。自然环境的大尺度改变往往会给局部地区造成灾难，《竹书纪年》说"（少康）十一年，使商侯冥治河"[30]，即是对相应灾难的反应。商侯治河与大禹治水一样，应该具有重要的军事内容。从空间方向看，征伐对象应该是舜之一族及在泰山西北活动的人群。按照《竹书纪年》，少康十八年夏人的行政中心迁驻于原，原即今河南济源。这个位置意味着，少康一方面督促商侯，一方面组织力量应对西河一线的不服从势力。与之对应，与舜相关的后岗二期文化的濮阳戚城设围基址消失了，同时，与郑洛一线相关的设围基址群也开始了大尺度衰落。

少康的继位者帝杼先是驻扎于济源，后来迁驻于开封，似乎是在西河一线相对安定后，将征伐的主导方向转到了环泰山地区。《竹书纪年》说帝杼八年，"征于东海及三寿，得一狐九尾"[31]。九尾狐当喻指东九夷。东九夷是此时活动在环泰山地区的人群，"得一狐九尾"意味着夏人对环泰山地区的征伐取得了初步的胜利。此时，海岱龙山文化的山东阳谷景阳岗和茌平教场铺两个设围基址消失了。相应的胜利对于夏人来说应该十分重要，故《国语·鲁语》说："杼，能帅禹者也，夏后氏报焉。"[32]

这时，岷江流域的设围基址中的双河古城消失了，只剩下郫都古城和鱼凫古城。这种变化或者与夏人征调兵力，助力于对环泰山地区的进攻相关。

到公元前1850年左右，与环泰山势力遭到了进一步地削弱对应，原本涉及地域广阔的主要属于王湾三期文化的由孟庄、徐堡、禹寺、仰韶村、稍柴、大河村、王城岗、古城寨、人和寨、瓦店、蒲城店、余庄、大杜庄、孙寨等14个设围基址构成的系统不复存在。相关人群的新的设围基址相对密集地集中在郑洛一线或环嵩山地区。这一系统包括汝州煤山，洛阳王圪垱，巩义稍柴、花地嘴，郑州东赵（小城），新密新砦6个设围基址[33]。就此，中原龙山文化也就转为了新砦文化。王圪垱、稍柴、花地嘴系统地针对洛河与黄河，煤山、新砦和东赵则面对淮河与济水。设围基址大尺度的减缩和重置应该意味着人口丧失条件下的秩序重整，可见夏人为对环泰山地区的征伐付出了巨大的代价[34]。

公元前 1850 年前后出现的新砦设围基址包括三重深壕，形成三重套城。外壕圈围面积近 100 万平方米，中壕的平面形状大致为圆角方形，圈围范围 70 万平方米，内壕仅存有北部，圈围范围大约 6 万平方米。在圈围范围的中轴线的北部，有一个大型的浅穴。这是一个露天场所，现有长度近百米，宽十余米。在其南侧见有祭祀遗存。按照古代礼制，浅穴称作"坎"，祭祀土地等属于阴性的对象要在坎中进行。由于土地要接受雨露才有繁衍滋生的功能，所以坎上不应设置屋顶。这一建筑的形式表明了这是一处祭祀地祇的设施。《竹书纪年》说，"（帝芬）三十六年，作圜土"[35]。"圜"即圆，"土"即社，"圜土"即范围略为圆形的祭地之所，根据出现时间、遗址格局和祭祀遗存的存在，可以确认，新砦设围基址就是《竹书纪年》提及的帝芬所作的"圜土"（图 4-1-4）。

土地是人类生存的基本依托，所以，在设围基址中，本应有祭祀土地的场合。最初土神主要是作为人民的衣食之本而受崇拜的。随着社会的发展，土地之神的祭祀与领土的拥有结合起来，意义发生了转变。设置三道环壕并将坎穴设施居中安排的做法，将祭地的礼仪活动置于极高的等级地位。这正与夏王在强势族群大量减少的条件下，弱化族群意识，依地缘进行族群整合的需求相匹配。土地祭祀与军事活动密切相关。进行军事行动之前要告社，征伐成功要献俘，所以在这里要关押俘虏作为备用的牺牲，这样，"圜土"也被一些人视作监狱。

第四章　　225

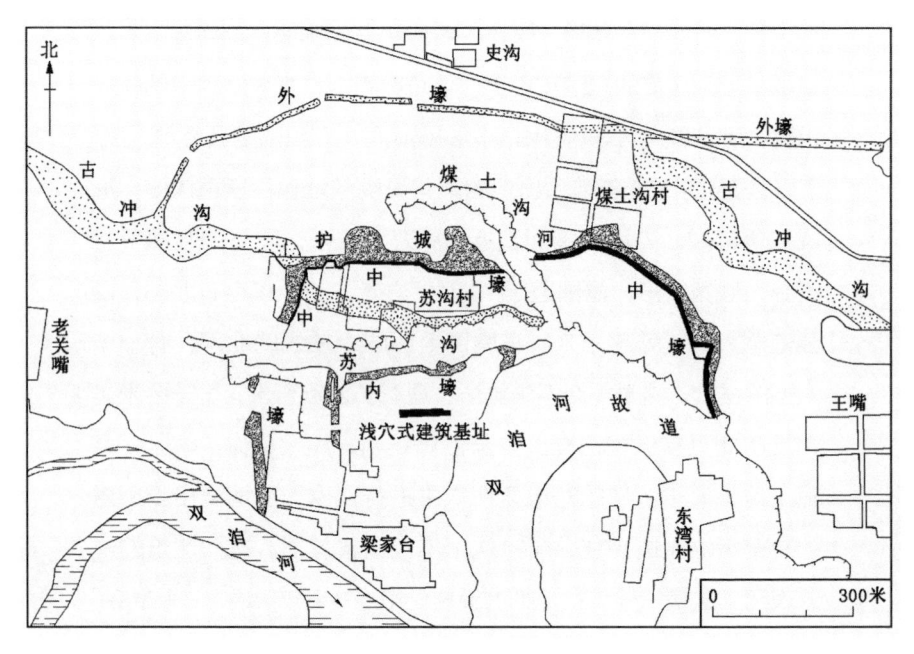

图 4-1-4　新密新砦设围基址平面图（《先秦城邑考古》）

在包括了新砦遗址在内的设围基址系统中，位于河洛交汇处的花地嘴拥有四道深壕，圈围面积约 30 万平方米，如此隆重的圈围格局，使之有条件与新砦设围基址匹配。特别的位置和高规格的圈围设置，决定了它是传统的祭祀中心。其与新砦相对，构成了不同于此前的祭祀组合，以全新的姿态参与到社会组织中来。

在"圜土"建设的 20 多年后，帝芬的后继者帝芒在帝芒十三年"东狩于海，获大鱼"[36]。《古本竹书纪年》中"鱼"作"鸟"，环泰山地区人群崇鸟，因而这种说法意味着夏人对山东的征伐取得了决定性胜利。此后的一段时间里，记载中的夏王对环泰山地区的关注大幅减弱，意味着环泰山地区的人群不再是重大威胁。在考古学上，正是在此时，环泰山地区由海岱龙山文化转为了岳石文化。

较之海岱龙山文化，岳石文化器物简陋，这些现象似乎表明，原来环泰山地区活动的主导人群已经散逸。《后汉书·东夷列传》说："夷有九种，曰畎夷，于夷，方夷，黄夷，白夷，赤夷，玄夷，风夷，阳夷。"[37]《竹书纪年》说，帝芒的后任帝泄，"命畎夷、白夷、玄夷、风夷、赤夷、黄夷"[38]，赋予东九夷中的归顺者一定的权力。由此可推，岳石文化的主体大致是原本在环泰山地区及淮河下游活动的边缘人群。与海岱龙山文化相比，岳石文化的设围基址数量有所减少，但其涉及范围却未有明确减缩。岳石文化西部的十里铺北设围基址，已经抵近中原核心区[39]。这种格局，一方面暗示岳石文化与新砦人群之间有较高水平的协同，另一方面也表明新砦人群此时将注意力主要放在另外的方向上。

公元前1750年前后，一直是中原权力麻烦的西河及汾河下游地区的设围基址尽数消失。对于这件大事，《竹书纪年》的记述为"帝不降……六年，伐九苑"[40]。考古材料表明，此时马匹已引入东亚大陆腹地，作为重要的战略资源，控制马场或适于养马的地方十分重要。汉代的马场即称作"苑"，陕西北部、内蒙古南部乃至汾河上游地区为一系列重要的马苑所在。原来在这一区活动的"九黎"有条件转为牧马人，因而将与之相关的羲和归为牧马人，将之居地贬为九苑是可想的。伐"九苑"意味着对西河一线的征服。"九苑"一名应该表示此时西河周边已经开始规模性地养马，其军事与战略地位有所提升。中央政权倾力占据这一地区并消除原有的不服从势力势在必行。

虽然西河周边、汾河下游一线的异文化的设围基址消失了，但来自于西北方的压力仍然存在。公元前 1735 年前后,在洛阳盆地迅速形成了面积超过 100 万平方米的二里头遗址[41],应有针对西北方压力的意义。二里头遗址的出现标志着,在考古学上郑洛一线进入了二里头时期。二里头一期时,原有的洛阳王圪垱、巩义稍柴、新密新砦延续使用,巩义花地嘴、汝州煤山和郑州东赵(小城)等设围基址则退出历史舞台,在东赵以西,针对黄河与济水的交汇点设置了荥阳西史村设围基址,使得嵩山一线的设围基址间距大致相等。在外方山以南,平顶山蒲城店遗址上开挖了新的圈围[42]。这样的安排,表明江淮中游地区人群对中原形成了某种压力。由圈围形态看,在这一设围基址群中新砦设围基址的等级最高。新砦设围基址作为主导,表明地缘建设的重要性得到了进一步的强调。

二里头文化为新砦文化在相当水平上吸收齐家文化的成果[43]。可见,当时中原地区的当政者曾向甘肃较大规模地征调人口。齐家文化源自仰韶文化庙底沟类型,且活动在岷江上游的相关地区,可以推测其为昌意后裔,即为夏人一系。

二里头时期蒲城店遗址的圈围北部与龙山文化时期的蒲城店遗址圈围南部相接,两个圈围规模差别有限,为何不直接沿用龙山文化时期的圈围却另起炉灶?这一问题应当用两者在其所处系统中的地位不同来解释。龙山文化时期的蒲城店设围基址,曾是一定时期相应人群设围基址群的主导者,所以其采用西南隅明确突出的高等级的圈围平面。而二里头时期的蒲城店设围基址,只是一个设围基址群的边缘部分,应该使用等级较低的西南隅压缩、东北角抹去的圈围。老的圈围既不能用,另起炉灶也就实属当然。相应地点具有突出的战略与祭祀价值,不容更易,两个蒲城店设围基址相邻安排也就合情合理（图 4-1-5）。

与王湾三期文化相比，二里头文化的城池似多采用背向东北方的做法，这或是礼仪制度复归中原旧制的显示。

二里头二期时，位于澧阳平原一线的后石家河文化的孙家岗设围基址消失，与江汉平原的变化对应，岷江一线的宝墩文化的设围基址消失了，大略同时西安太平设壕基址也消失了。把这些现象联系起来，可见岷江流域、汉水一线与江汉平原间的战略连带关系。虽然江汉平原对中原地区不再构成大的压力，可由靠近淮河干道出现二里头文化的驻马店杨庄设围基址看，在淮河中下游和江汉平原以下沿长江活动的人群开始成为中原势力的安全问

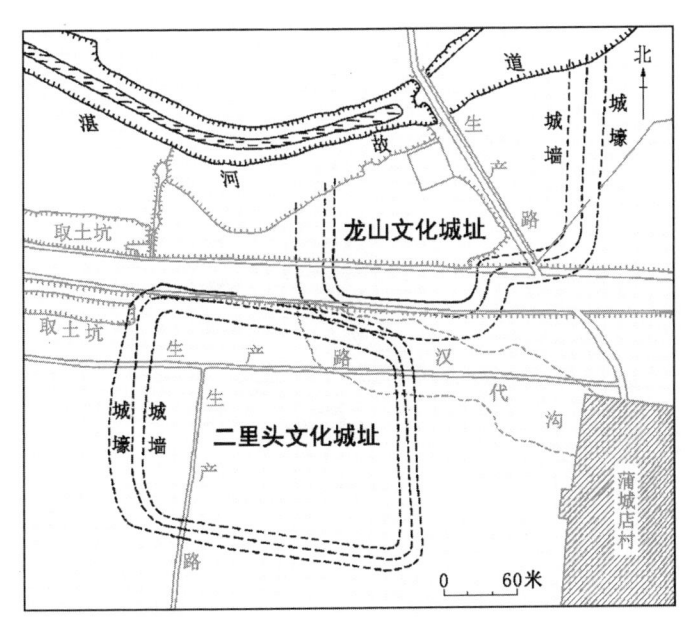

图 4-1-5　平顶山蒲城店龙山文化和二里头文化城址平面图（据《先秦城邑考古》改绘）

题。

二里头一期时，在燕山与西辽河之间出现了夏家店下层文化设围基址群[44]（图4-1-6）。夏家店下层文化的设围基址群的主要设围基址有数十个。这些基址可以分成两类：一类使用壕沟或壕城并用，圈围平面与中原地区的相应设施相似；一类为石城，与阿善文化、老虎山文化的石城做法类同，只有石垣，不具壕沟。

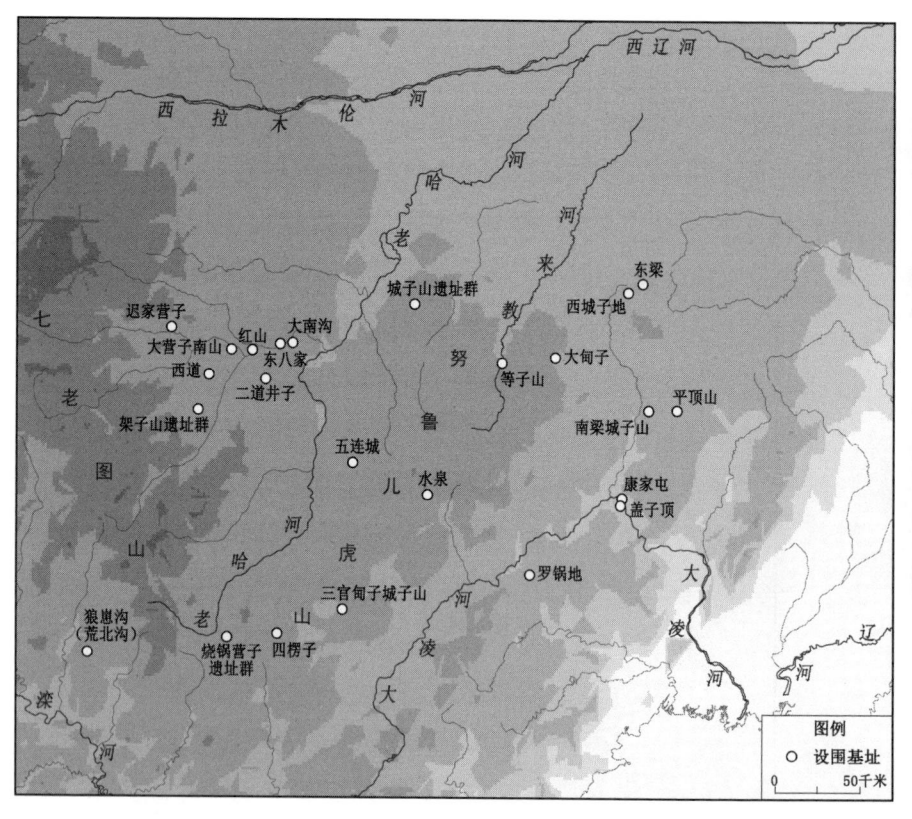

图4-1-6 夏家店下层文化主要设围基址分布图 [底图依据SRTM高程数据和全国地理信息资源目录服务系统（www.webmap.cn）的水系数据绘制]

地形不同，夏家店下层文化的石城又可分为两种：第一种依山脊布置平面呈人字形的引墙，形成导向性极强的空间，沿山脊纵深安排坛丘，形成礼仪空间。引墙多用土石堆叠。较阿善文化和老虎山文化此类遗址更进一步的是，这里出现的上下两重人字形平面引墙的做法，形成了更为丰富的礼仪空间。第二种出现于平地或利用山包形成，圈围结合地形成环状安排，圈围内安排祭场或坛台（图4-1-7）。

夏家店下层文化设围基址主要出现在两个地带：一是老哈河与教来河出山口和河道出现剧烈转折处，空间上针对西辽河平原。二是大凌河沿线，具有组织人员封住沿海北向进入辽河平原通道的作用。现知遗址规模较大，出土物较丰富，形态与中原设围基址大略相同的大甸子遗址出现在教来河下游地区，具体位置显示出其被深切保护的地位。结构地看，以大甸子遗址为主的与中原地区设围基址格局相同的遗址似乎自成系统，构成了整个设围基址群的核心。这种布局，或是最高统治者与中原文化有更多关系的表示。

敖汉旗大甸子遗址的圈围包括垣、壕两个部分。体质人类学研究表明，大甸子的居民由两群不同的人构成，一群接近黄河流域的人种，一群与东亚及北亚蒙古人种近似[45]。与这里同时存在石城和壕城的情况结合，推测夏家店下层文化是由在中原的对抗中失败的人员与当地族群共同创造的。

夏家店下层文化主要是在雪山二期文化基础上发展而来，也受后冈二期文化较大影响[46]。雪山二期文化活动范围覆盖桑干河下游地区。《水经注》说："（灢水）又北径潘县故城……或云，舜所都也。"[47]潘城在河北涿鹿。也就是说，舜之一族在一定时

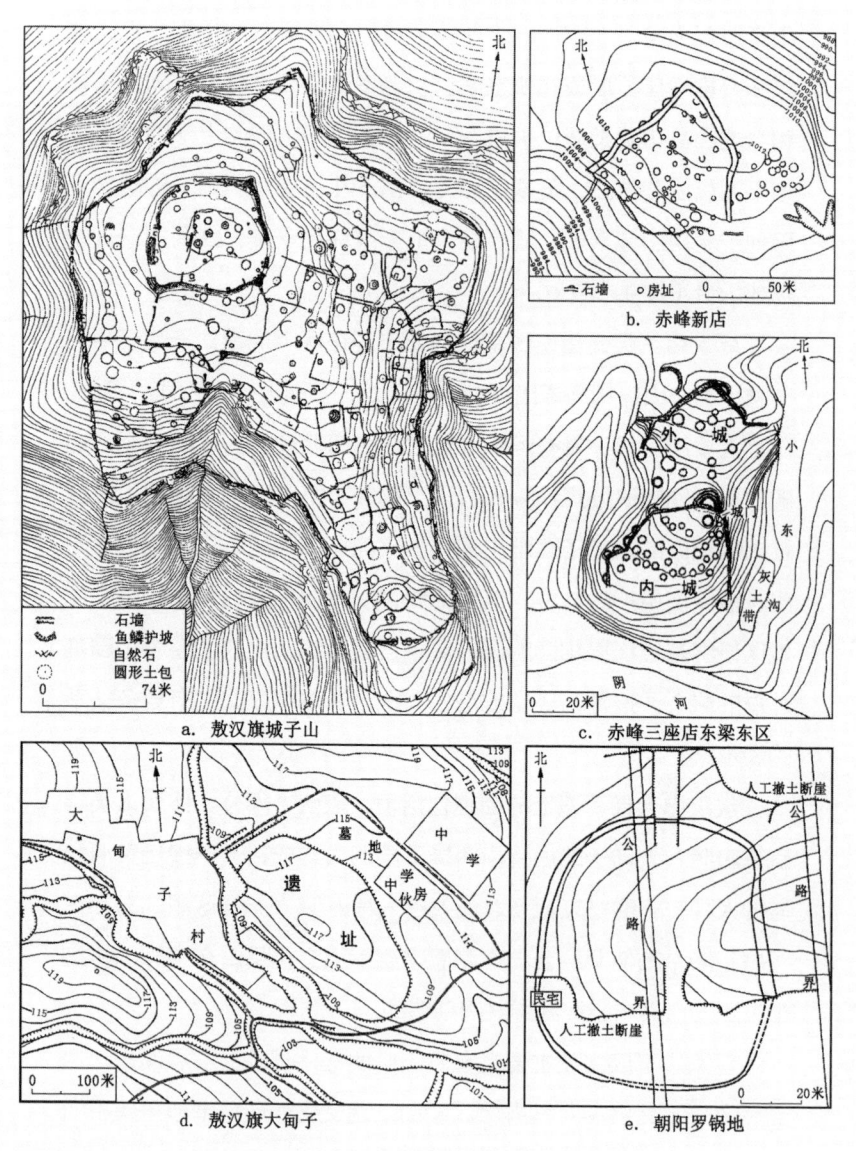

图 4-1-7　夏家店下层文化设围基址举例（《先秦城邑考古》）

a. 敖汉旗城子山
b. 赤峰新店
c. 赤峰三座店东梁东区
d. 敖汉旗大甸子
e. 朝阳罗锅地

期在雪山二期文化覆盖区活动。加上后冈二期文化为舜之一族所主张，因而推测夏家店下层文化与舜之一支相关应可接受。这样，《竹书纪年》说舜让位后，在燕山南北活动的息慎氏朝舜，应该是实实在在的信史。

夏家店下层文化的崛起，对于二里头文化人群的影响是显著的。二里头二期时，二里头文化人群放弃新砦设围基址，在设围基址群东北部的荥阳西史村以东，加设了荥阳大师姑和郑州东赵（中城）两个设围基址，黄河以北的辉县孟庄遗址上再次出现了圈围，在嵩山南侧的山坳里，安排了拥有两道环壕的登封南洼设围基址。南洼设围基址位于伊河支流白降河源头地和颍河源头地交接处，同时面对淮河与黄河两个流域，具有十分广大的空间控制意涵。在位置上，南洼遗址是二里头设围基址群南北两部分的中枢，又是此时圈围等级最高者，应为核心单位。它在整个设围基址群中偏在西南地形复杂地区的位置，示意承受着来自东北方向的压力。

南洼遗址外壕西南隅状况不明，由内壕西南隅突出看，它的核心设置当为明堂与宗庙。二里头文化设围基址群的主导单位由新砦遗址转为南洼遗址，应该意味着较大尺度的族群整合已经结束，祭祀礼仪恢复了旧观（图4-1-8）。

由历史看，西辽河流域的兴盛与蒙晋陕交界区的活跃往往同步。

公元前1700年前后，二里头遗址规模大幅提升，形成了一个由东南而西北的，面积达到300万平方米的居住地段。遗址规模的大幅扩张，使其能够在应对西北方向的压力上起到更为积极的作用。此时，二里头遗址的东南部出现了大型的宗庙建筑，

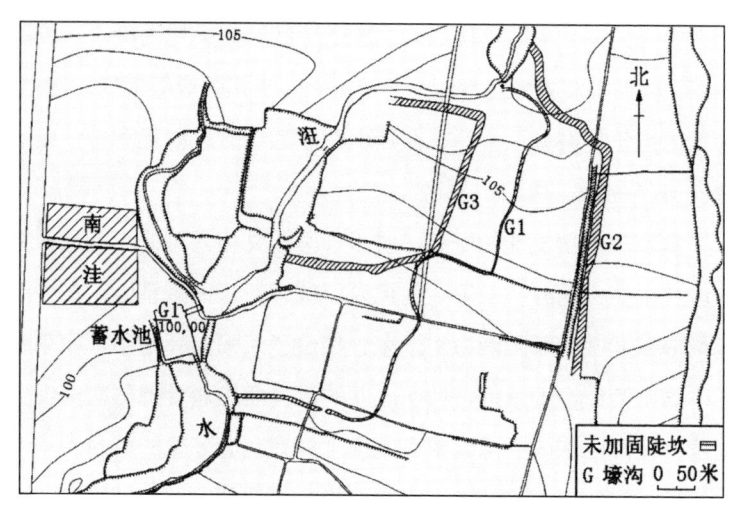

图 4-1-8 登封南洼设围基址平面图（《先秦城邑考古》）

宗庙建筑周边的干道，限定出了一个广场西南、宗庙东北的高等级祭祀场所。这一设施的出现，极大地提升了聚落的地位，使其在保障郑洛一线设围基址群的整体安定上具有更为积极的作用（图4-1-9）。

帝不降的侄子帝廑又称胤甲，《竹书纪年》说胤甲即位，"居西河。四年……昆吾氏迁于许。八年，天有妖孽，十日并出。"[48]前文已指，十日可与环泰山地区诸侯群对应，所以"天有妖孽，十日并出"应该意味着环泰山地区诸侯群为乱。按照《竹书纪年》，廑的继位者孔甲也居西河，考虑到孔甲尝试在黄河下游地区养马，所以，这里的"西河"当按《御览》为"河西"，即豫鲁交界地区的东河以西某地。胤甲、孔甲在河西驻扎，一方面可以更好地应对环泰山一区的问题，另一方面也有针对夏家店下层文化的意义。

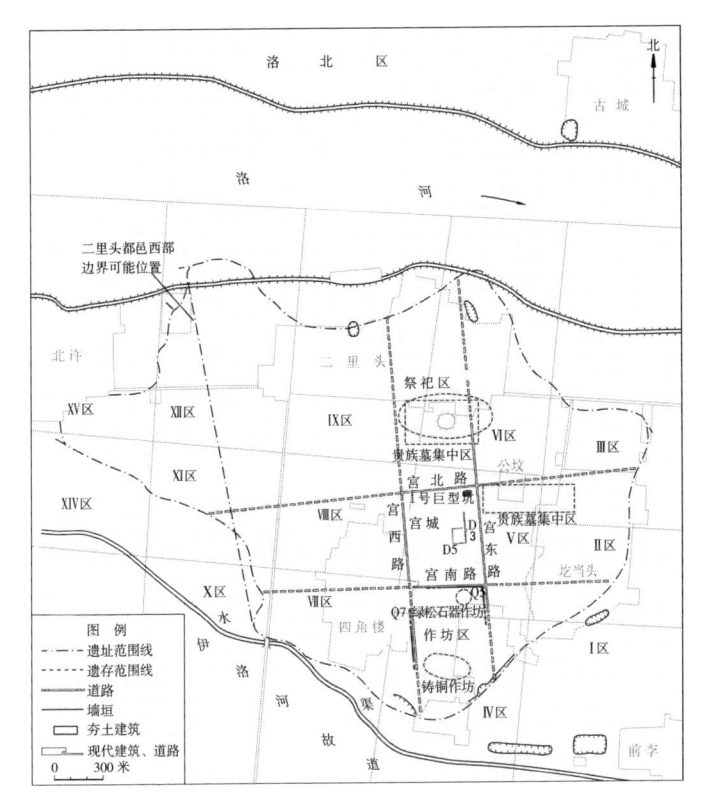

图 4-1-9　洛阳二里头遗址二里头文化二期总平面图（据《二里头都邑聚落形态新识》改绘）

　　文献表明，帝孔甲特别关注马匹的豢养。《史记》说："帝孔甲立，好方鬼神，事淫乱。夏后氏德衰，诸侯畔之。天降龙二，有雌雄，孔甲不能食，未得豢龙氏。陶唐既衰，其后有刘累，学扰龙于豢龙氏，以事孔甲。孔甲赐之姓曰御龙氏，受豕韦之后。龙一雌死，以食夏后。夏后使求，惧而迁去。"[49]古人有用龙比喻良马的传统，"天降龙二，有雌雄"是说夏人得到了特别珍贵的马匹，并有条件利用其进行繁殖。刘累为在黄河下游活动的豕

第四章　235

韦氏的成员。刘累豢龙,其实就是在黄河下游地区开辟马场,大规模地驯养战马。但因雌马死亡,孔甲的马政以失败告终。相应的活动应该带来了多方面的负面效应,以至于孔甲成为了人们的笑柄。

帝廑、帝孔甲在位时,二里头文化人群放弃了驻马店杨庄和洛阳王圪垱,在汾河下游一线设置了绛县西吴壁[50]、夏县东下冯(壕)和垣曲古城南关(壕)3个设围基址。在南洼以东,加设新郑望京楼设围基址,并重新疏浚了登封王城岗遗址上龙山时代的环壕,形成了新的设围基址体系。晋西南一系列设围基址的出现,应是西北方向外部压力增加的表示。望京楼设围基址采用两道环壕,圈围范围达到168万平方米。其外壕西南隅压缩,从型制上看,祭祀等级颇高,有条件作为与南洼遗址的协同,服务于夏人的最高等级的典仪(图4-1-10)。前引《竹书纪年》的文字

图4-1-10 新郑望京楼二里头文化设围基址平面图(《先秦城邑考古》)

中，昆吾氏是夏人的核心族群，许在今许昌一带。在南部设围基址撤销的情况下，将昆吾氏安排在新的设围基址系统南边作为翼护，是必要之举。

二里头文化三期开始时，二里头遗址上，拆除了原来的宗庙，在原宗庙的基址上修建二号宫殿，同时在二号宫殿西南修建一号宫殿。研究表明，一号宫殿为明堂与朝堂的结合体，二号宫殿为宗庙。与此同时，沿地块周边的道路形成了厚2米的夯土墙，再次提升聚落的地位。由现有材料看二里头遗址是二里头文化遗址中遗址规模最大者，在这种遗址上实施一定地段的圈围，对于中心位于郑洛一线的权力单位来说似乎是第一次，这意味着某种权力组织方式的转换。需要说明，二里头遗址上的圈围只有墙垣，城垣厚度也相当有限，平面为西南隅略微收缩之矩形，等级不高。十分特别的，是其城圈和建筑朝向东南，与相应设围基址群的最高等级的祭祀地南洼遗址发生联系，表明了它的归属。之所以不与北极直接联系，应该是二里头规模巨大，不明确归属，会造成秩序的混乱。朝向南洼遗址进一步说明二里头遗址上的"宫城"，并不是整个系统中等级最高的祭祀地段。次级祭祀单位朝向主导祭祀单位的做法在仰韶晚期和宝墩文化设围基址群的组织上都可以看到，或者可以认为，这是上古强调城池属性的方法之一。

二里头三期起始于公元前1635年，夏代末位天子夏桀大约于公元前1631年即位。《竹书纪年》说夏桀，"元年壬辰，帝即位，居斟寻。三年，筑倾宫。毁容台"[51]。"容台"为行礼之台。这则记载说夏桀为了建设新的宫殿拆除了原来的行礼之台。新建的一号宫殿占地范围约为1.1万平方米，若按一里355米计，则一顷为 1.26 万平方米，二里头一号宫殿占地约有 1 顷，故可以认其为"顷（倾）宫"。从建筑的组织看，为了形成隆重的由西南而东北的礼仪动线，在二里头二期所设宗庙西南安排多少高于地面的土台，作为礼仪过程的起点完全可能。这样，建设一号宫殿破坏原有台体，也就是古人所说的"毁容台"。由此可以认为二里头遗址三期宫殿对二期宫殿的更替，应是夏桀所为。在当时的技术条件下，二里头一号宫殿规模可观、结构复杂，与夏人以前的宫殿相比，十分特殊。它的出现，虽然提升了二里头遗址的规格，但也在某种程度上对设围基址群的原有秩序形成挑战，这或者是它的建设成为指摘夏桀的理由的道理（图 4-1-11）。

由前后接续的王湾三期、新砦、二里头诸考古学文化的考

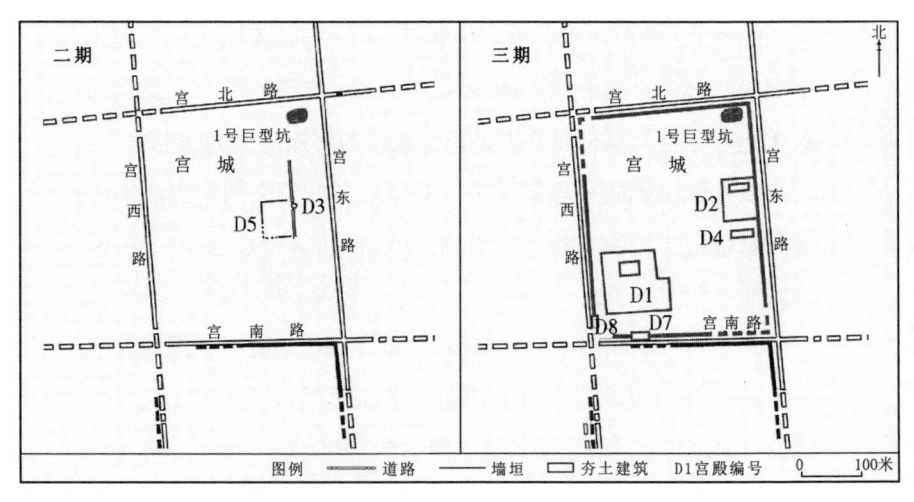

图 4-1-11　洛阳二里头遗址宫城二里头文化二期、三期建筑平面图（据《二里头都邑聚落形态新识》改绘）

古迹象与古代文献记载的大禹及夏朝史迹的系统性对应，应该表明了王湾三期、新砦和二里头文化都为大禹一族所有。由考古资料看，含二里头文化遗存的遗址分布范围十分有限，主要出现在今河南、山西。但这并不意味着夏人的管控范围仅限于今河南、山西两省之地。由新砦文化与二里头文化遗址分布区的周边诸考古学文化，要么不拥有设围基址，要么所有设围基址在等级规格上远低于新砦与二里头文化设围基址的情况看，一个权力范围远大于新砦与二里头文化遗址覆盖区的夏王朝明确无误地存在。

二、汤德赫赫——最为强势的中央、边缘结构的营造与衰落

《史记》说殷商的始祖契，"母曰简狄，有娀氏之女，为帝喾次妃"[52]。有娀氏在今山西永济以西活动。帝喾时期，有娀氏所在的豫西晋南地区是庙底沟二期文化的中心区。郑玄说"商国在太华之阳"。考古工作者发现不仅豫北冀南地区的考古学文化中有浓厚的庙底沟二期文化因素[53]，而且在中原地区与长江中游地区激烈交锋的豫西南地区，屈家岭文化、石家河文化北部边缘区的遗址上也发现有典型的庙底沟二期文化器物[54]。可见出自黄河中游地区的帝喾后裔曾因空间管控需要迁至丹江一带活动。《史记》说帝舜时契佐禹"治水"——参与对江汉平原势力的征伐活动，在空间上确实是顺理成章。

文献称商人"不常厥邑"，《尚书·书序》说"自契至于成汤八迁"[55]，种种迹象显示，到了契的孙子相土时，商人已经在

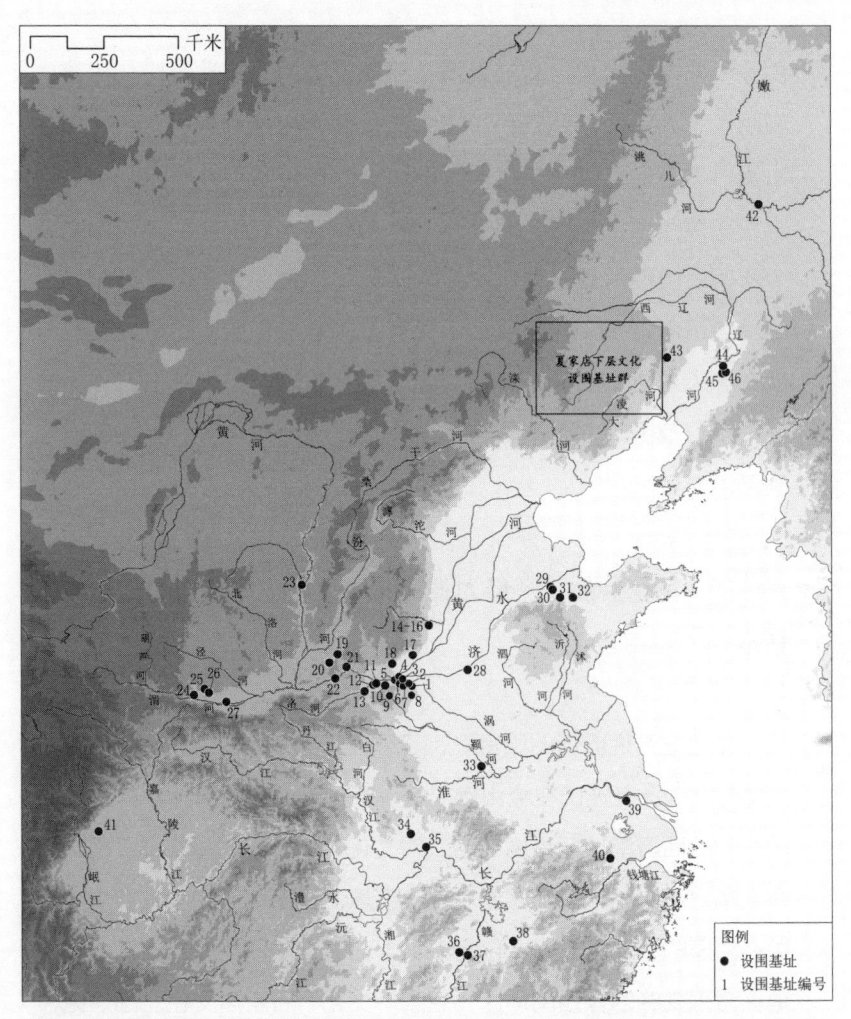

节首图：商代（公元前1600年—公元前1046年）东亚大陆腹地设围基址分布图 [底图依据SRTM高程数据和全国地理信息资源目录服务系统（www.webmap.cn）的水系数据绘制]

1.梁湖 2.郑州商城 3.大师姑 4.唐埛 5.西史村 6.关帝庙 7.白寨 8.望京楼 9.王城岗 10.稍柴 11.偃师商城 12.二里头 13.侯城 14.陶家营 15.洹北商城 16.殷墟 17.孟庄 18.府城 19.西吴壁 20.东下冯 21.古城南关 22.粮宿 23.李家崖 24.蒋家庙 25.水沟 26.凤凰山（周公庙） 27.郑家坡 28.十里铺北 29.史家 30.唐山 31.范家 32.禹宋台 33.台家寺 34.王家山 35.盘龙城 36.吴城 37.牛头城 38.城墙圈 39.佘城 40.小古城 41.三星堆 42.白金宝 43.两家子 44.郝心台 45.千松园 46.新乐

太行山以东安定了下来。

夏帝少康"使商侯冥治河",更加明确了商人是夏人在太行山东麓行动的重要助力。《竹书纪年》载帝杼"十三年,商侯冥死于河",可见商人在太行山东麓的行动并非一帆风顺。《竹书纪年》说帝芒三十三年,"商侯迁于殷",殷在今安阳,似乎公元前1800年前后,商人在太行山东麓已经站稳脚跟,形成了规模可观的势力。帝泄十二年"殷侯子亥宾于有易,有易杀而放之"。帝泄十六年"殷侯微以河伯之师伐有易,杀其君绵臣"[56]。"有易"为在今河北北部活动的族群,伐有易之事当在公元前1750年前后。伐有易的成功对于商人势力的壮大具有重大意义。意味着相关族群进入了一个快速的成长期。从后来的甲骨卜辞看,宾于有易的子亥和借兵伐有易的上甲微在殷人的祭祀中都占有特殊的地位。

公元前1700年前后,被明确作先商文化的下七垣文化在太行山东麓出现,当是商人通过较高水平的族群整合,势力壮大的进一步证据。考古材料与《竹书纪年》的记述结合,可知下七垣文化是商人在沿太行山东麓拓展和应对来自北方压力的过程中逐渐形成气候的。所谓北方的压力当然可以将与舜有关的夏家店下层文化计算在内。公元前1700年以后,下七垣文化逐渐地形成了由今河南焦作一带起,沿太行山东麓逶迤北上,直至燕山南麓,并进入沁河、漳河、滹沱河和桑干河流域的居址系统,其中心区在漳河一线。下七垣文化涉及的地区广泛,遗址数量可观,但是,至今没有发现明确的下七垣文化的设围基址,显示出其完全服从于夏人的态势。

《竹书纪年》说,夏桀"即位,居斟寻……十三年,迁于河南"[57]。斟寻本在黄河以南，结合夏桀最终与商汤决战于晋西南和设围基址的状况，迁于"河南"应为迁于"河北"，具体地说也就是晋西南地区的东下冯设围基址一带。相较于帝廑所居之河西，居斟寻更有利于应对西北方人群对郑洛一线造成的压力，而迁居河北，更是西北方压力进一步增加的表示。

按照《竹书纪年》，"（夏桀）十五年，商侯履迁于亳"。商侯履就是商朝第一位帝王汤。亳在洛阳一带，夏桀的倾宫也在洛阳一带，商汤之所以能为此，应该是得益于当时夏桀驻在河北，和留守在斟寻的夏桀元妃末喜氏与其重臣伊尹相交，并"遂以间夏"——与夏王疏离。亳在中国上古空间控制系统中是一个十分重要的据点，其具体位置，一直是一个争论不休的问题。《竹书纪年》说："（夏桀）二十一年，商师征有洛，克之。遂征荆，荆降。"[58] 有洛当是在洛河上、中游地区活动的族群，荆在有洛的西南方，征有洛顺带征荆，表明了亳当在有洛的东北方。这样商师溯洛河而上攻击有洛，由洛河经华阳伐荆，才说得上"遂"。《史记》说汤克夏后，南征追击夏桀，其首先面对的是葛伯。葛伯在今长葛一带活动，故亳当在葛的西北，由此借颍河而下，追击夏桀，理当路顺。《竹书纪年》又说："汤在亳，能修其德，伊挚将应汤命，梦乘船过日月之傍。汤乃东至于洛，观帝尧之坛……"[59] 由此，亳应在河洛交汇处以西。综上，亳应在洛阳盆地边缘、白降河中下游河段的北侧（图4-2-1）。

晋《太康地记》有"亳坂"一称，结合"亳"在地图上的位置，可知"亳"本当是一个小山或山坡的名称。商人得势后，应该把这一地点周边的一个相当大的地区都称"亳"，甚至用"亳"来命名商人的中心设置所在。

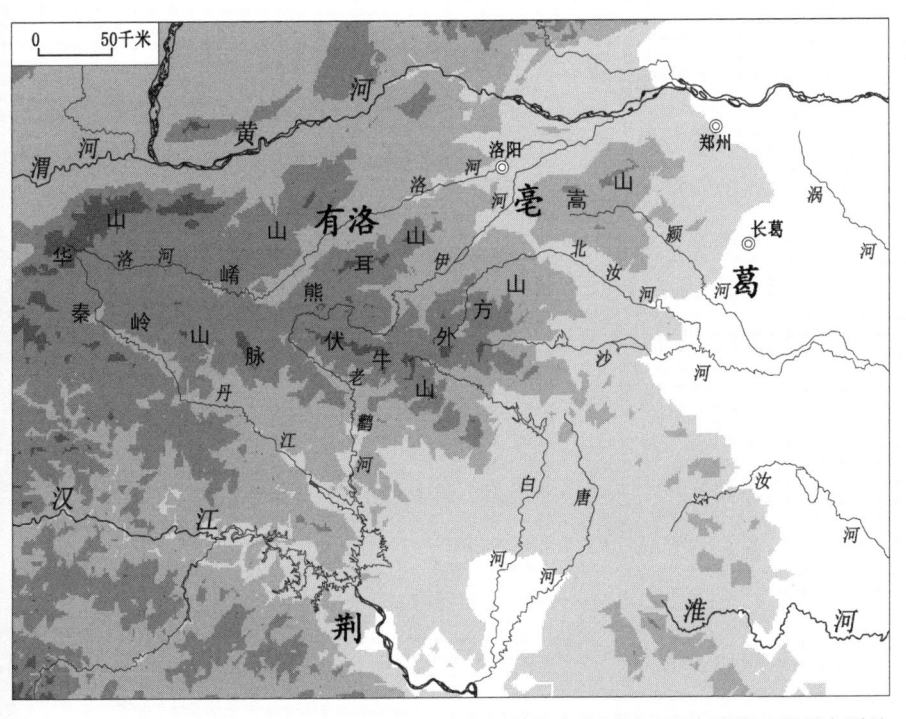

图 4-2-1 亳的位置推定图示［底图依据 SRTM 高程数据和全国地理信息资源目录服务系统（www.webmap.cn）的水系数据绘制］

"亳"与颍河源头地相近。颍河是淮河的重要支流,淮河流域是夏人的根据地,居亳可以借颍河东南向压制夏人的核心族群,有机会与在太行山东麓东北向展开的下七垣文化带连接,构成对东亚大平原中心区的包抄之势。

《史记》说:"自契至汤八迁。汤始居亳,从先王居,作《帝诰》。"[60] 这里的先王,指帝喾,《帝诰》的内容是祭告先王。可见汤"迁于亳",是一项具有重要政治和文化意义的行动,它表示商汤征服天下的开始。

考古工作者在白降河与伊河交汇处,伊河主道东侧,背负山脉尽头,发现了伊川南寨遗址[61]。该遗址距南洼遗址和二里头遗址均为 30 千米,这样的位置有避开南洼遗址的冲击,窥探二里头遗址的意涵。南寨遗址遗址面积约 24 万平方米,文化层厚 2 米,包括了仰韶、龙山、二里头和商代早期遗存,其中以二里头时期的遗存为主。出土遗物有陶鼎、陶尊、石斧、卜骨和陶窑等有权力示意性的物品。特殊的位置和不一般的出土物结合,有助于推测它就是商汤初入洛阳盆地时的驻地。

商侯居亳会使得夏人感到极度不安,所以才有"(夏桀)二十二年,商侯履来朝,(夏桀)命囚履于夏台"[62] 的事件发生。基于空间的逻辑性和连续性,囚禁商汤的"夏台"应在夏人旧地晋西南的"夏邑"一区。

《竹书纪年》说:"(夏桀)二十六年,商灭温。二十八年,昆吾氏伐商。商会诸侯于景亳。遂征韦,商师取韦,遂征顾。"[63] 温,位于今温县。灭温一方面有利于亳地与下七垣文化区之间的联系,同时又能压迫西河一区。此举招致了昆吾氏的激烈反应。昆吾氏封在颍河上的许昌。"景"本义"光明",朝南的山坡常为太阳照耀，景色光明，所以"景亳"意谓亳山之阳。韦、顾在黄河下游的滑县、范县一带，是下七垣文化人群的老邻居。从《竹书纪年》的说法看，似乎商人未和昆吾氏多作纠缠，而是挥师北上，征伐韦、顾，解决后顾之忧。伐商之后，昆吾氏迁至晋西南，成为守护夏桀的主力。

亳位于白降河的下游，虽然位置上相对被动，但却能同时干涉南洼、王城岗、望京楼一线及二里头遗址。考虑亳与晋西南的实际空间关系，可知《汤誓》说商师攻夏由陑山开始是没有问题的。

《尚书·序》说："伊尹相汤伐桀，升自陑。"陑山在今山西永济西南蒲州镇南。这样，商汤由亳出发，过黄河，登陑山，居高临下东北向攻击夏桀在空间上是连贯的。伪孔传说："桀都安邑，汤升道从陑，出其不意。"[64] 说出其不意是因为下七垣人群主要集中在太行山以东，通常看，商汤由漳河甚至滹沱河一线入手进入晋西南更为合理。

虽然经过战斗，但总体上看，商汤取代夏桀，首先是一场宫廷政变。

由古人的记述看，夏桀战败的路线大致为首败于有娀之墟，再败于鸣条之遂，三败于三𢨋，最后逃至南巢[65]。有娀之墟在陑山以北，鸣条在有娀之墟东北，与东下冯设围基址相近，三𢨋在今山东菏泽，南巢在安徽巢湖。这样夏桀战败后，其选择路线当经过古城南关一线，因黄河经济水，而后入淮河东南向。南巢为涂山氏活动范围，涂山氏是夏禹的姻亲，可见桀的奔逃并不是毫无盘算（图4-2-2）。

《史记》说"汤既胜夏，欲迁其社，不可，作《夏社》"，

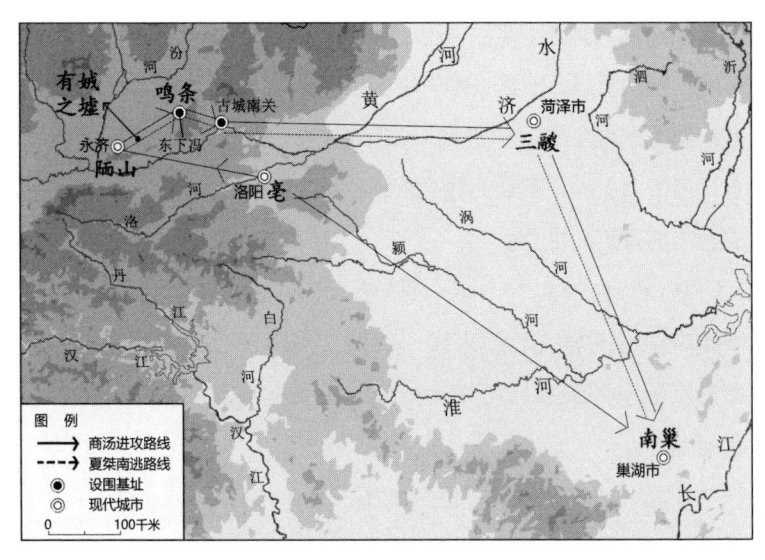

图 4-2-2　商汤进攻夏桀及与夏桀南逃相关地点的位置示意 [底图依据 SRTM 高程数据和全国地理信息资源目录服务系统（www.webmap.cn）的水系数据绘制]

孔安国曰《夏社》，"言夏社不可迁之义"。《竹书纪年》说汤胜夏后十八年"始屋夏社"[66]。"屋夏社"，是说在夏人的社土上加设屋顶，阻断雨露使其不具祭祀效力。与全面拆除、掘地三尺相比，"屋社"是一种相当平和的处理。这样的处理表明夏人与商人的关联十分紧密，商人要为转而效忠于商人的夏人保留足够的面子。《尚书·多士》说殷人曾抱怨周人对商遗民不如商人对夏遗民来得客气，可以作为此说的证据。从设围基址的情况看，公元前 1600 年进入商代积年以后，夏人重要的祭祀场所望京楼设围基址得以持续使用似乎就是"不迁夏社"的证据。也就是说，望京楼设围基址与新砦设围基址一样，是夏人的社祀重地。

因为夏商帝王均为黄帝后裔，祖宗祭祀的内容大同小异，取代夏人后，商人政权的核心要素仍在郑洛一线安排，由在相当长的时间里郑洛一线的设围基址系统大体不变看，似乎此时商人的高规格祭祀的举行征用了夏人的场地。

《史记》说："汤征诸侯，葛伯不祀，汤始伐之。"[67] 葛伯的活动地点正在亳与南巢之间，东南向攻击葛伯可以看作商汤追击夏桀的步骤之一。公元前 1600 年前后，南洼、王城岗和蒲城店设围基址相继废弃，正是商汤南征的成果之一。王城岗、蒲城店设围基址消失固然是夏人的失败，与夏人最高规格的明堂和宗庙相关的南洼设围基址的消失则是对夏人更大的打击。

公元前 1550 年前后，在夏家店下层文化遗址群的敖汉旗城子山和北票盖子顶附近出现了阜新平顶山和北票康家屯两个设围基址，它们的出现强化了夏家店下层文化设围基址群的东侧防御。其针对的应该是来自中原的冲击。

"夏家店下层文化遗址出土的青铜器和金器大多数应该是本地生产的。值得一提的是，夏家店下层文化的这些金属器物均为装饰品，没有工具或容器。虽然也发现了几件具有中原风格的青铜容器，但在夏家店下层文化中实属偶然，它们很可能反映的是该地区与商文化之间的交流，而非代表本地生产。"[68] 从夏家店下层文化的设围基址变动的情况看，不排除这些中原风格的青铜容器是战利品的可能性。

或者是受夏家店下层文化人群的激励，此时在嫩江流域出现了小哈拉文化的肇源白金宝设壕基址，在辽河东岸出现了新乐上层文化的沈阳新乐和千松园设壕基址[69]。这些基址与夏家店下层文化的设围基址群呼应，形成了颇有气势的地方权力景观。

《史记》说，"帝太甲既立三年，不明，暴虐，不遵汤法，乱德，于是伊尹放之于桐宫。"郑玄释"桐宫"曰："地名也，有王离宫焉。"晋《太康地记》云："尸乡南有亳阪，东有城，太甲所放处也。"[70]从位置推测，桐宫应为南洼遗址的部分。《史记集解》孔安国说桐宫为"汤葬地"。《太康地记》也说汤冢在此。因为这里曾是夏人最高水平的祭祀中心，将商汤葬于此处应为合理。

早在公元前1650年前后，岷江流域三星堆文化兴起。《古本竹书纪年》说，"后桀伐岷山，进女于桀二人"。今本《竹书纪年》说："（桀）十四年，扁师师伐岷山。"《楚辞·天问》说："桀伐蒙（岷）山，何所得焉。"可见三星堆人的活动引起了夏王朝统治者的注意[71]，因为岷江一线的统治者示弱，加上中原政局不稳，夏桀并未取得征伐成功就撤退了。得益于夏商更替，三星堆文化进一步发展，公元前1550年前后，在岷江流域出现了三星堆设围基址[72]。三星堆初期仅为圈围面积47万平方米的小城，城墙平面西南隅大幅压缩，等级设置相当克制。这显示出三星堆设围基址的拥有者自认为居于中原政权之下，或不愿意给中原统治者造成过度的刺激（图4-2-3）。

公元前1500年左右，帝太戊当政。《史记》说，太戊时"亳有祥桑穀共生于朝，一暮大拱。帝太戊惧，问伊陟。伊陟曰：'臣闻妖不胜德，帝之政其有阙与？帝其修德。'太戊从之，而祥桑枯死而去"。孔安国曰："祥，妖怪也。二木合生，不恭之罚。"[73]由这一故事可见此时商人羽翼已丰，不愿意继续忍受夏人牵制。在二里头文化的最后阶段，二里头遗址上的城垣不复存在可以作为这一说法的证据。按照《史记》，问题的解决并没有采用杀戮的手段，帝太戊通过"修德"——壮大自身解决了问题。正是这

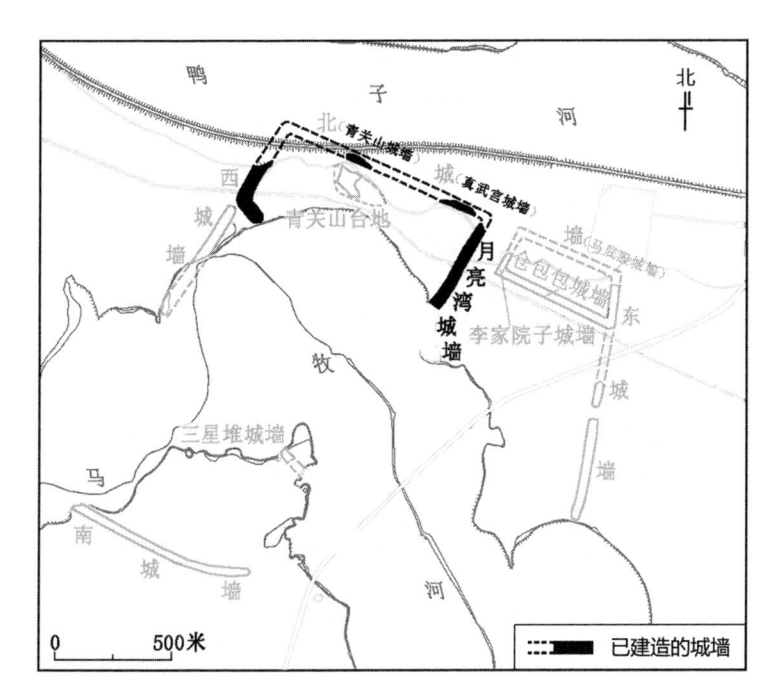

图 4-2-3　三星堆遗址城墙营建第一阶段图示（底图采自《先秦城邑考古》，参考考古发掘资料及 2021 年 3 月 20 日在成都召开的"国家文物局'考古中国'重要项目重要进展会议"上雷雨发表的报告信息绘制）

个时候，黄河中游的设围基址群发生大规模的置换，自此中原地区的考古学文化进入二里岗文化时期。

在公元前 1500 年前后，在放弃既有的古城南关、东下冯、二里头、稍柴、孟庄诸设围基址的基础上，在黄河南河一线，出现了属于二里岗文化的平陆梁宿、洛阳偃师商城、荥阳唐垌、郑州白寨、郑州商城和焦作府城等设围基址，这些设围基址与保留下来的西吴壁、西史村、大师姑和望京楼诸设围基址一道，形成了拥有 10 个设围基址的庞大设围基址群[74]。相较之前，新的设围基址群的结构重心东移，表示在一定程度上放松在西北方向上的博弈，把注意力更多地投向与夏人关联较多的淮河流域和环泰山地区。

内蒙古伊金霍洛旗朱开沟遗址，出现有二里岗风格的陶器和青铜器。朱开沟遗址很可能是早商国家在晋陕峡谷西北地区积极经营的前哨基地。公元前1500年之后，曾经繁荣的朱开沟文化消失了[75]。朱开沟文化的消失，可以理解为商人放松了在西北方向上的博弈表示。

新设置的偃师商城圈围范围达到1.9平方千米，设有三重城池，可以分作小城、中城、大城。小城与中城先建，大城后建。未建大城时的中城中轴南端，设置小城。在这个小城的西南，安排有另一小城（Ⅱ号建筑基址群），二者构成了一个由西南而东北的动线。

位于偃师商城中城中轴南端的小城的建筑布局显然源自大汶口文化晚期尉迟寺遗址或良渚文化良渚古城的核心部分。主要由三部分构成，前部西半，由前向后，分别设朝堂、明堂和寝殿。前部东半为宗庙。后部为举行社祀的场所。此时的明堂，不仅体量远小于朝堂，而且位于朝堂之后，在视觉上相当隐蔽，虽然在布局上另设由西南而东北的明堂动线，但该动线的起点偏在一隅，这样的安排意味着明堂的地位大幅降低（图4-2-4）。

偃师商城中城的平面形状初看很难归纳，可实际上这是一个试图熔西南隅突出和规则矩形为一炉的尝试。该城圈以规则矩形为基础，通过城垣突出与凹进的相互补偿，最终形成具有显著规则矩形倾向的西南隅扩张的平面图形。这是打造轴线严整、主导空间可以满足特定礼仪要求的祭祀场所的全新设计，是对规则矩

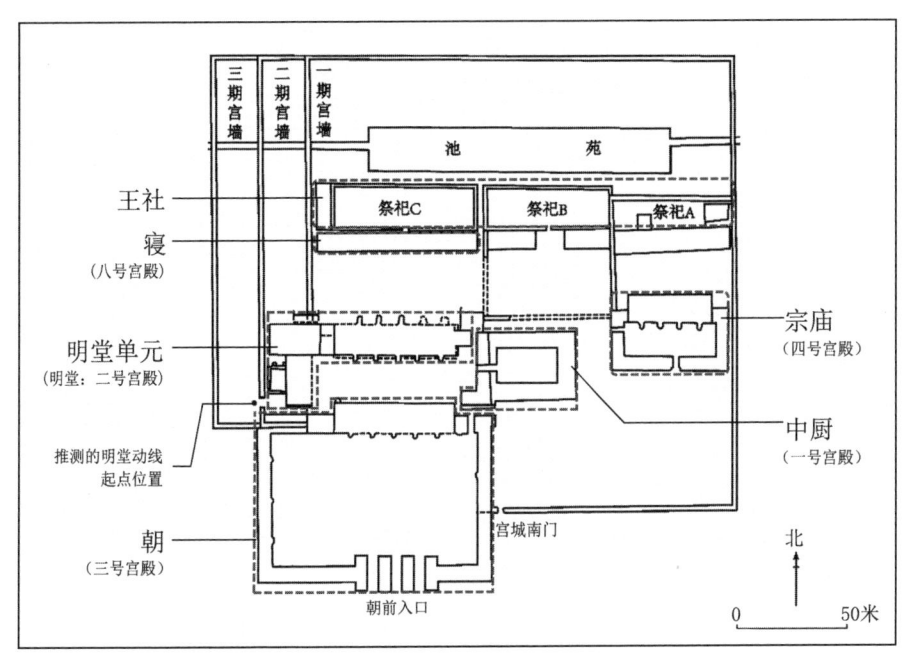

图 4-2-4　偃师商城小城二期 3 段的建筑功能考定图（《祭祀与疆域：中国上古空间考古六题》）

形城池平面的某种认可。偃师商城中城，圈围范围只有 86 万平方米，不具备规模优势，仍是小中心的做法。因为坚守古制也是彰显权力正当性的重要途径之一，这种"小"在一定的文化框架下可以是显示权威的手段（图 4-2-5）。

此时，因为车、马的引入，箭弩的革新，一定水平的独立于河道的路网系统形成，导致空间控制格局发生了重大变化。占据郑洛一线已经很难取得对周边地区的明确战略优势，甚至会由于居中的位置，成为四面受敌的焦点。为了确保这一高规格设置的安全，必须增强城池的防御能力，这应该就是在偃师商城中城建

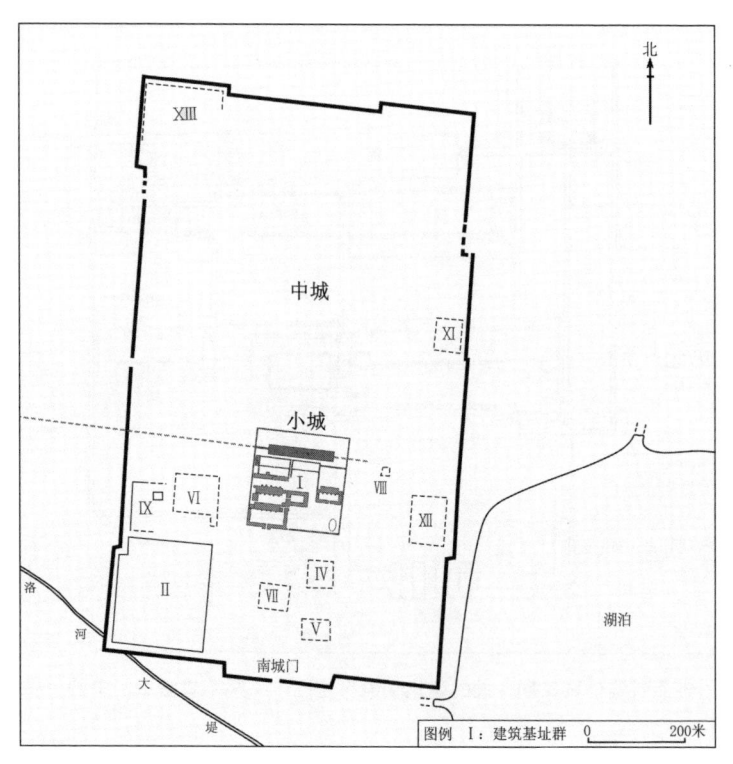

图 4-2-5 偃师商城二期 2 段平面图（据《社会考古视角下的偃师商城——以聚落形态和墓葬分析为中心》改绘）

成后不久，又在其外加置大城的理由。城池的新添部分在中城的东侧和北侧，形成了西南隅明确突出的大城轮廓。从理论上说，这种做法有条件在对原定祭祀线路影响不大的情景下增加居住地段（图 4-2-6）。

在偃师商城建成一段时间后，郑州商城起建。从位置上看，该城同时面对黄河、济水和淮河，战略地位非同一般。郑州商城不仅城址面积达到 3 平方千米，远大于偃师商城大城，而且在该城址西南数千米处，另设一道防御性墙垣，该墙垣与城址之间形

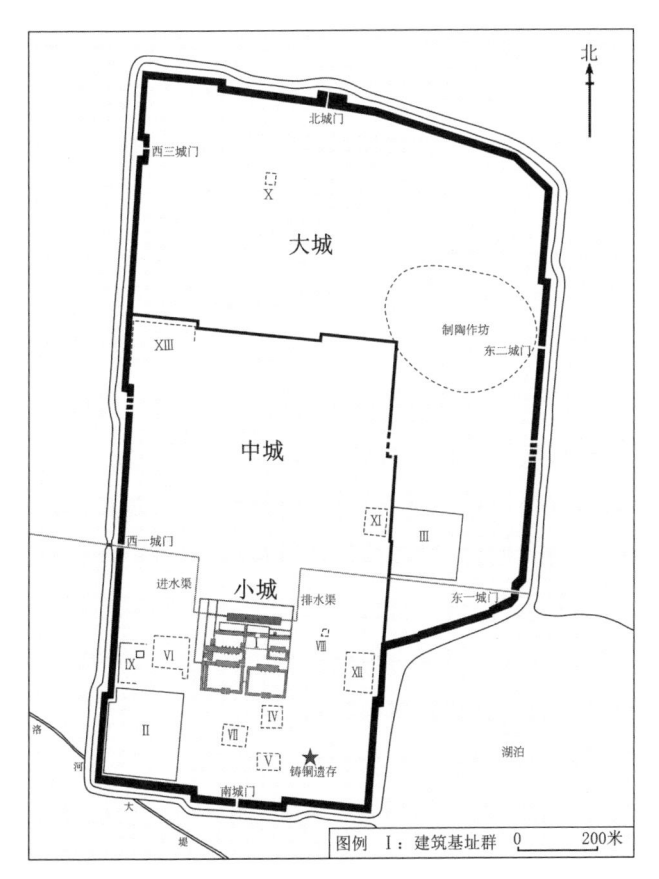

图 4-2-6 偃师商城三期 5 段平面图（据《社会考古视角下的偃师商城——以聚落形态和墓葬分析为中心》改绘）

成一个包含着各种遗址的特殊地带，暗示由西南而东北的动线存在，并使郑州商城圈涉及总面积接近 10 平方千米，这是一个前所未有的系统，其规模在二里岗文化的遗址中具有绝对的优势。可是，郑州商城的中心城址西南隅压缩，东北角明确抹去，只有一道完整的城圈。在祭祀等级上远不及偃师商城。因为在相应设

第四章 253

围基址群中，偃师商城和郑州商城在规格及规模上特别突出，可以断定偃师商城和郑州商城是该设围基址群中责任重点不同的特殊单位。偃师商城是商人最高等级的祭祀与仪式中心，郑州商城是行政与军事重镇。这种设围基址群中包含一个祭祀中心和一个军事重镇，二者结合成为一个核心对子的做法或者可以与二里头文化设围基址群中的南洼遗址和二里头遗址对应。将行政与军事重镇放在郑州一线，应该表示当时商人面对的挑战主要来自东方和东南方。郑州一带设围基址相对密集，以及在郑州商城以东不足 10 千米处又加设梁湖设围基址传递了同样的信息。

从发掘的情况看，郑州商城应该是将内城的东北象限安排为祭祀单元，在其他象限则安排另外的内容，其间没有硬性隔离，虽然空间交错混杂，祭祀环境不够隆重，但却利于防卫。相应做法为在郑洛一线，突破高等级祭祀场所的限制，容纳更多要素的城池的制作提供了先例（图 4-2-7）。

二里岗文化时期，望京楼遗址依然存在两道圈围，由人工壕沟与自然河道构成的"外城"沿袭使用。与二里头时期比较，此时的内城东墙稍向内移，虽然二里头时期内城西半的情况不明，可二里岗时期内城只有西垣却没有相应的壕沟，似乎等级有所降低。很有可能这里已经转变成为了从属于新的祭祀系统的特别单位（图 4-2-8）。

《竹书纪年》说："（太戊）五十八年，城蒲姑。六十一年，东九夷来宾。"[76] 蒲姑在泰山东北，东九夷指岳石文化人群。岳石文化人群曾与夏人高度协同，应可视为夏人的留存。由这一记述看，商王对环泰山地区发动战争并取得了胜利。这正与公元前 1450 年前后，由十里铺北、城子崖、榆林、丁公、史家、桐林、

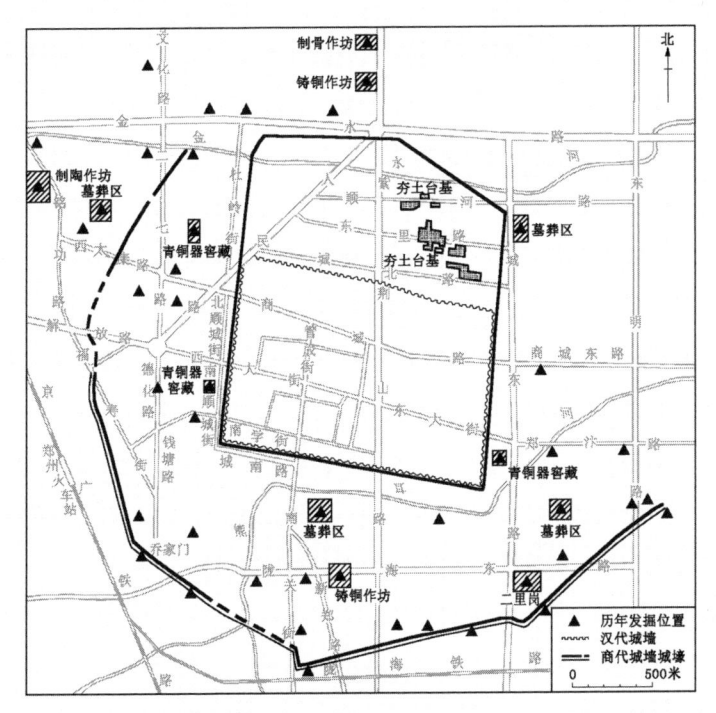

图 4-2-7 郑州商城平面图(《先秦城邑考古》)

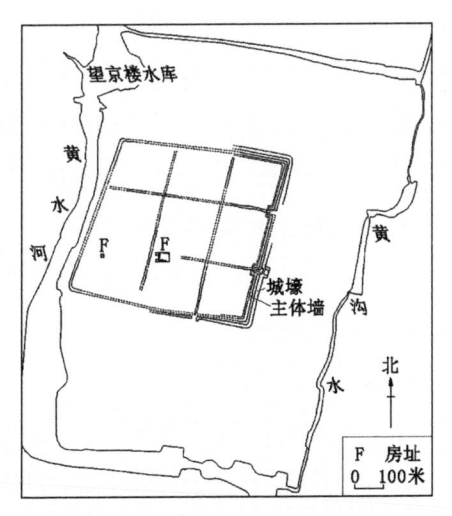

图 4-2-8 新郑望京楼二里岗文化设围基址平面图(《先秦城邑考古》)

藤花落、庙后、照格庄等遗址组成的岳石文化的设围基址群消失相对应。

岳石文化设围遗址群消失后，重心在郑洛一线的二里岗文化的设围基址群成为了东亚大陆腹地核心区唯一的一个设围基址群，此种形势使得"中国"的特殊性得到了最为突出的展示，对于"中国"的占据者来说，这是一个前所未有的成绩。对于这个设围基址群的主张者来说，稍感遗憾的是，在燕山以北，还有夏家店下层文化设围基址群存在。

岳石文化设围基址群消失后不久，已经存在了三百年左右的庞大的夏家店下层文化设围基址群突然消失了，附带的还有嫩江流域属于小拉哈文化的白金宝设围基址和辽河下游属于新乐上层文化的新乐、千松园设围基址。位于中原的设围基址群取得了更加明确的凌驾性态势。无论从哪个方面看，这都是一场重大的变故。考虑到商人与帝舜一族之间的长期博弈关系，庞大的夏家店下层文化设围基址群的消失，应该是中原势力北上的结果。在此后的很长时间里，在燕山以北，只有属于新乐上层文化的沈阳郝心台设围基址和属于高台山文化的阜新两家子设围基址存在[77]。

《竹书纪年》说"（太戊）十一年，命巫咸祷于山川"。《史记正义》说巫咸冢在常熟[78]。大约在夏家店下层文化消失前后，在长江下游出现了属于湖熟文化的江阴佘城设围基址。佘城遗址城圈范围为30万平方米，小于此时的三星堆遗址，由位置和设围基址的规格设定看，其当为巫咸一系所有，是商人在湖熟地区培养自己势力的成果。

这样宏阔辽远的东亚大陆腹地，围绕人们认定的最为神圣的"神明之隩"，有一个包括两个巨大设围基址的设围基址群存在，在其周边可观的距离之外才可以看到孤立的设围基址，并且这种地点只有三处，又分散在不同的方向上。综观上古设围基址的存在情况，应该是在此时，东亚大陆腹地的设围基址构成了最为明晰的中心突出的中心—边缘结构，在形式上"中国"的神圣性得到了最隆重的体现。

公元前1450年前后，在黄河北岸粮宿遗址以北的中条山北麓，夏县东下冯遗址上又出现了圈围，这是强化设围基址群西部防御的措施，表明来自西河一线上游的压力开始浮现。从空间上看，这种压力极有可能与夏家店下层文化的散逸人群有关。

《竹书纪年》说，由汤至太戊，商王一直在洛阳盆地驻扎，即"居亳"。公元前1416年即位的仲丁一改旧规，迁至"嚣"，即于郑州一线驻扎。这一迁动可以视为东下冯遗址上再次出现圈围的配套动作。一方面，回避来自设围基址群西北方的压力。另一方面，进驻郑州地区也是应对黄河下游、济水下游和淮河下游不同人群的压力。

按照《竹书纪年》，河亶甲"名整。元年庚申，王即位，自嚣迁于相"。《史记集解》孔安国传说"相"："地名，在河北。"陆德明《经典释文·尚书音义》："相，息亮反。在河北，今魏郡有相县。"[79]今在相应地望发现安阳市北关区柏庄镇陶家营遗址。该遗址有平面为长方形的双重环壕，外环壕东西300米，南北330米，圈围面积9.9万平方米。由遗址上出土一系列高等级的礼仪器具看，[80]可以认为其为河亶甲迁相时的核心祭地。由嚣迁相，从空间位置看，显示出商王对环泰山地区及华北平原的关切。与《竹书纪年》所述河亶甲持续对这一地区动武正相对应。在商王的努力下，在二里岗文化期，环泰山地区及华北平原一直没有非二里岗文化的设围基址出现。

离开商王的主导关切方向，此时，位于岷江流域的三星堆小城外面又加设了一道城圈。城池规格得到了大幅度的提升（图 4-2-9）。三星堆城池的扩张应该是商王在相应地区控制能力减弱的表示。

"相"位于太行山以东，较之郑州更加远离西北方势力的冲击，似乎河亶甲时来自郑洛地区西北的压力已经成为较为重要的问题。为了更为有效地应对这个方向上的压力，商王祖乙将驻地迁至晋西南。《竹书纪年》说，商王祖乙"元年己巳，王即位，自相迁于耿。命彭伯、韦伯。二年，圮于耿。自耿迁于庇。三

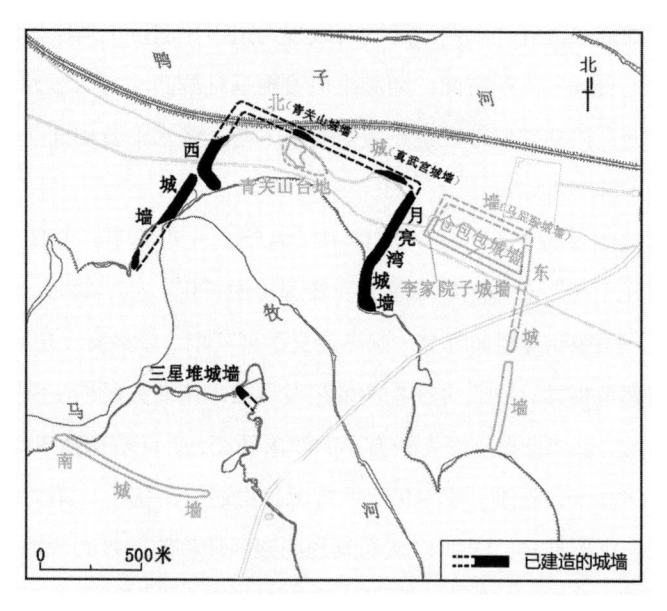

图 4-2-9 三星堆遗址城墙营建第二阶段图示（底图采自《先秦城邑考古》，参考考古发掘资料及 2021 年 3 月 20 日在成都召开的"国家文物局'考古中国'重要项目重要进展会议"上雷雨发表的报告信息绘制）

年,命卿士巫贤……八年,城庇"[81]。耿在晋西南。祖乙于公元前1385年至公元前1366年在位。正在此时,位于晋西南的西吴壁设围基址消失了,随后在西吴壁设围基址东南,靠近黄河,出现了古城南关设围基址。所以,耿,应指西吴壁设围基址。庇,应即古城南关设围基址。此后,商王祖辛、开甲、祖丁、南庚皆居庇,表明商人全力坚守晋西南,以保证郑洛一线的安定。

彭伯、韦伯为活动在江淮一线的族群的首领,祖乙对他们进行策封,表示在相应方向上受到较为严厉的挑战。

巫贤是巫咸之子。大略河亶甲、祖己在位时,在钱塘江流域出现了杭州余杭小古城主导的城址群[82],从空间位置看,提升巫贤的地位,应是商王用与余城相关的人群压制钱塘江一线新兴势力的措施。

公元前1400年前后,位于郑洛一线的大师姑设围基址消失了,大致同时,在长江和汉江的交汇处,出现了应为商王主张的湖北黄陂盘龙城设围基址。这种变化,意味着商王将人群重新配置。盘龙城设围基址的定位,使它既可以阻止三星堆人进入江汉平原,又可以更为直接地应对洞庭湖及鄱阳湖一带的不服从势力。

《竹书纪年》说,祖乙"十五年,命邠侯高圉"[83]。邠,在今彬县,高圉是周人先祖,明确彬县一带由周人管理,这当是利用周人阻止西北地区族群侵扰的措施。

二里岗文化晚期,在盘龙城西北约60千米处,出现了云梦王家山设围遗址,与盘龙城结合,形成一个强势单元。这一强势单元的出现的时间,大致与商王南庚在位对应,《竹书纪年》说商王南庚"三年,迁于奄"[84]。"奄"即"偃",在今漯河市郾城区古城村一带,将行政中心迁至漯河,摆出御驾亲征的姿势,为与王家山和盘龙城遗址相关的族群提供支持。

在商王南顾之时，东下冯设围基址被放弃了，在晋西南，商人的高规格祭祀地段只剩下古城南关一个。更为严重的是，此时偃师商城退出了历史舞台。偃师商城是殷人的祭祀中心，对于殷人来说，没有特殊的理由它就应该持续地存在。偃师商城的退出，应该是商人已经无力同时应对西北和东南两方面压力的表示。随后，在郑州商城以东的梁湖设围基址放弃了，在望京楼的西侧，颍河上游的王城岗遗址又重新疏浚了二里头文化时期的壕沟，从而形成了设围基址群的新结构。较之以前，这一结构的主体部分相对单薄，重心向嵩山以南转移，更多地表现出回避西北方冲击的姿态。

自老虎山文化的设围基址群消失以后，在蒙晋陕三角区乃至西河一线很少有设围基址出现。造成这种状况的原因可能是，这一地区游牧民族兴起，生业的转变导致文化上与中原地区分异加大，相关人群不再设置用圈围标定的大规模的祭祀中心。另外，与中原地区生业和文化一致的人群，由于面对的侵扰压力增加，不再在容易遭到侵掠的地区设置高规格的祭祀地段。很有可能的还有，因为这一地区文化的错杂，形势不稳，导致相应地区不再有分量足够的强势族群出现，相应人群在中原权力构架中的地位降低，在这里活动的人群没有资格设置设围基址。

在二里岗文化的晚期晚段，粮宿设围基址消失了；王城岗遗址上的壕沟再次短暂使用后废弃；王家山与盘龙城设围基址组合也消失了；种种迹象显示，郑州商城也曾被敌方攻破。商人的核心设置已经很难在郑洛一线立足。在相当长的一段时间里，似乎郑州小双桥遗址成为了商人的临时高级祭场。小双桥遗址上没有圈围发现，似乎意味着商人经历了一个空间架构犹豫期。

新石器时代晚期，赣江支流抚河流域已经有小型设围基址出现[85]（图4-2-10）。因为地方偏远，在东亚大陆腹地的"神明之隩"系统中的地位较低，这一地方势力很难引起中原权力单位的注意。商人对长江流域压制能力的弱化和铜矿的采集，为赣江流域人群参与更大地域的空间竞争提供了机会。应该经历了相当水平的族群整合，二里岗文化晚期晚段，规模可观的江西樟树吴城设围基址出现了[86]。吴城遗址圈围范围60万平方米，圈围平面东北角抹去、西南隅压缩，等级不高。尽管如此，它的出现仍然极大地改变了长江中下游的权力格局，对商人形成了一定水平的挑战（图4-2-11）。

《竹书纪年》说，南庚以后的商王阳甲居于奄，阳甲的继任者盘庚即位于奄，后"自奄迁于北蒙，曰殷"，并"营殷邑"[87]。殷，在今安阳。安阳位于黄河下游的中段和漳河下游，据此在空间控制与拓展上的能力有限。可在东南方向上，可以依靠黄河的阻隔，避开江淮及环泰山地区人群的冲击，在西北方向上，可以依托太行山形成防御，阻止蒙晋陕三角地带及晋陕峡谷西北人群的侵扰，所处相对安定。将都城设在殷，是在江淮和西北重大的压力下不得已的选择。虽然在传统的"神明之隩"系统中安阳的地位不高，可是安阳是殷人旧地，在交通系统由主要依托河道逐渐向更多依托独立路网转变时，在安阳设置殷人最高等级的祭祀地段已经是差强人意。随着商人向安阳迁移，郑洛一线的古城南关、唐垌、双桥、白寨、郑州商城、望京楼、府城商城等设围基址废弃了，商人以安阳为中心，打造新的设围基址体系。

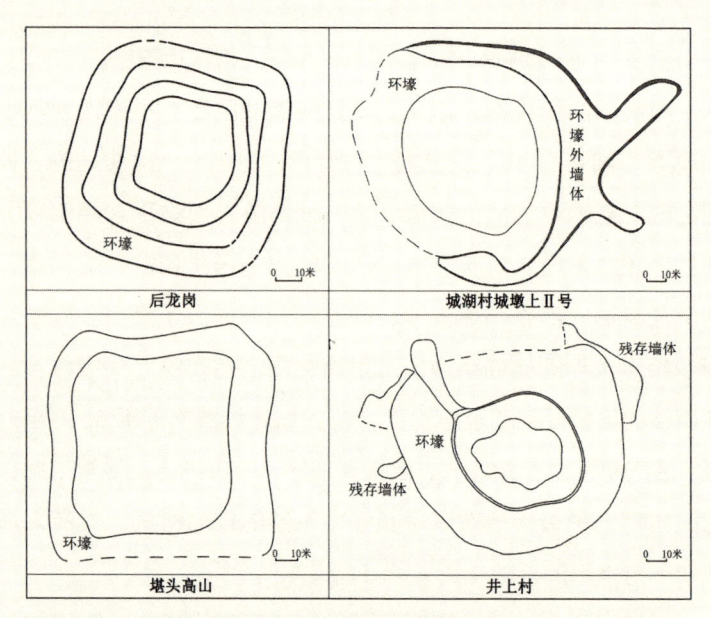

图 4-2-10 抚河流域金溪县设围基址平面举例(据《江西抚河流域先秦时期遗址考古调查报告Ⅱ(金溪县)》改绘)

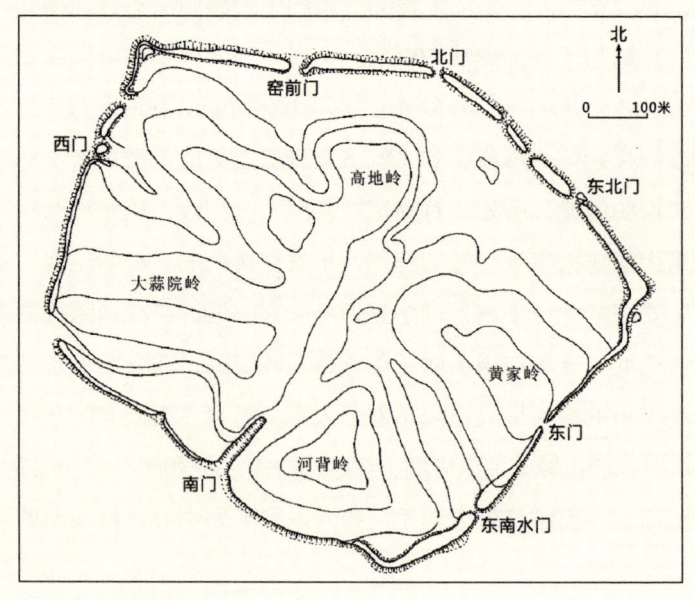

图 4-2-11 樟树吴城遗址平面图(据《吴城:1973~2002年考古发掘报告》改绘)

在陶家营遗址西南方 4 千米处的安阳"洹北商城"当是盘庚"营殷邑"的主要成果[88]。虽说是"城",但发掘只见壕沟。洹北商城圈围平面为规则矩形,范围达到 470 万平方米。在围圈中心区,圈围中轴的南端东侧,有面积达到 41 万平方米的"宫城"。巨大的规模,与偃师商城有一定相关度的格局,表明了洹北商城是作为商人的最高等级的祭祀地段来建设的。与偃师商城比照,可知洹北商城中的宫城其实只是原计划宫城的东半,也就是宗庙部分。之所以宫城只建了一半,是因为该城起建不久,宫城东半才基本完成,工地就发生了火灾,某种禁忌加上对将祭祀中心设在安阳的不甘,洹北商城的建设被长时间地搁置了[89](图 4-2-12)。

《史记》说:"帝盘庚之时,殷已都河北,盘庚渡河南,复居成汤之故居,乃五迁,无定处。殷民咨胥皆怨,不欲徙。盘庚乃告谕诸侯大臣曰:'昔高后成汤与尔之先祖俱定天下,法则可修。舍而弗勉,何以成德!'乃遂涉河南,治亳,行汤之政。然后百姓由宁,殷道复兴。诸侯来朝,以其遵成汤之德也。"[90]这段文字表明盘庚打算放弃安阳的建设,积极地在黄河以南寻找定都之地,并最终在洛阳盆地驻扎。考古资料显示,在洹北商城建设以后,在洛阳盆地出现了洛阳侯城设壕基址。侯城的圈围平面为长方形,遗址面积 10 万平方米。规格不高,但仍可以推认其为盘庚行政的临时的依据。

考古材料显示,在洹北商城搁置后,不久即在安阳小屯一带形成了规格很高的新的宫殿区——小屯殷墟。按照《史记》和《竹书纪年》,盘庚之后商王主要居住在殷地。这种情形可以理解为盘庚或其后任并未能在洛阳盆地长久坚持,还是把殷作为了长久

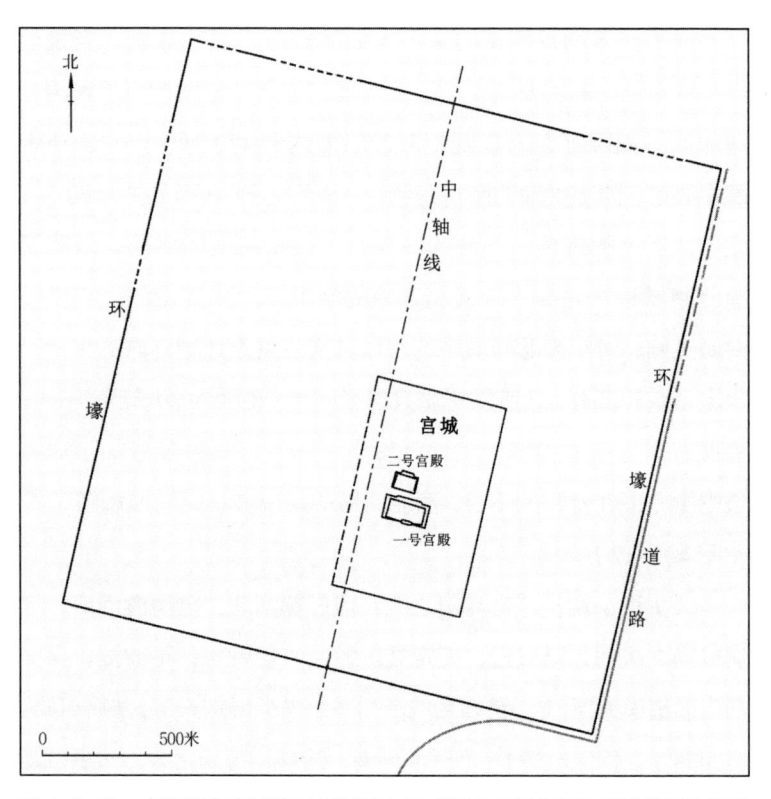

图 4-2-12　安阳洹北商城遗址平面图（据《河南安阳市洹北商城铸铜作坊遗址 2015～2019 年发掘简报》改绘）

的驻地。

　　洹北商城和侯城出现时，长期没有设围基址出现的环泰山地区发生了变化。在泰山与济水的相夹处东侧出现了寿光呙宋台设围基址，桓台史家遗址上又重新设置了环壕[91]。二者近距离相邻，表明它们为协同关系。由圈围平面和规模看，这两个设围基址的等级不高，从遗址内涵看，呙宋台遗址所代表的人群与中原的关系并不密切。注意到同期的"纯中原"的大辛庄遗址[92]位于泰山与济水的夹道西侧，离呙宋台不远，在中原势力依然可观的背景下，这一防守要地两侧近距离相邻遗址间明确文化差异的存在，表明商人的主力已经退出胶东半岛。而在胶东半岛活动的人群则获得了相当水平的独立。

在呙宋台、佘城、吴城和三星堆等设围基址的限定下，经过一定时间的经营，在黄河中下游地区，逐渐形成了由安阳小屯殷墟、洛阳侯城、阜南台家寺、定陶十里铺北等遗址构成的殷人支配的设围基址群，形成了殷人主导的空间的关键支撑。

祭祀是国家大事，适当的祭祀中心是不可或缺的，在洹北商城被搁置的情况下，殷人在洹北商城的西南方的小屯一带，建设了与偃师商城宫城西半部分内容对应的宫殿建筑群，宫殿建筑群建成后不久，在其外围设置了圈围完整的壕沟。壕沟平面西南隅略微扩出，范围约 70 万平方米，远大于偃师商城的宫城。虽然只有一重围壕，但考虑到其内容只是常规宫城的一半，具有一定的临时性，在逻辑上当与洹北商城配合使用，所以，位于小屯的宫殿建筑群在形式上足够隆重（图 4-2-13）。

小屯殷墟的宫殿区坐落在圈围范围的东北部分，初建时，宫殿建筑群主体建筑布局与偃师商城宫城西路建筑基本相同，前边为用作朝会的廊院，其后为矩形平面的明堂，明堂后面为寝宫。在没有独立设置的宗庙的情况下，祖宗的祭祀主要在明堂上进行。可在这个组合中，明堂的地位不够显豁，使得祖宗祭祀在隆重程度上难以满足要求。这样，以不重复设置宗庙为前提将这一宫殿组合改作明堂前置，明堂朝堂连体，其后由规模可观的连廊衔接寝宫的隆重系统就事属必然。为求隆重，明堂部分要尽可能在形态上有不同一般的表示 [93]。最终形成的明堂是一个总面阔达到

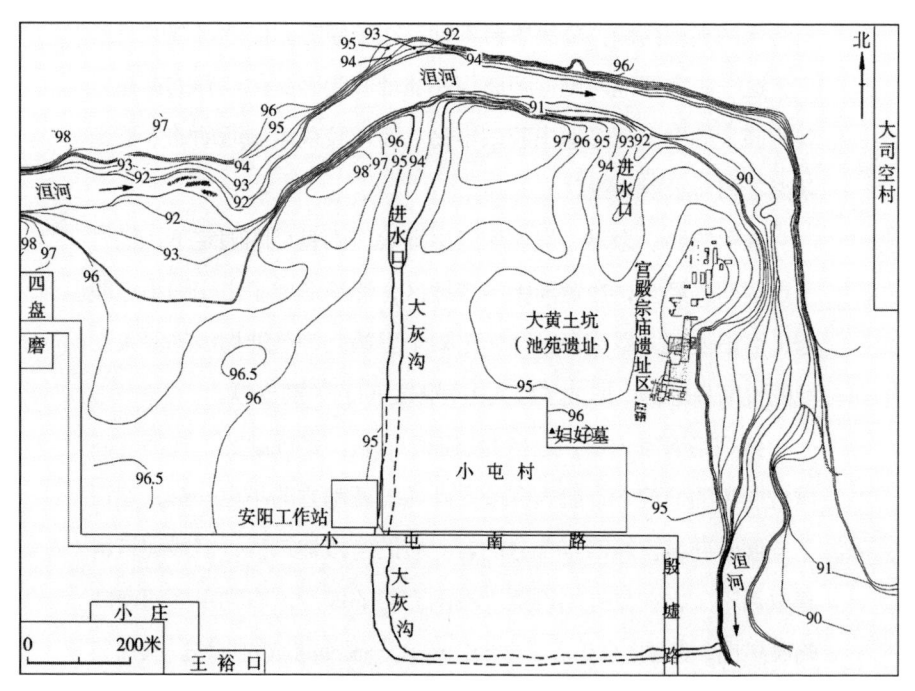

图 4-2-13　安阳殷墟小屯宫殿宗庙区平面图（《洹北商城与殷墟的水系及相关问题》）

120 米，两端设有独立的装饰体量，正面富于变化的整体。这是一座前所未有的、包括一系列全新创设的礼仪建筑（图 4-2-14）。在小屯宫殿建筑群的西侧有池苑遗存，将之与良渚古城的做法联系起来看，可以认为这些设置当首先与祭祀地祇相关。

盘庚之弟帝小乙之子帝武丁是一位大有作为的帝王。如果小屯殷墟早期宫殿为盘庚或紧随其后的商王所为，似乎可以把小屯殷墟宫殿形式更改、辉县孟庄的再次启用和荥阳关帝庙的设置归置在武丁的名下。孟庄和关帝庙两个设围基址的建设强化了洛阳与安阳之间的联系。小屯殷墟宫殿的主体应为明堂，明堂为主

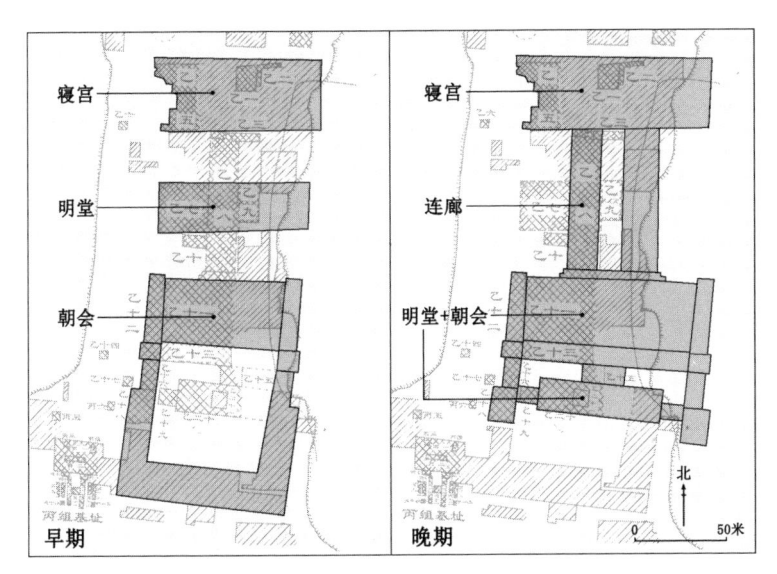

图 4-2-14　小屯宫殿宗庙区不同时期主体建筑组合平面图（据《殷墟宫殿区建筑基址研究》改绘）

暗示着一个全然不同于偃师商城的新的都城的存在，这些对于提振殷人的自信、凝聚人气具有重要作用（图 4-2-15）。

从现有资料看，三星堆的城池虽经不断拓展，但相应文化的设围基址始终只有位于四川盆地一隅的一个，这可以视为三星堆文化的当政者对中原权力有所忌惮的表示。大致与殷墟的建设同时，三星堆的城池又有拓展。原有的城池外加设了一道新的城圈，形成面积达 3.11 平方千米、西南隅突出的大城。值得一提的是，三星堆大城东北角的仓包包小城的存在，使得这个城圈既可以视为东北角缺失的，又可以视为东北角完整的，这种两可的状态应是规避既有规则限制的办法，这种对既有规则的规避以特殊的方式表明了三星堆人至少在明面上还自认为是殷人的从属。"三星

第四章　267

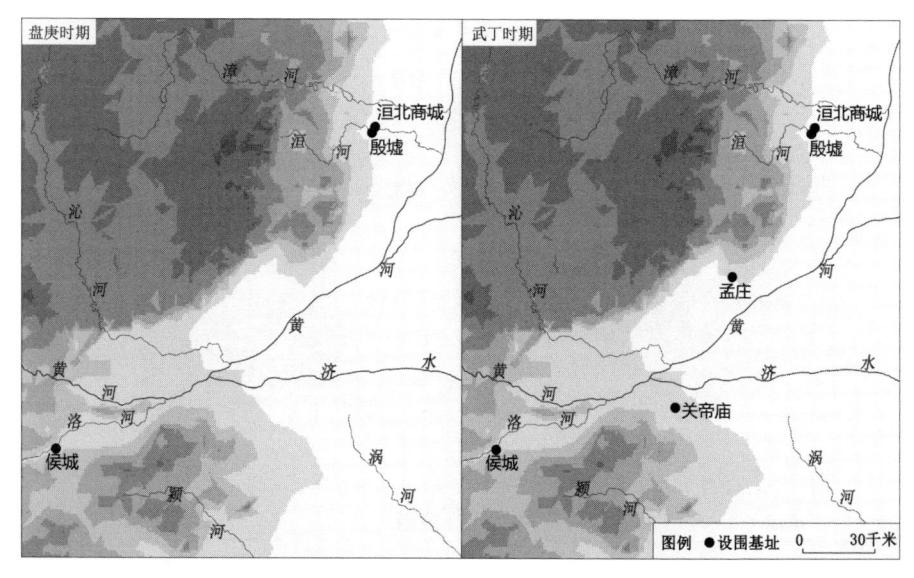

图 4-2-15　盘庚时期和武丁时期殷人设围基址系统［底图依据 SRTM 高程数据和全国地理信息资源目录服务系统（www.webmap.cn）的水系数据绘制］

堆遗址实际上是由数十个地点组成的大型遗址群，遗址集中分布区的面积约 6 平方千米。……城内面积 3.11 平方千米。其中台地 1.23 平方千米；马牧河（在三星堆文化时期已经存在）河道面积 1.88 平方千米，占城址总面积 60% 以上。"[94] 这样的格局充分显示，当时圈围设置的核心关注，是一定规格的礼仪构架的形成，这也就决定了城中的居民只是数量十分有限的与相应礼仪活动密切相关的人员。宽大的马牧河河道由城的西南进入，东南流出，既将城内用地分为西北、东北和西南三个部分，既形成了礼仪活动要求的空间格局，又让三星堆大城"自然地"成为"轩城"。"轩城"做法的存在，更进一步地表明了此时三星堆人仍然承认自己是处于一隅的从属者（图 4-2-16）。

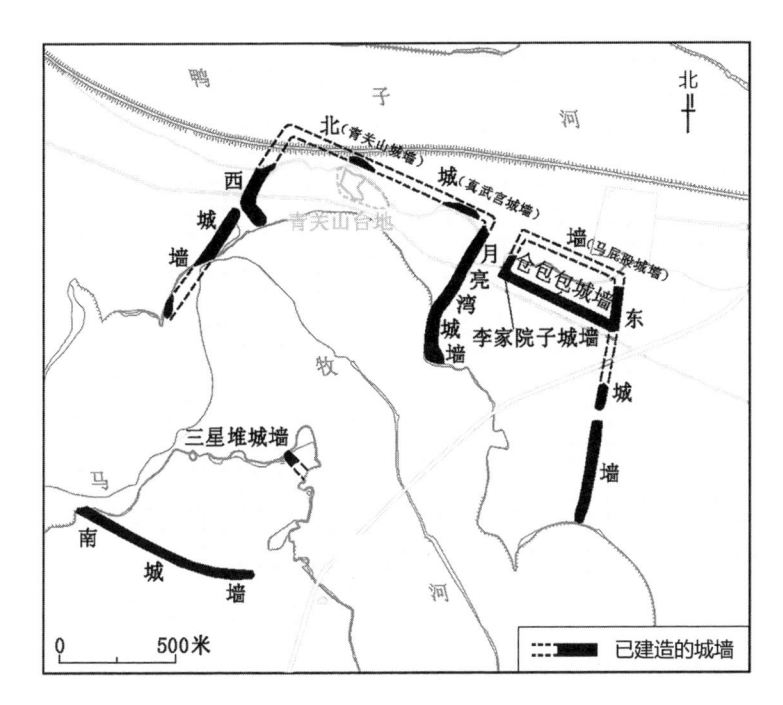

图 4-2-16　三星堆遗址城墙营建第三阶段图示（底图采自《先秦城邑考古》，参考考古发掘资料及 2021 年 3 月 20 日在成都召开的"国家文物局'考古中国'重要项目重要进展会议"上雷雨发表的报告信息绘制）

《史记》说："帝武丁祭成汤，明日，有飞雉登鼎耳而呴，武丁惧。"[95] 人称周之初兴为"凤鸣岐山"。雉为凤凰之原型之一。雉鸡纹是周人礼器多用的纹样（图 4-2-17）。故"飞雉登鼎耳而呴"应该表示周人的活动已经引起殷王的疑虑。此时在渭河流域的属于周人的郑家坡遗址上出现了环壕，这应该可以作为引起武丁疑惧的理由应可作为周人崛起的证据[96]。

郑家坡基址的创设是周人空间突破的关键举措。将《诗经·公刘》一诗对公刘经营的场所的描述与坐落在渭河边上的郑家坡遗

图 4-2-17 西周时期青铜器上的雉鸡纹饰举例（《夏商周青铜器研究》）

址的环境格局比照，可知郑家坡基址创建于周人的先公公刘之手，初建时没有圈围。《史记》说："公刘虽在戎狄之间，复修后稷之业，务耕种，行地宜，自漆、沮度渭，取材用，行者有资，居者有蓄积，民赖其庆。"[97] 郑家坡遗址的落脚点正对着关中与四川盆地联系的傥骆道的起点，"自漆，沮度渭，取材用"应该说的是公刘一系进入渭河主道沿线，依托郑家坡遗址，借助占据岷江、嘉陵江上游的优势，向四川盆地人群索取资源（图 4-2-18）[98]。依托公刘的业绩，借助于协同殷人经略西北的机会，经过几代经营，周人的势力大幅提升，以至于武丁之时，周人已经成为商人西北方向的威胁。

商人因为西北方向鬼方的压力，想通过给周人一定的权力，借周人之力应对鬼方，没承想周人在渭河一线大力拓展，直接压制郑洛一线。按照文献记载，武丁并未直接对周人开战。《竹书纪年》说，"（武丁）三十四年，师克鬼方。氐、羌来宾。"[99] 通过对鬼方的战争的胜利，震慑了周人，抑制了其势头。随后武丁又对江淮地区开战得胜。这一些应该最终安定了局面。因为武丁成功地应对了严重的挑战，其后人"嘉武丁之以祥雉为德，立

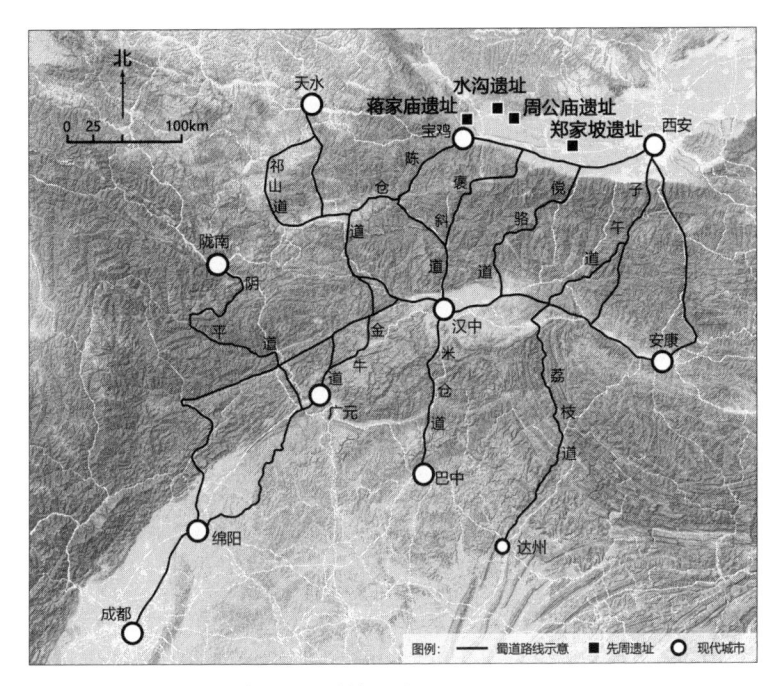

图 4-2-18 先周文化遗址与蜀道的关系图示

其庙为高宗"[100]。

《竹书纪年》说武丁时，商人的"舆地东不过江、黄，西不过氐、羌，南不过荆蛮，北不过朔方"[101]。有研究者认为"江"可能位于沂水附近，"黄"在淄水上游。结合考古材料，"东不过江黄"就是止于泰沂山系西侧。氐羌涉及的人群应包括周人，考虑郑家坡遗址的存在，"西不过氐羌"大致意谓西界止于潼关。荆蛮在华阳以南活动，"南不过荆蛮"意味着南界拘于洞庭湖以北及淮河一线。朔方指燕山以北地区，所以商人舆地的北界当在燕山南侧。把这个界限与其他材料结合，可以认为，上面的说法指的是商人的实际管控区。当时周边的先周文化、吴城文化、三星堆文化，以及泰山东北、湖熟地区和辽河流域所有的设围基址在规格上都远不能和殷墟相比，所以相关地区和族群至少在礼仪上还承认自己的从属地位。因而当时殷人可以自以为自己的管控范围比《竹书纪年》所说的要大出许多。

大约在武丁之后60余年，帝武乙在位前后，在济水与泰山夹口以东，桓台史家设围基址废弃，形成了由桓台唐山、淄博范家和寿光呙宋台3个遗址形成的设围基址群。在晋陕峡谷南段的黄河西岸出现了清涧李家崖设围基址[102]。更加突出的是，在宝鸡峡出山口处出现了宝鸡市蒋家庙、凤翔县水沟和岐山县凤凰山等3个遗址构成的设围基址组合。这些情况意味着周边族群不服从的水平提升。

由蒋家庙、水沟和凤凰山诸遗址构成的设围基址组合的出现意味着周人的势力进一步壮大。由《竹书纪年》看，为了应对周人，帝武乙曾将行政中枢移至更加抵近周人势力范围的洛阳一带。但最终未取得期望的效果，而不得不于帝武乙十五年，改驻沫，即今鹤壁一带。较之安阳，沫之具体位置更加逼近前敌，且又避开了上游容易为周人控制或干扰的沁河、漳河，反映出规避西侧压力、委曲求稳的态势。在这种情况下，周人加快了扩张的步伐，"（武乙）二十四年，周师伐程，战于毕，克之。三十年，周师伐义渠，乃获其君以归……三十五年，周公季历伐西落鬼戎。"这些行动最终引发了武乙对关中地区的征伐，"（武乙）三十五年，王畋于河渭，暴雷震死。"[103]商王的征伐以失败告终。

此时，在岷江流域的三星堆城址突然停止使用并被封存起来。在其西南方不远，离开沱江稍远的地方，出现了文化与三星堆密切关联但却不设圈围的空间辐射能力更低的金沙基址[104]。从地理条件看，完全可以将这一变化与周人在渭河一线的崛起联系起来。有理由相信，此时三星堆及金沙遗址的主张者和平地转成为了周人的附庸[105]。成都平原物产丰饶，这一转变可以使周人得到更多的物资和人力支持，为其进一步扩张提供支撑。

在殷墟时代的晚期，在江西樟树吴城以东出现的江西新干牛头城设围基址逼近赣江东岸设置。牛头城此时应该只有小城，平面为西南压缩，东北缺失格局，城内面积12.4万平方米。大致同时，在牛头城以东信江出山口西侧，出现了江西余江城墙圈设围基址，其规模更小，只有4万平方米。文化的相同，位置上各负其责，尺寸上大小悬殊，应该表明了这里存在一个由三个设围基址支持的协同体。十分强势的地方权力景观的存在，提示着殷人的威望进一步下降。

在周边各种势力蓬勃成长的情况下，殷人所有的关帝庙设围基址消失了，台家寺设围基址消失了，十里铺北设围基址也消失了。其实际管控的空间范围应该进一步收缩，殷墟以外的设围基址只剩下侯城、孟庄两处。

在商人实际控制区遭遇进一步压缩时，商王的直接控制区，即王畿部分却实现了扩张。在危急时刻，商代的统治者尽力将资源直接地控制在手中，求得心安，是十分自然的事情。《史记正义》引《竹书纪年》说："自盘庚徙殷至纣之灭二百五十三年，更不徙都，纣时稍大其邑，南距朝歌，北据邯郸及沙丘，皆为离宫别馆。"[106] 由于商代晚期确有一系列殷人控制的据点在桑干河出山口以北出现，这些据点的存在支持纣王"稍大其邑"将其直控区的边界大幅向北延展的说法。朝歌即沬，其在武乙时就是商王驻地。可见王畿扩大部分，主要集中在殷墟北面，这种情形在

第四章　273

相当水平上提示,当时周人已经兵临城下。

《竹书纪年》说,纣王在位的第九年,"王师伐有苏,获妲己以归"。《史记》说纣王,"爱妲己,妲己之言是从"[107]。妲己所出自的有苏氏为在安阳西南活动的族群。这个活动范围正在周人由侧面进入安阳地区的路线上,对于殷墟的防卫至为重要。通过征伐,将有苏之地直接掌握在手中可以视作"稍大其邑"的部分内容。而宠幸妲己则有着笼络有苏一族,使之不过度怨愤的作用。

由相关文献看,殷纣王帝辛应对外部挑战的成果有限,最终周人联合多路诸侯伐殷,杀死纣王,商朝覆灭,时代进入了周朝。

三、毋远天室——西周国土控制系统的嬗变

周人的先祖后稷,名弃,亦为帝喾后裔。帝舜封弃于邰,邰在今陕西武功县西南,与老虎山文化活动范围相关。按照《史记》,后稷在大禹"治水"时出过力。相关族群或者曾在华阳乃至江汉一线活动。后稷之子不窋时,"夏后氏政衰,去稷不务,不窋以失其官而犇戎狄之间"[108]。"犇"的本义为牛惊走,"犇"字的使用,显示了不窋的狼狈,很可能是受到了老虎山人的牵连以至于此。所谓戎狄之间,大致是指泾河中、上游地区,在这一地区活动,其在文化上与中原拉开距离十分自然。

后稷之后三代,公刘当政。正是公刘带领周人进入渭河干流一线,在郑家坡设置了据点,这一举措,突破了周人传统的活动范围的约束,将目光投向更为广阔的地域。

按《竹书纪年》，公刘后五代，高圉获封为邠侯。邠即豳，在今陕西彬县。从区位上看，该地扼控欧亚草原南缘族群沿泾河南下通道。这样的册封，既有利用周人阻抗西北方向异族的作用，又有启发周人撤离渭河一线的意图。

高圉以后三世，周人不再与泾河上游的薰育戎狄纠缠，在古公亶父的率领下整体迁移至渭河一线，"度漆、沮，逾梁山，止于岐下"[109]。这一迁移，当然要取得在渭河上游活动的姜姓族群认同。从空间态势看，周人全面地进入渭河中游地区，开启了其挺进中原的征程。

古公亶父进入关中后，"贬戎狄之俗，而营筑城郭室屋，而邑别居之。作五官有司。民皆歌乐之，颂其德"[110]。文化的更易，可以是其实现政治图谋工作的一部分。在宝鸡附近发现的这一时期出现的三个设围基址，正是古公亶父"贬戎狄之俗"的成果。

这三个设围基址坐落在渭河出山口处的汧河两岸，包括宝鸡蒋家庙遗址、岐山凤凰山遗址和凤翔水沟遗址[111]。蒋家庙遗址位于汧河以西，凤凰山和水沟遗址近距离相邻坐落在汧河以东。

蒋家庙依托山坡设置，只有城垣，平面为短边在上、长边大部缺失的梯形，垣内面积约40万平方米。凤凰山有壕有垣，仅有的北垣和西垣以锐角相交，其涉及面积不足30万平方米。水沟仅有城垣，垣内面积达到100万平方米，城垣沿两道山脊布置。这三个城址平面都有明确的老虎山文化石城的色彩，只是水沟遗址城圈中间的沟壑将城址分作两部分，这两部分对应的城垣共同构成了西南隅收缩、东北角抹去的不规则圈围地段，从而与中原应对明堂礼仪的城池设置类似。凤凰山加有壕沟，亦可视为具有一

图例
● 设围基址
1 设围基址编号

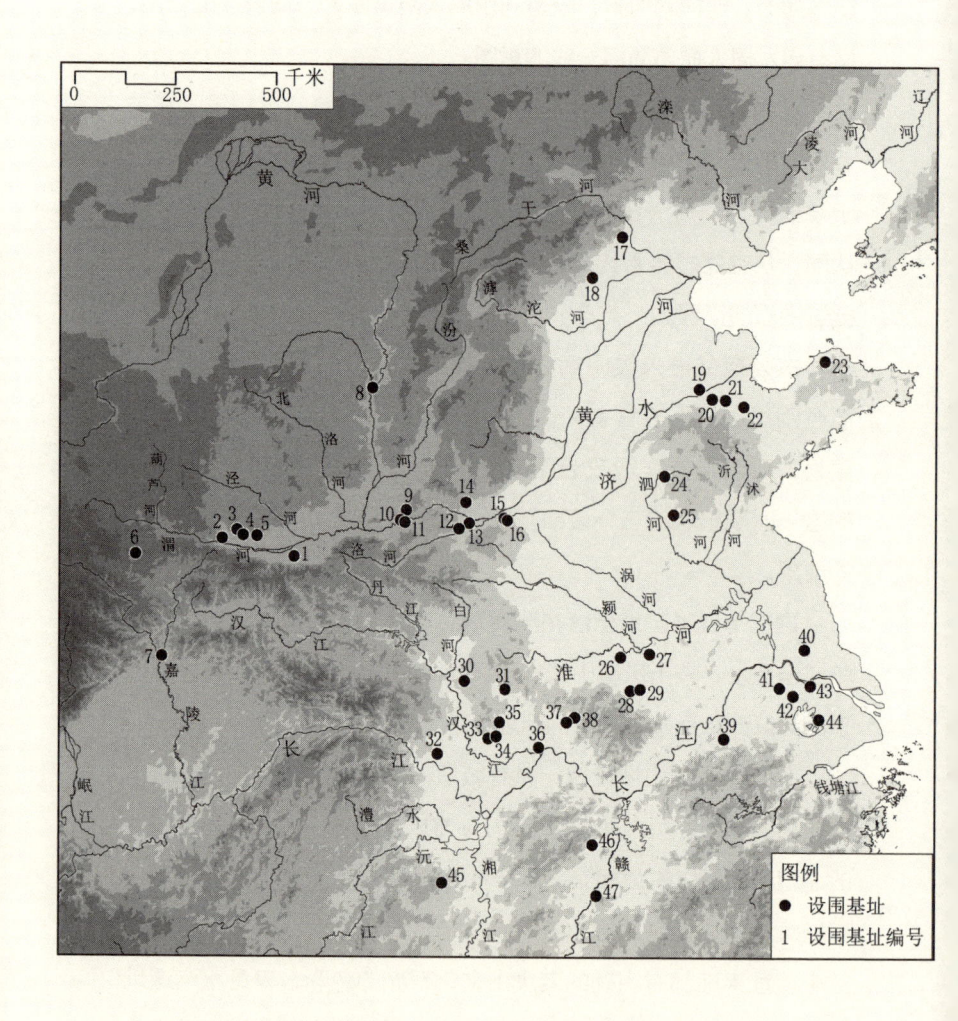

节首图：西周时期（公元前1046年—公元前771年）东亚大陆腹地设围基址分布图［底图依据SRTM高程数据和全国地理信息资源目录服务系统（www.webmap.cn）的水系数据绘制］

1.丰镐遗址 2.蒋家庙 3.水沟 4.凤凰山（周公庙） 5.周原 6.西山 7.摆宴坝 8.李家崖 9.虞国故城 10.下阳城 11.虢都上阳城 12.洛邑遗址 13.韩旗周城 14.柴庄 15.官庄 16.娘娘寨 17.琉璃河 18.要庄 19.陈庄 20.唐山 21.临淄齐国故城 22.禺宋台 23.归城 24.曲阜鲁国故城 25.滕州薛国故城 26.堰台 27.丁家堌堆 28.古城寺 29.东城都 30.楚王城 31.庙台子 32.阴湘城 33.土城 34.笑城 35.董家城 36.磨元城 37.金罗家 38.余家寨 39.牯牛山 40.天目山 41.葛城 42.淹城 43.佘城 44.合丰小城 45.炭河里 46.九里岗 47.牛头城

定中原性的表示（图4-3-1）。在蒋家庙遗址出土的陶鬲主要为袋足，袋足鬲被认作是姜族的特征，在水沟遗址出土的陶鬲主要是联裆鬲，这被认作是姬姓的特征[112]。蒋家庙遗址位于西边，水沟和周公庙遗址位于东边，这与姜姬二姓的实际活动区位对应，由之可以认为蒋家庙遗址是姜族的核心祭场，水沟和周公庙遗址组合是周人的核心祭场。蒋家庙遗址虽然离水沟遗址较远，且有汧河阻隔，但其城垣平面开口正对水沟遗址，显示出二者间的某种照应。凤凰山遗址与水沟遗址同侧，且都有一定的中原色彩，表现出周人更积极汲取中原文化的姿态，与"贬戎狄之俗"的说法呼应。在三个设围基址中，与周人对应的有两个，故其占有主导地位。考虑到基址的归属、形式和规模，在这三个城址中，水沟遗址的地位应该最高。

考古材料显示，在上述设围基址附近，未见大规模的居住遗存，位于凤凰山设围基址以东约25千米处的周原，一般认为是古公亶父停留的"岐下"[113]。在商代晚期周原的考古遗存分布范围达5平方千米，可见这里是当时周人的主要聚居区。此时周人的祭祀地段与主要聚居地的相对分离，既与仰韶文化的传统呼应，

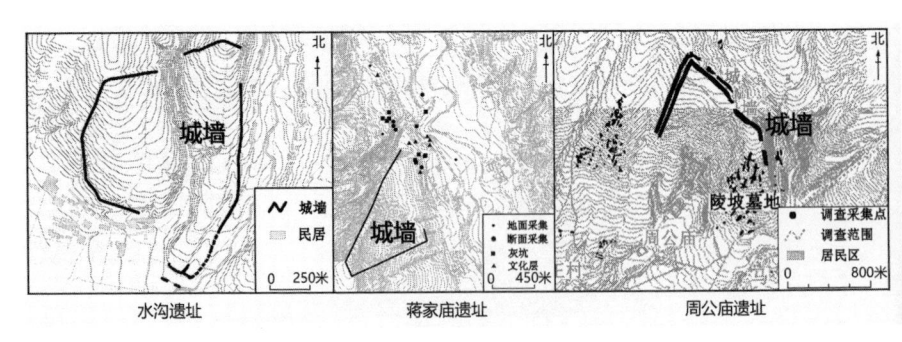

图4-3-1 凤翔水沟、宝鸡蒋家庙、岐山凤凰山设围基址平面图（据《先秦城邑考古》改绘）

也应是老虎山文化的"古制"。

古公亶父去世,古公与姜姓女子太姜所生的小儿子季历继任,这显然考虑了周人在关中立足要充分依托姜姓的事实。季历主政后,依托关中积极对外拓展,取得不少成绩。季历娶太任,太任所属的挚任氏在今河南平舆县以北活动,这种联姻当为周人进入郑洛一线创造了条件。具体地说,周人籍此可以分别沿洛河和颍河两面出击,进攻洛阳盆地。

《史记》记述季历的继任者周文王的作为时说:"西伯阴行善,诸侯皆来决平。于是虞、芮之人有狱不能决,乃如周。入界,耕者皆让畔,民俗皆让长。虞、芮之人未见西伯,皆惭,相谓曰:'吾所争,周人所耻,何往为,只取辱耳。'遂还,俱让而去。诸侯闻之,曰'西伯盖受命之君'。明年,伐犬戎。明年,伐密须。明年,败耆国。……明年,伐邘。明年,伐崇侯虎。而作丰邑……"[114] 芮、虞在陕西东部与山西南部,与之交好意味着周人可以由黄河北侧压制洛阳一带;犬戎在渭河上游,密须在泾河上游,对他们的征伐意味着廓清后方;耆即黎,在今长治,位于殷墟所依托之浊漳河的上游,占据此地有直接压制殷墟一区的价值;邘与沁河相关,占据沁河一线有将洛阳盆地与安阳隔断的作用。在这些动作以后,周人对位于洛阳盆地的崇国动手,涉足郑洛一线。消灭了崇国就基本完成了对殷人核心区的正面压制,然后,周人才进入泾河与渭河的交汇处设置周人新的祭祀圣地。

周人占据浊漳河上游,对位于下游的殷墟一区造成了重大的压力。商朝的最晚阶段,纣王常驻沫,即朝歌,从位置上看,就有回避顺浊漳河而下的冲击的含义。

周文王的正妃太姒为有莘国人。有莘国与虞、芮地界相接,可见这段婚姻也有着浓厚的政治色彩。

周人在泾渭汇流处，渭河南岸的祭祀中心建设有一个过程。第一步是在渭河支流沣河西侧离开渭河主道相当距离建造了宗庙区丰，然后建设了镐和灵台。镐是周人的明堂朝会区。灵台是具有综合性祭祀功能与明堂相类的台坛设置，型制或者来源于老虎山文化。丰在西南，镐在东北，灵台在二者之间，这种安排显然受到了商人在安阳设置的影响，但是排布方位的不同表明明堂、灵台的地位更高，暗示周人此时的权力结构与商人不同。

大致在镐京建设前后，在泘河边上的水沟设围基址放弃了。时间上的关联，表明了水沟遗址的确曾为周人的与明堂相关的最高等级的祭祀场所。

针对丰、镐等设置的考古工作已经开展了许多年，但至今没有取得预期的结果。造成这一结果的主要原因很可能是丰、镐、灵台等虽有圈围，但却是尺寸有限的壕沟，虽然有建筑，但却是规模不大的设置，加上后世针对性的破坏，使得现场很难为现代人提供满足想象的材料[115]。

文王死，武王继位。《史记》载"九年，武王上祭于毕，东观兵，至于盟津"。又说"是时，诸侯不期而会盟津者八百诸侯"[116]。盟津即孟津，是黄河出崤山口处的灵异之地。在此盟誓，当然是以周人已经进入洛阳盆地为前提的。

在孟津盟誓后，周人在牧野与商人会战获胜，以安阳殷墟为主导的商人的设围基址全部消失。周王取代商王成为天子。

牧野之战，周人一方"诸侯兵会者车四千乘"[117]，可见大规模车战已经成为战争的重要内容。车辆的使用会对道路提出更多的要求，促成与依托河流展开的通道网络有所分异的道路系统的形成，最终造成不同于以往的空间管控格局，使旧的空间控制系统不完全适用。战车的使用、弓箭的改良以及专职军人队伍的壮大，也让简单的居高临下的优势逐渐减少。在新的条件下，都城在制作上更关注综合性中心的形成，在资源的获取上更强调马匹这一战略物资的获得。关中地区是周人老家，在空间上较郑洛一线更为安定，不仅与巴蜀这丰饶之地相邻，更与传统的马场相近，这应是西周时期周王主要驻扎在关中的缘由。

虽然郑洛一线在新的条件下综合价值不如以往，但其仍然在象征性和空间控制上地位特殊。《史记》载武王在克商后，"自夜不寐。周公旦即王所，曰：'曷为不寐？'王曰：'告女：维天不飨殷，自发未生于今六十年，麋鹿在牧，蜚鸿满野。天不享殷，乃今有成。维天建殷，其登名民三百六十夫，不显亦不宾灭，以至今。我未定天保，何暇寐！'王曰：'定天保，依天室，悉求夫恶，贬从殷王受。日夜劳来，定我西土，我维显服，及德方明。自洛汭延于伊汭，居易毋固，其有夏之居。我南望三涂，北望岳鄙，顾詹有河，粤詹雒、伊，毋远天室。'营周居于雒邑而后去。纵马于华山之阳，放牛于桃林之虚；偃干戈，振兵释旅：示天下不复用也"[118]。古人指"三涂"为一山体[119]。基于空间控制战略的考虑，可以认为，这里的"三涂"当是与颍河、白河等延及淮河、汉江等重要通道相关的山体，"岳"应指同时涉及郑洛一线与关中的秦岭，"河"为延及海河平原和关联济水的黄河。"居易毋固"意为适宜居住且空间不封闭。"周居"应该是由天子直接管控的周人的据点，这样，在武王那里，控制了洛阳盆地就可以通过"三涂"压制淮河流域及长江流域；利用秦岭可与关中地区联络，实现河洛之地与关中协同；近则可以利用伊洛灌溉饮用，远可以通过伊洛河控制黄河，进而控制广大的下游地区。这样的形势就决定了此地是离天帝居所最近，容易获得天帝护佑的场所。华山之阳面对汉江，桃林在华山之东，洛河发源于此，本是传统的重兵把守之地，可一旦在洛阳盆地设置"周居"，就能够放松对华山之阳和桃林之虚的控制，向天下传达永久和平的信息[120]。

仔细阅读武王对于洛阳盆地价值的论说，似乎可以感觉到，他在说洛阳盆地离"天室"不远时带着某种犹豫。这种犹豫的基础应该是具有深远文化支持的将北极视为天帝的居所的说法与此并不统一。特殊的空间控制价值，决定了洛阳盆地是与天帝沟通的最佳场所，应该不是武王的发明。周武王细致的解说，倒是提示，随着战争方式和空间控制依据的大幅改变，某些在历史上形成的观念已经逐渐隐匿，成为常人并不知道的"秘密"。

为了更好地控制殷商旧族，武王特地安排"三监"，即姬姓诸侯管叔、蔡叔和霍叔监控殷人旧地的核心区。管叔、蔡叔、霍叔等的封地分别占据黄河、卫河、漳河的上游，这样的位置当然有利于周人压制安阳一区可能出现的不安定[121]。武王去世，成王继位。其时成王年幼，周公摄政，引发周朝贵族内部权争，管叔、蔡叔联合殷人等发动叛乱。经过战争，周公最终获得了胜利。

按照《竹书纪年》，周公在战胜管、蔡等以后，顺势对淮河一线及环泰山地区开战。"伐奄，灭蒲姑"，蒲姑在今山东博兴一带，与之对应，商朝时在这一带存在的淄博范家设围基址消失了。在泰山以北，只剩下桓台唐山和寿光呙宋台两个设围基址。

"管蔡"之乱，使周人认识到要更好地控制东土，简单地在洛阳盆地设置"周居"是不够的。因此，成王"使召公复营洛邑，如武王之意"[122]，以强化对东土的控制。将《逸周书·作雒解》

与其他文献对照，可知洛邑是一个包括了巨大主城、一系列县治及广阔田野在内的行政单元或空间体系[123]。

《逸周书·作雒解》是一篇重要的西周文献，针对洛邑的安排，《逸周书·作雒解》记载乃作大邑成周于土中。城方千六百二十丈，郛方七百里。南系于洛水，地因于郏山，以为天下之大凑。制郊甸方六百里，国西土为方千里。分以百县，县有四郡，郡有四鄙。大县城，方王城三之一；小县立城，方王城九之一。郡鄙不过百室，以便野事。农居鄙，得以庶士，士居国家，得以诸公、大夫。凡工贾胥市臣仆，州里俾无交为。乃设丘兆于南郊，以祀上帝，配以后稷，日月星辰，先王皆与食。诸受命于周，乃建大社于周中。其壝东青土、南赤土、西白土、北骊土，中央亹以黄土。将建诸侯，凿取其方一面之土，焘以黄土，苴以白茅，以为土封，故曰受则土于周室。乃位五宫：大庙、宗宫、考宫、路寝、明堂。[124]

《逸周书·作雒解》所说的"大邑"分为两个主导部分：一是核心礼仪场所，一是在核心礼仪场所周边的郊甸。因所涉范围较常规的"邑"要大出许多，故其为"大邑"。"大邑"为天子所有，所以"大邑"就是王畿。

从行文看，周人将天下分作东土和西土两个部分。西土以丰、镐等要素为中心，其地方千里。东土以方千六百二十丈的城池为中心，其地方六百里。较小的规模表明了，大邑成周是一个在等级上低于以丰、镐为中心的西部王畿的空间单元。

《逸周书·作雒解》说，大邑成周主城之外的郊甸分作一百个县，县有大小，每个县四个郡，每个郡四个鄙。在涉及主城的设置时，叙述未及居民，所以主城是相对单纯的祭祀、礼仪和行政中心。在这里，居民点分作大县城、小县城、鄙三个层次。主城方千六百二十丈,即方九里,大县城方三里,小县城方一里,为避免下地耕作走路过远,鄙的规模控制百家以内。这就从土地和居民点两个方面形成了相互支持的同时满足空间管控与农耕活动需求的完整系统。

按一里 355 米计,大邑成周总面积约 4 万平方千米以上,要有效地对如此大的地域实行管理,一定要进行进一步的空间和行政区划。在不进行分封的情况下,由天子的派出机构"县"来面对各个地方是必要的。

将王畿称作"大邑",使其明确地区别于诸侯的封地。这意味着,在制度上,诸侯的封地应该只是普通的邑。站在天子的立场上,为了防止诸侯坐大,并不希望诸侯直接管控的范围过大,在理想的情况下,诸侯应没有必要在自己直管的地区设县。可是,一旦礼崩乐坏,那些强势诸侯往往会谋求更大的直接管控范围,将更多的权力集中在自己手中,争取博弈的优势,一旦其直接管控的地区面积足够广大或在空间上相对独立,那就有了设置郡县的要求。从现有的文献资料看,那些较早的和郡县发生关系的秦、晋、楚等,都是强势的诸侯,就是这个道理。

管理方便以及心理需求的理由,将属于自己的东西放在身边是通常的做法,即如果有的话,由诸侯直接管控的县安排在诸侯的日常驻地近处,与其日常驻地连成一片,当是最为常规的选择。可从文献看,春秋战国时那些强势诸侯的设县地区往往是其新征服的地段。这样的格局也应该指示,在诸侯的辖地,本来通常没有县的设置。

甲骨卜辞显示,商代就有"大邑"。通常大、小是一个相对的概念,单就尺寸,什么是大,什么是小,很难分辨。从空间地域管控的角度着眼，也许有无必要安排派出机构进行管理，可以是一个十分确定的标准。可以设想，在古人那里，需要相对系统地安排派出机构进行管控的邑，才是"大邑"。纣时的大邑商的范围为"南距朝歌，北据邯郸及沙丘"[125]，由淇县以南的牧野一带到邯郸以北大致为180千米，以355米1里计，约合500里。据此或可推测商代末年的"大邑"或"王畿"约为方500里。这个王畿的涉及范围在3万平方千米以上，从管控上看，安排次一级的行政单位或是必需。

与商朝相比，方千里的王畿使西周天子直接控制的范围大幅度地增加。这是权力向天子手中集中的表达。由《逸周书·作雒解》看，三监乱后，周人又要进一步扩大王畿范围。这一动作，背后应有交通条件的改善和农业生产水平的提升作为支撑。虽然可能未得充分实行，但相应设想已经开启了后世在更大的范围里施行郡县制的道路。

大邑成周的主城方千六百二十丈，这是一个前所未有的大型圈围。可从大邑成周的郊甸尺寸小于国西土看，在周人的设想中，大邑成周的主城应该不是最高规格的设置。

在古人那里，方六百里，并不是每边都长六百里，而是四边总长达到2400里[126]。这样从关键空间点控制和两个王畿应该的空间连续性两方面着眼，可以划出周人两个王畿的范围。西边以丰、镐等为中心，每边向外延伸500里，则为西起泾渭之会，东至函谷关的一个方框。若东土亦为正方形，则函谷关向东600里处在郑洛之间，将郑州一线排除在外，在空间控制上并不合理。注意到西起函谷关，东达郑州以东的战略重镇中牟，大致为800里，这样东边的王畿的南北宽当为400里。由于王畿的划定要与具体地形密切配合才能获得成功，所以这里只能说，西周王畿范围的基础为一个西自宝鸡一线，东至中牟一带的巨大的凸字形（图 4-3-2）。

从《逸周书·作雒解》的表述及青铜器铭文看，西周重要的礼仪活动更多地在西都举行，当时西都是实际行政中心，成周城是一个具有象征意义的单位。由《尚书》的《君陈》和《毕命》等的文字看，成周可以被称作"东郊"，可见它的从属性质。周人的东土与西土通过秦岭与黄河连在一起，形成一个前所未有的巨大的中心单位，这个中心单位将宝鸡与西安一线和洛阳与郑州一线两个最为特殊的"神明之隩"包括在内，成为了当时国土控制的关键。

《逸周书·作雒解》要求士、农、工、贾等分别安置，减少

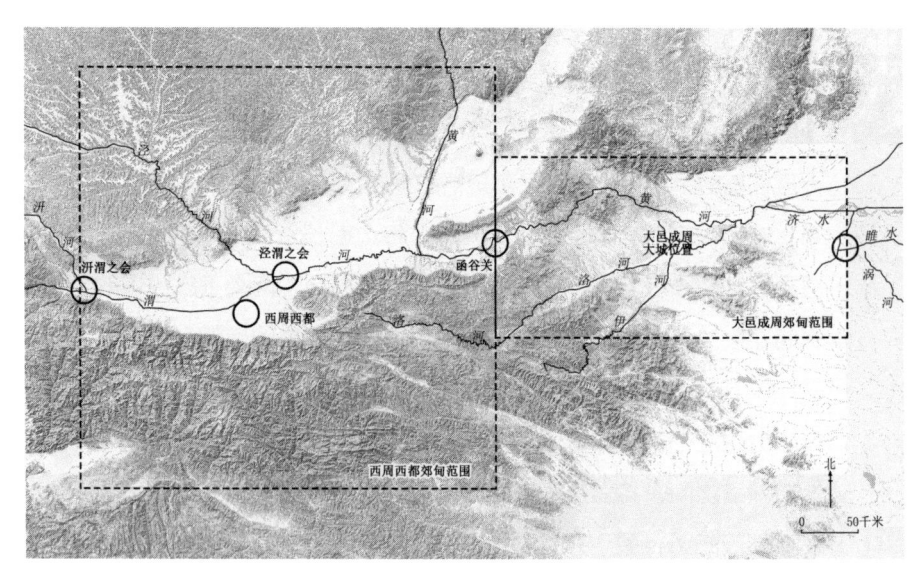

图 4-3-2 西周王畿划定的基础格局图

他们之间的交集。过去将"邑"理解为聚落，那么区隔的手段只能想作是街道或围墙。在一个住地密集的空间里，街道和围墙的隔离效果十分有限，人们总得到街道上来，日常碰面必不可免，这导致人们很难想象相应要求的实际意义。若将"邑"理解为一个广阔的区域，那么区隔的办法就是设立相对独立的居地，相应要求的价值就会明晰。将邑理解为一个范围足够的区域不仅是《逸周书·作雒解》文字的正解，而且也明确地与其提出的社会管理要求应合。

考古材料表明，至今还没有发现一个《逸周书·作雒解》提到的县城。情况相似的是，在洛阳盆地的考古工作已经持续了六七十年，至今也未挖到《逸周书·作雒解》提及的大城和宫庙，造成这种情况的原因一方面可能与丰镐的情形相似，一方面可能是相应的设计并未实施。

《逸周书·作雒解》提出时，相当一批诸侯分封已经完成，因而其提到的王畿很难全面落地。但从实际来看，在西都周边很少有封国存在，洛河上游及华阳地区也有一个尺寸不小的封国空档区，洛阳盆地东南方也封国较少。可见当时确实有大量土地由周天子直接控制，特别是在与中心设置相近，在空间控制上具有特殊价值的地区。大致地看，封国稀疏的地区涉及面积可达 10 万平方千米以上，这样的地域存在，表明《逸周书·作雒解》言及的做法并非空穴来风。

从中国古代聚落系统发展看，设想王畿中每县设城是一个极大的突破。这样，城池的设置就不一定服务于高等级祭祀活动。而是成为了单纯的行政管制要点。这种改变，既与交通条件的改变相关，也与社会组织由血缘主导向地域主导转变相关。具体设计的提出，意味着社会发展已经到了一个特殊的转折点上。

《尚书·洛诰》说，为了建设大邑成周的大城，周公进行了现场踏勘和相应的占卜。就此，周公向成王报告说："我卜河朔黎水，我乃卜涧水东，瀍水西，惟洛食；我又卜瀍水东，亦惟洛食。"[127] 黎水在今河南浚县一带，位置上接近安阳、濮阳，由这一占卜地点的选择，可以看出周人十分关心对殷遗民的控制，应该是出于更为长久与平衡的考虑，周人最终还是把东土的中心放在洛阳。

《尚书·洛诰》提到的涧水并非现今的涧河，而是一条在瀍水以西两三公里的小河[128]，即史家沟涧水。对瀍水东、西都进行考察，并且得到都可以建设的结论，可见周公当时要建的是一个与殷人在安阳的设置相类似的东西。在瀍水以东，是相当于洹北商城的部分，为宗庙所在。在瀍水以西，瀍涧之间，是相当于小屯殷墟的部分，为明堂、朝堂及寝宫所在。在周代，这一部分称作"王"。考古发掘显示瀍水以东有一系列西周遗存，礼仪要求周公等对武王所设予以更多的尊重，所以先有的"周居"似应在瀍水以东（图4-3-3）。

为了保障政权的安全，周人大规模册封诸侯为周王的藩屏。诸侯封地的确定，取决于具体的国土战略。西周初年，重要的同姓诸侯封地多在郑洛一线及附近地区。随着周人势力的增强，政权稳固，一些诸侯就向外迁封，实现周人空间的扩张。例如，姬姓的鲁国，始封在河南鲁山。三监乱后，周公将之迁移至山东曲阜。姬姓的滕国，始封在河南新乡一带，后封山东滕州。姬姓北燕，原封地在河南郾城，三监乱后，先迁河北玉田，后又徙蓟丘。姬姓的卫国，始封于康，后移封新乡一带[129]。由此安排可见，姬

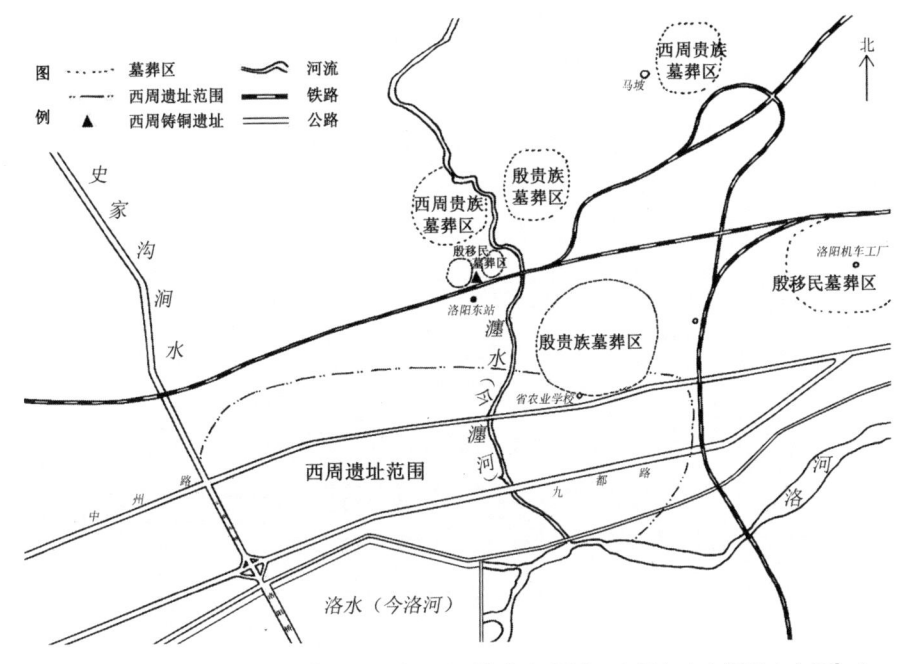

图 4-3-3　瀍洛交汇处西周早期遗存分布图（《祭祀与疆域：中国上古空间考古六题》）

姓的诸侯国，不仅是简单的王室藩屏，还是实现周人空间扩张的工具。

关于诸侯控制地区的要素设置，早就形成某种确定的看法，如杨宽说，"西周、春秋间的诸侯，都有一套乡遂制度，或者叫做'国''野'对立的制度。'国'是指都城及近邻，都城主要居住统治阶级的各级贵族以及为他们所奴役的手工业奴隶……"[130] 按照这种说法，似乎当时的诸侯都拥有自己的城池。依此，东亚大陆腹地就应该有众多西周时建造的设围基址，可迄今为止，考古工作者一共发现西周时期的城池不到 50 个，并且这 50 个城池并不同时存在，许多地位显赫的诸侯的城池并不建于西周，而那些建于西周明确为特定诸侯城池的，起建时间又往往与周王大规模册封诸侯的时间有较长间隔。虽然现有的考古资料未必完全，甚至差得很多，可考虑到周武王孟津盟誓参与的诸侯就有800之多，《荀子·儒效篇》也说，"（周公）兼制天下，立七十一国，姬姓独居五十三人"[131]。这样的状况还是让人有条件认定，当时的情况一定和过去常规认知不同。

考古发掘到的西周初年的设围基址，大致可以分成三种：一是已经清楚的建于西周成立之前的为周人所有的城池，这包括蒋家庙、凤凰山等遗址。二是商代就有的不为周人所有的设围基址，这包括晋陕峡谷南段黄河以西的李家崖、济泰相夹处的唐山和吕宋台、长江下游的佘城和赣江流域的牛头城等遗址。三是新出现的设围基址。新的设围基址在四个地方出现，一是郑洛一线，二是东亚大平原北缘，三是江淮之间，四是四川盆地北缘。

考古所见西周初年新建的设围基址中，位于郑洛一线及周边地区的设围基址有平陆虞国故城、平陆下阳城和济源柴庄三个。这些城池具有充实王朝中心区的作用。位于东亚大平原北缘的设围基址只有满城要庄遗址，其显然有针对北方异文化势力的价值。在历史上，对于中原政权来说，江淮一线一直是个麻烦。为了管控江淮地区，西周初年，在这里分封了不少诸侯。现在确知的有14个之多，可在江淮地区，迄今一共发现了7个设围基址。总体上看，在江淮之间的西周初期城池平面规格较低、规模较小。依照城圈范围大小，这些设围基址可以分成大小两类，大的有两个，阴湘城遗址20万平方米左右，土城遗址15万平方米左右，其余是小的，有麻城余家寨、京山董家城、六安古城寺、寿县丁家塥堆、黄陂磨元城等遗址，面积在1万至3万平方米之间[132]。两个大的设围基址中，荆州阴湘城依托石家河文化的阴湘城旧址建成，天门土城出现在石家河城址的东北角上，坐落地点均为特殊的高规格的"神明之隩"，一个针对长江，一个针对汉江，具有大地域控制的目标性。由于西周初年在此地分封的诸侯们身份等级差别不大，所以位置特殊且与其他设围基址规模差别悬殊的阴湘城和土城应非诸侯城。按照《史记》，周人曾有"南国之师"之设，韦昭曰："南国，江汉之间。"[133] 南国之师，即周人在江汉之间布置的军事组织，性质应与在中原地区布置的"周师"相同，认为阴湘城和土城两个设围基址为周王在江汉平原设置的"周居"，即"南国之师"的中心性设置似乎更为合理。董家城、磨元城及余家寨等遗址都在汉江以北，其当为史籍所称的"汉阳诸姬"所用，设围基址数目少于汉阳诸姬，可以认为它们是多个诸侯合用的公共祭祀地段。按照谭其骧主编的《中国历史地图集》，西周时在长江与淮河之间分布着多个异姓诸侯国[134]。根据其分布，可以设想古城寺、丁家堽堆等设围基址为在克商中有较大贡献的异姓诸侯所有。在相对位置上，"周居"居于上游，汉阳诸姬居于中游，异姓诸侯位于下游，形成一个由上而下的管控秩序。余家寨设围基址具有沟通长江、淮河的功能，应该为比较重要的姬姓诸侯所有。

充分考虑西周初年的设围基址数与分封诸侯数的严重不符，有理由认为当时多个姬姓诸侯合用公共祭地是一个普遍的现象。位于洛邑上游的虞国故城、下阳城和与济水源地相关的柴庄均应为相应地区姬姓诸侯的公共祭场。从平面形状和规模看，下阳城和虞国故城都圈围方整、面积可观，这或是因它们靠近中枢，在与天子对应的神圣区域的制作上负有责任。注意到它们都有垣无壕，所以它们的圈围范围虽大，但却等级有限，其设置力图在视觉感受与祭祀内涵间保持某种平衡。

山西曲沃天马—曲村遗址可以作为西周初期诸侯不能单独拥有设围基址的例证[135]。在平陆虞国故城以北90千米处，与仰韶初期的枣园遗址，龙山时期的陶寺遗址和周家庄遗址相近，发现了起始于西周初年的天马—曲村遗址。该遗址面积巨大，达到1000万平方米。这里的大规模的晋国墓地，含有晋国早期九代晋侯与夫人的墓葬19处，以及陪葬墓、车马坑、祭祀坑等。从出土物贵重和位置特殊看，此地应为西周时晋国的祭祀中心的一部分。晋侯是西周的强势诸侯，首封君为武王之子。天马—曲村遗址所在地区与当时的马匹驯养地带相关，马匹是当时最重要的战略物资，这就更提升了晋侯的重要性。此外，被认为属于鬼方的李家崖城在其西北180千米处，因而晋侯应该还有应对李家崖人的任务，承担较大的军事压力。可是，这里至今没有发现西周时期的城池。或者可以推想，当时晋国的高等级的祭祀活动应在虞国故城中进行。位高权重、任务特殊的晋侯尚不得单独设置城池，那么其他的诸侯也就可想而知。

西周初年，位于东亚大陆腹地核心区边缘的，由商代留存到西周的设围基址应为在伐纣中有所贡献的强势异姓诸侯所有。在进入西周之后，相应的设围基址或设围基址群在规格上都有相当水平的降低。在泰沂山系与济水相交处的设围基址由三个变成了两个。或者和佘城设围基址互为支撑的小古城设围基址不见了。在赣江流域的规模最大的吴城设围基址不见了，这一地区只剩下了牛头城一个设围基址。虽然牛头城遗址此时在原来小城基础上加设大城，形成了西南突出的夹城，但较之以前，仍然让人觉得势单力孤，不成气候（图 4-3-4）。

商朝诸侯的设围基址得以留存的条件似乎是远离王朝的中心地区，这样逼近王畿地区的李家崖设围基址的存在就显得特别突出。从城池形态与出土物看，李家崖人群在文化上与阿善—老虎山文化相关。从时间上看，李家崖圈围的出现与水沟设围基址的出现大致相同。从其位于黄河以西的坐落看，其有规避殷人管控的倾向。由之或可推测其在出现之初就与周人之间有某种协同。李家崖基址所涉族群应活动在无定河一线，这是汉代的牧苑所在，同时，李家崖是非祭祀用马骨的发现地[136]，推断其为向周人提供马匹的特殊族群的祭场似无不可。因为马匹的重要性和成规模的良马饲养需要特定条件的支撑，所以相应族群有条件在逼近中枢的地区设置城址。李家崖设围基址有垣无壕，圈围平面

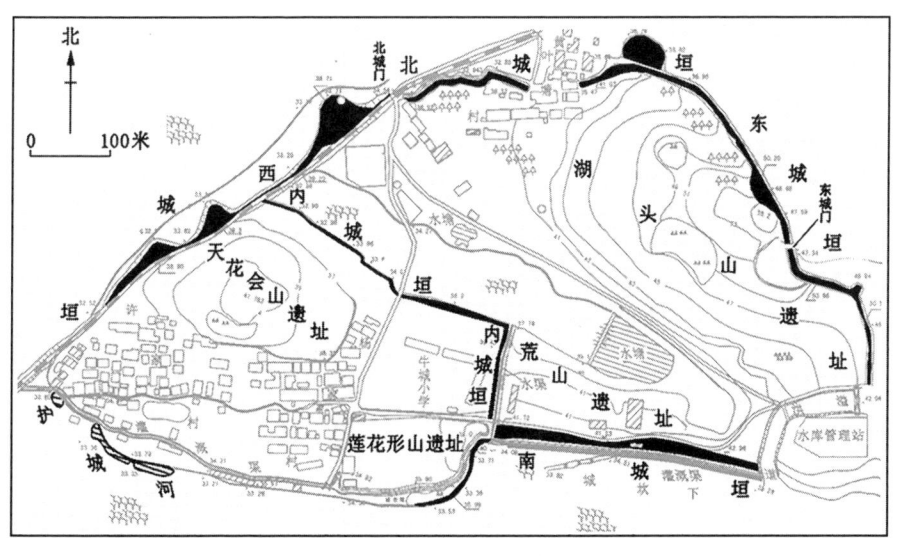

图 4-3-4　新干牛头城遗址平面图（据《先秦城邑考古》改绘）

形状难以描述，这样的状况，使其在礼仪上对晋侯那样的人群冒犯不大（图4-3-5）。

西周初年，在四川盆地北缘嘉陵江出山口处出现了广元摆宴坝设围基址[137]，这是在四川盆地第一个明确地属于中原主导人群的设围基址。它的出现显示出周人对巴、蜀之地的关切，这是自公刘以来就有的传统。

河北保定满城的要庄设围基址应是在周边地区活动的姬姓诸侯的公共祭祀地。因为它的圈围规模远大于在江汉之间的诸侯公共祭祀地，达到12万平方米左右，所以它更可能是与"周居"的结合。由其坐落在漕河以南，离桑干河出山口还有一段距离的位置看，此时，周人在这一方向上还处于守势。

西周初年，位于燕山以北的存在了400多年的两家子和郝心台两个设围基址都消失了，因为肃慎氏是长久地在燕山以北活动的族群，所以这一状况，正可与《竹书纪年》所说"（成王）九

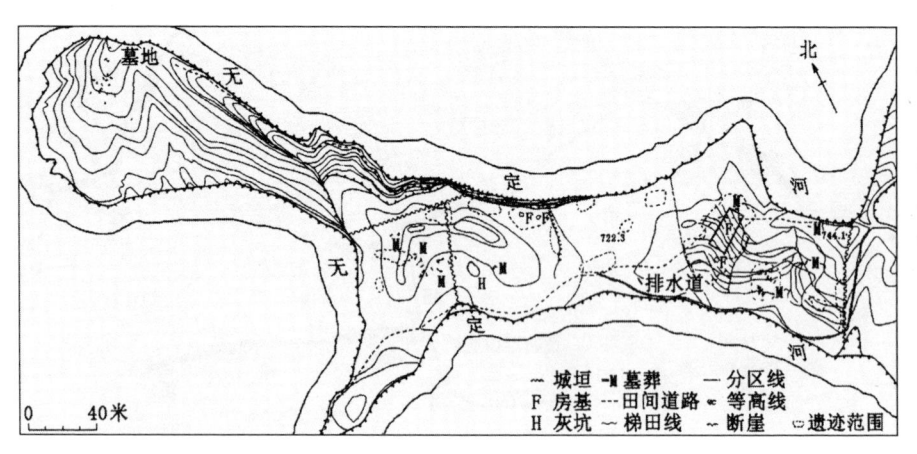

图4-3-5　清涧李家崖设围基址平面图（《先秦城邑考古》）

年……肃慎氏来朝,王使荣伯锡肃慎氏命"对应[138]。按照《竹书纪年》,"(周武王)十五年,肃慎氏来宾"[139]。可见相应族群对于周人的归依有一个过程。这个过程的存在,表明了燕山以北一直是周人国土空间架构的重要内容。

西周早期,在要庄遗址以北,出现了应与燕侯相关的房山琉璃河设围基址,琉璃河设围基址的位置较要庄遗址大幅度北移,逼近桑干河出山口,显示出周人的空间向北大幅拓展。在济水与泰沂山系夹口处,原来的唐山设围基址消失了,出现了应为齐都的高青陈庄设围基址,这是齐人压制原有势力的成果。在泰山西南,出现了滕州薛国故城,用以压制淮河下游。在江淮之间,出现了随州庙台子设围基址,在长江以南出现了靖安九里岗、南陵牯牛山等设围基址。庙台子遗址圈围面积14万平方米,九里岗遗址圈围面积30万平方米,牯牛山遗址圈围面积近65万平方米,规模远大于陈庄遗址以及在江淮之间设置的诸侯城,所以其应理解为新的"周居"。庙台子遗址位于丁家堌堆遗址的上游,九里岗遗址正对牛头城遗址,牯牛山遗址在佘城遗址上游,可见这些"周居"是用于压制异姓诸侯的特殊设置。此外,在丁家堌堆遗址附近出现了霍邱堰台遗址,在佘城遗址的江对岸,出现泰州姜堰天目山遗址,这两个设围基址规模均十分有限,应为新封姬姓诸侯所有,用于与相关的"周居"协同[140]。这些变动大致发生在周康王以后,《史记》说:"康王命作策,毕公分居里,成周郊,作《毕命》。"孔安国解释说:"分别民之居里,异其善恶也,成定东周郊境,使有保护也。"[141]可见为了强化对国土东部的控制,既有的国土控制策略应该有所更动。大略康王时新增设围基址中,存在着明确为齐都的单位,似乎政策变化的内容之一,是允许特定地点的与王朝关系密切的诸侯单独设城，给以更多的权限，激励其开疆拓土，打击不服从势力。

北京房山琉璃河设围基址圈围范围在25万平方米以上，规模远大于应为齐都的陈庄遗址上的圈围，据之认为其为"周居"与燕侯等共同所有更为合理。

作为打击不服从势力行动的一部分，周康王十六年，"（康）王南巡狩，至九江、庐山"[142]。从时间上看可以认为江西靖安九里岗设围基址是康王南巡的产物，其规模较其他的周居要大，当是赣江一线及鄱阳湖地区问题严重的反映。

康王时名器大盂鼎和小盂鼎的铭文，记载周人征伐鬼方获得重大的胜利。但《史记》和《竹书纪年》对这一重大事件都无记载，似乎暗示问题并未最终解决，来自北方的压力持续存在，这当然可以作为特殊的琉璃河设围基址存在的理由。

胶东地区一直是东九夷的活跃区，呙宋台应是其高规格祭场，文化不同的强势族群应是周王的担忧，所以允许齐人独立设城与之抗衡也在情理之中。

楚人自称祝融后裔，这就决定了其与为伏羲一系的黄帝苗裔不太亲近。商代末年，在汉江中游一线活动的楚人就是王朝的关注重点。周朝成立之后，周人在江汉地区的设围基址的安排应具有逼迫楚人南迁的作用。《史记》云："昭王之时，王道微缺。昭王南巡狩不返，卒于江上。"[143] 这一记载意味着楚人在与中原政权的对抗中取得重大的胜利。与设围基址的存在情况对照，西周早期湖南宁乡炭河里设围基址的出现或为楚人胜利的标志。按照发掘报告，"炭河里城址的文化面貌……还有明显地源于湖北东部和湘西北地区的传统……历史文献或考古研究成果均表明，湘南湘江流域可以肯定不是西周王朝或其封国的控制范围"[144]。炭河里设围基址的位置，有明确的避开阴湘城一区冲击的意图，出土的文物规格远高过江汉平原上所见到的同期文物，显示出其主张者自立一系的姿态（图4-3-6）。

《竹书纪年》说："（穆王元年）十月，筑祇宫于南郑。自武王至穆王，享国百年，穆王以下都于西郑。"[145]南郑在今汉中，在此设置"祇宫"，不仅有支援摆宴坝一线，协同各方力量对四

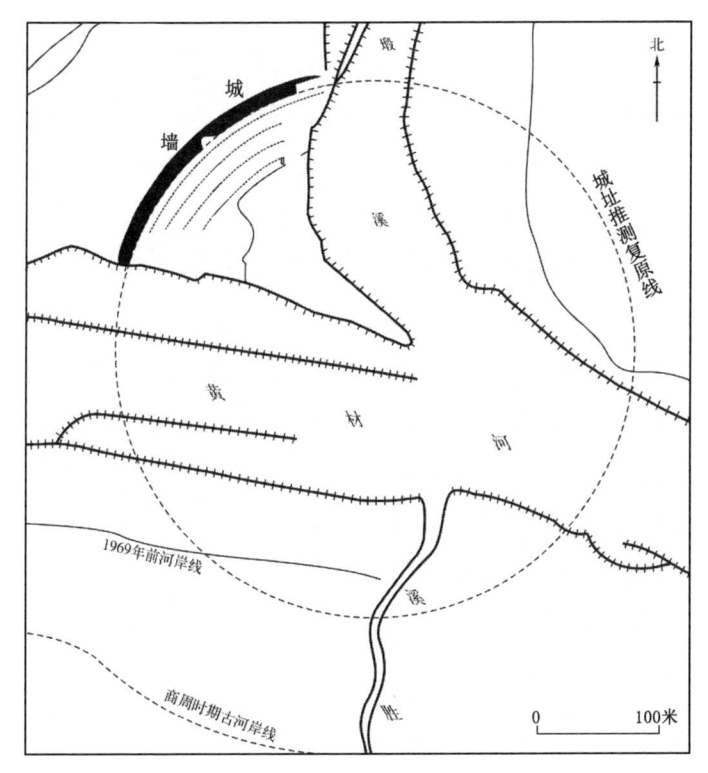

图4-3-6 宁乡炭河里城址平面图（据《湖南宁乡炭河里西周城址与墓葬发掘简报》改绘）

川盆地的不服从势力进行打击，并且显示出对江汉平原及其以南地域的关切。西郑在今宝鸡凤翔一带。在周公庙设围基址以东8千米处的孔头沟遗址的遗址面积西周中期以后显著扩大，最终达至410万平方米[146]，这样的情况，似可表明孔头沟遗址即是"西郑"。2020年，考古工作者在陕西扶风周原遗址上确认了西周早期的城址[147]，该城址圈围范围达到175万平方米，圈围平面为西南隅突出、东北角完整的格局，祭祀等级很高。这一城址的出现在一定程度上增加了宝鸡一线与西安一线的祭祀空间的连续性。对周王"都于西郑"提供某种支持。高等级的城池在大型居地上出现，也使得周人在一定水平上偏离了古制，是空间营造制度的某种改动。天子驻扎在西郑与筑祇宫于南郑应该意味着，周人更为积极地与在其西、西南方活动的族群互动。因为距离相近，周王迁驻西郑后，周公庙遗址得到了较多的使用。

由《竹书纪年》看，穆王迁居西郑后的十余年间，周人多次在西、北方向上展开行动。由《史记》说秦人的先祖造父"以善御幸于周缪(穆)王，得骥、温骊、骅骝、騄耳之驷"看[148]，这些行动与马匹的获取有关。《竹书纪年》说"(穆王)十七年，王西征昆仑丘，见西王母。其年西王母来朝，宾于昭宫。秋八月，迁戎于太原。"[149]可见相应的征伐获得了成功。

《竹书纪年》说周穆王"三十七年，大起九师，东至于九江，架鼋鼍以为梁，遂伐越，至于纡"[150]。在设围基址上，与穆王在位之时相当，江西新干的牛头城和江苏江阴的佘城两个设围基址消失了。它们的消失，应是周穆王"东至于九江"和"伐越至于纡"获得成功的证明。

此时，在江淮之间，随州庙台子消失了，在麻城余家寨附近出现了麻城金罗家，金罗家的城址面积为 12 万平方米，规模不小，从位置上看，是用以应对异姓诸侯的"周居"。金罗家设围基址的出现，也应是穆王东巡的成果，显示了周王朝力图直接地控制江淮之间主导空间的努力。在江淮之间，寿县埂堆南侧的六安东城都取代了原来的古城寺，在长江以南原江阴佘城所在的上游不远处出现了丹阳葛城，葛城规模仅 3 万平方米，但其平面规制等级较高，从位置看，此当为姬姓诸侯所有，赋予其较高的地位，是周人在长江下游积极扩张的表达[151]。

西周中期，在海河平原，要庄设围基址退出了，只剩下一个琉璃河设围基址。在泰山以北，陈庄和呙宋台设围基址消失了，在这里新出现了规模可观的被认定为齐人首都的城址。在泰山西南，鲁国都城出现了。上列地区的设围基址的变动表明位于边缘地区的强势诸侯对周边地区的兼并取得了一定的成功。一般说来，这也就增加了其不服从周王管控的可能。

西周中期，渭河上游礼县西山城址的出现[152]，这是秦人崛起的表达。从《史记·秦本纪》看，西山城址的出现或是秦人在周宣王支持下与西戎对抗的成果。

考古材料表明西周中期以后，周人减少了对周公庙设围基址的使用，表明来自渭河上游的压力增加。相应情形与《诗经》中的《六月》《采薇》《出东》等篇及一系列金文记载的周人与猃狁之间的战事呼应，可知此时至此，整个关中地区都难称安定。

在西周晚期，在洛阳盆地的西边加设了三门峡"虢都上阳城"，瀍涧交汇的东边出现了洛阳韩旗周城，在郑州地区出现了荥阳官庄与荥阳娘娘寨设围基址，强化东都周边防御[153]。有人主张，官庄与娘娘寨应为郑国所有[154]，如果是这样，那么此时已经不得不允许个别诸侯在王朝核心区内单独设置城池。

韩旗周城有垣无壕，西周时期城垣圈围范围为480万平方米，规模巨大。圈围平面西南隅西侧略微压缩、南侧略微扩张、东北角轻微抹去，微妙的做法意味着十分谨慎地确定祭祀等级，以与周边环境匹配。在大邑成周主城以东距离不过20千米稍多的地方安排这样的大城，表明东面的军事压力不小。对城池祭祀规格审慎的确定或者指示其为周师所有，它与成周主城一道，构成更加具有辐射力的中心，在确保"中国"的安定上发挥作用（图4-3-7）。

"虢都上阳城"遗址设有两道圈围，外城范围100万平方米以上，且有垣有壕。官庄遗址外壕圈围130万平方米，外壕内又有两道城垣，规模可观，形制隆重。在王朝中枢设置的边上出现如此高规格的诸侯城池，在西周早期是不能想象的。它们的出现意味着西周天子已经不能对强势的诸侯进行管控。

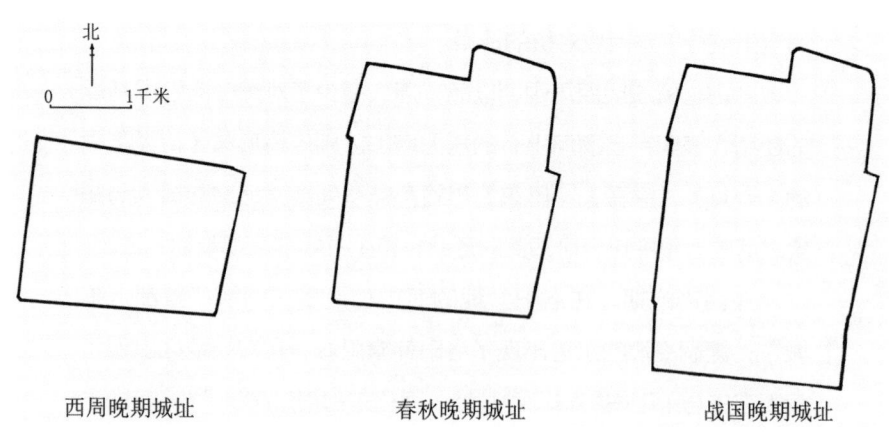

西周晚期城址　　　　春秋晚期城址　　　　战国晚期城址

图4-3-7　韩旗周城各期城垣平面示意图（《祭祀与疆域：中国上古空间考古六题》）

依据《史记·秦本纪》的叙述,周孝王时,秦人已经成为周人马匹的重要供应者。马场处在汧渭之间[155]。此时,自商代晚期起就一直存在于晋陕峡谷南段的设围基址李家崖消失了。其消失或与秦人的替代相关。

西周晚期,位于四川盆地北缘的摆宴坝遗址已被与岷江一线相关的十二桥文化人群所占据。这一变动是岷江流域人群崛起的证据,《华阳国志》显示,此时岷江流域人群试图同时应对秦地、关中、巴山乃至荆楚多个方向的压力,参与到更大范围的竞争中去。

十分特别的是,此时在胶东半岛的齐临淄以东 200 千米滨海,出现了规模巨大的龙口归城[156],与韩旗周城比,龙口归城有垣有壕,但平面形状难以归纳,规制等级不高,由功能可能性看,其当为"周居"与一些较小的诸侯公共祭地的结合体。它的出现,可以理解为是中央政权努力整理胶东半岛秩序,甚至牵制齐人的举措。《竹书纪年》说,"(宣王)七年……王命樊侯仲山甫城齐"[157],宣王七年正与龙口归城设围基址出现的时间相当,因而龙口归城或为樊侯仲山甫所建(图 4-3-8)。

大致在同一时段,在前及之周原所见设围基址的东、南、西侧,又加设外城垣,使得该设围基址的总圈围范围达到 520 万平方米,这是考古发掘见到的规模最大的西周城址。外城的设置,相当明确地表明了关中地区所面临的挑战严重。该设围基址虽然规模可观,但实际上内城不过方五里,外城不过方七里,小于成周大城方九里的规格。其内城偏于外城一隅,故其为夹城。内城虽西南隅突出,但外城西南隅则为明确收进。根据上述现象可以明确,该城并非周人最高规格的祭祀地点(图 4-3-9)。

西周晚期,长江中游的设围基址格局的变化中,特别引人瞩

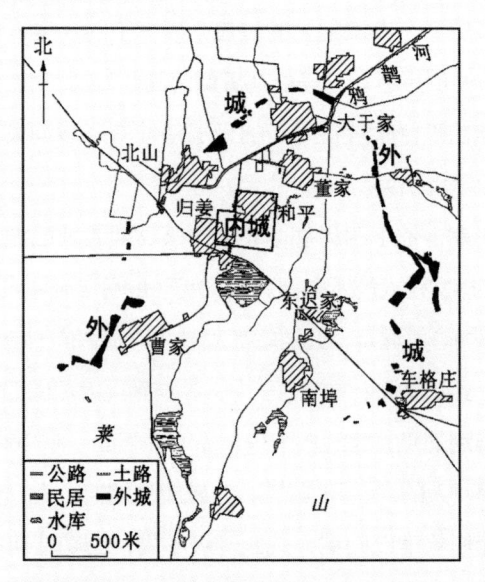

图 4-3-8 龙口归城遗址平面图(《先秦城邑考古》)

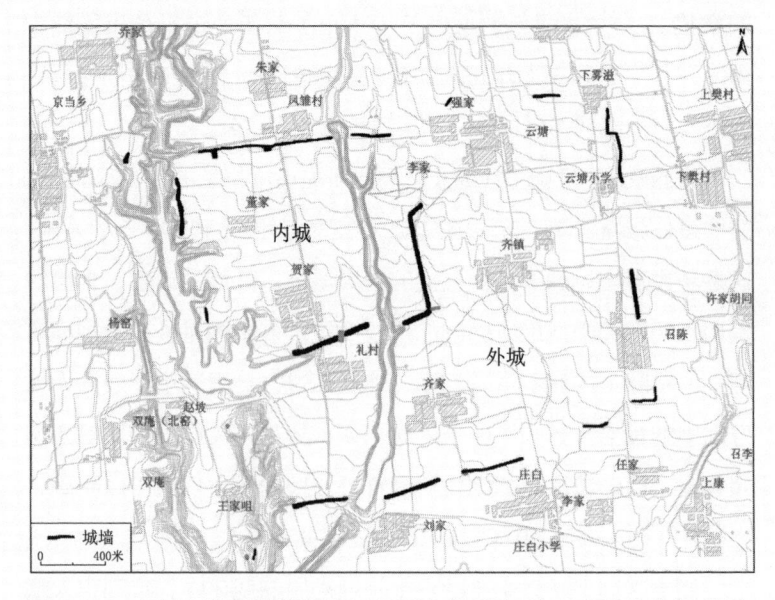

图 4-3-9 周原上设围基址平面图[陕西省考古研究院 2021 年度业务成果汇报会(一)]

目的是楚人都城湖南宁乡炭河里设围基址的消失，和在丹江口以下扼控汉江的重要位置的祭祀地位极高的湖北襄阳楚王城的出现[158]，襄阳楚王城最终为双重城圈，无论大城还是小城，均为西南隅膨出的状态。它以山丘为据，坐南面北，显示出封住由北方进入江汉平原的要道，以占据上游为依托，全面压制江汉平原的态势。《竹书纪年》说周夷王时"楚子熊渠伐庸，至于鄂"[159]。可推此时楚人的势力已达江汉一线。据此并将襄阳楚王城设围基址的出现与炭河里设围基址消失联系起来，考虑其祭祀规格远高于"南国之师"的中心设置和"汉阳诸姬"所用之城，可以认为襄阳楚王城应为楚国的新都城。在规格上，楚王城等级远高于炭河里，凸显出了楚人地位提升、势头强劲的状态（图4-3-10）。

《诗经》及一些出土青铜器铭文显示，周宣王多次对江淮地区进行征伐。《小雅·采芑》说宣王以兵车三千伐楚，但总的看来，这些征伐未得决定性成功。《史记》说："宣王既亡南国之师，

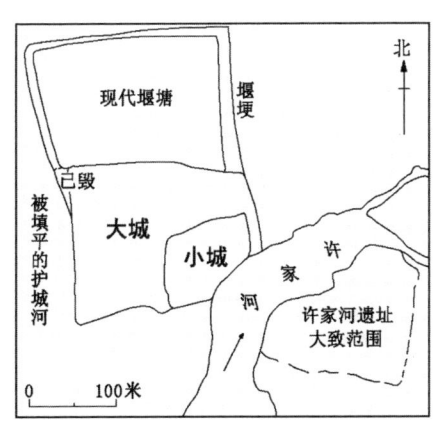

图 4-3-10　襄阳楚王城遗址平面图（《先秦城邑考古》）

乃料民于太原。"[160] 因为江淮地区贡赋资源的丧失，在晋地清点户籍以开辟税源。将上面的记述和设围基址呈现的整体态势结合，可以认为，楚王城的出现，意味着原来由中原政权支配的阴湘城、土城等设围基址此时都已转为楚人所有。

此时，原来主要针对涢水的京山董家城设围基址消失了，兼顾长江与淮河的麻城余家寨设围基址也消失了，在更靠近天门土城的位置出现了天门笑城，它与土城形成组合，强化了对由北面进入江汉平原的通道的控制。把两个应与姬姓诸侯相关的设围基址的消失，和应与南国之师有关的城池已为楚人所有结合起来，可以推想江淮之间的主要部分已经成为楚人的地盘。

西周晚期的长江下游，在葛城的东南方 32 千米处出现了常州武进淹城，在淹城东南 73 千米处出现了苏州合丰小城，淹城四重圈围，面积达到 65 万平方米，合丰小城面积也达 22 万平方米[161]。较高的平面规制和可观的圈围面积显示出对既有秩序的挑战。淹城与合丰小城同时兴起，距离又有限，可以视作一个协同单元。由位置看，这两个城池所在地当时应为吴国所有，它们的出现可以是吴国崛起的标识。

在新的交通条件下，由江汉平原沿汉江上溯进入关中更加容易，所以楚人的崛起对关中地区压力巨大。此时摆宴坝已为蜀人所有，以至于当时的蜀王可以"以褒斜为前门"[162]。这就使汉中一线的战略地位得到特别地凸显。

从夏代起，褒姓即周幽王的宠妃褒姒的族人就在汉中一带活动。周人筑衹宫于南郑，应该表明褒人在穆王时已经成为周人十分依重的同盟。汉中是阻抗在江汉平原一带活动的异文化人群进入关中的要点。所以西周晚期的周幽王宠幸褒姒在一定程度上与大的战略格局相关。在褒姒受宠之前，丹江地区是周人压制江汉平原的要点。与褒姒争宠的申皇后所来自的申姓族群就在这一带活动，申皇后的家族本来是周人压制江汉平原的关键依托。以《竹书纪年》说"（周宣王）四十一年，王师败于申"[163]为据，并考虑楚王城的具体位置，可以认为周幽王当政时，丹江口地区在楚人的攻击下已经岌岌可危，申姓的领地朝不保夕。周人退一步寻求新的依托很是自然。朝廷内不同势力间争执激化，以至于申侯联合缯国和西犬戎攻杀幽王，导致了西周的覆灭。

在西周的最后时期，在王畿中轴的西端，蒋家庙和凤凰山两个设围基址放弃了。这两点的放弃，意味着周人的西都完全暴露在西侧攻击者的面前，周人东迁已成定局。

与《尚书·禹贡》相似，《逸周书·职方解》是中国历史上难得的与一定时期东亚大陆腹地空间架构或组织相关的文献，对它的解读对于了解西周时这一地区空间组织状况和人们对相应空间的勾画具有特殊的价值。

《逸周书·职方解》记载职方氏掌天下之图，辩其邦国、都鄙、四夷、八蛮、七闽、九貉、五戎、六狄之人民，与其财用九谷六畜之数。周知其利害，乃辨九州之国，使同贯利。东南曰扬州，其山镇曰会稽，其薮泽曰其区，其川三江，其浸五湖，其利金锡竹箭，其民二男五女，其畜宜鸡犬鸟兽，其谷宜囗。正南曰荆州，其山镇曰衡山，其泽薮曰云梦，其川江汉，其浸颖湛，其利丹银齿革，其民一男二女，其畜宜鸟兽，其谷宜稻。河南曰豫州，其山镇曰华山，其泽薮曰圃田，其川荥雒，其浸陂溠，其利林漆丝枲，其民二男三女，其畜宜六扰，其谷宜五种。正东曰青州，其山镇曰沂山，其泽薮曰望诸，其川淮泗，其浸沂沭，其利蒲鱼，其民二男三女，其畜宜鸡犬，其穀宜稻麦。河东曰兖州，其山镇曰岱山，其泽薮曰大野，其川河泲，其浸庐维，其利蒲鱼，其民二男三女，其畜宜六扰，其穀宜四种。正西曰雍州，其山镇曰岳山，其泽薮曰强蒲，其川泾汭，其浸渭洛，其利玉石，其民三男二女，其畜牛马，其穀宜黍稷。东北曰幽州，其山镇曰医无闾，其泽薮曰貕养，其川河泲，其浸菑时，其利鱼盐，其民一男三女，其畜宜四扰，其穀宜三种。河内曰冀州，其山镇曰霍山，其泽薮曰杨纡，其川漳，其浸汾露，其利松柏，其民五男二女，其畜宜牛羊，其穀宜黍稷。正北曰并州，其山镇曰恒山，其泽薮曰昭余祁，其川虖池呕夷，其浸涞易，其利布帛，其民二男三女，其畜宜五扰，其穀宜五种。乃辩九服之国，方千里曰王畿。其外方五百里为侯服，又其外方五百里为甸服，又其外方五百里为男服，又其外方五百里为采服，又其外方五百里为卫服，又其外方五百里为蛮服，又其外方五百里为夷服，又其外方五百里为镇服，又其外方五百里为藩服。[164]（图4-3-11）

从叙述的方位用词看，《逸周书·职方解》是以河洛交汇处为基点展开叙述的。由丰、镐二京间距为10.8千米，约为355米一里的30倍看，周人在大地丈量上仍然以355米为一里，这样虽然五服变成了九服，在《尚书·禹贡》五服划分时可以看到的诸多空间或地理控制要点与各服分界匹配仍然保持着，以系统的"神明之隩"为支持的"中国"依然存在，占据最高等级的"神明之隩"对于周人仍是统治权力合法性的证明。九服的设定，当然大大地扩大了"中国"的范围，不过，因为设置的蛮、夷、镇、藩诸服，在某些方向上与形式的"中国"生成的空间控制要点关联疏离，在以河道为主实现空间控制的做法逐渐隐退的背景下，

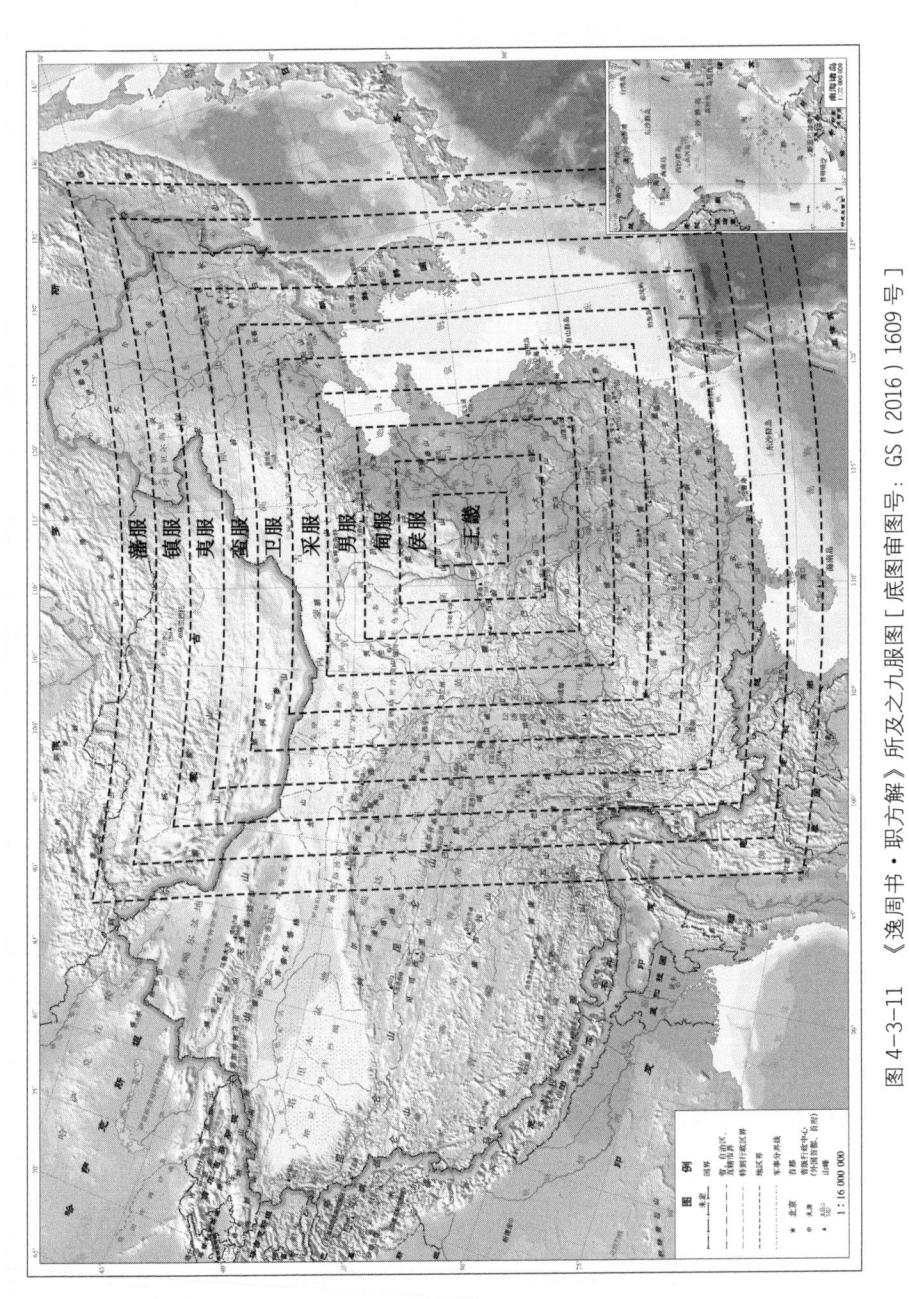

图 4-3-11 《逸周书·职方解》所及之九服图 [底图图审图号：GS（2016）1609 号]

"服"也就会更多地被理解为行政管理或文化辐射的圈层。

《逸周书·职方解》中的"山镇"，是在该州关键空间控制上具有重要价值地点的标定物；"川"指重要的通航河道；"泽薮"指湖泊；"浸"则是沼泽或湿地。与《尚书·禹贡》不同，《逸周书·职方解》的九州划分不以河道作为界限，也不强调各州与王畿的关联，而是建立一个个各有自己空间标志的有泽薮、川和浸三种水体为支持的空间单元。这种做法体现了此时河道网络之外的陆路交通网络更为发达，各州间的陆上联络不存在重大障碍和经济发展的较高水平。《逸周书·职方解》对各州情况的记述主要涉及水利条件、特殊物产、人口构成以及农业与畜牧业的可能性，意味着对经济活动的系统性管控的关注。

《逸周书·职方解》所述各州男女性别比有巨大的差异，女性占比最高的幽州为男一女三，男性占比最高的冀州为男五女三。多数州为男二女三。一般说，在传统社会中，因为社会和生物条件的原因，人口中男性占比略低或是常规，在一些州看到的男、女性别比例畸高的情况并不自然。稍加分析可以看到，男性比例畸高的雍州是都城所在，军事防御的要求自然较高。从位置上看，冀州还承担着阻止西、北方异族进入中原的重要任务。而女性比例畸高的荆州、扬州、幽州都是长期与中原对抗的族群生存的空间。由此可见，当时应该存在着在全国范围内进行统一的人口配置的做法，在向军事压力较大的地方调配男性的同时，减少可能威胁到政权安定地区的男性居民。也就是说，后世所谓的"强干弱枝"的做法周代已经存在。按说，雍州为政权核心所在，为了政权的安全，男性的配比应该最高，但在实际上却略低于冀州。这应该是雍州的面积过大所致。如果单把其中的王畿这一部分拿出来看，相信其男性占比应大大地高过冀州。

在述及各州的界限时，《职方解》没有全面地讲述各州的四至，这就使得雍州、并州、幽州、扬州和荆州的空间实际上是开放的，因而其所提到的人口性别配比，应只涉及作者认定的"理所应当"的地区。

将成年男性集中在政权维持的关键地区，形成一定的军事能力，是周人重要的战略手段。周人在关中地区安排有"西六师"，在郑洛一线安排有"成周八师"，在安阳一带安排有"殷八师"，在江汉平原西部安排有"南国之师"。师当然要以男性为主，它们的存在当是造成相应地区人口中男性比例较高的缘由之一。

从根本上看，聚落系统就是空间控制系统。赋予聚落系统较多的军事能力，是经济发展水平不高，军事活动专业性不强的上古，较为经济地实现空间管控的办法。按照杨宽的说法，周代的"师"是具有一定军事能力的居民组织[165]。这样，把这种特殊的居民组织或聚落系统安排在国土空间控制的关键地区，并把"师"的指挥部门所在作为聚落系统的中心，当是这种聚落系统设置的常规。西周初期在江汉平原安排的阴湘城、土城等设围基址就是这种聚落系统的中心。

结合重要的地理界限和历史文化条件，或可大致画出《逸周书·职方解》所勾画的九州图（图4-3-12）。由图可见，《逸周书·职方解》保持着《尚书·禹贡》的空间区划与地理条件、族群分布和行政管控需求密切挂钩的传统。具体地说，扬州主要与历史上良渚文化的覆盖区相关，荆州主要与历史上石家河文化覆盖区相关，幽州主要与历史上的红山文化和夏家店下层文化覆盖区相关，并州与阿善文化、老虎山文化相关。豫州的镇山为华山，

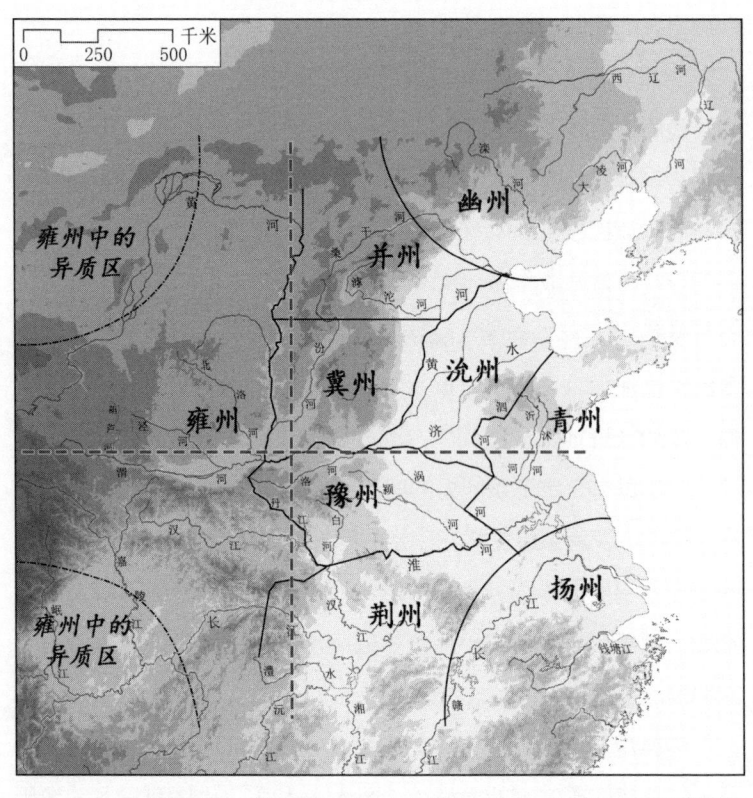

图 4-3-12 《逸周书·职方解》所述之九州图示意 [底图依据 SRTM 高程数据和全国地理信息资源目录服务系统（www.webmap.cn）的水系数据绘制]

显然强调了两个王畿协同的要求。把海岱龙山文化区一分为二，分别以实际上连在一起的泰山和沂山为镇，区别出青州和兖州，既是分而治之的要求，也是族群空间分别使然。冀州此时在两河之间，北界不过滹沱河，面积十分有限，这有利于整体上的高比例的男性社会的形成，以构成坚强的堡垒型地段。与《尚书·禹贡》的九州形成显著对比的是，以上八州都分布在西河与华阳一线以东，而此一线以西，只有雍州一州。之所以如此，显然是要在一定水平上把作为马匹供应基地的"胡苑"和丰饶的四川盆地置于中央的直接管控之下，使中央权力能够相对方便地支配关键资源。

由历史和空间条件看，支持马匹供应的"胡苑"和丰饶的巴蜀，都可以视为雍州以下的独立性异质单元。如果强调这两个异质单元的存在，就可以看到它们与东侧的扬州和幽州一起，使得一个覆盖东亚大陆腹地主导部分的九宫格跃然纸上。虽然因为雍州的界线在西河、华阳一线，这个九宫格的中心似乎并未落在洛河与黄河的交汇点上，但仍然以极具形式感的方式制作出了一个与郑洛一线相关的中心区，在一定程度上让"中国"存在的合理性得到呈现。

注　释

[1]　司马迁：《史记》（第一册），北京：中华书局，1959 年，第 49、10 页。
[2]　王国维撰，黄永年校点：《古本竹书纪年辑校·今本竹书纪年疏证》，沈阳：辽宁教育出版社，1997 年，第 41 页。
[3]　严可均辑，任雪芳审订：《全汉文》，北京：商务印书馆，1999 年，第 542 页。

[4] 许慎撰，段玉裁注，许惟贤整理：《说文解字注》，南京：凤凰出版社，2015年，第1157页。

[5] 国家文物局主编：《中国文物地图集·山西分册》，北京：中国地图出版社，2006年，第104页。

[6] 王城岗遗址的资料详见：北京大学考古文博学院、河南省文物考古研究所：《登封王城岗考古发现与研究（2002~2005）》，郑州：大象出版社，2007年。

[7] 王国维撰，黄永年校点：《古本竹书纪年辑校·今本竹书纪年疏证》，沈阳：辽宁教育出版社，1997年，第46—47页。

[8] 河南省文物考古研究院、首都师范大学历史学院、濮阳文化局等：《河南濮阳戚城发现龙山时代城址》，《中国文物报》2015年3月27日。

[9] 王国维撰，黄永年校点：《古本竹书纪年辑校·今本竹书纪年疏证》，沈阳：辽宁教育出版社，1997年，第47页。

[10] 郦道元著，陈桥驿校证：《水经注校证》，北京：中华书局，2007年，第573页。

[11] 司马迁：《史记》（第一册），北京：中华书局，1959年，第83页。

[12] 司马迁：《史记》（第一册），北京：中华书局，1959年，第83页。

[13] 司马迁：《史记》（第一册），北京：中华书局，1959年，第83页。

[14] 司马迁：《史记》（第一册），北京：中华书局，1959年，第84页。

[15] 下康遗址的资料详见 Pauline Sebillaud（史宝琳）：《中原地区公元前三千纪下半叶和公元前两千纪的聚落分布研究》，长春：吉林大学博士学位论文，2014年，附录2第40页。

[16] 孙家岗遗址的资料详见：湖南省文物考古研究所、澧县文物局：《湖南澧县孙家岗遗址2016年发掘简报》，《江汉考古》2018年第3期。湖南省文物考古研究所：《湖南澧县孙家岗遗址2015年钻探简报》，《江汉考古》2018年第3期。

[17] 王国维撰，黄永年校点：《古本竹书纪年辑校·今本竹书纪年疏证》，沈阳：辽宁教育出版社，1997年，第50页。

[18] 王国维撰，黄永年校点：《古本竹书纪年辑校·今本竹书纪年疏证》，沈阳：辽宁教育出版社，1997年，第50、41页。

[19] 中国国家博物馆田野考古研究中心、山西省考古研究所、运城市文物保护研究所：《山西绛县周家庄遗址2007～2012年勘查与发掘简报》，《考

古》2015年第5期。

[20] 王国维撰，黄永年校点：《古本竹书纪年辑校·今本竹书纪年疏证》，沈阳：辽宁教育出版社，1997年，第50—51页。

[21] 司马迁：《史记》（第一册），北京：中华书局，1959年，第85页。

[22] 李民、王健：《尚书译注》，上海：上海古籍出版社，2004年，第94页。

[23] 刘夫德：《上古史发掘》，西安：陕西人民出版社，2010年，第61页。

[24] 周明初校注：《山海经》，杭州：浙江古籍出版社，2000年，第249、219页。

[25] 刘安等：《淮南子》，长沙：岳麓书社，2015年，第64、54页。

[26] 司马迁：《史记》（第一册），北京：中华书局，1959年，第85页。

[27] 禹寺遗址的资料详见：张小虎：《孟州市禹寺龙山时代聚落考古新收获》，"2020年度河南考古工作成果交流会（一）"，"河南考古"微信公众号，2020年12月16日。温小娟、陈学桦：《我省夏文化探索又有重要新发现——豫西北发现虞夏时期"城池"》，《河南日报》2021年1月22日。古城寨、人和寨、瓦店、孙寨、徐堡等河南龙山文化遗址的资料详见许宏：《先秦城邑考古》，北京：西苑出版社、金城出版社，2017年，第107—115页。

[28] 瞿昙悉达撰，常秉义点校：《开元占经》，北京：中央编译出版社，2006年，第142页。

[29] 夏商周断代工程专家组：《夏商周断代工程1996–2000年阶段成果报告·简本》，北京：世界图书出版公司北京公司，2000年，第80页。

[30] 王国维撰，黄永年校点：《古本竹书纪年辑校·今本竹书纪年疏证》，沈阳：辽宁教育出版社，1997年，第54页。

[31] 王国维撰，黄永年校点：《古本竹书纪年辑校·今本竹书纪年疏证》，沈阳：辽宁教育出版社，1997年，第54页。

[32] 徐元诰撰，王树民、沈长云点校：《国语集解》，北京：中华书局，2002年，第160页。

[33] 王圪垱遗址资料详见：钟华、吴业恒、张鸿亮、赵志军：《河南洛阳王圪垱遗址浮选结果及分析》，《农业考古》2019年第1期。煤山、花地嘴、新砦、东赵等新砦期遗址的资料详见许宏：《先秦城邑考古》，北京：西苑出版社、金城出版社，2017年，第114—115页。

[34] Pauline Sebillaud（史宝琳）指出，相较龙山时期，二里头文化时期黄河中下游地区的遗址数量较大幅度地减少，遗址的平均面积较大幅度地增加，人们更愿意选择在海拔较高的地方居住。应该表明了龙山晚期、新砦文化时期，这里经历了一场过程复杂、涉及地域广阔的战祸。参见 Pauline Sebillaud（史宝琳）：《中原地区公元前三千纪下半叶和公元前两千纪的聚落分布研究》第二章第一节内容。

[35] 王国维撰，黄永年校点：《古本竹书纪年辑校·今本竹书纪年疏证》，沈阳：辽宁教育出版社，1997 年，第 55 页。

[36] 王国维撰，黄永年校点：《古本竹书纪年辑校·今本竹书纪年疏证》，沈阳：辽宁教育出版社，1997 年，第 55 页。

[37] 范晔：《后汉书》（第十册），北京：中华书局，1965 年，第 2807 页。

[38] 王国维撰，黄永年校点：《古本竹书纪年辑校·今本竹书纪年疏证》，沈阳：辽宁教育出版社，1997 年，第 55 页。

[39] 城子崖、丁公、桐林、藤花落、十里铺北、史家、榆林、庙后、照格庄等岳石文化设围基址的资料来源，可见许宏：《先秦城邑考古》，北京：西苑出版社、金城出版社，2017 年，第 152 页。郭荣臻：《岳石文化城邑的考古学观察》，《四川文物》2021 年第 5 期。

[40] 王国维撰，黄永年校点：《古本竹书纪年辑校·今本竹书纪年疏证》，沈阳：辽宁教育出版社，1997 年，第 56 页。

[41] 二里头遗址的资料详见中国社会科学院考古研究所编著，许宏、袁靖主编：《二里头考古六十年》，北京：中国社会科学出版社，2019 年。赵海涛：《二里头都邑聚落形态新识》，《考古》2020 年第 8 期。

[42] 西史村、蒲城店（二里头城址）遗址以及后文所见的望京楼、大师姑、东赵、南洼、杨庄、东下冯、古城南关等二里头时期新出现的设围基址的资料详见许宏：《先秦城邑考古》，北京：西苑出版社、金城出版社，2017 年，第 144—151 页。

[43] 韩建业：《早期中国：中国文化圈的形成和发展》，上海：上海古籍出版社，2015 年，第 249 页。

[44] 夏家店下层遗址的资料详见：许宏《先秦城邑考古》，北京：西苑出版社、金城出版社，2017 年，第 153—165 页。

[45] 刘莉、陈星灿：《中国考古学：旧石器时代晚期到早期青铜时代》，北京：生活·读书·新知三联书店，2017 年，第 324 页。

[46] 韩建业：《早期中国：中国文化圈的形成和发展》，上海：上海古籍出版社，2015年，第210页。

[47] 陈桥驿、叶光庭、叶扬译，陈桥驿、王东注：《水经注（全五册）》，北京：中华书局，2020年，第1081页。

[48] 王国维撰，黄永年校点：《古本竹书纪年辑校·今本竹书纪年疏证》，沈阳：辽宁教育出版社，1997年，第56—57页。

[49] 司马迁：《史记》（第一册），北京：中华书局，1959年，第86页。

[50] 西吴壁遗址的资料详见：中国国家博物馆：《山西绛县西吴壁遗址2019年春季考古再获新成果》，《中国文物报》2019年7月5日。中国国家博物馆、山西省考古研究所、运城市文物保护研究所：《山西绛县西吴壁遗址发掘的重要新收获》，《中国文物报》2020年1月3日。

[51] 王国维撰，黄永年校点：《古本竹书纪年辑校·今本竹书纪年疏证》，沈阳：辽宁教育出版社，1997年，第58页。

[52] 司马迁：《史记》（第一册），北京：中华书局，1959年，第91页。

[53] 秦存誉、袁广阔：《豫北冀南地区龙山早期遗存新探》，《南方文物》2020年第5期。

[54] 单思伟：《屈家岭文化研究》，武汉：武汉大学2018年博士学位论文，第291—293页。

[55] 孙星衍，陈抗、盛冬玲点校：《尚书今古文注疏》，北京：中华书局，1986年，第562页。

[56] 王国维撰，黄永年校点：《古本竹书纪年辑校·今本竹书纪年疏证》，沈阳：辽宁教育出版社，1997年，第55页。

[57] 王国维撰，黄永年校点：《古本竹书纪年辑校·今本竹书纪年疏证》，沈阳：辽宁教育出版社，1997年，第58~59页。

[58] 王国维撰，黄永年校点：《古本竹书纪年辑校·今本竹书纪年疏证》，沈阳：辽宁教育出版社，1997年，第59页。

[59] 王国维撰，黄永年校点：《古本竹书纪年辑校·今本竹书纪年疏证》，沈阳：辽宁教育出版社，1997年，第62页。

[60] 司马迁：《史记》（第一册），北京：中华书局，1959年，第93页。

[61] 有关伊川南寨遗址的文献资料，可参见Pauline Sebillaud（史宝琳）：《中原地区公元前三千纪下半叶和公元前两千纪的聚落分布研究》，长春：吉林大学博士学位论文，2014年，附录第32页。

[62] 王国维撰，黄永年校点：《古本竹书纪年辑校·今本竹书纪年疏证》，沈阳：辽宁教育出版社，1997年，第59页。

[63] 王国维撰，黄永年校点：《古本竹书纪年辑校·今本竹书纪年疏证》，沈阳：辽宁教育出版社，1997年，第60页。

[64] 顾颉刚、刘起釪：《尚书校释译论》，北京：中华书局，2005年，第891页。

[65] 《尚书》与《竹书纪年》都说商汤将夏桀放逐至南巢，从族群关系看，南巢是夏人旧地，放逐至南巢，有放虎归山之嫌，不尽合理，因而这里采信《淮南子》"（桀）奔南巢而死"的说法。

[66] 司马迁：《史记》（第一册），北京：中华书局，1959年，第96—97页。王国维撰，黄永年校点：《古本竹书纪年辑校·今本竹书纪年疏证》，沈阳：辽宁教育出版社，1997年，第62页。

[67] 司马迁：《史记》（第一册），北京：中华书局，1959年，第93页。

[68] 刘莉、陈星灿：《中国考古学：旧石器时代晚期到早期青铜时代》，北京：生活·读书·新知三联书店，2017年，第324页。

[69] 沈阳市文物考古研究所：《沈阳市皇姑区新乐遗址2014年的发掘》，《考古》2018年第8期。沈阳市文物考古研究所：《沈阳市千松园遗址2010年发掘简报》，《考古》2013年第9期。

[70] 司马迁：《史记》（第一册），北京：中华书局，1959年，第99页。

[71] 王国维撰，黄永年校点：《古本竹书纪年辑校·今本竹书纪年疏证》，沈阳：辽宁教育出版社，1997年，第6、59页。朱熹集注：《楚辞集注》，上海：上海古籍出版社，1979年，第62页。

[72] 三星堆遗址的发掘资料详见万娇：《从三星堆遗址看成都平原文明进程》，北京：科学出版社，2020年，第53—55页。三星堆遗址的建设历程资料详见雷雨：《三星堆遗址考古发现与研究》，"国家文物局举行2021年'考古中国'重大项目进展工作会"，国务院新闻办公室网站，2021年3月20日。

[73] 司马迁：《史记》（第一册），北京：中华书局，1959年，第100页。

[74] 郑州白寨遗址的资料详见张家强：《郑州白寨遗址发掘收获》，"2020年度河南考古工作成果交流会（二）"，"河南考古"微信公众号，2020年12月16日。偃师商城、郑州商城、唐垌、府城商城、粮宿以及后文提到的梁湖、佘城、盘龙城、王家山、小双桥等二里岗时期遗址的资料详见许宏：

《先秦城邑考古》，北京：西苑出版社、金城出版社，2017年，第166—188页。

[75] 刘莉、陈星灿：《中国考古学：旧石器时代晚期到早期青铜时代》，北京：生活·读书·新知三联书店，2017年，第330—335页。

[76] 王国维撰，黄永年校点：《古本竹书纪年辑校·今本竹书纪年疏证》，沈阳：辽宁教育出版社，1997年，第66页。

[77] 沈阳市文物考古研究所：《沈阳市郝心台遗址2011年发掘简报》，《考古》2016年第6期。辽宁省文物考古研究院：《两家子遗址2020年度考古发掘收获》，"辽宁省文物考古研究院"微信公众号，2021年2月19日。

[78] 张玉春：《竹书纪年译注》，哈尔滨：黑龙江人民出版社，2003年，第149页。司马迁：《史记》（第一册），北京：中华书局，1959年，第100页。

[79] 王国维撰，黄永年校点：《古本竹书纪年辑校·今本竹书纪年疏证》，沈阳：辽宁教育出版社，1997年，第66—67页。司马迁：《史记》（第一册），北京：中华书局，1959年，第101页。陆德明：《经典释文》，上海：上海古籍出版社，1985年，第166页。

[80] 孔维鹏：《2021安阳市陶家营商代中期聚落遗址》，"2021年度河南考古工作成果交流会（二）"，"河南考古"微信公众号，2021年12月17日。

[81] 王国维撰，黄永年校点：《古本竹书纪年辑校·今本竹书纪年疏证》，沈阳：辽宁教育出版社，1997年，第67页。

[82] 罗汝鹏：《余杭径山小古城遗址的考古新收获》，"浙江省文物考古研究所2018年度业务交流报告会（二）"，"浙江考古"微信公众号，2019年1月15日。罗汝鹏：《余杭径山小古城遗址考古发掘》，"2020年度浙江省文物考古研究所业务交流报告（二）"，"浙江考古"微信公众号，2021年1月31日。

[83] 王国维撰，黄永年校点：《古本竹书纪年辑校·今本竹书纪年疏证》，沈阳：辽宁教育出版社，1997年，第67页。

[84] 王国维撰，黄永年校点：《古本竹书纪年辑校·今本竹书纪年疏证》，沈阳：辽宁教育出版社，1997年，第68页。

[85] 抚河流域设围遗址的资料，详见江西省文物考古研究所等：《江西抚河流域先秦时期遗址考古调查报告Ⅰ（乐安县·宜黄县）》，北京：文物出

版社，2015 年；《江西抚河流域先秦时期遗址考古调查报告Ⅱ（金溪县）》，北京：文物出版社，2017 年；《江西抚河流域先秦时期遗址考古调查报告Ⅲ（临川区·崇仁县）》，北京：文物出版社，2020 年。曾丽：《抚河中游先秦聚落试析——以江西省金溪县为例》，《东南文化》2021 年第 1 期。豆海锋、严振洪、王上海：《江西抚河流域先秦时期遗址类型初探》，《文博》2020 年第 5 期。

[86] 许宏：《先秦城邑考古》，北京：西苑出版社、金城出版社，2017 年，第 204—205 页。

[87] 王国维撰，黄永年校点：《古本竹书纪年辑校·今本竹书纪年疏证》，沈阳：辽宁教育出版社，1997 年，第 69 页。

[88] 洹北商城、侯城、孟庄、关帝庙、台家寺等河南和安徽地区殷墟时期设围遗址的资料参见许宏：《先秦城邑考古》，北京：西苑出版社、金城出版社，2017 年，第 190—196 页。

[89] 王鲁民：《营国：东汉以前华夏聚落景观规制与秩序》，上海：同济大学出版社，2017 年，第 152—153 页。

[90] 司马迁：《史记》（第一册），北京：中华书局，1959 年，第 102 页。

[91] 史家、呙宋台、范家、唐山、十里铺北等山东地区殷墟时期设围遗址的资料详见许宏：《先秦城邑考古》，北京：西苑出版社、金城出版社，2017 年，第 201—202 页。

[92] 方辉：《大辛庄遗址的考古发现与研究》，《山东大学学报（哲学社会科学版）》2004 年第 1 期。

[93] 王鲁民：《营国：东汉以前华夏聚落景观规制与秩序》，上海：同济大学出版社，2017 年，第 152 页。

[94] 陈德安、杨剑：《三星堆遗址商代城址的调查与认识》，《夏商周方国文明国际学术研讨会论文集：2014 中国广汉》，北京：科学出版社，2015 年，第 139—156 页。

[95] 司马迁：《史记》（第一册），北京：中华书局，1959 年，第 103 页。

[96] 宝鸡市考古工作队：《陕西武功郑家坡先周遗址发掘简报》，《文物》1984 年第 7 期。

[97] 司马迁：《史记》（第一册），北京：中华书局，1959 年，第 112 页。

[98] 王鲁民：《先秦岷江流域权力地位推想——以城池设置为主线》，《人类居住》2021 年第 3 期。

[99] 王国维撰，黄永年校点：《古本竹书纪年辑校·今本竹书纪年疏证》，沈阳：辽宁教育出版社，1997年，第70页。

[100] 司马迁：《史记》（第一册），北京：中华书局，1959年，第104页。

[101] 王国维撰，黄永年校点：《古本竹书纪年辑校·今本竹书纪年疏证》，沈阳：辽宁教育出版社，1997年，第70页。

[102] 李家崖、城墙圈、牛头城、蒋家庙、水沟、凤凰山等遗址的资料详见许宏：《先秦城邑考古》，北京：西苑出版社、金城出版社，2017年，第197—200、204—206页。

[103] 王国维撰，黄永年校点：《古本竹书纪年辑校·今本竹书纪年疏证》，沈阳：辽宁教育出版社，1997年，第72页。

[104] 金沙遗址的资料详见许宏：《先秦城邑考古》，北京：西苑出版社、金城出版社，2017年，第226页。

[105] 王鲁民：《先秦岷江流域权力地位推想——以城池设置为主线》，《人类居住》2021年第3期。

[106] 司马迁：《史记》（第一册），北京：中华书局，1959年，第105—106页。

[107] 王国维撰，黄永年校点：《古本竹书纪年辑校·今本竹书纪年疏证》，沈阳：辽宁教育出版社，1997年，第74页。司马迁：《史记》（第一册），北京：中华书局，1959年，第105页。

[108] 司马迁：《史记》（第一册），北京：中华书局，1959年，第112页。

[109] 司马迁：《史记》（第一册），北京：中华书局，1959年，第114页。

[110] 司马迁：《史记》（第一册），北京：中华书局，1959年，第114页。

[111] 蒋家庙、凤凰山、水沟等遗址的资料详见许宏：《先秦城邑考古》，北京：西苑出版社、金城出版社，2017年，第198页。

[112] 袋足鬲和联裆鬲的讨论，可参见邹衡：《论先周文化》，《夏商周考古学论文集》，北京：文物出版社，1980年，第297—356页。

[113] 徐天进：《西周王朝的发祥之地——周原——周原考古综述》，《考古学研究（五）》，北京：科学出版社，2003年，第799—808页。

[114] 司马迁：《史记》（第一册），北京：中华书局，1959年，第117—118页。

[115] 这样说的理由在于丰镐设置规则来自殷墟和洹北商城，而殷墟和洹北商城的圈围只有壕沟。另外，"墙"和"城"两个字的出现较晚，在这两

个字出现之前，与其对应的字是"垣"和"墉"。与"墙"对应的"垣"字的主体为"亘"形，为边界内有水流状。与"城"对应的"墉"字音同"雍"，"雍"也可指水沟。这样，上古人们所说的"城"恐怕只能与壕沟对应。

[116]　司马迁：《史记》（第一册），北京：中华书局，1959 年，第 120 页。

[117]　司马迁：《史记》（第一册），北京：中华书局，1959 年，第 123 页。

[118]　司马迁：《史记》（第一册），北京：中华书局，1959 年，第 128—129 页。

[119]　黄怀信、张懋镕、田旭东撰，李学勤审定：《逸周书汇校集注》，上海：上海古籍出版社，1995 年，第 514 页。

[120]　王鲁民、范沛沛：《祭祀与疆域：中国上古空间考古六题》，郑州：大象出版社，2021 年，第 198—200 页。

[121]　三监地望的基本考释参见杨宽：《西周史》，上海：上海人民出版社，2019 年，第 128 页。

[122]　司马迁：《史记》（第一册），北京：中华书局，1959 年，第 133 页。

[123]　王鲁民、范沛沛：《祭祀与疆域：中国上古空间考古六题》，郑州：大象出版社，2021 年，第 204 页。

[124]　黄怀信、张懋镕、田旭东撰，李学勤审定：《逸周书汇校集注》，上海：上海古籍出版社，1995 年，第 560—573 页。

[125]　司马迁：《史记》（第一册），北京：中华书局，1959 年，第 106 页。

[126]　王鲁民：《营国：东汉以前华夏聚落景观规制与秩序》，上海：同济大学出版社，2017 年，第 200—229 页。

[127]　孙星衍撰，陈抗、盛冬玲点校：《尚书今古文注疏》，北京：中华书局，1986 年，第 403 页。

[128]　叶万松、李德方：《三代都洛水系考辩》，《河南文物考古论集》，郑州：河南人民出版社，1996 年，第 192—200 页。

[129]　许倬云：《西周史：增补本》，北京：生活·读书·新知三联书店，2001 年，第 156 页。

[130]　杨宽：《西周史》，上海：上海人民出版社，2003 年，第 377 页。

[131]　荀况：《荀子》，太原：书海出版社，2001 年，第 51 页。

[132]　济源柴庄遗址的资料详见河南文物考古研究院：《河南济源柴庄遗址发现商代晚期至西周早期大型聚落》，《中国文物报》2020 年 4 月 3 日。虞国故城、下阳城、要庄、余家寨、董家城、古城寺、丁家塏堆、磨元城、

土城等城址的资料详见许宏：《先秦城邑考古》，北京：西苑出版社、金城出版社，2017年，第208—234页。

[133] 司马迁：《史记》（第一册），北京：中华书局，1959年，第145页。

[134] 谭其骧主编：《中国历史地图集·第一册：原始社会、夏、商、西周、春秋、战国时期》，北京：中国地图出版社，1982年，第17—18页。

[135] 天马—曲村遗址的资料详见北京大学考古学系商周组、山西省考古研究所：《天马—曲村（1980—1989）》，北京：科学出版社，2000年。

[136] 刘莉、陈星灿：《中国考古学：旧石器时代晚期到早期青铜时代》，北京：生活·读书·新知三联书店，2017年，第122—123页。

[137] 陈卫东：《四川广元昭化区土基坝和摆宴坝考古调查勘探取得重要成果》，《中国文物报》2014年9月19日。

[138] 王国维撰，黄永年校点：《古本竹书纪年辑校·今本竹书纪年疏证》，沈阳：辽宁教育出版社，1997年，第83页。

[139] 王国维撰，黄永年校点：《古本竹书纪年辑校·今本竹书纪年疏证》，沈阳：辽宁教育出版社，1997年，第80页。

[140] 琉璃河、陈庄、薛国故城、庙台子、九里岗、牸牛山、堰台、天目山等城址的资料详见许宏：《先秦城邑考古》，北京：西苑出版社、金城出版社，2017年，第208—234页。

[141] 司马迁：《史记》（第一册），北京：中华书局，1959年，第134页。

[142] 王国维撰，黄永年校点：《古本竹书纪年辑校·今本竹书纪年疏证》，沈阳：辽宁教育出版社，1997年，第86页。

[143] 司马迁：《史记》（第一册），北京：中华书局，1959年，第134页。

[144] 湖南省文物考古研究所、长沙市考古研究所、宁乡县文物管理所：《湖南宁乡炭河里西周城址与墓葬发掘简报》，《文物》2006年第6期。

[145] 王国维撰，黄永年校点：《古本竹书纪年辑校·今本竹书纪年疏证》，沈阳：辽宁教育出版社，1997年，第87页。

[146] 马赛：《西周时期关中地区的聚落分布与变迁》，《南方文物》2017年第3期。

[147] 周原上城址的资料详见陕西省考古研究院："陕西省考古研究院2021年度业务成果汇报会（一）"，"考古陕西"微信公众号，2022年1月13日。阿琳娜：《周原遗址首次发现先周时期大型夯土建筑基址》，中国新闻网，2022年1月24日。

[148] 司马迁：《史记》（第一册），北京：中华书局，1959年，第175页。

[149] 王国维撰，黄永年校点：《古本竹书纪年辑校·今本竹书纪年疏证》，沈阳：辽宁教育出版社，1997年，第89页。

[150] 王国维撰，黄永年校点：《古本竹书纪年辑校·今本竹书纪年疏证》，沈阳：辽宁教育出版社，1997年，第89页。

[151] 金罗家、东城都、葛城遗址的资料详见许宏：《先秦城邑考古》，北京：西苑出版社、金城出版社，2017年，第230页。

[152] 西山遗址的资料详见许宏：《先秦城邑考古》，北京：西苑出版社、金城出版社，2017年，第214页。

[153] 上阳城、韩旗周城、娘娘寨遗址的资料详见许宏：《先秦城邑考古》，北京：西苑出版社、金城出版社，2017年，第216—220页。

[154] 郑州大学历史文化遗产保护研究中心、郑州市文物考古研究院：《河南荥阳市官庄周代城址发掘简报》，《考古》2016年第8期。

[155] 司马迁：《史记》（第一册），北京：中华书局，1959年，第177页。

[156] 中美联合归城考古队：《山东龙口市归城两周城址调查简报》，《考古》2011年第3期。

[157] 王国维撰，黄永年校点：《古本竹书纪年辑校·今本竹书纪年疏证》，沈阳：辽宁教育出版社，1997年，第96页。

[158] 襄阳市博物馆：《湖北襄阳楚王城西周城址调查简报》，《江汉考古》2012年第1期。

[159] 王国维撰，黄永年校点：《古本竹书纪年辑校·今本竹书纪年疏证》，沈阳：辽宁教育出版社，1997年，第92页。

[160] 司马迁：《史记》（第一册），北京：中华书局，1959年，第145页。

[161] 淹城、合丰小城的资料详见许宏：《先秦城邑考古》，北京：西苑出版社、金城出版社，2017年，第232—234页。

[162] 常璩撰，刘琳校注：《华阳国志校注》，成都：巴蜀书社，1984年，第182页。

[163] 王国维撰，黄永年校点：《古本竹书纪年辑校·今本竹书纪年疏证》，沈阳：辽宁教育出版社，1997年，第98页。

[164] 黄怀信、张懋镕、田旭东撰，李学勤审定：《逸周书汇校集注》，上海：上海古籍出版社，1995年，第1041—1061页。

[165] 杨宽：《西周史》，上海：上海人民出版社，2003年，第417页。

第五章 补议

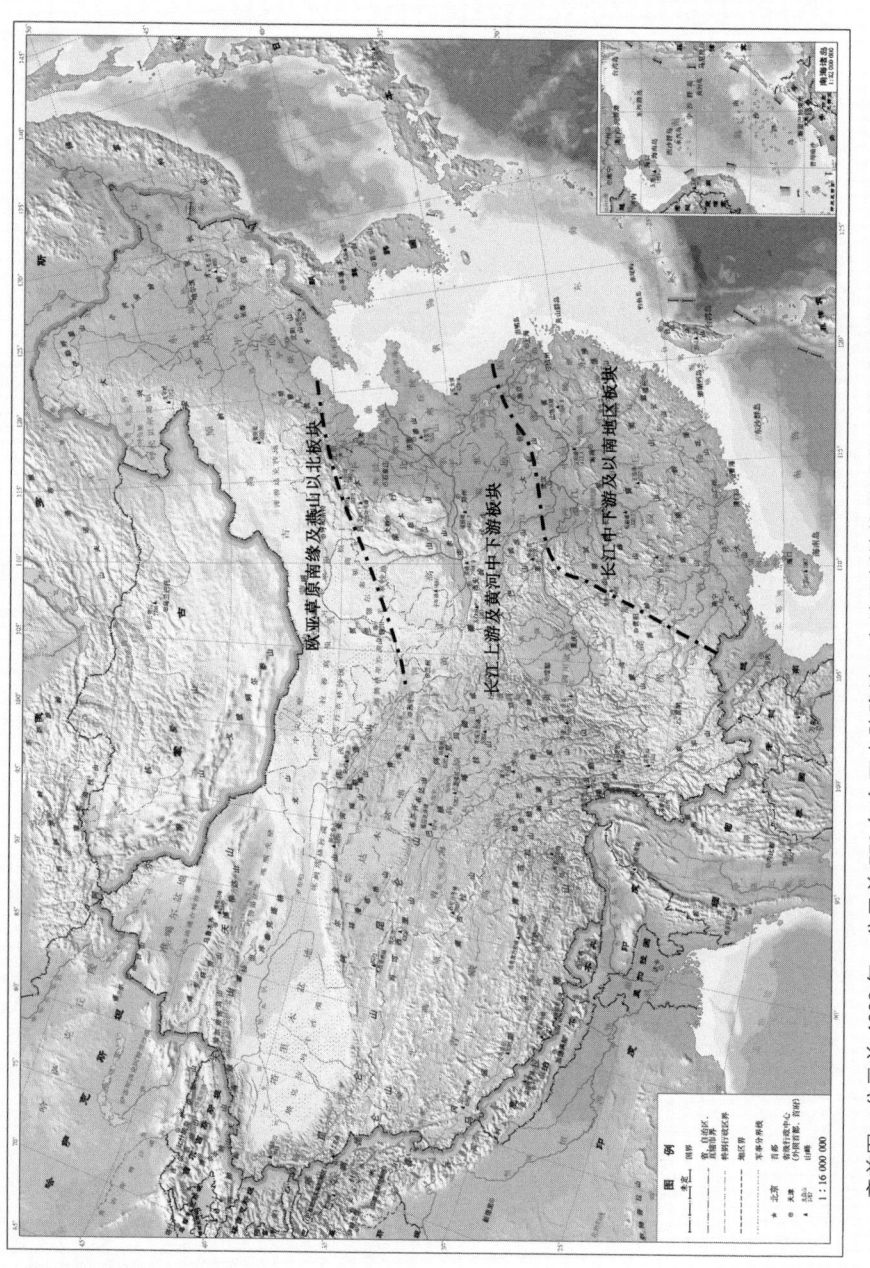

章首图：公元前 4000 年—公元前 771 年亚东大陆腹地三大地理板块格局示意［底图审图号：GS（2016）1609 号］

欧亚草原南缘及燕山以北板块

长江上游及黄河中下游板块

长江中下游及以南地区板块

种种迹象表明，占据河道上的特异点或"神明之隩"实现地域空间控制的做法在旧石器时代早期已经出现，新石器时代乃至夏、商、周的设围基址的出现地点与旧石器时代长久使用的遗址在多个地点的耦合，应该表明了在东亚大陆腹地一个勾连旧石器时代早期、新石器时代，延及夏、商、周的文化连续体的存在。不仅如此，东亚大陆腹地旧石器时代早期人类活动遗址的分布，以及这些遗址分布格局所暗示的大型地理板块间的互动，应该表明了在某种意义上"塑造中国"的历史过程自旧石器时代早期已经展开。

把公元前 7000 年前后，嫩江流域和钱塘江流域设围基址的遥相呼应，与分子生物学揭示的现代中国人的祖先主要为分两次由滇缅走廊和两广陆海边界进入东亚大陆腹地的人群，相应人群主体部分分别在东亚大陆腹地南北活动的看法结合[1]，似乎有条件推测，在距今 1 万年以后的很长的时间里，东亚大陆腹地人类活动重要的内容之一，是南北两大族群及与之对应的地理板块间的互动。

在相当长的时间里，北部地理板块是指由江淮之间延至嫩江流域甚至更远的广大地域，因为空间控制系统的关联性要求，四川盆地应该是这一板块的必要部分。南部地理板块主要涉及长江中下游一线及其以南地区。从设围基址存在与变动的状态看，北部板块长期占据优势是明确的。气候的变化和规模性农业的产生，导致了北部板块逐渐分成了以欧亚草原南缘及燕山为界的南北两个部分。此后，三个板块间的互动，逐步成为东亚大陆腹地空间架构史的主要内容。此后，随着黄河流域、长江流域逐步融合，东亚大陆腹地空间架构的主要篇章逐渐改为长江、黄河共同体与在欧亚草原及燕山以北地区活动的族群之间的博弈。正是这种核心内容不断转换的持续的大型地理板块之间的互动，促成了涉及上述地域的文化—政治统一体的产生，为形式上的中国及实质性的中国的成立奠定了基础。

从河流的地理分布看，北方板块更多地占据着位于上游的优势。在马匹成为重要的战略资源以后，北方尤其是与欧亚草原相关的部分获得这一资源的支持又相对容易，这种条件，使得北部势力在冷兵器时代的东亚大陆腹地的空间博弈中更加主动。此外气象灾害，特别在游牧民族形成之后，也会压迫北方族群向南方游动。

生存环境和生业条件决定了，在相当长的时间里，欧亚草原南缘及燕山以北板块的族群游动性较强，在文化与空间的塑造上，更多地以一个激励者和启发者的面目出现。

黄河中游地区，适宜农耕，为稳定的大体量的人口单位的形成提供了条件。基于环境条件，在黄河的中游地区很早就形成了在体量上凌驾于其他板块的权力单位，这就使其成为东亚大陆腹地空间架构与文化塑造的主导者。

长江中下游在空间上具有相当的独立性，长江以北的人群对于这一空间的征服并不容易。在相当长的时间里，在长江一线活动的人群作为与黄河中游人群竞争的关键对手存在，为东亚大陆的空间与文化塑造作出重大的贡献。

对于今天的人来说，炎黄子孙首先是一个文化概念。如果硬要说，依照本书，炎黄本是旧石器时代晚期末段，由桑干河流域北上营造后套木嘎设围基址的那一群人后代的主导部分。

在石家河文化消失之前，黄河与长江之间的博弈，大体上可以理解为华夏一族与百越、百濮之间的争夺。石家河文化消失后，以相关人群深度融合为基础，黄河与长江之间的博弈，逐渐地转变为华夏一族不同支系之间的斗争。

黄河与长江的博弈最终黄河胜出的突出表现之一，是长江流域的主导性地方史叙述，多是以黄河流域的标识性殖民者入驻为起点的。从总体上看，现有的古人对上古史的记述，大体上是以华夏甚至是以炎黄族系为中心的。在这样的历史叙述框架中，"塑造中国"的过程的主体部分，在很大程度上是黄河文明向周边地区漫延的过程。

可以想象，中国早期典籍"惜字如金"的对中国上古状况的记述，其所涉及的均应为军国大事。这样，把《史记》《竹书纪年》等文献的记述与考古遗存状况比照，就可以看到，在中国上古的许多时候，对于历史的记述，往往采用寓言的形式。"女娲补天"与裕民文化和当时在晋、冀北部活动的族群的对抗有关；"绝地天通"主要说的是颛顼组织力量阻止长城以外的阿善文化人群南下的行动；帝尧命羲、和"敬授民时"，与动员西河沿线地区的地方势力与长城以外的老虎山文化人群对抗相关；"大禹治水"，首先指的是中原势力对江淮地区的战争；"后羿射日"，是东方族群内部争胜的写照；"嫦娥奔月"，则与后羿尝试瓦解西河沿线势力不成的故事相关；商侯冥治河，与夏帝使商人攻击帝舜一族及相关势力相关；帝杼"征于东海及三寿，得一狐九尾"，是夏人击败东九夷的写照；帝芒时，"东狩于海，获大鱼（鸟）"，是夏人对环泰山地区人群征战全面胜利的表达；帝孔甲豢龙，是夏人在黄河下游开辟良马场受挫的故事；太戊时，"祥桑穀共生于朝，一暮大拱"，意指夏遗民威胁到商人政权的安定；武丁祭成汤，"有飞雉，升鼎耳而雊"，意味着周人已经给商人造成严重的压力。总的看来，这些寓言背后往往隐藏着一定规模的杀伐，用寓言表达与杀伐相关的重大事件，应该暗示在古人那里，不同人群间最为合适的博弈手段不是战争。

以河洛一线特殊的"神明之隩"系统为支持的"中国"，是自然造成的其周边与之距离大致相等的特殊"神明之隩"限定的产物。这一事实，对于在东亚大陆腹地活动人群的空间意识的形成意义重大。描述这一地区空间状态的特殊词汇，"分"与"合"、"统一"与"分裂"以及相应的价值判断，都是对周边要素对于"中国"的确立不可或缺这一基本的事实的自然反应。

特定的山水条件是通神的根据，是孕育生机的场所，在通神之地设立的祭祀地段应该与相应的山水条件保持充分的视觉联系。社会生活系统的形成和组织对特定山水条件的长期依赖和对特定的祭祀环境制作方法的长期坚持，会使得亲近自然山水，在自然山水中发掘美甚至生活的意义成为一种特有的文化传统，深入地影响着中国人的生活状态，启发着独特的美学追求、艺术门类的产生。

观察伏羲一族或兴隆洼文化人群兴起和发展所依托的地理条件，似乎以下几点值得特别注意：一是这是一个相对独立的面积可观的地理单元；二是在这个地理单元中存在着一个占明确主导地位的附有一定规模冲积平原的中长程河流；三是这里有一个长度足够的，联络燕山南北、一个河套地区、两个纬度不同的冲积平原、一个海域的，拥有多种生境的南北通道；四是这里存在一个以较少的人口即能全面控制整个空间单位的地理条件；五是其空间相对独立，较少遭受外部冲击。面积可观的空间管控有利于社会复杂化水平的提升。占据明确主导地位的中长程河流可以促成大规模的空间统一体产生。长度充分与多种生境相关的南北通道为人群间更多的互动创造条件。以较少人口即可全面控制的较大空间单位和较少的外部冲击可以在十分原始的条件下为持续的文化积累提供必要的稳定的起步环境（见图 2-2-5）。

这里的长度足够的南北通道主要由老哈河、教来河和滦河中下游段共同构成，辽河及大凌河下游段也可以看作这一地区南北通道的补充。

兴隆洼文化人群所据地区主要部分的北边和东边长期人口稀疏，且有西辽河和辽河进行区划，南部和西部都有山岭阻隔，只要控制住了西拉木伦河的出山口地区和滦河下游冲积平原，就可以大体保证一个相对稳定的起步环境形成。

兴隆洼文化的设围基址最早出现在教来河一线，说明了南北通道在促成人群互动方面的特有价值。兴隆洼文化晚期的白音长汗和东寨设围基址的位置，则表明了西拉木伦河出山口和滦河下游平原在人口较少的情况下实施对伏羲一族的起步空间全面控制的重要性。

由结构看，晚期仰韶文化覆盖区的主体部分与兴隆洼文化覆盖区大体类似。这里是一个相对独立的大空间，这里由黄河贯通且面对东亚大平原，这里与由西河、丹江、汉江、白河、颍河等

第五章　329

构成的巨大的南北通道相关。只是这里相应的空间要素尺寸较大，难以用较少的人口实现对相应空间的全面控制。似乎可以认为，以郑洛一线为核心的黄河中下游地区统一的空间控制系统的形成，有赖于规模足够的具有较强综合实力的人群的入驻。如果这样，兴隆洼文化人群南下导致形式上的中国出现，似乎可以理解为某种历史的必然。

东亚大陆腹地的超大型的权力单位的出现当然与特殊的地理条件相关，但也离不开特定的空间拓展模式和管控手段的支持。

尺度巨大的仰韶文化空间系统的造就与转换都是在不长的时间里快速形成的。种种迹象表明，这种快速的形成在一定程度上依托于仰韶文化人群对空间拓展效益的关注。

与明堂祭祀相关的设围基址在东亚大陆腹地的一个相当广阔的地域存在。但在青铜时代以前，东亚大陆腹地的嘉陵江流域及大巴山一带、滹沱河一线、大别山东部地区、浙闽丘陵地带、濮阳东北的黄河下游地区、岭南地区、松嫩平原以北地区，却长期没有此类设围基址出现（图5-1）。大体地说，这些地区往往与下列情况相关：一是空间破碎，拓展困难。即地形高低起伏较大，河网密度较高且河道之间有丘陵阻隔。这就使得沿河道拓展阻碍较多，实施空间拓展的主体各部分间协同困难，难以用较小的成本实现大面积的地域控制。二是环境欠佳，不宜生存。特产条件不佳，土壤或气候条件不适合规模型的定居和农耕活动的开展，人们难以在此开辟繁衍，并形成对地域的有效占据。三是争夺激烈，防御不易。即该地为多个强势族群环伺，地形条件又较难形成有效的防守，想要稳定地控制相应地区，就要投入更多的资源。四是远离中心，交通不便。地方离开权力核心区太远，具体的条

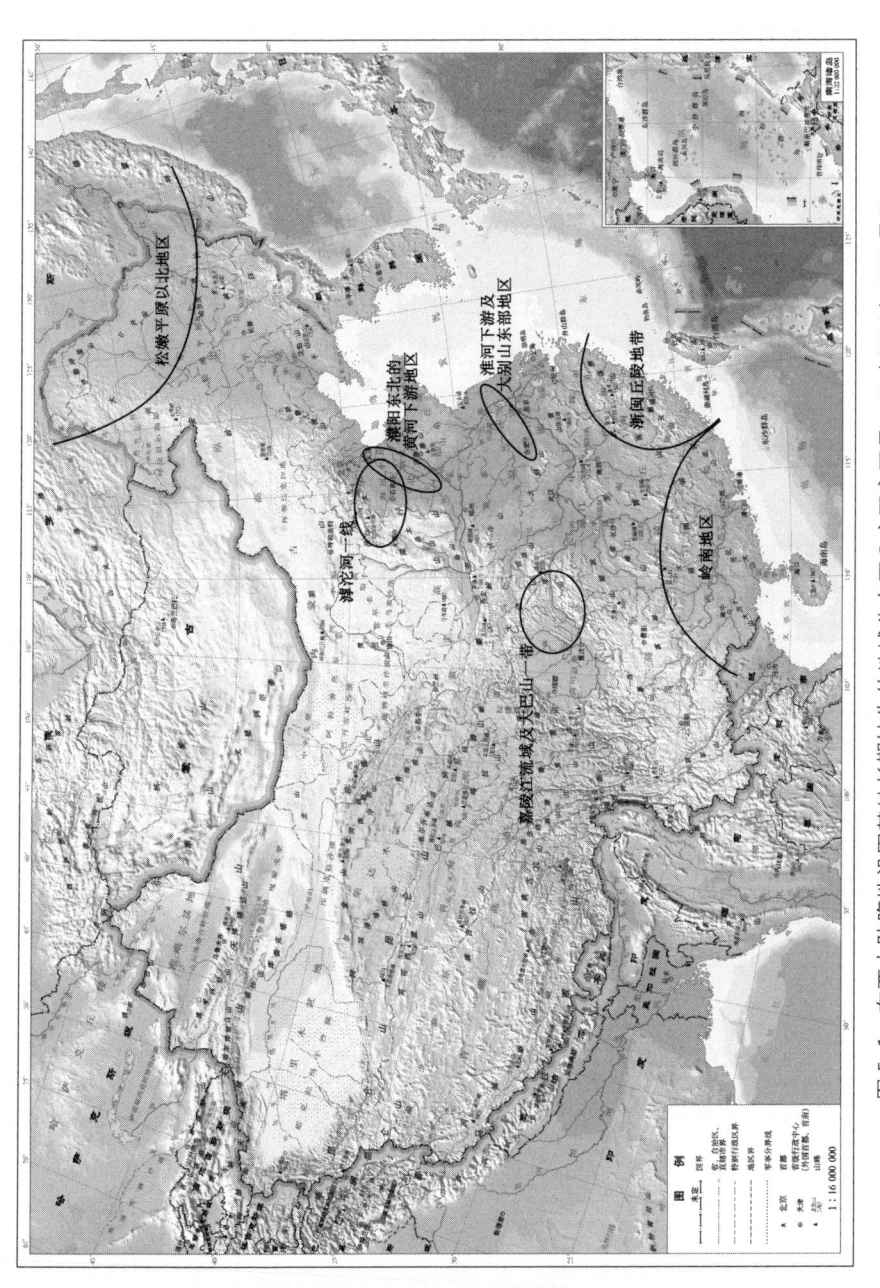

图 5-1 东亚大陆腹地设围基址长期缺失的地域分布图 [底图审图号：GS（2016）1609 号]

件难支持中央权力对之的有效管理。在通常的情况下，上述状况会使强势族群进入这些地区的积极性大为降低。这些地区设围基址的缺乏，表明了东亚大陆腹地的主导族群基于空间拓展效益的原因，较少对这些地区投入，甚至容忍某些地区在一定程度上处在游离状态。正是如此，强势族群才有可能在人力物力不充分的条件下，快速地制作尽可能大的空间管控架构，获取更大的拓展效益，促成巨型权力空间的形成。

历史地看，在古代相当长的时间里，为了快速制作主体空间架构而造成的主体结构空隙间的政治和文化游离地区，会成为主体空间争夺失利者的集聚场所，使得这些地区更加文化多样、构成复杂、难以整合。这样的部分既是对主体构架存在的挑战，也向主导人群提供了不同的文化资源。

海岸同样是重要交通通道。可是，首先，上古时东亚大陆的海岸线在多个地点被长程河流入海口长距离地打断，使得海岸线延展距离有限。其次，海岸线总是处在河流的下游，在面对沿河发展的族群时相对被动。因而与依托长程河流实现空间拓展相比，依托海岸线实现空间拓展效益不高。观察东亚大陆腹地海岸线的地形条件，似乎上古时只有胶东半岛一段地形较为平坦，所成之交通通道相对连贯，可是这里的海岸线主要为东西方向，且近距离重复，这种情况应该大大地阻碍了人们沿之进行空间拓展。

一般说来，空间控制要点周围是人类活动的主导空间。东亚大陆腹地的内陆存在着众多的高等级空间控制要点，相对说，沿海岸线出现的空间控制要点等级较低，这就在相当水平上决定了在这里活动的人群与海岸线疏离，更何况这里最为重要的神明之奥离开大海至少在 500 千米以上的距离。

对于在东亚大陆活动的人群来说，近海可以是联系南北的重要通道。但由于在东亚大陆腹地核心区存在一个包括长江、黄河乃至海河流域的密度可观、沟通水平较高、涉及物产资源足够丰富的河流网络，在航运开展以后，利用河流网络就可以满足足够广大地区的各种供应要求。在特定的海岸线格局限制和海洋一定程度上被搁置的情况下，利用近海实现长距离交通的做法也就得不到体系性支持。

巨大的空间范围对应着物产众多，这样，在上古时代，海外并不能向大陆成规模地提供物产补充，这也很自然地压制了人们开展海上航行与海外沟通的欲望。

相较于河流，海洋是一个变幻莫测的场合。和与土地打交道相比，与海洋打交道充满了不确定性。以海为业人群的社会组织与文化形态，与以农耕、采集为业的人群差别较大。在依托河流实现空间拓展为主导的情形下，依靠海洋谋生的人群往往被有意地边缘化，这是上古东亚大陆腹地的主导族群在一定程度上疏远海洋的另一个缘由。

巨大的权力单元的形成过程中武力是不可少的，但是一味地凭借武力，往往会导致两败俱伤的局面，效果不见得理想。在许多时候，通过联合实现共赢才是更为合理的权力扩张路径。

在相当长的时间里，通婚是实现族群联合和权力扩张的重要手段，在这个层面观察上古帝王的多配偶的做法，应该可以看到另外的内容。在东亚大陆腹地，通过婚配达成族群的融合在裕民文化和兴隆洼文化的结合上已得到某种体现。少典与有蟜氏的结合当是仰韶文化快速壮大的重要根据。此后通过婚姻实现族群空间拓展和维持的事例更是不胜枚举。主动地利用婚配实现族群的融合和控制地域的扩张，是华夏一族成为东亚大陆腹地主导族群的重要原因。

从帝喾的婚配对象来自的族群看，上古统治者的婚姻安排可以是一个应对不同空间挑战的支持系统。按照相关记载，帝喾有四妃：第一个为姜嫄，其所属的有邰氏在渭河一线活动；第二个为简狄，其所属的有娀氏在汾河一线活动；第三个庆都，其所属的陈锋氏在桑干河下游地区活动；第四个常仪，其所属的娵訾氏在淮河下游活动。可以看到，帝喾的四妃来自帝喾要面对的关键挑战发生地点的相关地区，这当然给帝喾应对挑战提供了有力支持。帝喾本人来自济淮之间，而其配偶四人中有三人与西河相关，只有一人来自于江淮地区。考虑到当时的国土控制态势，这样的安排显示出明确的空间平衡的意味。

在统治者可以支配的行政、军事人员十分有限的情况下，克服原始的交通、通信条件带来的限制，实施超大尺寸的空间控制是早期统治者所面临的严重问题。为了更具针对性地快速回应发生地点不同的挑战，随着问题的发生地的变化更换统治机构的驻扎地是解决问题的办法之一。《史记》说黄帝为了实施对广阔版图的控制，"迁徙往来无常处，以师兵为营卫"[2]，真实地反映了一个负责任的统治者突然面对所需应对的空间尺寸大幅扩张时的仓促景象。

从文献的记述看，黄帝之后的统治者在很长的时期里，解决管控空间巨大和交通条件落后之间矛盾的办法，虽然不再是"迁徙往来无常处"，但仍然是不断地改变统治机构的驻扎地点。

一定时期的祭祀中心坐落地点对特定"神明之隩"的依赖，与超大型空间管控要求统治者驻地因问题发生的场所的改变而改变，造成了中国上古社会特定族群最高等级的祭祀中心与最高等级的行政中心经常脱离的局面。如果按照古人祭祀中心为"都"，那么严格地说，上古帝王的常规驻扎地则应用"居"字描述。

观察上古的考古遗址，似乎是仰韶文化系统中，在与不同文化交接的关键地区，往往有尺寸超常但却不拥有圈围的聚落遗存出现。在生产能力有限的情况下，维持规模超常的集聚，并不是一件简单的事情，如果没有特殊的需要，很难想象这些遗址的成立。因而，即使在这种遗址上见不到多少高水平的威望用品，仍有条件设想，它们曾经是早期统治者的居地，或者其与统治者的居地在空间上高度相关。这种遗址中的最突出例子如仰韶文化早期的陕西洛川的坬盘遗址，仰韶文化中期的山西汾阳峪道河遗址、陕西铜川石柱塬遗址、山西芮城坡头遗址，仰韶文化晚期的山西原平峙峪遗址等，以及仰韶文化早、中、晚期都保持着较大体量的河南舞阳市的吴城遗址（图5-2）[3]。

为了形成强势的、辐射范围更加广阔的中心祭地和更好地控制总体疆域，仰韶文化早期就出现了诸多设围基址在一个相对有限的地段聚集的做法。仰韶文化后期在郑洛一线出现的庞大的设围基址群，更是将这种做法发挥到了极致。此后，相应做法在环泰山地区、岷江流域、江汉平原及澧阳平原、晋陕峡谷、西辽河平原都有规模可观的实行。这种做法实际上意味着许多地域性的统治者的驻地也不一定能与其祭祀地段在空间上紧密相连。

高等级的祭祀中心与统治者驻地在空间上的分离，在一定程度上意味着祭祀权和世俗权力的分离。祭祀权与世俗权力的分离应该是华夏文化中宗教因素相对淡薄的原因之一。

仰韶与龙山时代，东亚大陆腹地核心区诸多设围基址规模不

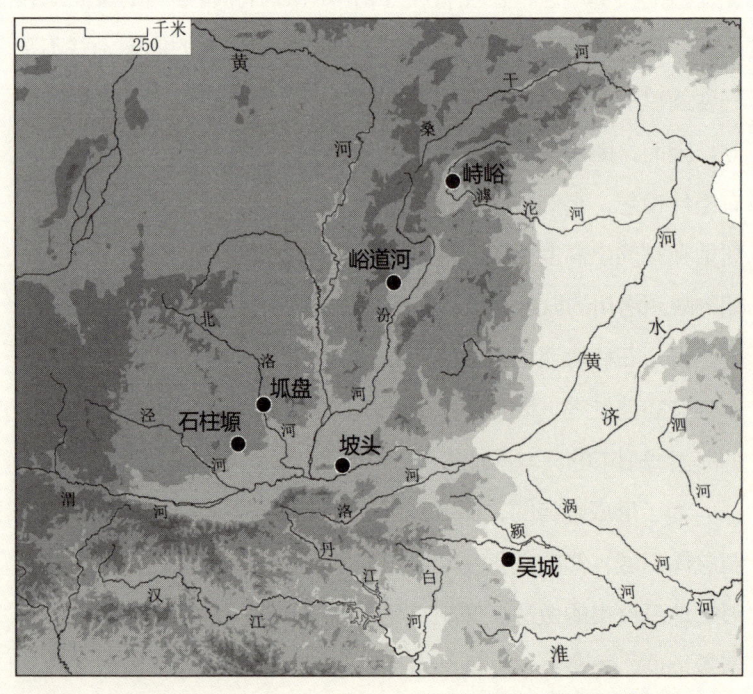

图 5-2　仰韶文化超大型遗址位置图 [底图依据 SRTM 高程数据和全国地理信息资源目录服务系统（www.webmap.cn）的水系数据绘制]

大，在遗址上往往有较多生产工具出土，非常直接地表明了祭祀活动的日常主持者在社会资源支配上的能力有限，许多人要参加生产劳动才能取得必需的衣食。依托基于特定山河条件的"神明之隩"与特殊的祭祀地段组织方式进行地域控制，与根据实际的政治军事格局进行地域控制的逻辑不同、手段有别、空间定位上存在差异，随着人为因素在人类生存环境塑造上的地位上升，有着久远历史的"神明之隩"在聚落组织和权力空间分布上的影响力下降，许多传统的"神明之隩"备受冷落，沦为常人少有光顾的场所也很自然。许多设围基址上少有威望制品发现[4]，似乎可以用来支持这个判断。后世所说的"清庙之守"，应该就指那些长期住守规格较低的祭祀地操办日常祭祀活动的人员。出自"清庙之守"的墨家"贵俭"，也正是对这类人员日常生活状态的伸张[5]。

"清庙之守"是一个古老的职业，"贵俭"应该不是战国时才有的观念。"清庙之守"作为重要的文化传承者和观念生产者，他们的主张，应该会对社会风气产生重要的影响，一些传世的上古贤王的形象表现为手执农业生产工具在一定水平上可以看成这种影响存在的表示，而在考古遗址上看到的仰韶文化人群长久地坚持富、贵分离的做法则是相应观念制度化的体现。

与之相对的是，那些覆盖地域范围较小的考古学文化，其高规格的祭祀场所与统治者的驻地有更多结合在一起的机会。大汶口文化晚期和良渚文化等遗址上表现出来的富贵一体化的情形，应该是祭祀场所和统治者驻地一体化所造成的自然结果。与同期的仰韶文化比照，造成它们之间差别的不是社会发展阶段的不同，而是文化价值取向的差异。

特殊的祭祀建筑似乎也在朴实的文化风气形成上起着一定作用。以洞穴为原型的明堂在使用的过程中获得了宇宙图式的意义。为了确保宇宙图式意义的存在，在中国古典建筑系统中，要求高等级建筑的主体空间使用连续的、中间不另加支撑的主梁构成主体支撑（图5-3）[6]。这就使得关键性的建筑在体量扩张上很大程度上受到木材自然尺寸的制约。此外，高等级祭祀场所与洞穴型空间的关联也会抑制通过高耸营造神圣感受手法的采用。与特定的文化态度结合，这些特殊的营造要求会很自然地促成"卑宫室"主张的形成。在世界范围内，巨大的建筑体量往往是营造隆重性的最为常规的手段，东亚大陆腹地上古时期主导人群在祭祀建筑上对巨大体量建筑的追求乏力，应该是造成上古社会在营造"纪念碑性"时采用不同路径的部分理由[7]。

《诗经·公刘》记述公刘率民众迁居的情境："弓矢斯张，

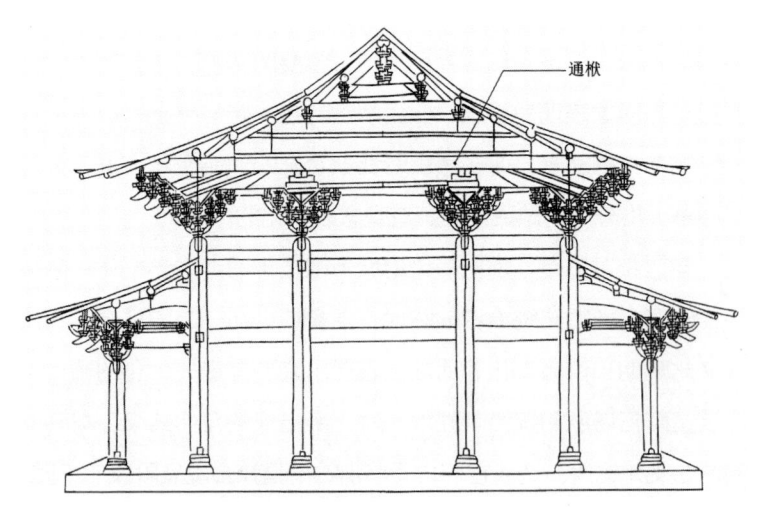

图5-3 《营造法式》图示中的通栿（据《梁思成全集》第七卷改绘）

干戈戚扬,爰方启行。"[8]《诗经·采薇》则说在田间耕作的农夫在农闲时要出征猃狁。可见上古社会的居民组织具有十分显著的军事属性。这在仰韶文化早期的聚落系统安排上也有明确的表达。《逸周书·职方解》涉及的大区域人口调配的做法,也可以理解为空间系统军事化的强化形态。把那些不设圈围、规模超常、地处不同考古学文化相接地区的大型遗址推为统治者的常规驻地,和古代典籍显示的上古帝王驻地与问题出现的关键地点相近的情况结合起来看,应可认为统治者往往会处在随时面对军事威胁的情况下。这当然会强化聚落组织的军事属性,促成整个社会组织的军事化。社会组织的军事化,对于"尚俭"的社会风尚的形成应有贡献。中国传统社会对于严整的礼仪秩序的大力强调,也与社会组织军事化有脱不开的干系。

黄帝、颛顼、帝喾、尧、舜和禹之间的权力转移都是在相应人群面临的核心挑战的空间位置发生重大转移的时候发生的,权力转移的对象往往与核心挑战发生的地点有特殊的关系。可见,在上古,权力转移是以原有的当政者所拥有的资源已经不能很好地应对挑战为条件的。这与上述的为了进行巨型权力空间的管控,统治者不断地更换驻地的做法在精神上一致。这样的权力转移方式是交通条件与管控能力受到较大限制时应对巨型空间控制所需要的手段。

古人把上述统治者之间的权力转移称作"禅让","禅让"是退位者对"天下"负责的重要表现。按照《史记》记载,似有一定资格才能成为禅让对象。首先,颛顼、帝喾、尧、舜和大禹都出自黄帝的正妃嫘祖所生之子玄嚣(青阳)和昌意。其次,禅让的对象都与环泰山地区人群有特殊关系。颛顼曾经辅佐少昊,帝喾生于今河南商丘一带，帝尧先封于山东定陶，帝舜曾在濮阳和定陶一带活动，大禹娶与环泰山地区势力相关的涂山氏之女为妻，这样的条件会使他们能较好地协调两个地区间关系，将黄河中下游连成一个整体。《竹书纪年》述及的禅让仪式繁琐且精致，具有强烈的象征性，相应程式不是与上古制度隔膜缺乏了解的后人所能编造的。上古时，在一定条件下"禅让"或权力在不同的势力间和平转移应为事实。当然在禅让的背后仍然存有博弈，但博弈甚至使用暴力夺权并不否认古人所说的禅让制度本身的存在。

按照《世本》《大戴礼记》和《史记》记载，五帝时代权力似乎只在黄帝一系中转移。可把《竹书纪年》说颛顼曾为少昊的辅佐，《国语·楚语下》说："及少皞之衰也"[9]，将之与《帝王世纪》《吕氏春秋》均将少昊列入五帝的做法结合看，似乎应有一个少昊主政的时期，也就是说权力的转移不拘于黄帝一系。大禹曾"以天下授益"，则进一步表明了权力转移的范围应在华夏。从设围基址的变动情况看，公元前3500年至公元前2100年这段时间里，在黄河中下游及环泰山地区活动的族群面对的外部挑战，主要来自于蒙晋陕三角区和江汉平原，因而在这一时期黄河中下游地区及环泰山地区以"空间资本"较为丰厚的黄帝一族为主导是自然的。不过，在公元前2800年前后，也确实存在一个最为突出的外部挑战发生地与环泰山地区相关的时段，此时良渚文化兴盛，来自华北平原北部的压力也不容小觑。与这样的情况对应，环泰山势力完全有机会成为整个黄河中下游地区的主导者。结合此时在环泰山地区出现了规模可观的设围基址群落，应该说，主张少昊是与黄帝、颛顼平行的"帝"，乃至出现"帝夋"这样的称呼确有根据。在龙山时代的最后阶段,泰山南部应与益有关的设围基址群构造变动,而大禹最终死于会稽,表明黄河中下游及环泰山地区人群受到来自太湖乃至钱塘江下游地区人群的严重挑战,这种情况似可解释为什么大禹要"以天下授益"。

将环泰山势力的成员排除出"五帝"的范围,当然强调了黄帝一系的主导性。与之类似,《春秋运斗枢》和《风俗通义》说"三皇"为伏羲、遂人(女娲或祝融)和神农,强调了伏羲一系的主导性。而《尚书大传》说"三皇"为遂人、伏羲、神农,武梁祠将女娲、伏羲并列,后有祝融,在女娲和伏羲之前还有一个西王母时代的做法,则是注重女娲一系历史地位的表达。

禅让实际上是权力在族群之间的转移,这一转移的结果是"中国"的主导族群的转换,这与大禹以后的"家天下"的情况根本不同。一个完整的、与父死子袭的"家天下"的做法截然有别的禅让制度应该包括,不以血缘靠近为依据的强势首领的承续。根据民族学的案例,具体的做法应该是,在前任首领去世后,在整个族群甚至更大的范围内,按照认定的神示规则选择继任者。继任者执政时,仍然使用原来的首领的称号。

禅让的制度终结,是东亚大陆腹地整体交通条件和社会生产力大幅提升的结果。交通条件的改善和社会生产力的提升,使得统治者阶层的人员大幅增加和统治效率大幅提升,这样当政者就不需特别地倚重自己的"空间资本"。

巡狩也是维持超大型权力单位的重要手段,在精神上与行政驻扎地不断更换相通。由文献的记述看,巡狩往往发生在权力转移和重大的外部挑战发生之时。因而盟誓与杀伐是巡狩的重要内容。通过四个方向的涉及地域广阔的巡游或征伐,可以与协同族群联络增强互信，向广大的人群显示威仪与权力的正当性。巡狩以仪式的方式确认"中国"的中心性。不仅可以赢得已控制地区对于"中国"的认同，也可以争取未能完全控制地区的人群某种水平的服膺。

从黄帝到舜，在四向巡狩中，最重要的是东巡狩。因为这是保证伏羲一系内部团结，形成对东亚大陆腹地其他族群优势的关键。大禹一系与环泰山人群的权争导致了这一持久的联盟的破裂，东巡狩的目的地改至位于钱塘江流域的会稽。

炎黄一系是东亚大陆农耕文化和定居系统形成的先行者，并在很大程度上因此确立了自己在东亚大陆的主导地位，其对农业和定居的强调有着深厚的历史根据。定居提升了空间和社会管控的方便程度。在社会和空间管控上，统治者进而希望自己面对的管控对象相对稳定是一种十分自然的反应。在上古的交通条件下，超大尺度的空间管控所必然面对的信息迟滞水平较高，有可能会招致统治者对社会和空间的变化与人口流动的过分排斥，这或者应对中国传统社会往往对手工业、商业等与土地关系不紧密的从业者采取贬斥的态度，要求对之进行更为严厉的管束负有责任。在空间的安排上，希望商人和商业活动场所与一般的民众驻地有所区隔。这在很大程度上影响了中国传统社会的生活空间设置与布局，导致了在相当长的时间里，某些社会里的市场与人口集中地的空间关系疏离。

在东亚大陆腹地，族群整合是导致考古学文化产生和转变的条件之一，一定地区设围基址存在状况的变动往往和该地区一定的考古学文化的出现与消失遥相呼应。这一方面意味着设围基址系统的变动与族群的大尺度的整合相关，另一方面也指示人们有意识地利用符号与器物的制作来促成族群认同做法的存在。

陶器因其物理性质的稳定性、服务于大多数人的日常生活以及制作的相对容易成为了考古学文化辨识的重要依据。陶器较易破碎，为了减少运输过程中的损失，从常理上看，它的生产地应该尽可能分散。可事实上，考古发现的陶窑在数量上相当有限。以现有的资料看，在很多时候，一个陶窑出现地点应对空间范围为数千平方千米，在某些地区，单一窑址面对的范围甚至可以达到上万平方千米。因为较为粗陋的陶器并不一定要用陶窑烧制，所以可以推测这些包含着陶窑的制陶遗存并非为满足一般民众的日常生活需求而设。或者说，它们是一定水平的威望产品的生产地。陶窑意味着专业工匠存在，在《国语·齐语》中，管子说，"处工，就官府"[10]，这进一步指示陶窑并非普通民用器物的生产地，并可据此将陶窑乃至其他种类的手工业作坊视作上古时期某一等级的地方行政机构存在的标记。

由现有的材料看，陶窑不仅稀少，而且倾向于有组织的层级分布，其坐落尤其是陶窑群的坐落往往与"神明之隩"或在空间控制上具有较高价值的地点相关[11]。这就与行政管理机构布局的要求一致，从而进一步支持陶窑或其他手工业作坊与行政管理机构伴生的看法（图 5-4）。

手工业作坊与官府相邻安排，是官府对一定水平的威望产品的生产和分配实施管控的要求，这也就为利用器物制作促成文化认同，从而为大型权力单位持续存在创造了条件。其实，也只有认同人们有意识地利用基本的生活器物实现族群认同，并通过行政权力进行相关工作的落实，才能为何以上古能在交通并不发达的情况下在较短的时间内形成跨地域的尺寸巨大的考古学文化

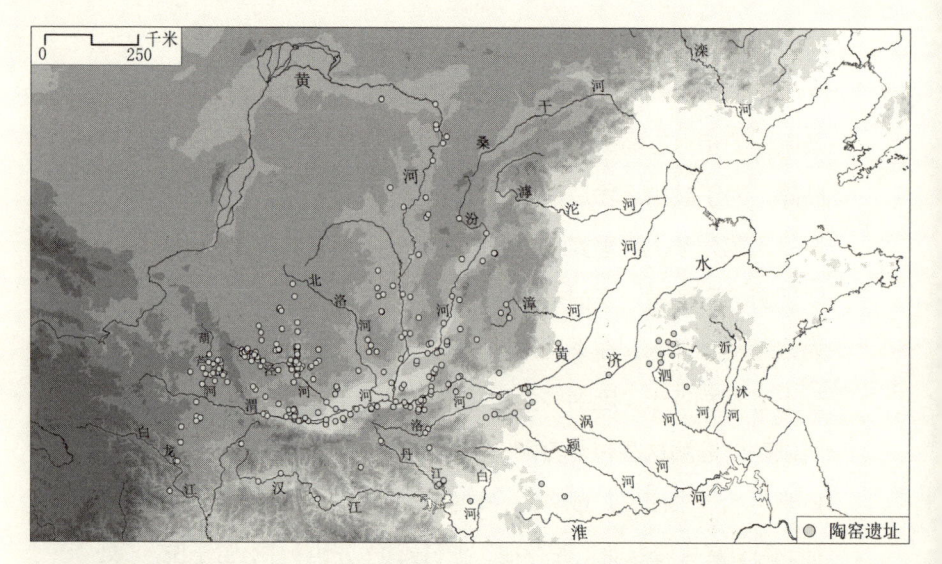

A. 仰韶时代陶窑

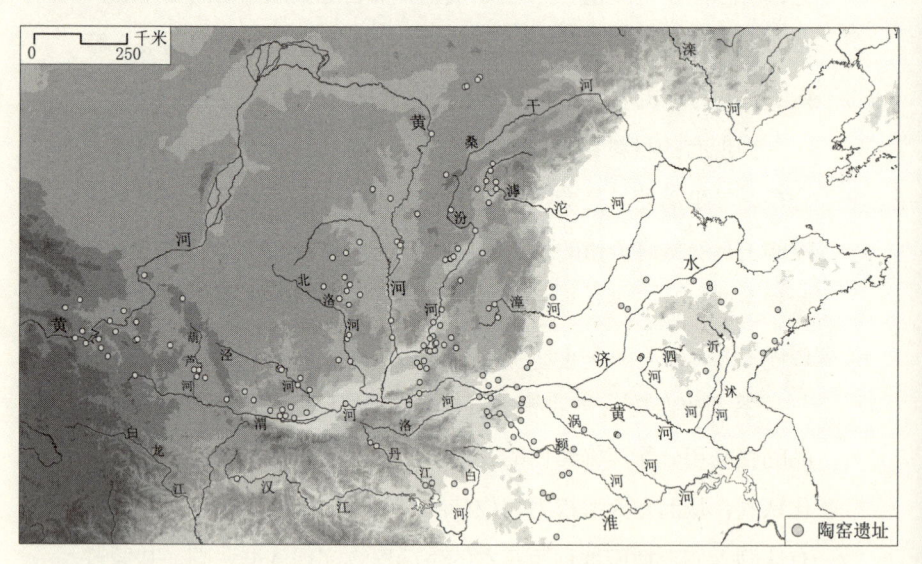

B. 龙山时代后期陶窑

图 5-4　仰韶时代和龙山时代后期黄河流域及其附近地区陶窑分布示意图 [底图依据 SRTM 高程数据和全国地理信息资源目录服务系统（www.webmap.cn）的水系数据绘制]

圈,并且在一个相当广阔的地域内保持器物组合和形式特征变化的基本同步提供解释。

西周以前的手工业作坊不只有陶窑,并且还有石器作坊、骨器作坊、蚌壳器作坊、玉石作坊、铸铜作坊等。虽然不同时期不同类型作坊的数量有所不同,但这些手工业作坊在数量上远少于陶器作坊是明确的,基于这一点,并考虑手工业作坊所用原材料的稀缺性差异,认为不同的手工业作坊与不同等级的行政机构对应是合理的。

考古材料显示,不同种类的手工业作坊很少聚集在一起,作坊与设围基址、作坊与大型建筑基址伴生的机会也相当有限,只有在一些十分特殊的地方这些要素才会集中出现,如大汶口文化晚期的尧王城、偃师商城、殷墟、周原等。这种状况应该指示,当时人们已经利用特殊要素集合水平的差异来形成所要求的空间等级秩序,从而达到国土空间有序控制的目的。

特殊要素的集聚是权力集中的标志。在上古的东亚大陆腹地,最高等级的权力空间的形成,不仅通过对特殊地点的占据,而且通过对特殊要素的拥有来实现。

如果大致地以圈围作为高等级的祭祀权存在的标识,以超常规模的居址作为高水平的军事权力存在的征象的话,以现有的资料看,在相当长的时间里,是在那些权力涉及范围较小、位置处于边缘地方的最高等级的祭祀地段,有更多的机会和规模超常的居址联系在一起。似乎凌家滩文化的凌家滩遗址、红山文化晚期的那斯台遗址、良渚文化的良渚古城遗址、大汶口文化晚期的尧王城遗址、海岱龙山文化的桐林遗址等都是例子。众多的人口,自然会带来复杂的需求,由此导致各种设置甚至市场在相应的区域出现,促成综合性的城市产生。

位于洛阳盆地中央的二里头遗址是二里头文化遗址中规模最大的。占据了黄河中游核心区的人群在自己规模最大的居址上布置圈围当是首次。这样的二里头遗址的出现,似乎与车、马的使用和战争方式的改变有关。战争方式的改变使得以传统的"神明之隩"为支持的空间秩序格局受到根本性的挑战,原本足够安定的地点不再那么安定。二里头遗址上的圈围出现时,正当夏人走向衰落,这就使得关键地点的防御问题十分突出。人们在二里头遗址上看到的圈围,只有城垣没有壕沟,既可以是更加关注军事防御的说明,也可以是将高规格的祭祀地段与大型居址结合仍有一定阻碍的表示。

周原是周人所有的规模最大的遗址之一。起初,周原上并无城池。到了西周早期末尾,关中地区受到来自西侧人群的严重挑战,周原基址上才出现了城池。这与二里头遗址上圈围建设的背景极为相似,似乎也有不得已而为之的内容。

在黄河中游地区,一定人群的规模最大的居址与最高等级的圈围的结合,首先见于安阳殷墟。洹北商城圈围的巨大规模和两个方城相套的形式,以及小屯殷墟围壕西南隅突出的做法,在此前的这一地区的超大型遗址上未曾出现过。这些案例的出现,标志着东亚大陆腹地最高等级权力中心的营造进入了一个新阶段。与二里头设围基址出现的背景类似,安阳殷墟也营造于商人走向衰落,并在空间控制上退缩的时期。

虽然西周西都的设置模仿安阳殷墟,但却有一点与安阳殷墟根本不同,那就是最高等级的祭祀设施远离周人规模最大的聚居地——周原。这种不同似乎表示,直到西周,最高等级的祭祀权与最主要的军事据点在空间上一定水平的分离才是在东亚大陆腹地活动的主导人群兴盛的标识。

在许多时候，人们通过权力向统治者手中集中来保证权力的稳定。扩张最高统治者直接管控区的范围是权力集中的措施之一。从文献看，为确保最高统治者的主导，进行王畿或者大邑的安排，或者早已有之。只是文献短缺，现在能确认的大邑存在于商代晚期。

在面积上远大于普通诸侯国的天子直接管控地区是天子凌驾性权力营造的重要条件，王畿设置的大小，在一定水平上决定于可以提供的交通和经济条件。从总体上看，随着交通条件的改善，社会生产能力的提高，天子直接管控地区的尺度有逐渐扩大的倾向，可直到西周，这一地区的范围似乎也不过十七八万平方千米。

其实大邑或者王畿的位置也不必拘泥在国都周边，在远离国都的战略要地设置王畿也是更好地进行大区域空间管控的可行手段。

分封是一定条件下中央权力提升空间拓展效益和实现大地域控制的重要手段。通过分封制的实施，可以达到节约最高权力的行政投入，减少上层权力与基层人群间的摩擦，动员地方的空间管控与拓展的积极性，提高地方行政的针对性的目的。

《尚书·禹贡》和《逸周书·职方解》所显示的因与中央权力空间的距离不同，来确定相应空间对中央的责任的做法，也是实行巨型权力单位维护的手段。在认定"中国"是神明最为眷顾的地点的文化背景下，确认自身为"中国"的一部分，在许多时候是地方权力获得正当性的条件。与中央权力空间的距离越远，确认自身为"中国"之一部的代价越小，应该可以促成更多的地方确认自身对于"中国"的从属关系。"五服""九服"的划分，不仅是中央权力确认自身中心地位的图式，也是使实际上的"中国"得以落实的办法。

大尺度的交通条件的改善，社会生产力的提高，更大规模的管理阶层的出现，是诸侯分封制度在东亚大陆腹地走向式微的先决条件。离开了长期的道路网络的积累、马匹和车辆的使用、更进步的农业技术的支持，单一中心的、覆盖整个东亚大陆腹地核心区的郡县制的实施是很难想象的。

相较于西周，秦在全国范围内实现了郡县制，可是秦的"全国"的范围，与颛顼四向巡狩所确立的图式性"中国"的范围相比，要小了不少，与《逸周书·职方解》所指之"九服"的范围则根本不能相提并论。在对"中国"的想象上，长城的修造是一个标志性的事件。由此，古人长期维护的形式性的"中国"逐步地隐入历史。

为了实现对于国土的有效管控，秦始皇进行了多方面的努力，在"书同文，车同轨"、统一度量衡的同时，大力修建道路，在相当短的时间里，大大地扩展、充实了覆盖东亚大陆腹地核心区的交通网络，为中央权力有效的空间管控提供了新的条件。

汉代秦后，刘邦以为秦始皇不分封子弟以为藩辅致有"孤立之败"。可见受制于具体的条件，秦代强力推行的全境郡县制在当时并不是十分令人满意的国土控制手段。接受秦的教训，汉代初年采用郡国并行的制度，分层次地实行国土管控。

西汉初年的空间管控格局与西周极为相似，只是"王畿"的东部边界大尺度向前拓展。长江一线，"王畿"前端在长江汉水交汇处；淮河一线，"王畿"前端在颍河入淮处，并突进涡河上游地区;济水一线,"王畿"突入泰山东北地区;黄河下游,"王畿"的范围达桑干河中上游。这样的范围,当然可以在空间上更有效地压制各诸侯王国,保证中央权力在空间上的凌驾性地位。

以秦人的工作为基础,经过数十年的建设积累,基于管控制度完善以及文化的进一步融合,使得汉代帝王有条件实行进一步的中央权力的扩张。景帝时,诸侯王国的空间即大受挤压。武帝时,适合西汉早期形势需求的郡国并行制度,在结构上已经不复存在。不过,由西汉在西域设置诸多封国的做法看,郡国并行作为一定条件下的空间控制与拓展策略仍然有其用处。

中央权力在王畿以外的空间控制要点设置中央权力直接控制的具有军事属性的聚落系统,当然是实现大尺度权力空间的重要手段。西周的"南师"就是这样一种设置。《史记·夏本纪》中,大禹在"治水"成功后说"辅成五服,至于五千里,州十二师,外薄四海"[12],似乎显示相应的做法早已存在。从形式上看,在王畿以外设置"师"实际上是黄帝时最高统治者"迁徙往来无常处,以师兵为营卫"的另一种形式。

秦始皇经营的秦咸阳,显然是将最高等级的祭祀地段与超常的人口规模并置的重要实例,与同样位于黄河流域的殷墟等遗址相比,秦咸阳的不同,在于它是在秦人十分兴盛的情况下建造的。

在秦咸阳,未设明堂,由是宗庙的地位获得进一步的提升[13]。都城中心设置的变动,意味着权力架构的重大差异。由于明堂是更为综合的,包括了自然神灵和各路祖宗祭祀的场所,以明堂为主导或设置明堂,意味着最高的统治者需要平衡更多不同的利益诉求,其权力的使用,自然会受到较多的牵制。而以宗庙为单一极点,从根本上说,最高统治者只是需要向自己家族负责,在权力的行使上所受牵制较少，主动性更强。中心设置由明堂、明堂与宗庙并置而宗庙，在相当程度上展示了一个权力的集中的过程。放弃明堂对于孟子，是放弃"王政"的表现[14]。

西汉长安的核心设施的布局，基本沿袭秦咸阳的做法，与之形成对照的是，帝王用于朝会的宫殿在规模上远远大于宗庙。显示时王占据了更为重要的地位[15]。虽然汉长安在位置上与高规格的"神明之隩"密切相关，圈围形态也沿袭古制，但在这里同样没有明堂的设置，这样的状况明确地表示，古人认可的、由泾渭汇流造就的地点神异性已经不复存在。

都城性质的变化，以河流为主要支持的空间控制系统解体，形成了新的都城定位条件。新的条件使泾河与渭河交汇处的今西安一带和桑干河出山口处的今北京地区成为东亚大陆腹地最重要的空间控制基点，西周以后强势的统一国家的都城只在这两个地点出现应该表明了这一点。虽然这两个地点本也在以往的高等级"神明之隩"的序列当中，但这时使它们凸显的道理却与先前有所不同。与其他的空间控制要点比较，这两个地点的共同之处是它们都处在农耕社会与游牧社会的交界处的农耕地区一边。从历史上看，这里是不同文化对抗的前沿，是战争频发的地区。将统治者的行政驻地放在军事争斗的前沿，是东亚大陆腹地的重要文化传统。这样的安排，一方面可以使最高统治者正面面对关键危机，对危机作更具针对性的处理；另一方面，可以使最高统治者和有战斗经验的军队保持相对密切的关系，减少大权旁落的可能。对于农耕民族的军队来说，这样的地方接近良马的出产地，在这里驻扎可以更方便地得到可用的军马，以保持较强的战斗力。为了保证都城的防御，在都城一区集中大量人口是必要的，因而都城就有必要坐落在农耕地区。在五代十国以前，由于濮阳东北大面积的沼泽地的存在，北方族群沿太行山东麓南下，濮阳一线是一个难以突破的隘口。所以北方族群更愿意借由汾河、西河、北洛河、泾河等河道，进入中原，因而农耕民族的国家的首都自然地会坐落于可以较好地控制这些河道的西安。五代十国之后，濮阳东北方的大型沼泽地逐渐消失，濮阳一线不再具有隘口的作用，由濮阳一线进入中原，路线更加直接，加上北方族群活动重心东移，他们更倾向占据北京一区，以此为据点对中原施加压力。由是，北京成为了辽、金、元朝的都城。对于农耕民族来说，在与北京相关的永定河、潮白河逐渐变成北方族群南下乐于选择的途径的情况下，以强化北京北部的防御为前提，将都城定于北京应是一个兼顾多种需求的合理的选择。

历史上西安一带和北京地区，都不是严格意义上的丰饶之地。在官本位的背景下，在这里设置都城，势必导致行政、文化、军事和经济要素在此超常地聚集，这就使得都城的供养问题十分突出。为了维持都城的正常运转，需要在更大的范围向其调集生活资源。正是巨型空间管控的要求和特定的资源分布条件，促成了东亚大陆腹地的京师与农业丰饶地区间的以漕运为基础的水运系统的产生，并由之在很大程度上影响着东亚大陆腹地整体交通格局和聚落系统的格局。

西周以后，在冷兵器和非机动交通的条件下，对于中国的有抱负的统治者来说，将都城放在西安或者北京是理所应当的。不能如此，就已经可以被视为偏安，更不用说将都城放在长江甚至钱塘江一线了。当濮阳一线不再具有隘口价值，北京为北方民族占据，将都城置于北方民族南下的要冲开封，正对北方势力的冲击，对于中原的统治者来说，或者是一个相当积极的选择。

时君地位的大幅提升和祭祀活动在权力构造上的地位下降，使得西汉元帝时，匡衡、张谭明确提出，神明应该"随王者所居而飨之"[16]。以此为背景，《考工记》提供的以时君宫殿居中、祭祀设施配合、其他辅助要素拱卫的格式严整的都城模式，成为了新的都城架构想象的基础，深刻地影响着一系列都城的制作[17]。

人们时常提及的《考工记》中的"营国制度"全文如下："匠人营国，方九里，旁三门。国中九经九纬，经涂九轨。左祖右社，面朝后市，市朝一夫。夏后氏世室，堂修二七，广四修一，五室，三四步，四三尺，九阶，四旁两夹，窗，白盛，门堂，三之二，室，三之一。殷人重屋，堂修七寻，堂崇三尺，四阿，重屋。周人明堂，度九尺之筵，东西九筵，南北七筵，堂崇一筵，五室，凡室二筵。室中度以几，堂上度以筵，宫中度以寻，野度以步，涂度以轨。庙门容大扃七个，闱门容小扃三个，路门不容乘车之五个，应门二彻三个。内有九室，九嫔居之。外有九室，九卿朝焉。九分其国以为九分，九卿治之。王宫门阿之制五雉，宫隅之制七雉，城隅之制九雉。经涂九轨，环涂七轨，野涂五轨。门阿之制以为都城之制，宫隅之制以为诸侯之城制。环涂以为诸侯经涂，野涂以为都环涂。"[18]

这段文字可以讨论的地方颇多，这里特别提出两点。一是"市朝一夫"之后接着大段的夏、商、周三代明堂规制的记述，指示着与朝会之所平行的明堂区的存在，即在朝会之所之外，应有一个独立的以明堂为主导的地区存在。二是整个叙述中，并不涉及普通居民的安排，暗示城池范围内仍然是一个单纯的祭祀地段，虽然城内九经九纬道路网的划分为普通居民的安排提供了机会。

文化条件和权力架构的转变,加上对上古制度的隔膜,或是刻意的忽略,在后世的许多人那里,以《考工记》的文字为基础的都城图式中,明堂区被排除了,居民也很"自然地"被隐没在了城池之中的方格网里(图5-5)。

在某种意义上《考工记》所述之"营国制度"最终以宋儒认为的方式为世人普遍接受,可以看作由系统的"神明之奥"支持的形式性的"中国"隐入历史的正式标识。由是,"中国"一词就更多地与东亚大陆腹地核心区范围内设置都城的政权联系在一起。

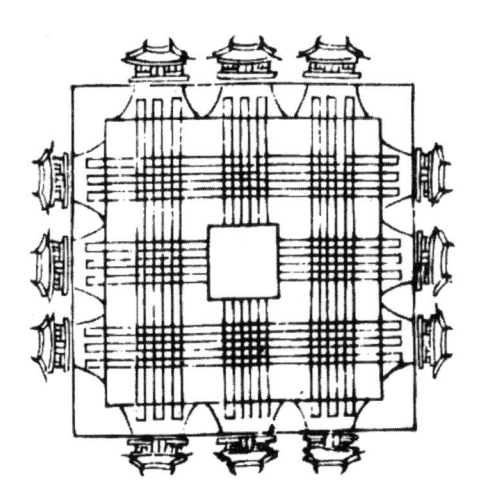

图 5-5 聂崇义《三礼图》所绘《考工记》营国制度所述朝会场所平面结构示意(《中国城市建设史》)

第五章　353

注　释

[1]　姜鹏、李静编：《五万年中国简史（上册）》，上海：文汇出版社，2020年，第1—10页。

[2]　司马迁：《史记》（第一册），北京：中华书局，1959年，第6页。

[3]　舞阳吴城遗址面积200万平方米，洛川坻盘遗址面积150万平方米，汾阳峪道河遗址面积680万平方米，铜川石柱塬遗址面积300万平方米，芮城坡头遗址面积210万平方米，原平峙峪遗址面积700万平方米。

[4]　参考Pauline Sebillaud（史宝琳）：《中原地区公元前三千纪下半叶和公元前两千纪的聚落分布研究》，长春：吉林大学博士学位论文，2014年，第143页。

[5]　《汉书·艺文志》："墨家者流，盖出于清庙之守。茅屋采椽，是以贵俭；养三老五更，是以兼爱；选士大射，是以上贤；宗祀严父，是以右鬼；顺四时而行，是以非命；以孝视天下，是以上同：此其所长也。""养三老五更""选士大射""顺四时而行"为明堂的主导功能或明堂礼仪的基本要求，圈围是高规格明堂的基本配置且主要与明堂对应，由此可想墨家与设围基址的匹配关系。

[6]　王鲁民：《中国古典建筑文化探源》，上海：同济大学出版社，1997年，第66页。

[7]　关于中国古代美术中"纪念碑性"特质的讨论，参见（美）巫鸿著，李清泉、郑岩等译：《中国古代艺术与建筑中的"纪念碑性"》，上海：上海人民出版社，2009年，第2—17页。

[8]　程俊英：《诗经译注》，上海：上海古籍出版社，2004年，第449页。

[9]　徐元诰撰，王树民、沈长云点校：《国语集解》，北京：中华书局，2002年，第514页。

[10]　徐元诰撰，王树民、沈长云点校：《国语集解》，北京：中华书局，2002年，第219页。

[11]　陶窑数据的来源包括：《河南文物》《中国文物地图集·山东分册》《中国文物地图集·陕西分册》《中国文物地图集·山西分册》《中国文物地图集·内蒙古自治区分册》《中国文物地图集·宁夏回族自治区分册》《中国文物地图集·甘肃分册》《中国文物地图集·青海分册》《中原地区公元前

三千纪下半叶和公元前两千纪的聚落分布研究》。

[12]　司马迁：《史记》（第一册），北京：中华书局，1959 年，第 80 页。

[13]　王鲁民：《营国：东汉以前华夏聚落景观规制与秩序》，上海：同济大学出版社，2017 年，第 249—251 页。

[14]　朱熹集注：《孟子》，上海：上海古籍出版社，2013 年，第 20—23 页。

[15]　王鲁民：《营国：东汉以前华夏聚落景观规制与秩序》，上海：同济大学出版社，2017 年，第 262—264 页。

[16]　班固：《汉书》（第四册），北京：中华书局，1962 年，第 1254 页。

[17]　王鲁民：《营国：东汉以前华夏聚落景观规制与秩序》，上海：同济大学出版社，2017 年，第 290—308 页。

[18]　《十三经注疏》整理委员会：《周礼注疏（十三经注疏）》，北京：北京大学出版社，2000 年，第 1345—1354 页。

附表

附表一：以《今本竹书纪年》为基础的夏、商、西周年表

《今本竹书纪年》提供的大禹以后夏、商、西周连续的时间序列，如果以夏商周断代工程明确的夏、商、西周起讫时间为框架，本书的讨论表明，《今本竹书纪年》的记述与考古材料提供的"事件—时序"格局基本对应，故将《今本竹书纪年》提供的时间序列和夏商周断代工程确定的各朝代起止时间结合，制作以《今本竹书纪年》为基础的夏、商、西周纪元表，以供参考。

夏

按照夏商周断代工程，夏代始于公元前 2070 年，终于公元前 1600 年，历时 471 年。因为文献记述的夏代第一位帝王禹并非个人，所以夏朝各帝在位具体时间的推算，当由桀开始向上倒推。由桀到禹的继任者启，共计 16 帝，在位时间加上守丧造成的无王期共计 379 年。另外，帝相为寒浞之子浇所杀，其后有一个寒浞篡政期，传说为 40 年，这样，启登基的时间为公元前 2018 年。这个结果不仅使典籍所载的帝启囚（杀）益与和益有关的环泰山地区南部设围基址减少，及帝启在大穆之野举行盛大礼仪活动与岷江流域设围基址组织的调整在时间上对应，也保证了其后的文献记述与考古事件的协调：

王号	在位时间	文献所记该王在位年数	无王期年数
禹（最后一任？）	2070 BC—2022 BC	—	3
启	2018 BC—2003 BC	16	4
太康	1998 BC—1995 BC	4	2
仲康	1992 BC—1986 BC	7	2
相	1983 BC—1956 BC	28	—
篡政期	1955 BC—1916 BC	40	
少康	1915 BC—1895 BC	21	2
帝杼	1892 BC—1876 BC	17	1
帝芬	1874 BC—1831 BC	44	—
帝芒	1830 BC—1773 BC	58	1
帝泄	1771 BC—1747 BC	25	3
帝不降	1743 BC—1685 BC	59	—
扃	1684 BC—1667 BC	18	3
廑	1663 BC—1656 BC	8	2
帝孔甲	1653 BC—1645 BC	9	2
帝昊	1642 BC—1640 BC	3	2
帝发	1637 BC—1631 BC	7	—
帝癸（桀）	1630 BC—1600 BC	31	—

商

商由公元前 1600 年始至公元前 1046 年止，共计 555 年。按《今本竹书纪年》，商代实际有 30 王，除了纣王以外，其他各王在位时长明确。《今本竹书纪年》说，纣王五十一年冬周武王盟会，次年伐纣，"秋周师次于鲜原"，再一年才与纣王会战，并"败之于牧野"。故纣王在位 53 年。这样，若商汤在天子位 29 年，各王在位时间共计 526 年，与 555 年差 29 年。夏代帝王死后一般有一个无王期，无王期时间长短不定，有的甚至长达 4 年。《今本竹书纪年》中没有无王期时的政治军事活动记载，表明这时政权运作处在停滞状态。可以作为这一推测依据的是：帝相、帝芬和帝发死后没有无王期。帝相是被人杀，帝芬死亡时间正当考古学文化转型，帝发死时"泰山震"，都是非常时期。可见，在非常时期人们不得不取消无王期以应对紧急状况。无王期不适于应对紧急状况，故而可以认为是行政停滞期。殷礼因于夏礼，且殷人与夏人关系近密，帝王死后无王期是必要的，为了不过度地耽误政事，又不因为紧急状况而失礼，将无王期定为一年有相当的合理性。武丁在其父小乙死后，守在父亲墓旁，食不甘，寝不安，三年不理朝政，只是个人行为，并不影响纪年。这样，30 王当有 29 年的无王期，将《今本竹书纪年》所记每王的在位时长与一年的无王期合计，恰得 555 年。

王号	在位时间	文献所记在位年数	无王期年数
汤	1600BC—1572BC	29	1
外丙	1570BC—1569BC	2	1
仲壬	1567BC—1564BC	4	1

续表

王号	在位时间	文献所记在位年数	无王期年数
太甲	1562BC—1551BC	12	1
沃丁	1549BC—1531BC	19	1
小庚	1529BC—1525BC	5	1
小甲	1523BC—1507BC	17	1
雍己	1505BC—1494BC	12	1
太戊	1492BC—1418BC	75	1
仲丁	1416BC—1408BC	9	1
外壬	1406BC—1397BC	10	1
河亶甲	1395BC—1387BC	9	1
祖乙	1385BC—1367BC	19	1
祖辛	1365BC—1352BC	14	1
开甲	1350BC—1346BC	5	1
祖丁	1344BC—1336BC	9	1
南庚	1334BC—1329BC	6	1
阳甲	1327BC—1324BC	4	1
盘庚	1322BC—1295BC	28	1
小辛	1293BC—1291BC	3	1
小乙	1289BC—1280BC	10	1
武丁	1278BC—1220BC	59	1

续表

王号	在位时间	文献所记在位年数	无王期年数
祖庚	1218BC—1208BC	11	1
祖甲	1206BC—1174BC	33	1
冯辛	1172BC—1169BC	4	1
庚丁	1167BC—1160BC	8	1
武乙	1158BC—1124BC	35	1
文丁	1122BC—1110BC	13	1
帝乙	1108BC—1100BC	9	1
帝辛（纣）	1098BC—1046BC	53	1

西周

西周始于公元前1046年，终于公元前771年，共276年。累计《今本竹书纪年》所记各王在位时间，得279年，比276年多三年。按照相关研究，西周有两次前王死后当年改元的情形，即武王死后，成王当年改元，穆王死后，共王当年改元。另外，厉王后期为共和时期，共和结束后，宣王应该当年改元。正好去掉3年。西周不设专门的无王期，先王死后次年改元，这样《今本竹书纪年》所记各王在位年数可与西周历年数相合。不设无王期，并不是不守丧，只是不停止政务活动而已。在一定时间里，衣粗服，食淡饭，停止娱乐是必需的。一方面，虽然"周礼因于殷礼"，但周人与殷人关系疏离，另一方面，由社会变迁趋势推，周人面对的挑战更为复杂，社会运行节奏加快，所以不设无王期可以理解。

王号	在位时间	在位年数
武王	1046BC—1042BC	5
成王	1042BC—1006BC	37
康王	1005BC—980BC	26
昭王	979BC—961BC	19
穆王	960BC—906BC	55
共王	906BC—895BC	12
懿王	894BC—870BC	25
孝王	869BC—861BC	9
夷王	860BC—853BC	8
厉王	852BC—827BC	26
宣王	827BC—782BC	46
幽王	781BC—771BC	11

附表二：文献所载夏代以前历史事件与空间考古迹象对应举例

考古学时期	历史时期	文献所载历史事件	标志性空间考古迹象	考古学判定的标志性空间考古迹象出现的大致时间	书中相关内容所在页码
前仰韶时代（5000BC以前）	先祝融时代（5000BC以前）	西王母登上历史舞台	吉林大安后套木嘎设围基址出现	约11000BC	57—61页及80—81页
		女娲登上历史舞台	裕民文化河北康保兴隆及内蒙古化德裕民设围基址出现	约6400BC	65页及75—81页
		伏羲登上历史舞台	兴隆洼文化以内蒙古敖汉旗北城子及兴隆洼为主的设围基址群出现	约6200BC	65—66页及75—81页
		女娲与伏羲联合体形成	由裕民文化河北康保兴隆遗址及兴隆洼文化内蒙古林西白音长汗遗址、辽宁阜新查海遗址和河北迁西东寨遗址为主导的设围基址系统出现	约5500BC	75—81页
仰韶时代（5000BC—2800BC）	祝融时期5000BC—4500BC）	祝融战胜共工进入中原	磁山—北福地文化消失。山西翼城枣园与山西垣曲古城东关仰韶文化初期设围基址组合出现	约5000BC	85—86页
		少典与有蟜氏联姻	河南新安荒坡仰韶文化初期设围基址出现	约4800BC	87—88页

364　塑造中国

续表

考古学时期	历史时期	文献所载历史事件	标志性空间考古迹象	考古学判定的标志性空间考古迹象出现的大致时间	书中相关内容所在页码
仰韶时代（5000BC—2800BC）	炎帝时期（4500BC—3900BC）	炎帝登上历史舞台	以陕西西安姜寨、半坡为主导的仰韶文化早期设围基址群出现	约4500BC	88—92页
		祝融一系受到严厉压制	仰韶文化山西垣曲古城东关设围基址消失		99页
		蚩尤挑战炎帝	仰韶文化系统的内蒙古准格尔旗阳湾、内蒙古凉城石虎山Ⅰ等设围基址出现。仰韶文化陕西西安姜寨设围基址被放弃。陕西西安半坡与鱼化寨遗址主导的设围基址群出现	约4100BC	98—102页
		炎、黄二帝合力战胜蚩尤	仰韶文化系统的内蒙古准格尔旗阳湾、内蒙古凉城石虎山Ⅰ等设围基址消失	约3900BC	103页
	炎、黄二帝对峙时期（3900BC—3400BC）	炎、黄二帝对峙	由仰韶文化中期的陕西扶风案板、陕西西安杨官寨、陕西渭南北刘、河南淅川沟湾等遗址组成的以渭河流域为核心的设围基址群与由仰韶文化中期的河南灵宝北阳平、西坡、五帝，河南三门峡庙底沟、三里桥、人马寨—窑头，河南渑池仰韶村，河南新郑古城村和河南镇平冢洼等遗址组成的以潼关以下地理环境为支撑的设围基址群并行	约3900BC—3400BC	113—114页
		黄帝战胜炎帝	渭河流域的仰韶文化中期设围基址群消失		115—116页

附表 365

续表

考古学时期	历史时期	文献所载历史事件	标志性空间考古迹象	考古学判定的标志性空间考古迹象出现的大致时间	书中相关内容所在页码
仰韶时代（5000BC—2800BC）	黄帝时期（3400BC—2800BC）	实体"中国"诞生	以河南荥阳汪沟和青台遗址为核心的仰韶文化晚期设围基址群出现	约3400BC	116—119页
		蚩尤再度崛起	内蒙古凉城王墓山坡中及内蒙古察右前旗大坝沟等仰韶文化晚期海生不浪类型的设围基址出现		125—127页
		黄帝北逐荤粥	燕山以北的哈民忙哈文化与红山文化的设围基址全数消失	约3000BC	130—131页
		黄帝战胜蚩尤	内蒙古凉城王墓山坡中、内蒙古察右前旗大坝沟等仰韶文化晚期海生不浪类型的设围基址消失		131—132页
龙山时代（2800BC—2070BC）	颛顼、帝喾时期（2800BC—2300BC）	颛顼绝地天通	西河一线后世长城缺口以南，包括山西兴县白崖沟、陕西吴堡后寨子峁等5个遗址的龙山时代前期的设围基址群存在	约2800BC	141—145页
		由颛顼居濮阳到帝喾居亳	黄河由郑州以下东北入海改为郑州以下东南入海	约2600BC	157页
		帝喾灭有郃	蒙晋陕三角及河套地区的龙山时代前期的设围基址群变动	约2500BC	158页

续表

考古学时期	历史时期	文献所载历史事件	标志性空间考古迹象	考古学判定的标志性空间考古迹象出现的大致时间	书中相关内容所在页码
龙山时代（2800BC—2070BC）	尧舜时期（2300BC—2070BC）	帝尧命羲、和敬授民时并分居四方	龙山时代后期西河长城以南设围基址群变动及陕西神木石峁、山西襄汾陶寺等设围基址出现	约2300BC	165—169页
		《淮南子·本经》："尧乃使羿……上射十日"。	环泰山地区东南设围基址减少，布局结构大幅变动		170页及221—222页
		帝尧命鲧治水	河南淮阳平粮台造律台文化设围基址出现		172及210页
		帝尧用舜	河南辉县孟庄后冈二期文化设围基址出现	约2200BC	172—174页
		大禹治水及帝舜封禹外方之南	由河南平顶山蒲城店、河南叶县余庄、河南郾城郝家台等遗址构成的王湾三期文化设围基址群出现	约2150BC	175页
		皋陶、益等人活跃	环泰山地区海岱龙山文化设围基址群壮大		176—177页
		帝舜九年，西王母来朝。	西河一线，后世长城以北的老虎山文化设围基址群消失	约2100BC	178页
		帝舜放逐"四凶"	西河一线后世长城缺口以南老虎山文化设围基址数量减少	约2050BC	180—181页

附表三：文献记载中的夏、商、西周重要史迹与空间考古迹象对应举例

朝代	王号及依据《今本竹书纪年》确定的该王在位时间	文献记载	标志性空间考古迹象	考古学判定的标志性空间考古迹象出现的大致时间	书中相关内容所在页码
夏 (2070BC—1600BC)	禹（最后一任？） (2070BC—2022BC)	《史记》："帝舜荐禹于天，为嗣。"《竹书纪年》："（舜）十有四年……乃荐禹于天，使行天子事也。"	王湾三期文化的河南登封王城岗小城出现	约2100BC	214页
		《竹书纪年》："（舜）五十年，帝陟。""三年丧毕，（禹）都于阳城。"	在王湾三期文化的王城岗小城外加设大城，形成夹城格局	约2050BC	214页
		《史记》："帝禹东巡狩，至于会稽……"	石家河文化聚落址大幅减少		216页
		《史记》："（禹）封皋陶之后于英、六，或在许。"	泰山东北侧海岱龙山文化聚落址数量减少	约2000BC	216—217页
	启 (2018BC—2003BC)	《史记》：益避启于"箕山之阳"。《竹书纪年》："（帝启）二年，费侯伯益出就国。"	山东日照一带海岱龙山文化聚落址群进一步衰落	约2000BC	217页
		《史记》《竹书纪年》记载启灭有扈	二里头文化时期的陕西扶风下康遗址主导的二里头文化飞地存在	——	217页
		《竹书纪年》："（启）舞《九韶》于大穆之野。"	宝墩文化聚落址群数量减少、等级降低、结构调整	约2000BC	217—219页

续表

朝代	王号及依据《今本竹书纪年》确定的该王在位时间	文献记载	标志性空间考古迹象	考古学判定的标志性空间考古迹象出现的大致时间	书中相关内容所在页码
夏 (2070BC—1600BC)	帝仲康 (1992BC—1986BC)	《史记》:"羲、和湎淫,废时乱日。"	龙山时代后期陕西石峁古城加筑外城。山西襄汾陶寺设围基址被毁及绛县周家庄设围基址出现	约2000BC	219—221页
		《竹书纪年》:"(舜)二十九年,帝命子义钧封于商。"	后冈二期文化濮阳戚城设围基址出现		215—216页
	篡政期 (1955BC—1916BC)	帝相被杀,羿、寒浞被灭。	海岱龙山文化设围基址减少	约1950BC	221—223页
	帝少康 (1915BC—1895BC)	《竹书纪年》:"十一年,使商侯冥治河。"	黄河由郑州以下东南入海改为郑州以下东北入海。后冈二期文化的河南濮阳戚城设围基址消失	约1900BC	223—224页
	帝杼 (1892BC—1876BC)	《竹书纪年》:"八年,征于东海及三寿,得一狐九尾。"	海岱龙山文化设围基址系统进一步衰落,山东阳谷景阳岗和山东茌平教场铺等设围基址消失及中原龙山晚期设围基址数量减少、设围基址群结构变更	约1850BC	224—225页
	帝芬 (1874—1831BC)	《竹书纪年》:"三十六年,作圜土。"	王湾三期末段河南新密新砦设围基址出现	约1850BC	224—225页

附表 369

续表

朝代	王号及依据《今本竹书纪年》确定的该王在位时间	文献记载	标志性空间考古迹象	考古学判定的标志性空间考古迹象出现的大致时间	书中相关内容所在页码
夏(2070BC—1600BC)	帝芒（1830—1773BC）	《竹书纪年》："十三年，东狩于海。获大鱼（鸟）。"	海岱龙山文化设围基址全数消失。岳石文化设围基址群出现	约1800BC	226—227页
	帝泄（1771BC—1647BC）	《竹书纪年》："（十六年）殷侯微以河伯之师伐有易，杀其君绵臣。"	下七垣文化萌芽	约1750BC	241页
	帝不降（1743BC—1685BC）	《竹书纪年》："六年，伐九苑。"	后世长城以内地区西河及汾河流域设围基址全部消失。二里头遗址出现		227—228页
	帝廑（1663BC—1656BC）	《竹书纪年》："元年己未，帝即位，居西河。"	山西夏县东下冯、山西绛县西吴壁、山西垣曲古城南关等设围基址出现	约1650BC	236页
		"四年……昆吾氏迁于许。"	望京楼、王城岗诸设围基址出现		236页
	帝癸（桀）(1630BC—1600BC)	《竹书纪年》："三年，筑倾宫。"	河南偃师二里头遗址一号宫殿出现，设置"宫城"城垣	约1650BC	237—238页
		《竹书纪年》："十四年，扁帅师伐岷山。"	三星堆文化崛起		248页
		《竹书纪年》："十五年，商侯履迁于亳。"	白降河与伊河交汇处，河南伊川南寨遗址存在		242—244页

续表

朝代	王号及依据《今本竹书纪年》确定的该王在位时间	文献记载	标志性空间考古迹象	考古学判定的标志性空间考古迹象出现的大致时间	书中相关内容所在页码
商 (1600BC—1046BC)	汤 （1600BC—1572BC）	《史记》记载不迁夏社	二里头文化河南新郑望京楼设围基址得以保持	约1600BC	245—246页
		《史记》："葛伯不祀，汤始伐之。"	河南登封南洼设围基址消失及新开辟的河南登封王城岗设围基址放弃		247页
	太戊 （1492BC—1418BC）	《史记》："亳有祥桑榖共生于朝，一暮大拱。帝太戊惧，问伊陟。伊陟曰：'臣闻妖不胜德，帝之政其有阙与？帝其修德。'太戊从之，而祥桑枯死而去。"	河南偃师商城和郑州商城建设。望京楼设围基址改造	约1500BC	248—254页
		《竹书纪年》："五十八年，城蒲姑。六十一年，东九夷来宾。"	岳石文化设围基址全部消失	约1450BC	254—256页
		《竹书纪年》："十一年，命巫咸祷于山川。"	江苏常熟湖熟文化余城设围基址出现		256页
	仲丁 （1416BC—1408BC）	《竹书纪年》："元年辛丑，王即位，自亳迁于嚣。"	山西夏县东下冯遗址上再次出现圈围	约1450BC	257页

附表 371

续表

朝代	王号及依据《今本竹书纪年》确定的该王在位时间	文献记载	标志性空间考古迹象	考古学判定的标志性空间考古迹象出现的大致时间	书中相关内容所在页码
商（1600BC—1046BC）	河亶甲（1395BC—1387BC）	《竹书纪年》："元年庚申，王即位，自嚣迁于相。"	河南安阳陶家营设围基址出现	约1400BC	257页
	祖乙（1385BC—1367BC）	《竹书纪年》："二年，圮于耿。"	山西绛县西吴壁设围基址退出		258—259页
		《竹书纪年》："三年，命卿士巫咸。"	浙江杭州余杭小古城主导的城址群出现		259页
		《竹书纪年》："八年，城庇。"	山西垣曲古城南关设围基址出现		259页
	南庚（1334BC—1329BC）	《竹书纪年》："三年，迁于奄。"	湖北云梦王家山设围基址出现，与既有的湖北黄陂盘龙城结合成为一组	约1350BC	259—260页
	盘庚（1322BC—1295BC）	《竹书纪年》："十四年，自奄迁于北蒙，曰殷。十五年，营殷邑。"	河南安阳洹北商城建设	约1300BC	261—263页
		《史记》："帝盘庚之时，殷已都河北，盘庚渡河南，复居成汤之故居。"	河南洛阳侯城出现		263页

续表

朝代	王号及依据《今本竹书纪年》确定的该王在位时间	文献记载	标志性空间考古迹象	考古学判定的标志性空间考古迹象出现的大致时间	书中相关内容所在页码
商 (1600BC—1046BC)	武丁 （1278BC—1220BC）	《竹书纪年》："二十九年，肜祭太庙，有雉来。"	先周文化的陕西武功郑家坡设围基址出现	约1250BC	269—270页
	武乙 （1158BC—1124BC）	《竹书纪年》："（元年）邠迁于岐周。……（三年）命周公亶父，赐以岐邑"。《史记》："（古公亶父）乃与私属遂去豳，度漆、沮，逾梁山，止于岐下。豳人举国扶老携弱，尽复归古公于岐下。"	陕西凤翔水沟、陕西岐山周公庙、陕西宝鸡蒋家庙等设围基址出现，周原一带出现先周遗存	约1150BC	274—278页
	帝辛 （1098BC—1046BC）	《史记》："益广沙丘苑台，多取野兽蜚鸟置其中。"《括地志》云："沙丘台在邢州平乡东北二十里。"	河北北部，桑干河出山口一带，一系列商文化聚落存在	约1100BC	273页
		《史记》："伐崇侯虎。而作丰邑。"	河南洛阳侯城设围基址消失		279页
		《竹书纪年》："三十五年，西伯自程迁于丰。"	陕西凤翔水沟设围基址放弃		280页

续表

朝代	王号及依据《今本竹书纪年》确定的该王在位时间	文献记载	标志性空间考古迹象	考古学判定的标志性空间考古迹象出现的大致时间	书中相关内容所在页码
西周（1046BC—771BC）	武王（1046BC—1042BC）	《史记》记载武王伐纣成功	安阳殷墟主导的殷墟文化设围基址群消失	约1050BC	280页
		《史记》："于洛邑营周居。"	河南洛阳瀍河以东，西周早期遗存的存在		288页
		《史记》："封诸侯，班赐宗彝。"	东亚大陆腹地核心区全新的设围基址系统出现		288—295页
		《逸周书·作雒解》：西周初年即设置了面积广大的王畿。	关中地区核心部分及华阳一带无诸侯封国存在		282—287页
	成王（1042BC—1006BC）	《竹书纪年》："（成王）三年……灭蒲姑。"	山东淄博范家设围基址消失	约1050BC	282页
		《史记》："使召公复营洛邑，如武王之意。"	洛阳瀍河西岸西周早期遗存存在		288页
		《竹书纪年》："（成王）九年……肃慎氏来朝……"。《史记》："成王既伐东夷，息慎来贺，王赐荣伯，作《贿息慎之命》。"	辽河流域的辽宁阜新两家子和沈阳郝心台两个设围基址消失		294—295页

续表

朝代	王号及依据《今本竹书纪年》确定的该王在位时间	文献记载	标志性空间考古迹象	考古学判定的标志性空间考古迹象出现的大致时间	书中相关内容所在页码
西周(1046BC—771BC)	康王(1005BC—980BC)	《史记》："康王命作策，毕公分居里，成周郊，作《毕命》。"显示此时周王的空间控制策略有变。	与燕都有关的北京房山琉璃河和齐都山东高青陈庄等设围基址出现	约1000BC	295—296页
		《竹书纪年》："南巡狩，至九江、庐山。"	江西靖安九里岗设围基址出现		296页
	昭王(979BC—961BC)	《史记》："昭王南巡狩不返，卒于江上。"	应为楚都的湖南宁乡炭河里设围基址出现	约950BC	296—297页
	穆王(960BC—906BC)	《竹书纪年》："穆王以下都于西郑。"	陕西扶风周原凤雏、齐家一带设围基址出现。周公庙设围基址以东8千米的孔头沟遗址遗址面积在西周中晚期显著扩大。周公庙遗址重新启用	约950BC	297—298页
		《竹书纪年》："三十七年，大起九师，东至于九江，架鼋鼍以为梁，遂伐越，至于纡。"	江西新干牛头城与江苏江阴佘城等设围基址消失		298页

续表

朝代	王号及依据《今本竹书纪年》确定的该王在位时间	文献记载	标志性空间考古迹象	考古学判定的标志性空间考古迹象出现的大致时间	书中相关内容所在页码
西周 (1046BC—771BC)	宣王 （827BC—782BC）	《竹书纪年》："（宣王）七年……王命樊侯仲山甫城齐。"	山东龙口归城设围基址出现	约800BC	301页
		《史记》："宣王既亡南国之师"。《竹书纪年》："（夷王）七年……楚子熊渠伐庸，至于鄂。"	标志着楚人已经控制江汉平原的湖北襄阳楚王城设围基址出现		301—303页
		《华阳国志》："（杜宇）以褒斜为前门……"	四川广元摆宴坝设围基址为蜀人所有		301及304页
	幽王 （781BC—771BC）	《史记》："（西夷犬戎）杀幽王骊山下，虏褒姒，尽取周赂而去。……平王立，东迁雒邑，辟戎寇。"	蒋家庙及凤凰山设围基址放弃	约800BC	304—305页

后 记

本书与可以视为其前导的《营国：东汉以前华夏聚落景观规制与秩序》及《祭祀与疆域：中国上古空间考古六题》[①]一样，是尝试更为准确地了解先秦东亚大陆腹地空间建构格局的努力的一部分。与前两本书相同，本书可以进一步讨论的地方应该不少。如果把三本书连起来，细心的读者应该可以看到，这里存在一个不断地修订和扬弃的过程。

本书的写作得到了国家自然科学基金项目"中国传统聚落型制史与建设性遗存的空间原意呈现型保护（51678362）"的资助。在基础资料收集与整理、相关图表绘制等方面得到了范沛沛、杨一鸣、李勇古、丁思远、查仕旗、王宇轩、白小禾、郭彤彤、王鼎、罗贻洋、赵元凯、史琼林、黄凌乐、张正琳、李杨帆等同学的支持。特别是范沛沛，他不仅对考古资料进行了细致的整理，随着工作进展承担了繁复的文字输入和图纸绘制工作，并且还进行了诸多的资料校订工作，为本书的正确叙述提供了重要的支持。没有他们的尽心尽力，这本书是不可能在此时以这样的面目与读者见面的。

本书涉及的是一个相对冷僻的领域，它出版的经济效益有限，在这里要特别感谢大象出版社和张前进先生对本书出版的支持。

[①] 《营国：东汉以前华夏聚落景观规制与秩序》，同济大学出版社，2017年。《祭祀与疆域：中国上古空间考古六题》，大象出版社，2021年。

张前进先生、李建平先生和曲静责任编辑为本书的出版做了大量而细致的工作，在此向他们表示最为诚挚的谢意。

借此机会，我还要感谢我的家人和吴志强、常青、李振宇、张兵、董卫、李百浩、武廷海、范强、齐岸青、周建中、陈建华、杨德民、尹卫红等先生长期以来的鼓励与支持。

王鲁民

2022年8月22日